立足课堂教学，点击学科热点，敲打互动文章

他是工作室主持人、期刊编委、教材作者、教研员，更是一线教师

我是
生物学教师

夏献平 著

SPM
南方出版传媒
广东人民出版社
·广州·

图书在版编目（CIP）数据

我是生物学教师 / 夏献平著. —广州：广东人民出版社，2021.7（2021.9重印）

ISBN 978-7-218-15148-9

Ⅰ.①我…　Ⅱ.①夏…　Ⅲ.①生物学—教学研究—中学　Ⅳ.①G633.912

中国版本图书馆CIP数据核字（2021）第135969号

WO SHI SHENGWUXUE JIAOSHI

我 是 生 物 学 教 师

夏献平　著

出 版 人：肖风华

责任编辑：范先鋆　欧阳杰康
装帧设计：奔流文化
责任技编：吴彦斌　周星奎

出版发行：广东人民出版社
地　　址：广州市海珠区新港西路 204 号 2 号楼（邮政编码：510300）
电　　话：（020）85716809（总编室）
传　　真：（020）85716872
网　　址：http://www.gdpph.com
印　　刷：广东鹏腾宇文化创新有限公司
开　　本：787 毫米 × 1092 毫米　1/16
印　　张：22　　字　　数：450 千字
版　　次：2021 年 7 月第 1 版
印　　次：2021 年 7 月第 1 次印刷　2021 年 9 月第 2 次印刷
定　　价：68.00 元

如发现印装质量问题，影响阅读，请与出版社（020-85716849）联系调换。
售书热线：020-85716826

我的朋友夏献平

老朋友夏献平老师的专著《我是生物学教师》就要出版了。能够为老朋友的著作写序，实在是人生幸事。春节期间能静下心来读一读老朋友的书稿，更是人生乐事！可是，序该如何写呢？这本书读起来很轻松，内容又那么引人入胜，不需要我作推介和评点。想来想去，还是通过几件往事，说说我眼中的夏献平吧！

第一件事在本书中有记载。那是2000年的一天，我收到了一封署名夏献平的来信。当时感觉这个名字似有耳闻，但到底是何许人也，不甚了了。信中夹带着一篇文稿。他在信中说自己认真研读了高中生物新教材，认为新教材确实有许多改革和创新，但也有一些值得商榷之处，他就此写了一篇新教材评析文章，想请我看看是否妥当。我仔细拜读了他的这篇文章，突出的感觉就是这位老师钻研教材非常认真，逻辑思维也很严谨，特别是他勇于质疑、爱较真儿的劲头，给我留下深刻印象。不过从措词语气来看，略有一些年轻气盛、锋芒锐利的味道。我在回信中充分肯定了他的文稿质量和钻研教材的劲头，又从教材编者的角度，提了些修改意见，并建议将文章在我社主办的刊物上发表。对教材提意见的稿子竟能在人教社自己的刊物上发表，他感到十分意外，估计也对我社的大气和包容平添了几分敬意。他非常谦虚地接受了我的修改意见，让我也略感意外，原先还担心他年轻自负不接受呢！

第二件事在本书中也有记载。那是2005年的一天，我正在出差回来的路上，手机响了，是夏老师的电话。他说近日收到一位老师关于新教材一则习题的来信，他将这封信提出的问题推送到K12网上的讨论区了。老师们对这道习题的讨论非常热烈，众说纷纭，莫衷一是。希望我作为教材主编作出回应。第二天，我一到办公室就给他写了回信（回信原文见本书第12章）。他收到我的回信非常高兴，而且有点惊讶。高兴的是回信内容解答了老师们的困惑，惊讶的是我回信如此迅速，对我的赞赏和信任溢于言表。后来，他主持《中学生物教学》杂志的"互动栏目"十多年，组织全国的中学生物老师讨论了许多教材教学问题，因此成为许多青年教师心目中的良师益友，他本人也从"互动"中获得丰富的营养，教学智慧自然也跟着迭代升级。

第三件事在本书中未曾提及。那是2015年的一天，他给我打电话说自己不再担任海淀区的生物教研员，又回到深圳育才中学当老师了。说走得匆忙，未及向我辞行。我问他："怎么又调回去啦？"他说："北京的气候实在是不好适应，太干燥了，不过更主要的是，我发现自己还是更喜欢在学校当老师，天天面对学生。"类似的话其他教学名师也跟我说过，比如北师大二附中的曹保义老师，当校长多年，一直没有中断课堂授课，他说只有在课堂上讲课时才是最快乐的。热爱教学，喜欢跟学生面对面、眼对眼、心对心的交流，这可能是成为一名好教师的最重要的原因吧！

三件往事，让我了解到夏老师之所以是夏老师的不同侧面。遗憾的是，2020年之前，我始终没听过他的课。尽管经常听人说他课讲得好，一睹他课堂风采的愿望却一直未能实现。

2020年12月，机会终于来了。人民教育出版社全国中小学教材工作会于12月8-10日在深圳召开。会前，夏老师邀请我借此次开会之机去他们学校"指导指导"。我说我有一个条件：他要亲自上一节课给我听。他很痛快地答应了。12月10日上午的大会结束后，深圳市教科院的颜培辉老师陪我去了育才中学。我终于走进夏老师的课堂了！

这节课讲的是"细胞中的能量'货币'——ATP"。没想到的是，这节课是由夏老师和另一位年轻老师共同上的接力课。年轻老师叫荆文华。荆老师上前半段，夏老师上后半段。据说接力课是现在教研活动中经常采用的课堂观摩形式，年轻的打头阵，老教师断后收尾。荆老师前半段课上得很精彩，充分运用了现代信息技术手段，将细胞中ATP分子的结构特点、ATP与ADP的相互转化等讲解得十分生动，可惜时间用得多了些，到夏老师接过接力棒时，只剩下15分钟了。短短的15分钟内，他要讲清楚ATP如何用于物质合成、肌肉收缩、Ca^{2+}主动运输等内容，还要讲吸能反应和放能反应的关系，为本节做总结，等等。我不禁为夏老师捏把汗。没想到，夏老师既未用PPT和动画演示，也未安排分组活动，就靠一张嘴、两只手，边提问边比划边讲解，微观、抽象而复杂的内容，很短时间内就讲得清清楚楚，学生脸上不时露出会意的微笑。

课后点评时，我说夏老师有双万能的手，既能模拟ATP，又能模拟磷酸基团；既能模拟肌动蛋白，又能模拟载体蛋白。再加上他那风趣生动的语言，还有打比方等技巧，复杂难解的内容变得形象、生动，充分显示了名师深厚的功力。点评之后，活动就结束了，但我总觉得点评不够到位，总觉得有什么更重要的东西没有总结出来。后来，夏老师这短短15分钟的课堂教学情景，反复在我的脑海回放。有一天我豁然顿悟，这个没有总结出来的东西，就是夏老师经常讲的两个字，也就是他主持的《中学生物教学》一个栏目的名字——互动！表面上是他在动，他的嘴在动，他的胳膊在动，他的双手在动，实际上他的每一句提问都驱动着学生的思维，每一句讲解都启发着学生的思考；许多本来是肯定语义的陈述性话语，他都改成疑问句式说出来，讲解的同时就在问学生是否认同；他在讲每一句话时，眼睛都一直热切地盯着同学们的眼睛，在感觉同学们的情绪和思维。表面上没有学生活动，实际上学生一直在动，学生的脑在动、心在动，嘴巴在不自觉地轻声呼应，思维一直在活跃地进行！他的表情洋溢着互动的兴奋，焕发出互动的光彩，学生亦然！

可以说，这节课展示了什么是真正的师生互动。与有些课堂上形式化的互动相比，这样的互动才能真正促进思维的发展和意义的构建。当然，这里绝无否定学生动手、讨论等活动的意思，只是想强调，互动不能只重形式不重实质。

三件往事一堂课，勾画出我眼中的夏献平。当然，这样的勾画过于粗略。一个更为鲜活更为饱满有深度有广度有热度的夏献平，包括他一路成长的足迹，就在您面前的这本书中。

是为序。

人民教育出版社副总编辑，中学《生物学》教材主编、总主编　赵占良

2021年7月

享受教育，从现在开始

为了帮助你更好地阅读本书，我们提供了以下线上服务

整理有帮手

理论学习有收获
一键拍照快速记录

教学进修课

提供多样教育理念
讲解，助力打造
多彩课堂

好书来推荐

其他同类好书
帮你拓展教育方法

微信扫码
添加**智能阅读向导**
获取教育行业资讯

目录

001 — 序章

007 — 第1章
学点语文

学说普通话 / 009
一字之师 / 011
点评字典 / 013
是垃圾还是营养 / 017
点评教材 / 018
点评高考试题 / 019
点评深圳广州试题 / 021
仿写二篇 / 022
写高考作文 / 024
期待下水作文 / 026

027 — 第2章
初登教坛

那年12岁 / 029
向自己的老师学教书 / 033
教学实习延长 / 035
刚毕业带毕业班 / 038

041 — 第3章
面对高考

新课改呼唤深化高考改革 / 043
如何看待高考题 / 045
评"高考最有可能考的题" / 047
考生的学业负担来自哪里 / 049
谈高考备考中的十个问题 / 052
生物学热点问题复习三招 / 054

序 章

每个人的成长都有自己的故事。有什么样的今天，就有什么样的昨天和明天。

出版专著，这是我很早就有的愿望。

如果将自己发表的文章做简单的分类汇编，成书相对容易。但这样做，偏向于成为个人档案资料。考虑到读者可能更多是教师，对个人的论文汇编，也许没有阅读兴趣。将专业报刊没有发表过的成长故事搜集起来，也许更有意义。毕竟影响一个人成长的因素是多方面的，环境的影响往往比专业本身更大。

虽然自己的成长故事对一部分年轻教师，可赋予或多或少的正能量，但若将自己写成某一类特殊形象的代表，就难免落入俗套了。

关于我主持的名师工作室的故事，虽然是教师专业成长的热点问题，但有关个人的专题报道，部分已经收录在南方日报出版社出版的《没有师徒，只有互动——广东省夏献平名师工作室教研工作纪实》一书中，本书就不作重复。

关于网上教育教学讨论的文章大多刊登在《中学生物教学》杂志上，部分刊登在《中国教师报》和《中学生导报》等报刊，后来还有约50万字收录在人民教育出版社出版的《中学生物教学热点互动》一书中，这里也不重复。

本书是想告诉读者一个真实而相对全面的自己，一个从农村中学读书和成长的学生和教师，是如何一步步成为热爱教育和教研的老教师。这也是为什么要从初中经历开始写起的原因。

我如何从一个重点中学的数学爱好者成为生物学教育的热爱者，是个人专业成长逻辑链的一个环节，需要做点交代。

1981年，1977年恢复高考后的第4年，全国高考中生物学科总分虽然只有30分，但开创了中学生物学科新的历史，生物学科在高中教育中有了一席之地，具有里程碑意义。这一年，我16岁，高考生物学考了27分，本以为分数不低，后来发现，当年高考中得满分的大有人在。这是不难理解的，第一年高考试题相对容易，对中学教育中生物学科的成长是有益的，能引导中学生不放弃生物学科的学习。

在读高中时，我的数学和物理成绩在班上算"尖子"，我平时也只对这两门学科有特别的兴趣。而生物学科，似乎只要死记硬背就可以学好，没有什么挑战性。潜意识里认为，谁的数学成绩好，才能说他学习好。

现在想来，能赶上恢复生物学后的第一年参加高考，且从事生物学教育工作，是很幸运的。

徽州师专（今称"黄山学院"）是安徽省首个改成三年制的专科学校，被我遇上了。遗憾的是，当年的《安徽招生报》上漏印了这所学校，我们生物系81级的46名同学中当年有很多人都超过了重点大学分数线，是被征求意见而补录的，所以该班被戏称为"本科班"；我是望江二中邓普生老师替我做主补录的，他对我平时很关心，面对能否尽快上大学这事，他是毫不犹豫的。进入大学后，很长时间我想转到数学系，为配合这一要求，我订阅了两本数学专业期刊。像高中平时直至高考的数学科目考试一样，在《高等数学》考试中，我通常也只用做半小时，就能取得班级名列前茅的成绩。

徽州师专位于黄山市屯溪区。学校经常邀请北京、上海等地的专家为学生做专业报告。例如，北大的朱澂，复旦的方深高、欧阳光察等专家教授，还有相声大师侯宝林等名家。因为屯溪很小，我们在街上几次偶遇到他们，并做进一步交流，除了感受大家的魅力外，也认识到他们普通的一面。在屯溪老街，曾看到侯宝林先生逛街，我们也主动陪着他一起逛了几家茶叶店。听余心言（徐惟诚，曾任中宣部常务副部长）的报告时，印象最深的是他讲了这样的故事，3岁的小孩模仿能力很强，看到大人上厕所看报纸，也会在上厕所时看报纸。开始以为他真在看报纸，事实上，孩子手上的报纸往往是倒拿着。

班上很多同学对生物学兴趣特别浓，我们通过上海邮购书店买过多本《生物化学》和《分子生物学》方面的专业用书。有一位同学当年对光呼吸现象进行过专题研究，并撰写论文邮寄到《生物物理学进展》杂志，另一位同学能发现蕨类植物新种，是邮寄给中国科学院秦仁昌教授被鉴定和推荐发表的。我也向方深高等教授请教过考研的有关事宜。这些专家对某一位同学的回信，激励的不是个人，而是全班同学。期间，在新华书店我购买了叶圣陶主编的语文书，系统地学习了语文常识。

野外考察对青年学子来说，特别新鲜有趣。我们外出的机会比较多，到过齐云山、黄山和歙县的蝙蝠洞，随着实习的进行，也验证了"一个大学要办生物系需要的经费远远超过中文系和数学系"这样的说法，我们也因此有莫名的自豪感。

黄山归来，我的学习生活有了非常大的改变。原因有二：一是登山途中我的右脚后跟被卡进岩石缝中，拔出时被拉掉一块皮；二是，下山途中，小腿疼痛且不自主颤抖了很长时间。这让我深切体会到"走路不看山，看山不走路"和"上黄山骂黄山，黄山归来念黄山"是先人们用鲜血换来的经验教训。我也因此体会到历史传承的价值，也不断回味长辈们的各种劝告的合理性。黄山回来，我坚持每天进行长跑，最多能跑5公里，风雪无阻，这一习惯从1982年一直坚持到1993年。后来锻炼少，身体的体重逐日增加，增加了近20公斤。到了2009年，重新在生活中加入运动量，这就是有空就爬山。

在黄山学院，每天我们去门口的收发室的小黑板上看是否有自己的邮件或包裹等。那块小黑板就像今天我们的智能手机或电脑屏幕，成了显示外界信息的窗口。

1984年我分配到家乡的一个乡镇中学。发工资后，我邮购了《生物学通报》复刊以来的所有杂志，同时购买各种新版大学教材和教辅资料，后来还订阅了包括《生物报》在内与其他生物学科教育有关的报刊。高中语文老师鼓励我们背书和写日记的习惯，我一直坚持着。背诵《中国青年》等报刊的刊首语和评论，成为我的必修课，这对担任班主任很有用。每年班级新年联欢晚会或班会课上，我都会背文章或讲故事给学生听。

因为看得多，慢慢产生了发表文章的冲动。1987年在《安徽青年报》发表了处女作《劳逸结合，效果最佳》。这篇文章是班会课上的讲话。它的发表，对后来我的写作，起到极大的鼓舞作用。1988年前，所写的文章不是用稿纸写的，投了多次稿，只成功一次。

1988年启动教师职称改革，我担任单位的教师职称评委，在评审过程中，我深切感受到教师专业成长的重要。对教师来说，最重要的评价指标，一是要教好学生，以成绩说话；二是要讲究方法，使课堂有魅力；三是，要勤于笔耕，及时发表文章。同时，要积极参加业务进修，提高自己的学历层次。我花了三年时间，通过安徽省高中教师专业能力考试（相当于本科），又通过安徽省专升本统一考试，在安师大函授班（面授和自学结合）学习了三年。

上世纪九十年代初《安庆日报》发表县教育局秘书写的《献身教学于平凡》，对我进行报道，文章中特别提到我连续多年所教学生高考成绩在市里名列前茅，给我做了一个阶段性和鼓励性的评价。我的照片和简历在《中学生物教学》主编王志让的推荐下发表在杂志上。受县教研室的委托，我承担教育局的教研员工作，独立完成初中生物学科统考命题，参加市教研会和统考命题，偶尔上公开课、组织教研会和写教研活动简报等。在连续担任高中毕业班教学工作的同时，兼任过初中生物学教学，兼任卫生学校三年生物学教学工作，教过电大中师班的生物课。

有一篇《站在雷阳书院门口》的文章，或许从这一个角度对我的工作做了一个阶段性小结。

夏献平，这是一个在望江教育界知名度非常高的名字。我听到他的名字，听到对他的赞誉，印象中的第一次是在当时县委办公室一位秘书的家里，这位秘书的妹妹当时在读望江卫校，在学习上应该是一个后进生，她说，夏献平老师的课讲得真好，课下不用复习都记得住。后来听到过夏老师的许多学生都这样说，而且夏老师所授班级的成绩都超过生源更好的学校。并且夏老师的教研论文覆盖专业核心期刊。一个老师，在学生喜爱、学生成绩、教研论文这三个方面只要有一个方面做得很好就算不错了，而夏老师在这三个方面都堪称完美，这是多么不容易啊……望江工作时期，在望江中学的教育史上他也已经是一颗璀璨的明星，是承前启后的一座大梁。

这样的评价，虽然有过誉之嫌，但在当时的环境下，对当时的我，也许是中肯的。

在望江二中读书时，班主任杨老师鼓励我们写日记，这一习惯起到了不可或缺的作用，成为我情感释放的重要渠道。

2009年，我成为广东省名师工作室主持人后，开始写随笔，及时将自己的感悟记录下来，后来发表的部分文章就是从随笔中复制和编辑而成的。今天，这些随笔也成为本书的重要稿源之一。我2000年开始上网，在中国中小学教育教学网（K12）担任首个学科论坛（化学生物论坛）的版主，论坛上很多老师针对一线教学问题发表的看法，很实用，也很精彩，但却无法刊登在报刊上让更多人分享。为了推动论坛中讨论活动的进一步开展，同时提升论坛的专业水准，以更好地解决教学疑难问题。我萌生了担任报刊编辑的想法。2002年起担任《中学生导报》理科版主编，同时协助《中国教师报》"对话"栏目组稿，也被《课堂内外》聘为兼职编辑。2005年，在主编梁秋英老师的邀约下，在《中学生物教学》杂志开设互动平台栏目至今。

如今担任兼职报刊编辑工作已经有18年，参加统考命题工作近30年，一直从事着一线教育教学和教研工作。一路走来，很平凡，也很充实。

这本书，将作为新的起点，以激励我不断努力前行。

本书安排14章（含序章），是从多个侧面介绍自己的成长过程。从我为什么当老师写起，试图回答：我为什么是我？每个人的成长都有自己的故事，不同人的成长故事有不同精彩。

本书尽可能多介绍些教师成长的共性问题，尽可能以故事的形式作比较全面的介绍。"语文"影响到教师成长的很多方面，而恰恰容易被忽视，所以第1章——安排"学点语文"。

在本书即将出版时，有朋友建议增加参加编写教材的经历，所以安排了"我与人教社有个约会"做后记。

此为序章。

第 **1** 章
学点语文

生活多宽广，语文就多宽广；
同样，生活多宽广，生物学就
多宽广。

即使在今天，我仍然觉得语文对我来说，知之甚少，只是为了能胜任教学工作，学了点语文的"皮毛"而已。

课上得怎么样，简单地说，就是"话"说得怎么样。备课时要思考的主要问题是，说什么？对谁说？如何说？说得怎么样？

口语是上课的主要形式。在外来人口聚集的大城市，说话的能力，很大程度上就是说普通话的能力。它直接影响着教师的教学水平的发挥。不会"耍嘴皮子"，在课堂上是很难"混"的。所以，要上好课，就必须能讲普通话。

语言，有口语和书面语之分。口语与书面语往往有相关性。我想，善用书面语的人，可能口语更严谨些；善用口语的人，书面语可能活泼些。这是对能够驾轻就熟在两者之间进行快速转换的人而言。对教师来说，书面表达能力是进行解题、命题、开展教学设计和撰写论文所必需的基本功。生物学教学为何产生困惑，其原因很多就在语言表述上。例如，一些特例在表述时常常被忽视或滥用，一些教辅资料和试题出现歧义或指代不明。

语言表达能力，直接影响着教学的准确性和生动性。我常对学生说，人能上太空，并非是说我们每个人都能成为宇航员，个人属于人，人不等于某个具体的个人。这个例子看上去很简单，但却是教学中普遍存在的问题，特别是命题的时候，命题老师出现的争论，以及题目被教师质疑，比较多的就是这个问题，即对局部与整体的关系能否作准确表述。

在回答问题时，该具体时，就不要抽象，当你明明知道班上有50个学生，不要说成"多个学生"，虽说3个或3个以上氨基酸通过缩合形成的化合物叫多肽，但如果问你，有13个氨基酸结合的化合物叫什么时，你还是要答"十三肽"，不要写成"多肽"。能概括时，就不要只停留在事实层面。哺乳动物血液中钙离子的含量过低时肌肉会发生抽搐现象，这能说明什么问题？说"钙离子防止肌肉抽搐"，虽然没有错，但不够深入，如果能联系其他无机盐的作用而上升到"无机盐能维持生命活动"等类似的表述就更好。学生清楚后，对试题本身存在的表述问题，也就能进行甄别了。

学说普通话

学习语言，需要多听，多读，多写。不是为学而学，而是为用而学。

我的中小学语文老师，基本上是用方言进行教学的。那时家乡有个习俗，看到从外地回来的人，如果带来外地"口音"，哪怕是普通话，都会遭到非议，被称作"pie tai，前者读第二声，后者读第三声"，严重的，会戴上"一年土，二年洋"的帽子。似乎只有讲"土话"，才是爱家乡，才是不忘本。方言成为乡村传统文化的组成部分，说"家乡方言"成为老乡们的自觉行动。

在外地工作，能遇到讲同样方言的人，自然会产生莫名的亲切感，"老乡见老乡，两眼泪汪汪"嘛。但同时可以肯定的是，那些当着你的面，旁若无人地大声用你听不懂的方言交谈的人，给你带来的不是亲切感，而是"噪声"。可见，普通话在说不同方言的人之间，其重要性是不言而喻的。

在家乡，我是带着"羞涩"的普通话上课的，几十年后，来深圳工作的这些学生称我说的是"望普"。这让我体会到，羞羞答答的普通话，可能比方言好不了多少。

仔细分析，我的普通话说得不标准的原因，大多不是出在拼音上，而是在"阴平、阳平、上声、去声"这四声上，说话时，由方言转化为普通话的过程中，只转化了声母和韵母，"四声"却未能同步。之所以得出如此肯定的结论，是因为我用拼音打字的速度比较快，也少出错。大概是因为上课讲"望普"的时间太长，以致我的普通话说得很不"普通"，让我一个带安徽口音的人，刚来深圳不久，就被本单位一位长沙籍同事通知去参加湖南老乡聚会。我开玩笑对他们说，我对n和l分得清，你们将"蓝lan天"读成"难nan天"，我不会。

说普通话，是国家对教师的基本要求，更何况深圳的学生来自祖国的四面八方，甚至还有国外的，普通话说得标准与否直接影响到教学效果。

不难发现，初中学生对教师说普通话的要求远远高于高中生。有时一句话要讲几次才算表达清楚，不注意的，还以为我是这样"强调重点"。有一节实验课下课后，学生大多没有离开教室，我说："出去呀"，他们很迷惑，以为我要布置作业。我复述道："请大家qu—qu，到教室外"，并用手比划着，学生大声笑道："chu出—qu去"。这是严重的拼音转化出错，让我记忆深刻。

刚办教师资格证时，根据上级主管部门的文件，教龄达到一定年限的，不用考普通话。但我还是接受了严格而正规的普通话考试，也借此好好学习了一番。购买考试用书，看中央电视台的新闻节目，听备考磁带，每天早晚朗读复习资料。经深圳大学师范学院测试，我的普通话能被"计算机"识别而顺利过关。有了这张来之不易的教师资格证，才有"真正"的教师身份。我很看重这张证书，因为它是对一个普通老师努力学普通话的肯定，也增强了我继续说好普通话的信心。

我高考语文虽然只考了50多分，但并不意味着我的语文水平一塌糊涂。我背诵了很多文章，这些成为我最大的语言"财富"。在孤独和寂寞时，不时会默诵"包身工""荷塘月色"等文章。以至于后来，我喜欢读报和看书，背锦句。在大学，被同学称了几年的"老夫子"，开始我很难接受这一"绰号"，时间一长，也习惯了。因为背书和看书，让我的生活很充实。

1981年11月举行"世界杯排球比赛"，让我开始关注体育比赛，也热衷于模仿中央电视台宋世雄先生的解说："各位观众，各位听众，我们在日本大阪，向您播报第三届世界杯女子排球赛……"，深深感到，在如此重要的国际比赛中，解说员的功夫就是"说话"，是说流利的普通话。同时，因为排球，我也喜欢看各大报刊对体育比赛的报道和评论。

后来，我的阅读范围拓展到其他内容，例如，《人民日报》的社评。几乎每篇都看过，至今，还记得1982年元旦社论的题目是"一年更比一年好，定叫今年胜去年"，我觉得读这样的文章，很受鼓舞。这一习惯，坚持了近10年。

上世纪80年代末，上海《文汇报》刊登贾平凹的《人病》，我读了多遍后，作为班主任推荐给语文老师看，没想到他让学生抄写在教室后面的黑板上，说这样便于学生随时学习。因为这篇文章，我也开始关注贾平凹的散文。例如，他在《人民日报》发表的"说话"很有趣，文章中提到，因为普通话说不好，他出门很少话说。后来我仿写了这篇文章（见本书）。在《家庭》杂志看到他写的系列文章，例如"说生""说死"，为他的幽默和写作功底叫好。

《人民日报》"大地"专栏有篇文章叫《呼啦圈》，将风靡全国的呼啦圈现象，引申至社会多个热点。《南方周末》的评论中，有一篇文章是用"你是疯来，我是傻"做标题，来评论某电视剧，我也收藏了。

很多年，只要在教室，我时不时会翻翻学生的语文书，以便更好感受"生活有多宽广，语文就有多宽广"的正确性和魅力。

记得在1987年前后几年的元旦晚会上，学生让我表演文艺节目，我就是靠背书"混"过关的，例如，《中国青年》杂志上的刊首语："这是一个壮怀激烈的时代，一个创新的时代，也是一个竞争的时代。竞争，归根到底是人的竞争，人的素质的竞争。

中国青年更有自信力。个人对人类来讲自然是沧海一粟，但个人所蕴含的能量又足以使他干大事业，成大气候。……"这篇文章我给学生背过多年。在得知学生感到课本上许多内容难记时，我背《包身工》《茅屋被秋风所破歌》等文章给他们听，有时也亲自示范背他们感到难记的内容。在担任初中班主任时，曾与学生一起背历史等学科知识，以致他们的平均分成为年级的第一。

我曾将生物课本上的学科专有名词全标上汉语拼音。为学普通话，我订阅了《汉语拼音小报》，也购买了历年的《咬文嚼字》。我也因此了解到，"呆板"的读音，是由"呆dai板"，改成"呆ai板"，再改成"呆dai板"的。

标拼音，是学习普通话的有效办法，虽然影响说话速度，但收到了意想不到的效果。当然，熟悉汉语拼音，没能帮我彻底纠正口语发音，但能帮助我提高打字速度。

每用到汉语拼音，也让我想到，我汉语拼音的启蒙老师——我读初一时的史老师。

一字之师

一字之师就在身边，可能是学生，也可能是同事，关键是你要善于发现。

工作第三年开始，我特别喜欢与语文老师"打交道"，作为一个高考语文没考及格的人，已经开始写文章了。每次写文章时，我的高考作文总与我"如影相随"，是在不断提醒我，写文章不能太"自白"，一定要给文章"立意"。教育类文章一定要有"价值关怀"这个观点，深有同感。你说街上遇到的某人长得好，不一定要说出"漂亮"二字。

1981年，我参加高考的那年，高考作文题目是"毁树容易种树难"。我在高考作文中举例说，班级出黑板报，我们花了几个小时，结果被人一分钟就擦掉了。本以为写得不错，但实际结果是没有得多少分。有人对我发表感叹说，刚刚经历"文革"不久，国家急需人才，作文中应该写"十年植树，百年树人"啊，我觉得有道理。但对16岁的孩子来说，要有这样的高度是不容易的。

有个语文老师是我的学生家长。他总是以欣赏的眼光看待我的工作，也包括我写的稿子，他将自己的作品给我欣赏的同时，也热衷于点评我的文章。记得我发表在《安徽教育》的一篇文章就得益于他的指点。当时文章中出现了很多"学生"二字，他提示我将其中重复出现的"学生"改成"他们"。当时，觉得"妙不可言"，这样的修改方法，对我的写作有一定帮助。他也就成了我的"一字之师"。

有一年，一个初中学生，说我黑板上的草书中"扁形动物"的"扁"字少写了一竖，让我汗颜，我在班上肯定了他的细心。对初中教学来说，不管什么理由，都不能将专业名词写错，他自然也是我的"一字之师"。

华南师大一位教授在讲座时，谈到如何运用引号，可谓我的"一字之师"。对许多事情的描述，在口头上随便聊聊很容易，但要变成文章，却不是那么容易。我在编辑和处理稿件时也发现，许多老师写的稿子，内容很不错，但由于口语太多，而不能被专业学术期刊刊登。实际上，他们也是因为不善于用引号造成的。报刊发表的文章需要用书面语言，有了引号，将口语转化为书面语，就不是难事。例如，我要说某个人"有两下子"，若不用引号，直接写上他"有两下子"，是不合适的；同样，说读某篇文章感到"很爽"，带上引号也许就比较书面了。

刚参加工作后的前3年，写了几篇稿子，但只有一篇发表在《安徽青年报》上，后来一位物理老师看到我将文章写在一张白纸上，就提醒我，写文章要用稿纸写，不然无法发表。他的提示，让我减少了不少无效劳动。他也是我的"一字之师"。

此外，一位语文老师曾告诉我，引用他人文章时，要考虑句号的位置，放在引号里面与放在外面的含义不同。他自然也是我的"一字之师"。

工作中，我们需要这样的"一字之师"，也希望有更多这样的"一字之师"。在期待他们"好为人师"的同时，也需要主动去做他们的学生。

我应该感谢我的学生，虽然我的普通话说得不好，但他们却总是表示友好。课后，我常常问他们："我的普通话如何？"他们说"不错，能听懂"，有的甚至说："很好"，个别同学说"要讲点土话，否则会沉闷"。以至于在对老师评教时，没有影响到对我的总体评价。

近年来在外做报告或发言的机会多了，由于大多是讲生物学科内容，也没当面听到对普通话问题提出批评。记得2007年在深圳宝安中学的《宝中大讲堂》上，我特地问了一下在场的学生："你们听得懂吗？"没想到，很多人齐声说"听得懂"。可见，高中生已经会给他人留"面子"。

2002年，为提高写作水平，我在《中国教师报》上发表了《我写教研文章的体会》一文，与此同时，在《教师之友》主编的建议下，我主动将自己的文章草稿发到论坛上作为"靶子"让老师们发表看法，引起了不少语文老师的关注和参与，很多老师对我的文章提出了修改建议，这对我写作兴趣的提升有一定激励作用，后来我将文章发表在《生物学杂志》上。

对我的语文学习来说，特别值得纪念的是，2004年核心期刊《语文建设》转摘了我的文章；在陈晓华老师的邀请下，我还参加了同样是核心期刊的《中学语文教学通讯》有关话题的讨论，让我的名字再次出现在语文杂志上。在严凌君老师的推荐下，《高中生作文》也有我的两篇文章。

（写于2010年）

点评字典

字典是工具书，是学习语文的得力助手。对字典进行点评，甚至挑毛病，可更好学习语文。

1997年我在课堂上，讲到细菌，学生说我对"菌"字的发音不准。我特别郁闷，因为我还以为读得很标准。课后，我查阅《新华字典》，发现我将菌字的读音，读成了第四声。查字典，无意中发现，字典对部分生物学内容的解释有问题，我及时写成文章，邮寄给上海文艺出版社，给《咬文嚼字》杂志。郝铭鉴主编接信后电话我，与我讨论了多个语文问题，且鼓励我继续研究，后来我发现《辞海》也有一些值得讨论问题。这篇文章因为审稿等问题，没有刊登在他们杂志上，而是2年后发表在华东师大《生物学教学》杂志上。后来我连续写了一些文章，对部分报刊有关生物学内容作出点评和解释。同时对教材和高考中有关问题提出了质疑。这些文章大多属于"咬文嚼字"，可以认为是利用生物学科学习语文的尝试，今天看来，语言相对稚嫩，但毕竟是自己成长的过去。《生物学教学》发表的文章如下。

> **编者按**　编者按：夏献平老师以生物学专业的科学眼光审视了大家熟悉的《新华字典》，提出了15个不妥之处，他的严谨的学风是应该提倡的。《新华字典》作为一本面向大众的字典，在各学科的专业性上不能过分求全，否则一般的读者可能会看不懂。这类条目怎么写，是可以商榷的。

某报1999年10月23日第10版"有感于《新华字典》无差错"一文称："在不久前举行的一次图书质量检查中，权威专家鉴定：商务印书馆第九版《新华字典》的错误率为零"，"《新华字典》自1953年问世以来，不仅以其规范性、权威性、科学性和准确性，成为其他语文工具书的蓝本，同时也以3亿多册的发行量，居世界辞书首位"。

诚然，《新华字典》是受广大读者（尤其是中小学师生）欢迎的我国最畅销的工具书。但令笔者感到不安的是，这样一本影响深远而广泛的，作为标准、典范的工具书，却也存在着一些常识性问题，直接威胁着其应有的地位和使用价值。以下试以新编《新华字典》有关生物学方面的内容为例作一简析，以期引起编者和读者特别是权威专家的关注。

1. 违反科学

对部分字、词的解释违反了科学事实。

〖例1〗 第209页对"肌肉"的解释是："人或动物体的组织之一……"

【简析】 其实，一块完整的肌肉是一个器官，其包含有肌肉组织，也包含有神经组织和结缔组织等。

〖例2〗 第259页对"菌"字的解释是："低等植物的一大类，不开花，没有茎和叶子，不含叶绿素，不能自己制造养料，营寄生生活，种类很多……"

【简析】 上述解释存在2个问题：①菌类都不含叶绿素吗？应该说，真菌和大多数细菌等不含叶绿素，或者说，菌类一般不含叶绿素；但少数细菌（光合细菌）却含有叶绿素，能进行光合作用，自己能利用无机物制造有机物，属自养生物。再说，"叶绿素"也并非制造有机物的充要条件。例如，能进行化能合成作用的硝化细菌、硫细菌、铁细菌等，就能利用环境中物质氧化放出的能量将无机物变成有机物。②菌类都是营寄生生活吗？否也。寄生是指从活的生物体内获取现成养料维持生活的现象，属异养方式之一。但许多细菌却是依靠分解动、植物遗体来生活的，其营养方式属腐生。再说，上文提到的自养细菌亦不是营寄生生活的。

〖例3〗 第347页对"膜"的解释是："动植物体内像薄皮的组织……"

【简析】 笔者认为以上引文中"组织"二字应改为"结构"才妥。因为生物体内被称作"膜"的结构并非都是组织。现将其分类作一简介：①构成细胞的结构。例如，细胞膜等。一些单细胞生物具有膜结构，但不能形成组织，因为组织是由多个细胞所构成的。②部分组织。例如，骨骼肌的肌束膜等。③个别器官。例如，膈（旧称横膈膜）是由多种组织构成的器官。

第444页对"神经"的解释是："人和动物体内产生并传达知觉和运动的组织。"　　　　　　　　　　　　　　　　　　　　　　　　　　　　〖例4〗

显然，这是误解。宜改成"人和动物体内产生并传导神经冲动的结构"。因为知觉的形成离不开大脑的参与，有些低等动物（如，水螅）虽有神经，但无大脑，不能形成知觉，更谈不上传达知觉了！再说，高等动物和人通过传出神经纤维支配肌肉产生运动的过程也不能说成"传达运动"。　　　　　　　　　　　　　　　　　　　　　【简析】

第576页对"遗传"的解释是："生物体的构造和生理机能从上一代传给下一代。"　　　　　　　　　　　　　　　　　　　　　　　　　　〖例5〗

应对引文作两处修改：①在"构造"前加上"形态"二字才完整；②将"上一代"改为"亲代"、"下一代"改为"子代"，或将"上"字删去。因为，讲上、下代时不可忽略本身这一代。　　　　　　　　　　　　　　　　　　　　　　　　　　　　　　　【简析】

2. 以偏概全

有的解释具有一定的片面性，易给初学者造成误解。

第97页："人体缺少碘能引起甲状腺肿。"　　　　　　　　　　〖例6〗

这是指成人而言。婴幼儿缺碘则是引起"呆小症"。　　　　　　【简析】

第203页："蛔虫，寄生在人或其他动物肠子里的一种蠕形寄生虫……"　　　　　　　　　　　　　　　　　　　　　　　　　　　〖例7〗

这是指"成虫"而言。其幼虫生活的场所有肝、肺等器官。　　　【简析】

第481页对"绦虫"的解释是："寄生在人或家畜肠子里的……"〖例8〗

【简析】这也是指"成体"而言。其幼虫可生活于猪肉等处，"米猪肉"就是猪肉含有幼虫的缘故。　　　　　　　　　　　　　　　【简析】

第555页："血液，动物体内的一种红色液体……分配养分给各组织……"　　　　　　　　　　　　　　　　　　　　　　　　　　　〖例9〗

①动物的血并非都是红色；②应将"分配……"改为"运输……"。　　　　　　　　　　　　　　　　　　　　　　　　　　　　　　【简析】

3. 隐含误导

对部分字、词的解释偏离了正面教育的方向。

〖例10〗● **第359页中认为"大鲵：……，肉可吃"**

【简析】● 大鲵（俗称娃娃鱼）属于国家二级重点保护动物，不能乱捕滥食。可说："肉无毒，但人的捕食属于违法行为"。

4. 落后时代

〖例11〗● **第144页中认为"肝脏"可"储藏体内淀粉……"**

【简析】● 当今"淀粉"一词特指"植物淀粉"，肝内储藏的多糖则称"糖原"（偶尔称"动物淀粉"）。此外，还认为，菌类是低等植物的一大类（见本文〖例2〗）。这种看法也已过时。过去人们认为菌类属于低等植物（从"菌"字的"艹"头也可知），主要是考虑其有细胞壁这一特点。但随着对菌类特殊地位的认识的提高，已将菌类划分至"原核生物界"（细菌、放线菌）和"真菌界"（真菌）。

〖例12〗● **第263页："〔抗菌素〕……旧称'抗生素'。"**

【简析】● 应改为："〔抗生素〕……旧称'抗菌素'"。早在1982年世界卫生组织就作出了将"抗菌素"改为"抗生素"之规定。也就是说，"抗菌素"一词已成为历史。

5. 表述不当

〖例13〗● **第321页对"卵"字的解释是："动植物的雌性生殖细胞，特指动物的蛋……"**

【简析】● 事实上，不仅某些动植物的雌性生殖细胞可称作卵，"受精卵"亦可称作"卵"。只有将"卵"字解释成"卵子、卵细胞（属雌性生殖细胞），或受精卵"才符合实际。至于动物的蛋，若是未受精的卵细胞形成的，则仅为一个卵细胞，否则是多细胞的胚。

〖例14〗● **第369页："〔排泄〕生物体把体内的废物如汗、尿、屎等排出体外。"**

【简析】● "排泄"作为生物学上的专用名词，特指"人或动物把新陈代谢的终产物（例如，二氧化碳、水、无机盐、尿素、尿酸等）排出体外的过程。"而"屎"的基本含义是"粪、大便"（即食物残渣），它是食物经消化后无法被机体吸收和利用的部分，它不是细胞在代谢过程产生的，故不属于代谢终产物，其排出的过程不叫排泄，而称排遗，人体进行排泄的主要器官是肺、肾和皮肤等。（注：《辞海》的有关解释与《新华字典》类似）。

第512页："胃脏，人和某些动物消化器官的一部分"

其实，"胃"本身就是一个完整的消化器官，而非消化器官的一部分。应该说，胃是组成人和某些动物消化系统的一部分，是该系统中多个消化器官之一。

为何经过以前的多次修订后，其仍存在许多问题呢？笔者认为，一是编审工作受人手所限；二是缺乏理科专家的参与；三是鉴于其权威性，查阅者大多数是将其有关内容作为待解问题的标准答案，很少去深究。由此看来，对字典的修订不仅要考虑语言文字的审读规范性和无差错等，还应注意避免出现以上几方面问题。

（选自《生物学教学》2000年第8期）

收到杂志后，我很感动。心想，编辑部能配发"编者按"并提到"他的严谨的学风是应该提倡的"，对我是鼓励。"这类条目怎么写，是可以商榷的"也委婉地表达了对文章内容的肯定。

〖 例15 〗

【简析】

是垃圾还是营养

《新华词典》中"垃圾"的定义：废弃无用或肮脏破烂之物。

我认为，对这个定义，需要做修改。理由如下。

1. "垃圾"也是资源

从物质循环再生的原理看，垃圾不等于是无用之物，而是放错地方的资源或财富。新华社2005年8月一则消息称，苏州高新区一家专门从事黄金再生处理的企业，平均每月可以从电镀废液和旧线路板、CPU等电子废品中提炼出10公斤黄金。当然，也有学者认为，这句话过于理想化，因为忽视了资源化利用垃圾的成本问题，不符合"整体性原理"。

2. "垃圾"可作为营养被人体摄入

从人体生理上看，"营养"和"垃圾"往往是相互转化的。只要是人体多余的物质，都可认为是垃圾。例如，脂肪是营养物质，但它在肝脏中过量储存时，无疑就成了垃圾。面对我们自己不断发胖的身体，我们许多人还会不断将"脂肪"这一"垃圾"作为"营养"储存在自己的体内，怎么就没想到，世界各地还有人不能保证温饱而"皮包骨"的人，对他们来说脂肪才是"营养"呢。垃圾，不等于"废弃无用或肮脏破烂之物"。像"脂肪"类物质，它常常被人们认为是"忠实"的"营养"，加上它特有的"香气"，而为我们所喜爱，这正是它的危害之处。当一个重度脂肪肝的人，大口吞食肥肉的时候，无疑是将自己当了"垃圾袋"。

3. "垃圾"的概念在发展

"垃圾题""垃圾文字""垃圾邮件"等新名词的出现，显示着"垃圾"一词的用途比较宽泛。不是简单地用"废弃无用或肮脏破烂之物"所能概括得了的。

由此可见，"垃圾"不等于"废弃无用或肮脏破烂之物"。为了不使"垃圾"的定义变成"垃圾定义"，建议做审读和修改。

点评教材

在1990年以后大约15年的时间，我对教材和高考进行了比较多的研究，其中不乏挑"毛病"，现在看来，有些用词趋于激烈，也可能欠妥当。1999年第3期《中学生物教学》发表了"例析生物教材中语言的严密性"的文章就是其中的代表。下面摘录如下。

我们知道，教学中语言的严密性直接决定了其科学性。而语言的不严密引起的科学问题在有关出版物（包括1990版高中《生物》教材）中时有出现。下面以人民教育出版社高中《生物》（1990年版）为例，作分析。

（1）"实际上，虎克当时所观察的是剩下细胞壁的死细胞。"

分析与建议：应该改为"……是死细胞剩下的细胞壁"，前者是指观察到细胞，后者是指看到了细胞的细胞壁。细胞壁只是细胞的一部分，不能将只有细胞壁的细胞结构说成是细胞。

（2）"在真核细胞中，有一个明显的细胞核。"

分析与建议：这一叙述易给学生造成误解，应该说"在整个生物界，有的真核细胞中只有一个核，有的则有两个核或更多核，还有的甚至无核"，例如，草履虫有大小核各一个，骨骼肌细胞有数百个核，而人体成熟的红细胞则无核。

（3）"在甲试管中注入1~2 mL新鲜的小麦淀粉酶溶液，在乙试管中注入清水

1~2 mL做对照。"

分析与建议：应该将"乙试管注入1~2 mL的清水"改为"乙试管注入等量的清水"因为1~2 mL属于不确定量。例如，甲试管中加入1 mL，在乙试管中加入2 mL，相差一倍，仍然符合引文要求，但不科学。

（4）"人体……这么多化学反应之所以能够在平常的温度、压力下迅速顺利地完成，完全是依靠酶的催化作用。"

分析与建议：其中的"完全"二字用得太绝对，应将"完全是依靠酶的催化作用"改为"其中酶起着关键性作用"才妥。

（5）"例如，人体在进行剧烈运动时……以致使肌肉处于相对缺氧的状态，于是出现了无氧呼吸。"

分析与建议：应将引文中的"肌肉"改为"肌肉的某些部位"。其实，人体在剧烈运动时，大部分仍然进行着有氧呼吸。

（6）"同样是受精的卵细胞……为什么有些遗传性状对雌雄后代的影响不一样？"

分析与建议：应该改为"同样是受精卵……为什么有些遗传性状在雌雄个体的表现不一样？"因为将受精卵说成是受精的卵细胞或受精的精子都是欠妥的。而性状属于表现型，是由基因控制的，不能说性状影响后代，只能说后代表现出性状。

对教材解读和讨论的文章，写得相对比较多。发表在1988年《中学生物教学参考》（《中学生物教学》的前身）的文章，就是对教材中"基因"概念的质疑，全文大约200字。当时教材说"遗传物质的基本单位——基因"，学生向我反映，这样的表述有歧义，因为遗传物质是DNA或RNA，DNA或RNA的基本单位是核苷酸。由于是第一次在杂志上发表，且是《中学生物教学》，此后与该杂志结缘了30多年。

对教材的讨论，还有一篇文章发表在人民教育出版社《中小学教材教学》，在此就不赘述了。

点评高考试题

1992年高考期间，我发现一道遗传学选择题没有正确选项，很急，于是发电报给教育部考试中心，虽然没有接到回复，学校领导对我的行为还是给予了口头表扬。后来听说该题对所有考生都给分了。

由于有对1985年试题质疑的经验，此后，很长一段时间我对高考试题发表了多篇文章进行讨论，这里侧重谈语文问题。

2005年第9期《中学生物教学》用4个版面发表"中学教学：呼唤高考试题规范化"，该文的第二部分是"试题规范化：需要准确、简明、科学的表述"。摘录如下。

高考试题历来在广大教师心目中享有不可替代的神圣感和权威性，它以稳而出新、活而守纲、科学严谨为显著特色，吸纳了科技发展的最新信息，反映了教育研究的最新成果，代表着国家命题的最高水准。它的长期流行，对促进广大中学生的思维能力的培养和素质的提高起着独特的作用。然而，佩戴"高考试题"标签的"垃圾题"所造成的负面影响也值得关注，它与培养学生"一丝不苟"的认真习惯相悖，是进行严谨、严肃和严密的科学教育的"不谐音"。同时应指出，若试题脱离了"科学性"，其难度、区分度等方面的测量学指标也就毫无参考价值可言。

广东卷第14题　图3是研究植物向性运动的实验示意图（为横放的枝条，图略），实验结果不能说明（　　）

A. 根具有向重力性，茎具有负向重力性

B. 生长素对植物生长的作用具有两重性

C. 根和茎的向性运动都是一种适应

D. 产生生长素的部位是根尖和茎尖

答案：D。

分析　图3所表示的实验现象能说明什么？能说明植物体内有生长素吗？否。只能说明"植物在横向放置时茎和根都可生长，且生长方向不同（相反）"。产生这一现象的原因以及适应性等特征非题图所能说明的。为什么"标准答案"认为可以说明"生长素对植物生长的作用具有两重性"的B选项是正确的呢？其明显含有根据教材所学知识对图示内容做"解释"的成分，只不过在解释时用到了"生长素作用的两重性"和"不同器官对生长素敏感度不一样"等知识罢了！本选项犯了基本的逻辑错误，即颠倒了因果关系。同样，C项内容也不是题图所能说明的，它是借助已有知识（或常识）而做的推论，它描述的是这一现象所具有的意义。所以本题答案应该是"BCD"而不是"D"。鉴于此，将题干中"不能说明"改为"可以说明"也许更科学，修改后的答案是A。可见，"某事实或现象说明了什么"与"对某事实或现象做分析或解释"是不同的，这是值得注意的。

之所以在生物学试题分析的文章中，用这样长的篇幅来讨论语言问题，是因为当时广东某地有老师反映，他们那里很多人认为"患儿"中有"儿"字，应该认为是男性。开始很多人对此疑问，不知所措。仔细想来，还是语文问题。

在《中学生物教学》2004年第7～8期发表我的长篇文章《回归教材　关注实际　考查能力——对2004年高考生物学试题的思考和分析》，其中有下面的叙述。

这里想重点谈一下关于语言习惯问题。对广东卷第15题出现的"白化病患儿"这一提法，有人提出质疑，认为"患儿"是"患病男孩"。对此，大家的看法不一，有人认为考生应该知道"患儿"就是"患病孩子"，也有老师认为它"不准确"。应该说，这并非试题本身的不科学，而与其对这一语言习惯缺乏了解有关。因为"患儿"习惯上与"患病孩子"是一个意思，就像"0～3岁的孩子"不管男女都可被称为"婴儿"一样，因为没有"婴女"这一说法。当然，若要表示性别也可称为"男婴"或"女婴"。只要考生稍做联想，就会想到一连串诸如此类的生活实例：医院的"儿科"也可收治患病女孩；女孩可与男孩同唱"儿歌"；"少儿节目"不是专门针对男孩办的；"儿童节"也属于女性儿童的节日；等等。顺便说一下另一个现象，去年高考中，有个别考生对试题中的"外祖母"不理解，因为在他的生活实际中只有"祖母"这一说法。随着社会的发展，当类似于"姨、姑、叔、伯、舅"之类的词语在现实生活中成为历史的时候，为理解"生物遗传"有关问题的需要，对其含义也许需要做更多的解释。所以，教学中如何发展学生的语言能力，这是值得讨论的。

点评深圳广州试题
——说说2014年广州深圳二模生物学试题

深考细胞学说的意义，广考细胞学说之内容；深考胰岛素能做啥，广考胰岛素产于哪；深考单糖检测，广考脂肪鉴定；深考分裂细胞重叠，广考为何盐酸解离；深考叶绿素提取分离，广考叶绿素吸光推理；深考谁影响麦粒萌发，广考什么调节绿豆发芽；深考二氧化碳哪里产生，广考线粒体参与呼吸；深从柱形图看食物关系，广以曲线观前后变化；深考分裂过程，广考分裂方式；深考竞争，广考共生；深考消毒，广考灭菌；深考染色体组，广考淋巴因子；深考花药培养，广考病毒侵染；

广说根无中心体，深说间期有核仁；广说自由组合需注意互作，深说遗传定律要弄清对象；广说遗传病检查用基因探针，深说探针检测需分子杂交；广说效应器连神经很重要，深说二氧化碳调节不可少；广让你复习反馈调节，深让你画画分级图解；广要你抽样检测，深让你差速离心；广看重羊水检查，深关注纸层析之法；广说氧化水解有别，深说拮抗反馈不同；广调查物种丰富度，深分析赤潮有鱼亡；广强调群落结构，深重视能量流动；广强调进化资料分析，深重视光合实验探究；广要你制作生态缸，深要你粗提取DNA；深说肝糖原可分解，广说非糖物质可转化；深考单克隆抗体，广考CG碱基不相等；深考PCR的使用范围，广考DNA复制所需条件；深说汞影响种子萌发，广说重金属让菌产酸减少；深说蓝藻无叶绿体，广说蓝藻产氧气；深有意补偿饱和，广在乎化能自养。

注："深"指深圳，"广"指广州。

（写于2014年6月27日）

仿写二篇

平台之夜
——仿朱自清《荷塘月色》

这几天心里还算平静。今晚在马路上散步，不时想起天天登录的平台，在这寂静的夜色里，总该另有一些新帖吧。气温慢慢下降了，夏天的炎热，在室内已经感受不到了；妻躺在床上看书，迷迷糊糊地要睡着了。我悄悄地整理了思绪，习惯性上网了。

顺着收藏夹，是一条笔直的因特通道。这是一条拥挤的路，白天也多人点击，晚上更加热闹。平台右面，镶着很多网友的名字，整整齐齐的。平台左下，是些竹子，还有正在互动的猫熊。没有上级的要求，平台讨论区总是活跃，有些牵挂。今晚却不同，虽然帖子依旧不少。

发帖的不只我一人，点着鼠标刷着。全部话语权好像是我的，我也超出了白天的自己，到了另外的世界。我爱发帖，也爱回复；爱上课，也爱教研。像今晚上，在这逍遥自在的论坛，什么都可以写，什么都可以不写，便觉得是个自由的人。白天一定要讲的课，一定要开的会，现在都可忘记。这是平台的妙处。我且受用这宽容的平台夜景好了。

密密麻麻的帖子里面，显眼的是篇篇话题。话题都不太长，像字字斟酌的诗。层层的回复中间，零星地夹杂着些幽默。有来自课堂的，有正规出版物上摘录的。正如一个个果实，又如教科书里的实验，又如影片《侏罗纪公园》。鼠标掠过，送来阵阵快感，仿佛教室里学生齐声说老师好似的。这时候屏幕和文字有一丝闪动，像电信号一般，霎时有一个旧帖被更新了。话题本是肩并肩密密地挨着，这便宛然有了一个新打开的话匣子。帖子背后是默默的思考，遮住了，不能见一些作者；而帖子却更见珍贵了。

思维如流水一般，静静地泻在这无数的帖子和文章中。淡淡的友情在平台里升起。帖子和话题仿佛在办公室里讨论过一样；又像是专题研讨会的影子。虽然是争论，内容却有一层神秘的纱，所以不能定论；但我以为这恰是到了好处——权威固不可少，暴露矛盾也别有风味的。争论是通过话题过来的，高处人为的迷信，落下浓淡轻重的影子，静悄悄如神一般；长长的考题的含糊表述，却又像是刻在平台上。圈中的话题并不均匀；但精与灵有着和谐的旋律，如杂志上的有序的目录。

平台的里面，上上下下，前前后后都是字，而题目最多。这些题将平台重重围住；只在讨论区上方，留着几行眉白，像是特别为杂志留下的。颜色一例是红红的，乍看像一本看不透的专著；但学科的风姿，便在名字里也辨得出。话题里隐隐约约的是一篇大作，只是有些零碎罢了。栏目每年也安排三五个专题，一人一篇的，是教研人的眼。这时候最热闹的，要数刊物的编辑与文章的作者；但热闹是他们的，不发言的什么都没有。

忽然想起互动的更多事情来了。互动是教师的工作，似乎从未间断，而课堂为盛；从课程理念中可以大致知道。互动者是各年龄段的人，他们是背着资料，哼着改革歌曲去的。互动者不用说很多，还有互动的旁观者。这是一个激情的年代，也是一个合作的年代。

群里圈里
——仿贾平凹《说话》

我不爱在群里说话，是因为群里的话随意。人一多，不知在对谁说，也不知谁在听，只有默默关注，能点赞的偶尔也点赞，能转的偶尔也转，或者干脆屏蔽。交流的作用能丢掉最热闹的一面，在圈里就比较多，能更好地静思，发呆。

我曾努力在群里互动，最早是互动平台刚创办的时候，再就是每年高考前，再就是互动有些知名度，时而有群里人邀请，但我一发言，情绪上就波动，像心理受过刺激的人一样，不愿多打一个字。自己讨厌自己的态度，也就羞于在群里选稿。后来想，很多权威人士不到群里表态，我也不敢说了。而我的朋友也有很多人打字不麻利，常是一边在群里说几句就一边电话交流，群话的思路便中断，越发没有兴趣，也没有欲望，于是干脆不太在群里了。

几年前与一个朋友群里交流，他乐于到群里，群里的活动由他说，遗憾的是他不是同行，交流虽然也可以，常让人感到不专业，互动群有散伙的风险。偏偏有人打着讨论专业问题的幌子，竟是散播负面消息的，我的朋友就没说一句，后来我问他为什么不交流，他说，人家是来发广告的，我要交流，那人还会说我故意戏弄他，所以他是沉默的。受他的启示，以后我更不愿意说群话了。

有一个冬天，有一位教师叫"爱互动"，突然给我发短消息，让我到群里去回答他的问题，那时还没见过爱互动的发言，我在群里招呼爱互动，几番等他讨论问题，一个小时也没见爱互动，群里几乎都沉默了，直到中午快吃饭了，我没说爱互动几个字，有人就说："现在可以讨论问题了吧？"我才恍然大悟是因为每次说话都点名爱互动，人家也以为我也是来为爱互动做广告的。我现在常准备一个广告，是关于互动话题的，我每每将"欢迎互动"的字样亮出来时，总能将群里活动的朋友或多或少的吸引到圈子里。

不在群里互动，我有点失落。我就不说客套，不说生活，不说琐事，慢慢乏于交流，越发内向。但我仍会互动，用课本上的话进行，感觉很顺畅。我这样做，其实，心里也有寂寞的，恨自己太固执。在写博文时，我总是回避有硬伤的话题，而参与那些换个角度也有道理的问题，写互动中的科学性问题时，偏说：没有人会永远不出问题的嘛！

有个记者朋友给我传授互动的经验：默默奉献，甘于平凡。我的一位学生知道后，他认为应该是"默默互动，乐于奉献"，他说要像老师一样热爱互动。

不在群里交流，会失去很多讨论机会，也避免了一些麻烦。现实中有口语和书面语——口语靠嘴，书面靠手，不去群里说口语，而滔滔不绝的口语向我而来时，我只能是做些编校工作。

写高考作文

2010广东高考作文题目是"与你为邻"：你我为邻，相互依存。你可以是有形的，也可以是无形的。邻，无法回避，却可有所选择。请你联系自己的生活体验和感受，以《与你为邻》为标题写一篇文章。不少于800字。

陌生的同行朋友：你可知道？从上网的那天起，我就开始四处打听你，想通过网络找到你。

曾记得，十年前的一天，我上网了，我首先在网络搜寻的，不是暗流汹涌的股海行情，也不是引人入胜的旁道消息……而是你啊，是一个愿意与我为邻、与我有共同语言的，愿意共同打造生物学教研新天地的你啊。为了找到你，我仿佛在大海里捞针；为了联系你，我们四处打听你，在你的专集上留言，给你打电话和发邮件。孤独的我，在网络论坛上徘徊，自言自语，自编自舞，可就是没有看到你的回复，没有见到你的身影。

十年了，你在哪里，你可知道，我是与你为邻啊，为什么鼠标在你的手中变得那么沉重，为什么登记注册比"登天"还难？也许你会说，你不知道我们在哪里，也许你还会说，你人在旅途身心疲惫，无暇回望我们，但你可知道，我们就在你的身边，我们是与你为邻。我亲爱的同行。为什么我们相见的路就那么长呢？

也许你会说，你很忙。我知道你是很忙，你有补不完的课，你有改不完的作业，还有做不尽的家务；也许你会说，你很烦。我知道你很烦，领导不一定器重你，同行不一定理解你，学生不一定懂得欣赏你；也许你还会说，你想改行……你可知否，我们有无数双眼睛在互相关注的同时，也在关注着你，因为我们是与你为邻啊。

你不是说，你对教材有许多不理解想直接与编者沟通但苦于无门吗？你的邻居中就有编辑老师愿意听取你的建议。你不是说，你是教研员，主要是要宏观指导而不想讨论具体问题吗？张洁老师就是资深的专职教研员，他每天都会写下教研体会，期待与你交流呢。你不是说，你太年轻不敢轻易发言吗？你的邻居中就有陶勇、蔡利鹏和周伟等年轻有为的老师期待与你交流；你不是说，你是快50岁的人了，再与年轻老师一起"玩"不好意思吗？余广琪老师临退休前还在与我们一起讨论高考话题。你不是说，你还在读书，不知道怎么与中学老师讨论吗？东北师大的硕士生邓过房老师就是我们的骨干呢，与你为邻的，老中青都有啊。

如果说，你已经功成名就了，你不再关心过去那些分子与进化之类的问题；如果说，你在工作之余为了健康而不能上网，如果……你无暇顾及我们这些普通老师邻居；我们理解你，也祝福你。

亲爱的同行，不管你想还是不想与我为邻，也不管你生活在哪里，在信息高度发达的今天，我们永远是与你为邻。

（作者与内质网生物学互动平台网友蔡利鹏、罗军辉等老师一起写同题作文，以纪念互动平台网上讨论区建立五周年）

点评（蔡利鹏）：

前不久在朱永新老师的博客中看到一篇《寻找同一尺码的人》的文章，颇有感触。思考再三，还是要从主持人夏献平老师身上去度量：在教学实践中坚持不懈地进行教学研究，在研究中学习，在学习中提高，始终站在教改的最前列……将责任性研究上升成了爱好或兴趣。他们可以废寝忘食，将教学研究作为生活中的一部分去追求。

以夏老师为代表的几位朋友以高考题为载体写的抒情散文《与你为邻》绝不是偶然的巧合，而是对"寻找同一尺码的人"经典解读。

期待下水作文

做学生时我也盼望看到老师的"下水作文"。从小学到高二我从没有看到过自己老师的文章，更不要说看到他写的同题文章了，虽然在老师讲评作文，特别是在为我们树立写作信心而说"写作文不难"时，我们私下就议论过老师的写作水平，也产生过"想看到老师自己的文章"的念头，却每每失望。我想，既然数理化老师讲过的题目自己会做，为什么语文老师讲过的作文自己就不能写呢？是不是语文老师大多只会说不会写？

我认为，教师写"下水作文"的好处，除了可以拉近师生间的心理距离外，还有以下两点：一是让学生真正体味到师生间心理交流的快乐和自身欲望得到满足的喜悦。渴望与老师平等交流，是每个学生的基本心理需求。教师应该做学生最需要做而且有利于教学的事情，教师"下水作文"的本身，就闪耀着人文精神的光芒。我想，不管老师写作水平如何（其实"下水"的本身也有利于提高自己的写作水平），出于对学生的关心，最好"下水"一两次，不然，你的学生也许会感到遗憾，你也会因此而失去与他们心理交流和提高威信的契机。二是开阔学生视野，增强学生信心。学生作文与教师作文，因经历和学识水平的不同，差距较大。教师"下水作文"本身就具有很强的榜样性和示范性，既能开阔学生的作文视野，又能增强学生学好作文的信心。

享受教育，从现在开始
读书笔记来整理
进修课程细讲解
同类好书有推荐
微信扫码

第 2 章

初登教坛

向自己的老师学习教书，努力
成为自己喜欢的老师。这是当
初的愿望。

37年来，日复一日的课堂教学和教研活动，已让我慢慢步入"老教师"的行列。

回想起过去从教的经历，有喜悦，也有"遗憾"。1984年，19岁的我分配到一个乡镇中学工作。据说，这一年该校因为缺生物学科教师，没有高中理科班毕业生。我的到来，他们能重新开办理科班。工作未开始，我的"成就感"就油然而生，压力也随之产生。

1985年，因为所教生物学科学生高考成绩优异，超过了改制中学，我获得了教育局的高考特别奖。全县共有两位老师获奖，都在我们学校，奖金每人50元，与一个月的工资相当。学校大会小会经常表扬我们。这一年，有了全国第一个教师节。节日期间，我参加了在县城举行的全县教师聚会，认识了不少同行。

1986年开始，生物学科高考总分提升到70分，一直保持到1994年。1986年高考，我的学生生物学科平均分列为安庆市前茅。这一年，教育局设置教师高考特别奖（只有一名），奖金是100元，发给了我。

为什么这样重奖于我，是因为这所学校学生生物学只有高二这一年开设，而改制中学开了两年，可谓"以一胜二"，更何况我们的学生中考分数相对较低。若将当年中考分数线按高到低分类，我们学校是第5类。其实，我的真实感觉是，我们的学生大多很优秀，可能是中考没有发挥好。

有学生帮助我总结教学经验时认为，能取得如是成绩，最重要的因素是"与学生打成一片"，他们"不好意思不考好"。

21岁那年，因为县城要办高考复读班，且省里规定不准高三复读班在校内办，我被调至县城中学，担任教室位于校外（宝塔村）的复读班班主任，该班共有学生138人。这个"班主任"岗位，是挺能考验人的，远比乡下的班主任难当。很多熟悉的老师替我捏了一把汗。光是组织学生高考报考和写鉴定，就要花费很多精力。1987年，因为所教的学生是"选民"的缘故，我当上望江县第九届人大代表，公示结果表明，在县直教育口我的票数是600多，远高于教育主管部门负责人的得票数。就在我被确定为正式代表时，我在桐城参加安庆市生物学科教研会议。回来后，很多学生比我还高兴，因为这项"成果"里有他们的努力。后来我被列为安徽省人大代表正式候选人，并接受了组织部门的考察。因为我是人大代表的缘故，也自然当上了学校职称评委、教育局全国优秀教师和模范教师的评委等，此时，我的文章也陆续在报刊上发表……这些"意外"，深深地鼓励着我，也为教学营造了具有激励价值的外部环境。原来准备要报考研究生的我，也就慢慢淡忘了此。

23岁那年，教育局再次给我发奖，奖励生物学科单科最高分达到全省第二名。此后，因为平均分，每年都获得学校的奖励。其中1989年我的奖金是486元，远高于工资，居全校第一。这一年，我评上了县"十大杰出青年突击标兵"。团县委要求我们到各地巡回演讲，但因为带毕业班，只在本校讲了一场。我演讲的最后一句话是"今天我们桃李芬芳，明天就是社会的栋梁；今天你们在这里听我演讲，明天就是我听大家胜利的喜报"，会场报以热烈的掌声。走出会场，听过校园广播直播的语文胡老师对我进行了鼓励，很开心。这一年起，我连续三次获得安徽省孙超集团安庆市教育奖励基金（共评三届）。

那年12岁

1976年，我进入初中；1977年，全国开始恢复高考。

我就读的是一个大队（村）初中班。这个初中班开办于1976年，一共办了两届，我正好赶上第一届，它大概是因为乡（公社）里响应上级号召要普及初中教育的产物。初中班就设在一所小学里，我们的老师也是由当时的小学老师"升任"的，小学初中班相对于公社（乡）所在地的初中来说，离家比较近。一开始学生都是走读，到初三时才安排包括我在内的部分同学睡通铺。对于11岁的我来说，走读是自由和快乐的，感谢上级有这样的安排。

我们那些可爱的老师，都是劳动人民的后代，也非常具有劳动人民的本色。他们既要教书，又要做农活，生活非常紧张和忙碌。他们学历不高但经历丰富。他们有的只是"文革"期间的高中生，最好的也只是初师毕业，但他们多才多艺，既会教数理化，又会教音体美，还会排演文艺节目，以至于让我今天无意中时不时会唱起那些红歌。他们教起书来，很是"玩命"，上课大多声音洪亮，板书也非常有力，有时硬是在那已经破旧的黑板上画出了频率很高的"吱"声，以至于想睡觉的同学也得睁开眼，等待什么时候再发出同样的声音。有个数学老师画的图异常漂亮，他画直线不用尺子，却胜过用尺子，让我们很是佩服，也让我们尊敬。由于当时处于"共大花开分外红"的年代，"半工半读""勤工俭学"是学校必须保持的基本状态。我们的学习很自由，上课也很热闹。有的课上，学生的声音比老师还大，常是此起彼伏。往往是下课铃刚响，我们就冲出教室去占领教室门口的露天乒乓球台，大耍一场。有时整天帮助学校所在地的生产队"勾破头"（让田里的大土块变小土块），以实际行动"学大寨，赶大寨"；有时去采摘夏枯草等中草药，以支援医疗事业。

让人感到惶恐的事情是，1976年的9月9日，初一下学期刚开始不久，上午就听说要求全体师生下午4点集中听广播。一整天都被弄得神秘兮兮的，偶尔看到老师们相互耳语几句，不知道到底发生了什么。到下午四时，广播里长时间放着哀乐，仍然不知道是怎么回事……原来是毛主席逝世了。老师们都表现出"痛苦"，同学们也不敢大声喧哗。回到家，看到曾经当过县农林局副局长的外公号啕大哭时，更是不敢多说一句话。因为谁都不知道接下来会发生什么。

1976年9月18日到县城中学体育场参加毛主席追悼会，街上行人如梭，主要路段都是人挤人。会场上不时有人被担架抬出，有人说，是因为他们站的时间太长而"中暑"，也有人说是悲伤过度，让我隐隐感到有一丝害怕，怕同样的情况发生在自己身上。10月全校师生参加了公社（乡）在一个干枯的水库里举行的万人集会，听领导传达"中央打招呼会议"精神，感到很神秘，也产生了很多的不解。

1976年，周恩来总理和朱德委员长先后逝世，全国上下笼罩在悲痛与茫然的氛围中。

我爷爷也是这一年正月去世的。爷爷和奶奶，很早前与一些同乡移居在同县的另一个乡"拓荒"，又称"种州"。他们勤劳苦干，不仅种庄稼，而且植树，收入远高于在老家时单一的种田。我与爷爷见面时间不多，他对我是百般宠爱，他脾气很大，但从来没批评过我，并且非常耐心地指导过我打算盘和玩扑克牌。

这一年，唐山发生地震。暑假一段时间，我们晚上要在户外睡，以防随时可能发生地震，比小时候听说的要钻到防空洞躲避原子弹还可怕。唐山地震的威力"震慑"了我们幼小的心灵，使我们蒙上地球不可靠的影子。后来参加的一些活动，让我有所改变。这就是齐声喊着口号，从一个村子走到另一个村子，加上我是"领喊"的，声音喊得更大，喊着喊着，胆子也就喊大了些。

初二年级要多读半年，名曰"补缺补差"。从这一年开始，春季的"升留级"改在秋季。因为国家恢复了高考，春季招生改为秋季。这也成了我当"老师"的背景之一。个人的前途和命运与祖国的前途和命运紧紧结合在一起，我该有切身体会了。

1977年的一天，在长航安庆市港务局工作的父亲，看到吴越街新华书店门口有许多人排队购书，也跟着给我买了一套数学复习资料，其中有《初等代数》《初等几何》

等。那个时候，没有电视看，也没有什么其他特别让我喜欢的游戏，所以自己在家里将书上的题目一个一个地抄下来做。先抄例题，再抄习题。没想到，这样一"抄"，让我"抄"得很自信了。以至于敢与老师"辩论"。例如，我知道数轴上的实心圆点有特殊的含义，而不是某个老师说的是印错了的原因；我还知道什么是韦达定理；学会很多简单的计算方法。这时期存在的"学习就是学数学，数学好就代表学习好"的想法，影响了我的全面发展。后来，我遇到了一位数学老师，同学们都喜欢他，他当然也特别看重我，每次家访时，对我最严肃的批评就是，说我太粗心，考试太喜欢提前交卷，每次考试都只考一半时间。事实上，这一坏毛病一直到高考都没改掉。正是因为他，让我12岁就有了当"老师"的经历。

有一段时间，他因为家里有事无法来学校上课，竟然让我替他上数学课，我也就非常愉快地"逞能"了。在讲"韦达定理"等内容时，有的同学听不懂，要求重讲，使我感到更有"成就感"，讲着讲着也考虑起"教学方法"了。后来，语文老师也将他的参考书给我，让我上文言文《隆中对》，当时以为文言文的备课如此"简单"，就是"一个字一个字地对照参考书做翻译"。后来我常想，我为什么不讨厌当老师，当初他们的信任和鼓励，功不可没。

这位数学老师就是我们尊敬的陈春红老师，他令我们最难忘的品质就是不断学习，后来他考取了省委党校，成为了县党校的教师，我刚参加工作时与他有书信来往。非常令人痛心的是，他早年因病离开了人世。现在与同学见面时仍然会经常提起他，也非常怀念他。他是亲自培养我做老师的启蒙老师。

初中"当教师"这段经历，让我乐为人师。以至于在家里，时不时将左邻右舍那些比我年龄小的"弟妹们"召集起来，进行辅导。给他们讲故事，带他们背书和计算数学题，直到几十年后的今天，我这个小老师还被念念不忘。

在这个初中班的同学中，我后来能通过"高考"途径找到工作，算是非常幸运的一个。

初三的最后一学期，在舅舅的帮助下，我转到了公社中学。在那里正式做了"寄宿生"，虽然时间很短，但经历的事情让人记忆犹新。对我影响最大的是，这半年，开阔了视野。例如，知道了什么叫幽默，物理老师的课堂笑声不断，他将想睡觉却不敢睡的学生比作木匠，因为木匠弹线时"睁一只眼和闭一只眼"；也知道了什么叫"文采"，政治老师说话，文学味很浓，例如，要我们踏着烈士的足迹前进等，让我们很是佩服。从语文老师那里知道，年纪大的人，午睡时"只要眯一会，哪怕5分钟就可以了"。在这里，与同学的交流更多了。我们会为在对越自卫反击战中牺牲的19岁的王灿烈士而感到伤心，也会为部分同学"调侃"其他同学的家长而感到不快，更会为个别老师的不良教育行为感到愤慨。

班主任是数学老师，很有特色，也很有名气，因为我的数学成绩比较突出，他给予我的鼓励远远多于批评。他在教室讲台右边开设了"看谁做得最快最好"的栏目，展示学生对疑难题的抢答成果，让我有了更多"出名"的机会。他对我们的要求异常严格。例如，他要求我们午睡，谁若不睡，则要拿着砖块围绕校园转圈，只是听说，谁也没有见过。虽然我很疲惫，但中午确实难以入睡，也不敢睡，因为一旦睡着了，到下午上课时就不想起床了。有一次午睡经历，让我久久难忘，是在冷湿的被子里睡的。头天晚上"尿床"，不敢声张，更不敢拿到外面的太阳下去"展览"，只能自己用身体的热量将其"蒸干"。也许在今天的学生看来是不可思议的，但对于当时每天摄入大量咸菜，睡眠时间不到8小时的14岁的我们来说，却是不正常却能理解的事。那时的我，一天到晚，除了口渴就是疲惫。

还有一次，学校要求我们从家里挑"粪桶"到学校，以便将学校厕所的粪挑到附近的农田里。按照流行的说法，初三是"老大哥"，"老大哥"不挑，谁挑呢？但想到，要从近5公里外的家里拿"粪桶"到学校，很是没面子。于是只好硬着头皮到离学校大约1公里左右村子里的远房亲戚家借，这也成了培养我独立到一个从来没有去过的地方与从来没有说过一句话的人打交道的教育案例，这也许是一次比较成功的社会实践吧。

还有两个校外活动使我印象深刻。

那个年代的劳动教育是受重视的，是没有中考和高考的背景下的劳动教育，高中毕业要到农村参加劳动一段时间后才能推荐去参加招工、招干和参军，"劳动"深刻地影响着他们（"文革"期间的高中毕业生）这一代人，也影响到我们的初中生活。我们不用学校安排，大都有参加劳动的经历。我上小学前后，最重要的家务劳动是与哥哥一起，分工带妹妹，每人半天。哥哥不在后，我成了孩子中的"老大"，因为母亲一人带着3个孩子，还要参加生产队的集体劳动，到三年级开始，农忙时，我必须做饭，即使几次将煤炉上煮稀饭的铝锅烧破，也得继续。初中阶段前，到150米外的吃水井挑水这样的重活，在母亲忙的时候，大多是舅舅和小姨包了。我在炒菜时，外婆他们也常来亲自给予指导。到初中暑假期间，我就正式成为拿工分的社员，因为长辈们的照顾，我们都没有做重体力活，我多年暑假被安排在稻场负责收晒稻谷，有时帮助称重、记账。也偶然到田里除草，或在收割稻谷后将田间的稻草挑回……

我的数学学习，在初中阶段，因为经常陪高我两届的同学到小学去玩，所以就经常拿着比较难的平面几何题向杨孝玲老师夫妇请教。这个过程有时需要比较长的时间，她与我们一起讨论解题方法，既让我们有足够的独立思考机会，又能学习思维方法，还能将自己自学的内容进行有效的复习，感到收获很大，特别是提高了学习的兴趣。

有一件事，影响了我多年。

1977年正月初一，我原本要早起，与邻居的伙伴们一起挨家挨户去拾未炸响的鞭炮。结果起来晚了，首先是怪母亲没有及时喊我，接着是感到自己头晕得厉害，没法起床。之所以敢轻易怪罪母亲，是因为此时的我，比较娇惯了。

我的母亲曾评为化工部劳模，对小孩的要求本来也很严格，但因为我的哥哥在9岁那年在门口池塘不幸落水而亡，她因此很久不能走出思子之痛。父母后来几乎没有打骂过我们，哥哥在世时，因为调皮被责罚相对较多，他们很自责。

随着时间的推移，我头晕越来越严重，视觉越来越模糊，再小的东西，在我看来都是"大山"。先是请赤脚医生来看，发现我身上有很多"血点"，母亲不放心，同时找乡医，感到问题很严重，类似于脑膜炎。到深夜，已经是昏迷不醒了，在德庆母舅带领下，由叔父和兄长们用担架将我抬到红旗（太慈）卫生院，整个过程，我只依稀记得几秒钟，在路过桃岭乡歇息时震动的那一刻。

无情的流脑病毒，让我昏迷了一个多星期，它给我带来的恐惧不是在发病过程中，而是治疗和恢复的日子。躺在病床上的我，坚持要医生"拿个锤子将吊瓶打掉"，并认为"这样做，才是打点滴的最好的办法"，我固执地认为，不这样做的人"智商低"。后来，我怀疑自己的"智力"，怕出现"后遗症"。

在汤医生的主治下，病终于治愈了，但还是落下后遗症，这就是后来多日不能下地走路，稍微走点路，腿要痛很长时间，碍于面子，不敢声张，一直到大学，坚持每天长跑，才彻底恢复至正常。

向自己的老师学教书

教书时，如果对自己曾经的老师的上课情况作些回忆，有特别的意义，对他们的教学自己有亲身感受，所以他们自然成为我学习和研究的对象。他们的课堂，有哪些是值得我学习的？这类问题，需要在实践中去作答。

我之所以热爱中学教育，不能不提及我读高中时的老师。我总是告诉自己，今天的学生可能就是过去的"自己"，不敢有丝毫怠慢。在看到有学生听课没劲时，马上会想到自己做学生时的心理状况，对他们首先不是责问，而会想：他们是不是身体不舒服？是不是对老师的课有看法？总是想方设法地将他们的"郁闷"释放出来。

数学老师可能是对我最关心，给我的鼓励和信任最多的老师。他虽然年过半百，但与我们在课堂上是平等地对话。他为了鼓励我，甚至当着全班同学的面认真地说"不少作业题，我是要与献平对答案的"，以至于大家都认可我的数学是班上最好的。后来他讲立体几何时，几个同学老是向我张望，原来是他总结的规律里有我名字的谐音："线线平行，线面平行。"他在课堂上总是不断提醒我们注意营养，注意休息，对数学课本身则没有更多要求，也不需要做更多的要求，因为那份情感早已成为我们的需求和鼓励。他的家，就在校园里面。我总是将自己遇到的一些难题请他解答，有时自己会做的也去问，一定要看他是怎么做的。而他则是百问不厌，非常耐心地启发我思考。他对学生的关爱，其长者风范，始终影响和促进着我。

物理老师上课干净利落，单刀直入。他上课没有任何废话，除了说物理外，就是展示数学的简便计算方法。上"自由落体运动"一课时，第一句话就是"什么叫自由落体运动呢？"然后画上一个漂亮的图，接着讲公式和例题，最后连续写上几点醒目的"注意"，清清楚楚。在课堂上，他常常是右手拿粉笔，左手拿香烟，在要求我们思考问题时，就顺便吸上一口，显得非常自然和惬意。就连点烟的时候也能关注到学生是不是在打瞌睡。其上课的教态，在我们看来很是"优美"的，我经常在课余时间模仿他的动作，学习他说话的语气。

语文老师的功底很深，他读过私塾。他教给我的知识和能力，主要不是在高考中受益（我的高考语文成绩为57分，满分110分），而是在后来的工作中起作用。例如，他要求我们背成语词典，让我们写日记，要求我们将课后习题中许多没有要求背的内容背熟。他最"牛"的教学行为是写过"下水作文"，在毕业前与我们写过同题作文，并将自己的文章读给我们听，让我们评价。他也曾经多次表扬过我，例如，说我的作文中"乒乓球在树林中飞舞"等描述，写得好。

政治老师的课讲得非常经典，工作也非常认真，虽然他当副校长，但对每个学生都非常熟悉。他讲评试卷时，不仅能说出每道题有哪些同学做错，还能说出错在哪里。我们都说他"厉害"，也负责。我们对他的评价是能"以身作则"。

体育老师对我个人的影响，不是在室外，而是在室内。虽然两年制高中的备考压力很大，但我们还是非常期待下雨，这样，体育课就改在教室内上。他给我们讲有关世界杯的故事，讲中国女排世界大奖赛，我们常常听得入迷；他教我们唱《驼铃》，我们的教室也因为有他而充满欢声笑语。他俨然成为音乐、体育和心理教师。

生物课是高二开始开设的，老师上课有板有眼，字体隽秀，条理分明，虽然高考只占30分，但他是当作100分来教的。他说话不紧不慢，环环相扣。每节课快到下课时，他常说的一句话是"时间太紧，内容太多"，并成为他习惯性拖堂的原因。我在刚开始参加工作时，也想到模仿他，但后来我却走了一条与他风格大不相同的路。

他们都是受学生普遍欢迎的老师。正是由于他们给我的印象太深，才使我在入职的前几年，能够有意无意地将他们个人风格中我喜欢的做法渗透在自己的课堂中。

（选自《课程教材教法》2015年第10期）

教学实习延长

最早让我感到当老师是快乐的是教学实习的日子。

我被辅导员方老师任命为实习组长，Y同学和P同学为副组长，这个实习组一共10人，分别担任初一到初三10个班的生物学教学和班主任工作，我担任的是初三复读班的生物课。因为这所学校没有生物学专业背景的任课教师，所以我们没有见习期，直接进教室上课。学校的生物学科教学和班主任工作随着我们实习的开始，就被我们实习组全面"接管"了。微生物学王老师是我们的指导老师。

那是一所建在小山坡上的初级中学，名字叫汉口中学，隶属于休宁县。由于实习的日子离现在已经有点久远了，加上后来再没有去过那，所以那里的许多人和事，似乎已经从我脑海中慢慢淡去。不过，有几个片段，在我的记忆深处刻下的痕迹相当深，不时还会在脑海里"播映"。

那晚的雷声实在响

平时晚上，我们基本上是备课和改作业，或者到教室去看自习。

那天晚上，雨下得很大，同时遭遇停电。与前几次一样，我立即赶到教室，让学生不要离开。先带他们摸黑唱了一首歌，然后将生物书上的一些重要概念背了一番，也请他们背语文，或讲故事，此时，教室里的欢笑声与外面的风雨声交相辉映。过了一小时左右，电来了，外面的雨却没有停止。我们实习教师回到房间又开始备课和改作业了。

雨下得更大，在越来越亮的闪电衬托下，天空显得格外的黑。雷声离我们越来越近，仿佛就在我们身边。果然，让我们终生难忘的事发生了，闪电近距离光顾了我们实习组，光顾了我们亲爱的同学和平生第一次正式带班上课的学校。我是站着，灯泡就在我的头附近，F同学与Y同学是坐在铁制的双人床的下铺，还有几个同学也是围在灯泡边。一刹那，随着灯光的熄灭，闪电的白亮和震耳欲聋的声音，让我们一齐发出尖叫声，我们全部被"电击"了，我手上的书被"打"到地上，站在我旁边的同学倒地了，床上的同学感到屁股发麻。我站在那里发呆。沉默了一会，大家都开始说话，还好，我们基本上没什么事。只有一个同学的臀部与床接触的地方烧伤一点皮。

很快了解到，海拔低于宿舍的教室的学生安然无恙，我们仍然是有说有笑地谈论被电击的体会，也开始备课。

后来知道，这次"电击"事件中，隔壁班有一个学生，当时在语文老师宿舍问问题，靠在墙上，一条腿被烧伤了。发现这一现象的老师说，辅导该学生的语文老师睡在地上很久才爬起来。他们说，不知道是吓怕的，还是被"电"出问题了。

一天扫掉几年的灰

我们生物班在学校的卫生工作是有名的。虽然我从小学开始一直担任着班干，但真正找到当班干的感觉还是实习前的日子，因为知道自己很快要当老师，做事更主动了。这也为我的实习工作奠定了基础。

正是因为我们10个同学接管了他们学校的10个班，所以我们实习组的活动，也就是全校的活动。我们随时可以发动并开展全校性的大型活动。例如，每周集中搞一次大扫除，这也是我们施展才华的"拿手好戏"。在组织学生每周将教室和寝室冲洗一遍的同时，也要求每个学生周末时将自己的课桌洗一遍。我们对学生实行卫生责任制，谁身边有垃圾就追究谁的责任，要求每个学生课桌周围不能有纸屑，要求每天最后一节课后都要洗一次黑板……在打扫寝室时，我们实习老师带头钻到学生那固定的厚板床下，帮助他们擦洗灰尘，我们的脸上被黏上蜘蛛网，身上布满"历史"的灰尘，我们感到的是老师的幸福和快乐。我们得到了学生的信任和尊敬，得到了指导老师的支持和肯定，也获得学校校长和主任的高度赞扬。

家访的路有点远

某个星期六，我们尝试着家访。那个时候没有电话，交通也不便利。我们几个人在我的学生叶顺秀等同学带领下，先步行大约1公里到镇上搭乘公共汽车，半小时后下车，接着，沿着河边崎岖的山路，走十几公里。号称离学校有百里，到底多少，不清楚。我们走的是山边小道，一路上，没有感觉到累，因为我们是做老师的，学生不累，能累吗？我比学生大约要大3～6岁。

到叶同学的家门口，一眼就能看到屋子里吊了几块大大的腌制的猪肉。隔壁左右的乡亲都来了，他们说"省里的领导来了"。乡亲们忙起来了，有的烧水、倒茶，有的洗菜、切肉……厨房里忙得不亦乐乎。后来听说，就餐地点之所以安排在叶同学家，是因为相对宽敞，也相对干净。

虽然这里的老百姓很多人没见过汽车，也有的没有去过镇里，更没有去过市里，也没看过电视，但他们很淳朴，很憨厚，有强烈望子成龙的愿望，给我们这些即将从事教育工作的人留下了不可磨灭的记忆。

重回实习学校

我与其他同学一样，实习一个多月就回到了自己的课堂，重新做起学生来。然而，三周后，辅导员通知我，希望我将实习学校这届毕业班带到中考（当时以为有中考）。此时，自己即将毕业，心事飘摇，为什么没有拒绝呢？

实习结束时的感人场景，依稀还能记得。当时我们在马路上看着身边送行的学生难舍难分的表情，从他们的泪水中读到了幸福，感受到什么叫离别，什么叫依恋，也感受到做老师的价值。此后一段时间，我们潜意识里也将与学生关系的火热的程度作为衡量实习成功与否的直观标准。

回到学校后，一时难以平静。稍回过点神来，却收到学生的来信，信中表达了他们对老师的思念。我读了一遍又一遍，并尝试着写回信，但总觉得自己对他们的感情远远还没达到他们的"水平"，我也无法表达对他们如是真情的真挚感谢，所以就没有回复。就在回味这份感情的同时，一件让我感到既惊喜又尴尬的事情发生了。有二十多位学生结伴来看望"老师"了。见到多日来念念不忘的学生，很是开心，但面对这么多人的就餐和住宿，也确实有点为难。只能是宿舍变"招待所"，教室变餐厅，这也许是那个年代解决这类问题的唯一的办法。

好在实习归来后，实习老师们都明显"成熟"了，情商也提高了，对人和事也多了一份理解，相互之间的关系更好了。即使是女同学，在我找她们帮助解决女学生的住宿时，也给予了积极的帮助。例如，中文系的杨敏霞同学帮助解决了多名女学生的住宿，现在想来，仍然很感激。第二天，询问她们被学生"打扰"的情况，听说没说我的"坏话"时，倍感自豪和欣慰。

就餐前，我借到一些脸盆和碗勺，组织学生一起洗刷，一起到食堂去打饭菜，将教室的课桌当饭桌，吃饭问题就这样解决了。当时，在学生面前，显得特别有面子。

有了这次聚会作背景，答应继续进行教学实习也成了自然的事。实习学校将每周的4节生物课安排成连堂放在周末，每节课给我0.8元的课时费（算是第一次拿工资），车票和就餐费他们全报销。我印象中，我的票据从来没有交给他们报销过。

毕业前，我与个别学生偶然也有接触，例如，我陪陈慧同学一起去屯溪老街找过她亲戚家。毕业后，与所有学生再也没联系过，也没有联系方式，但这份情谊，值得我珍惜。

刚毕业带毕业班

1984年8月，到县教育局报到时，初步获知，我会去一所农村中学，并且了解到这个学校因为原来的一位很有名气的生物学老师进城后，有一年没有理科班了，之所以让我去那里，是因为他们即将开设理科班。对于19岁的我来说，要到一个陌生的地方工作，压力很大。好在其地名与原来实习学校很相似，都有一个"口"字，这也增加了一份亲切感。工作上几次变动，变来变去，最终还是没离开"口"字，我今天仍然生活在带"口"字的地方，从汉口到赛口，再到蛇口，看来温饱都不成问题。

暑假时，我被请去为当地出过一份招干考试题。这次考试只考语文和数学，我负责数学卷，从命题，刻钢板，到印卷和改卷等都是在封闭状态下独立进行的。考试对象是近几年来高考落榜的考生。在今天看来，这些学生中许多并非是学习上的差等生，如果按照今天这样的升学率，他们中不少人也应该是重点大学的学生。

命题过程中，我参考了数学杂志，选用了自己过去认为有思考性的复习题，拼成了一份自己认为比较满意的卷子，考试结果是，最高为70分。暑假这样的经历，让我想到了很多与教学相关的问题，例如，学生学的科目比较多，花在每个科目上的时间是有限的，要想在某个学科上有所突破，需要课堂上老师对他们有比较好的引导；学生对某一学科学得是否好，关键是靠自己。对高中学生来说，教师让他们明确这一点才是教学成败的关键所在。

一到工作单位，我立即开始新的生活。学校安排我担任高二、初三和初二的生物课，后来将初一的生物课也给了我。

当时安徽省的高中有两种模式，一种是三年制高中（或者叫"改制高中"），另一种是两年制高中。按照省里规定，先是从重点中学开始进行改制，由两年改为三年。例如，1984届的高中，市重点中学的毕业生已经是改制的，县重点中学到1985届才改。我工作的学校则仍然延续着两年制，估计是师资不够的缘故吧。但听说，以后也要改，只是还没等到改制，我就调离了。两年制学校的学生，生物课只开一年，这是惯例。也就是说，我担任的高二学生在接受我一年的教学后，就要毕业，就要与改制后的县市重点中学学了两年生物课程的学生一起参加高考。他们的高考成绩，将决定我能否在这人生地不熟的地方立足。

因为我同时带初中，所以，我将初中教材也熟悉了一遍。我当时采用的方法是，将教材的内容和页码都背熟，确保讲课时尽可能的不翻看教材。这对我的教学帮助很大，我也有更多精力去关注学生，也让部分学生很佩服。同时，熟悉初中知识，能更好地满足高中教学的需要。为了进一步了解外界信息，我自费订阅了《生物学通报》和相关的教学用书，并做了大量的学习笔记。期间，我还尝试写了几篇稿子，也不知道是因为没用稿纸抄写的原因还是其他原因，没有刊用。但已经渐渐感受到自己的思考与报刊同步了，经常看到别人发表的观点与自己类似，让我也找到了自信。

在辅导学生时，总是有意无意将自己的数理水平展现出来，督促他们更好地学习。我也准备了高中数学书，时常会进行复习，对他们所谓的数学难题，也能答上一些。

那年的10月份，县教育局组织的教学检查，对我的教学起到了非常大的促进作用。带队的是教研室彭德林主任，教研员中有高中母校两位老师，还有一位是太慈中学的教导主任。后来听说，他们在不同的场合都对我的教学水平给予了充分肯定，让我在后来的教学工作中干得更有"味道"，也更能得到学生和学校认可。

1985年，获知学生生物学高考成绩优异后，也有老师当面提醒我说，高考有偶然因素，如果连续考好才能说明问题，我铭记在心。

第二年，在潜山县（市）野寨中学召开的安庆市高中生物教研会上，我被教研员徐春华老师安排做重点发言，此后每年都享受了这样的"待遇"，我也得到了更多反思与提高的机会，因为我会注意倾听同行的发言，也会认真准备发言。

这里值得一提的是，第一学年一结束，学校就打算让我兼教高一化学，认为担任化学老师在中学更有前途，要将我培养成为一位优秀化学教师。对领导的一片好心，当时没能理解。我最终还是以自己专业不对口，化学无法教，不想误人子弟为由婉拒了领导的要求。没想到，在工作的第二学年的第二学期，也就是中考前的一个月，初三化学老师因家里有事，我还是不得不担任了初三化学的教学工作。当时我的弟弟就在这个班上，我前后大约教了一个月，内容大概是溶解度和酸碱盐。从这届学生的中考情况来看，全县总分的前几名都在这个班上，他们的化学也考得很好，我弟弟的总分也考了全县第4名。这说明没有因为我的代课，他们的成绩就下降了。

第一年刚结束，听说我所在学校高考考得不错，曹长结等同学考取了大学，有的还是本科。我的初中和高中同班同学，有的要求到我班上复读。我以各种理由拒绝了，最重要是担心耽误他们的前程。第二年，教室里还是多了一个年龄比我大的高中同学，他在高一曾经与我是同班同学，是高考考场上的"倒霉蛋"，当年我俩的数学在全年级是最好的。我们都偏科，但他贪玩，加上高考期间有这样或那样的问题，所以一直没考上。

他与我的关系是非常友好的，毕竟同学的感情深，因为他，我的班级管理和教学工作非常顺利。例如，他不断对同学宣传我的数学是如何如何好，我的教学水平如何如何高，他见的生物老师多，有比较，最有发言权。在我上课时，他若迟到，会给我打招呼，在我代数学老师上几节数学课时，他带头给予了支持。

这一年，也就是我所教的第二届毕业班，高考生物学科成绩，在上年的基础又有了比较大的进步，平均分超过了绝大多数重点中学。

这年暑假，学校着手办复读班，安排我继续担任班主任，听说有不少学生已报名。就在新学期即将开学的时候（8月28日），县教育局通知我到教育局报到，据说我可能是要进教研室或者县中学，宿舍安排在教育局招待所。就这样，永远离开了那所让我顺利度过最困难时期的初入社会急需学习和成长的学校。后来随着我的离开，不少成绩好的学生也跟我进城，继续成为我的学生。这些学生，有的是1986届的，也有1985届的。1986届学生虽然也是复读生，实际上，与我同时教的1987届应届学生是同年参加中考的，所以在我心目中仍然是应届生，该校1987年高考状元和生物学科状元就是跟我一起过来的学生获得的。他们成为帮助我尽快在新的工作岗位站稳脚跟的重要力量。这是后话。

工作头两年，值得回忆的东西很多：我几乎每天都要跑步，每天都与学生一起做广播操，经常打球。每天要从水井里拉水（偶尔到焦赛湖）洗衣服，上厕所要到离宿舍几十米的学校公厕，有两次触电的经历，跟着体育老师学习摔皮蛋，跟着同事喝猪油开水，从一开始就是拿定级工资……

到县城第一年我教两个复读班，还有一个应届班。虽然也经历不少困难，但学校领导和同事给予了很多的鼓励和帮助，教学工作非常顺利。

到第三年，随着考研的彻底放弃，从事一线生物学教育工作，已成为我人生唯一选择，对此我坚信不疑。

第 3 章

面对高考

任何教育教学改革，都不能忽
视高考指挥棒的存在。不熟悉
高考，就无法进行高考备考，
甚至无法胜任高中教学。

生物学首次进入全国高考是1981年，当时只占30分，1982年提高到50分，到1986年升至70分，部分地区1992年开始取消生物学高考资格，开始实施3+2方案，我所在的安徽省以及广东省直至1995年才取消生物学的高考资格。

其实，在1990年就有老师向专家请教，说生物学是副科，主要是因为不考的缘故。专家反问道，不考吃饭就不吃饭吗？老师回答，不考就不学习，饭还是要吃。

高考正在从知识立意到能力立意，同时推行试题标准化之时，1992年北京开始取消生物学高考，理由主要是为了减轻学生过重的学业负担。我当时认为，这个理由很牵强。所以在《生物报》教研版发表自己的看法，一是认为，学习需要适度的负担，有负担的人，行走得更快。就像挑适度重担的人，比散步的人走得快。有目标的人，比无目标的走得快。二是认为，科举制时代，哪怕只学一门，学生的负担也会很重。所以，高考的负担，主要是来自竞争，而非科目多少。就像吴敬梓的《范进中举》里提到的，只考一篇作文，负担未必就轻。现在回想，当初之所以出现改革的反复，有其历史原因，当时特别强调改革是"摸着石头过河"。

1994年9月起，我在深圳市育才二中担任初三和高二的生物学教学任务。高二学生会考，47位同学的成绩19个为优秀，优秀率在深圳市名列前茅。此时，全国陆续多个省取消了生物学高考的地位。1995年育才二中合并到育才中学。育才二中改为育才中学后海部，水湾部为高中部。因为没有高考，我担任纯初中的生物学科教学到1998年上半年。1998年下半年，王校长将我调到高中部，担任高二生物学科教学，1999年没有开设生物班，但我组织学生参加广东省生物学联赛，10个同学参加比赛，有7位获得深圳市前10名。在我的努力下，坚持要高三开生物班，在生物实验室上课。我当时的想法很简单，作为深圳市的重点中学，生物学科在高考不能缺席，更何况有学生要求呢？2000年有6位同学参加高考生物科考试，学生平均分664分（标准分），秦晓东同学生物学单科成绩进入全省前列，进生物班时他们的语数英三科总分在年级排名倒数前10名中占三位。

在育才二中的一次座谈会上，吕型伟先生特别提到要提倡"扬长"教育，并以世界跳高冠军为例说，如果当时要求他所有项目都合格，可能他就不能成为世界冠军。我说，现在生物地理不考，能否帮忙呼吁。他说，不考，可以更好搞改革。我当时提到，不考的话，很多地方不开这门课。

也就是说，我真正关心高考改革，是从取消生物学高考开始的。

1999年广东省率先恢复生物学高考，这是值得庆幸的事情。生物学在广东省只停考了4年。除上海外，比其他任何省市停考的时间都短。20世纪90年代，广东的高中最晚实施过渡版教材，但2004年率先与其他三个省（区）一起使用课标实验教材。与此而来的是，教育部门及时对教师开展了全员培训。培训，促进我反思。我在《光明日报》《中国教育报》《中国考试》《生物学通报》《中学生物教学》等杂志发表了多篇文章。《中国教育报》刊登的"新课改呼唤深化高考改革"就是其中的一篇。

新课改呼唤深化高考改革

《中国教育报》编者按：从2004年秋季起，广东、山东、海南和宁夏四省（区）开始实施高中新课程方案，各科课标也将全面进入实验阶段，这意味着与此相适应的高考改革必将进一步深化。

什么样的高考才能适合新课改？中学教学怎样进行才能既符合课改要求又能适应高考？未来高考地位是否会发生变化？学生学习偏科问题能否得到根本解决？如何正确理解"减负"？这些问题都将引起我们的关注和思考。

反思过去：高考阻碍课改还是促进课改

"办学水平如何，得看高考成绩。"这已成为社会和一些地方教育主管部门对中学进行评价的重要标准甚至唯一标准。在一些中学，高考方案与考试大纲（或说明）事实上起着教学计划和教学大纲的作用，甚至高中教学目标只剩下"为高考服务"这一条，教师是"考什么教什么"，学生是"考什么学什么"。

教学计划和教学大纲在不少地区从来或者大多数情况下没有全面实施过，学校在施教时往往通过分科和排课等方式，鼓励报考文科（理科）的考生放弃理科（文科）的学习，高考科目成了教学科目，提前分科变得习以为常。即使是如今实施3+X的绝大多数地区，高考科目以外的科目，哪怕是必修的也未必让学生做全面修习。例如，考文综（或理综）的考生，会弱化或放弃了理化生（或者政史地）科目的学习，若按中学教学计划和教学大纲做全面而严格的检测，可以说，不少"合格"的大学新生并不一定是合格的中学毕业生。

同时，许多教师深感会考成了"走过场"，偏科现象依然严重。现在仍在大多数省市实施的上世纪80年代中期创立的会考制度，原以为可以有效地解决学生过早分科和偏科问题，但终究因为其成绩不与高考直接挂钩，而陷入了"走过场"的尴尬境地。从学校和考生来说，对非高考的会考科目做弱化处理，是为了保证投入更多精力用于高考科目的学习。当初实行3+2高考方案时，有人以为，因为有会考做基础，减少高考科目有利于减轻考生的负担，结果学生负担没减轻，被高考减去的学科教学在中学却遭到了削弱甚至抛弃，这些学科在一些学校形同虚设。

可以说，只要没有统一命题和考试阅卷等手段认定的非高考科目，相关学校都会不同程度地放松对毕业生的教学要求。即使是在省会考中未达到要求的，补考时也会降低标准让他们"达到"。

近年来，随着高考改革特别是高考内容改革的进一步深入，从单个高考科目的教学来说，重视考纲在一定程度上可以促进课改。因为考纲从内容上涵盖了教纲，并在能力要求上高于教纲。中学教学的难度很大程度上是由高考试题的难度所决定的。由于高考试题比教纲更具有时代特色，因此其对中学教学方式的改变有明显的引领作用。

随着高考改革的推进，试题保持了基础性、探究性和开放性，其强调能力和素质、强调骨干知识、强调理论联系实际（紧扣社会发展和学生生活实际），逐步抛弃了死记硬背类试题，做到了"遵循教学大纲但不拘泥于大纲"，体现了课标的理念，维持了正在实施的新大纲起到的与课标接轨之作用。

例如，课改目标中包含的知识、能力、情感态度和价值观在高考中均有体现。虽说在纸笔为主要形式的高考中对情感态度和价值观等难以考查，但近几年的高考中做了大量的有益的探索和尝试。例如，2000年高考考查了对人类基因组的意义的评价，2003年考到了对生态入侵的看法等等。高考试题之导向作用而派生出的能力类试题，特别是具有时代特征的探究和开放类试题，在中学教学特别是平时的练习中所占的比重越来越大。

高考试题能在今天被根据新课标编写的教材大量引用，也是很好的说明。从这点上看，高考推动了中学教改，带来的深远影响将长期在中学教学中发挥作用。以考促教始终在中学教育中占有着不可替代的作用，坚持这样的命题思路，必将有利于推动中学的教学改革。

展望未来：实现高考与课改良性互动

可以肯定的是，在"一标多本"的情况下，课标比以往的教学大纲更具有法定作用。那么，课标能否代替考纲？课标能否作为来衡量高校合格新生的唯一标准？答案是否定的。这是由于功能不同所决定的。课标是衡量合格毕业生的依据，是面向全体学生的；而考纲是作为选拔高校合格新生的命题依据。从知识和能力要求看，考纲应该更灵活、要求更高。

当然，课标应该作为制定考纲的依据，高考应该是课改的组成部分。只有这样，高考才能有效地促进课标的顺利实施，这也是为达到"合格的高校新生首先必须是合格的中学毕业生"这一要求的必然之举。正因为如此，高考改革就显得格外重要，它直接关系到课改能否有效地推进。

课改不是降低对学生的要求，而是要改变学生的学习方式，提高学生的能力和素质，使学生从机械重复的学科试题训练陷阱中解脱出来。对高考起作用的学分的认定，一定要严格规范，希望国家对课标的实施情况作严格有效地监控，同时，学校要接受社会的监督。

高考改革：如何促进学生素质全面提高

"减轻学生负担"是整个社会发出的振聋发聩的呼声。这里的"负担"是指过重的、片面的课业负担。

但对"负担"必须有更多的理性分析。获取知识和提高能力，没有"负担"是不行的。"负担"意味着压力，压力可转变为动力。承受不起一定"负担"和压力的人，是难以适应纷繁复杂之社会的。要培养学生更好地面对复杂社会的能力，而非只是解题的能手。高考改革必须以促进学生素质的全面提升为主要目的。

学生的成功，不仅仅体现在学业成绩上，更重要的是人格、精神上的提升和培养。课改注重完善合格毕业生的标准，这一标准是科学精神与人文精神的和谐统一。高考只要能够保证每个学生有一个公正的考试环境，保证认真按照课标学习的优秀学生有更多的升学机会，就是合理的。

总之，高考改革直接关系到中学课改能否有效地推进，关系到中学优秀毕业生能否升入理想的高校，进而关系到我们民族的未来和社会的安定。

（选自《中国教育报》2004年9月8日）

如何看待高考题

高考试题是有限的人力在有限的时间内命制的，往往是原创的，是没有经过检验就直接应用于考试的，难免会出现这样或那样的不足之处。

1. 题目的争论只是学术讨论

最近，在内质网互动平台上，对2010年高考中的生物学科试题进行了比较全面的讨论，内容大多涉及试题的科学性。

毋庸置疑，高考试题相对平时的模拟题和训练题，其科学性、新颖性等都有明显的优势，这与其特有的权威性是相吻合的。研究高考试题，包括熟悉其命题思路，解答方法，考查的目标，有利于我们更好地了解高考，把握教学标高，从而更好服务于今后的教学。

通过讨论，有利于在教学中对试题进行扬长避短。例如，试题答案不完善的地方，在教学中及时加以解决，可避免出现误导。

高考试题中涉及的社会和科技热点，可启发中学师生进行拓展和思考，是难得的教学资料。试题中涉及的命题思路，考查方向，也可直接应用到教学中，以改变我们的教学方法和思路。

通过对试题的讨论，并将讨论的结果反馈给关心高考命题的专家，有利于他们今后改进工作，提高命题水平。

通过讨论，可使因为高考试题引起的心理烦恼得到有效的解决，有利于高三毕业班的老师的身心健康。

由于高考特有的选拔性和权威性，这就决定了我们的讨论只能限于"学术争论"。高考是政府行为，高考试题承载着政府对人才的选拔功能，加上高考试题本身的问题可以在阅卷中加以修正等，所以，高考不会因为试题本身的问题而重考。这也就对我们进行互动讨论的重点提出了限定要求：什么样的答案更合理，试题是否可以命制得更好些，试题对教学有什么启示，等等，而不是试题本身有没有错误。

2. 高考试题本身就是热点问题

高考试题往往会引起激烈争论，说明试题在教师心目中的地位之重要。这方面的话题很多，但讨论的难度确实比较大。虽然每期稿子中相互"碰撞"和"争论"的"味道"甚浓，但遗憾之处也不少，例如，题目作者不能参与公开讨论，部分疑问或质疑的产生，是因为不理解的缘故。虽然考试和教学中对考题的科学性要求很高，但在部分老师看来，也许是没有辩论的必要，因为按照考试功能，他们更需要从测量学角度来思考，更注重测量价值和一定的时效性。高考试题和阅卷结果在高考和录取期间必须是正确的，这是高考的特点所决定的，它必须一锤定音，不具有重复性。由于试题和阅卷都是在有限的时间内完成的，在无限的时间和空间内难免会发现一些值得讨论之处。由于试题本身的水平相对较高，加上带有一定导向性，其必然成为今后的教学内容。所以，试题问题也就成为教学问题，甚至是中学教师最为关注的教学热点问题之一。这也是互动平台栏目多次将其列为热点话题的原因。

考试与教学到底是什么关系？不考就真的不学吗？如何对待考与学的关系？通过这一问题还能折射出哪些问题？中学教学的现状，生物学科教师地位等，都将成为关注的对象。

教师是如何成长的？一个人的成长经历是否能让他人受到启发：反思自己，借鉴他人的成功经验。老师群体中共性的东西很多，特别是专业成长方面。学习一样的课程，教授一样的教材，看类似的期刊，但每个人在成长过程中遭遇的故事总是有差别的，面对同样的问题，其处理方式和态度会有所不同。性格决定命运。你的经历，你对自己的经历带有反思性的叙述过程，不经意间，也许让别人产生"胜读十年书"的感叹。"教师专业发展大家谈"被列为互动平台的长线话题。

新课程是不是仅仅换换教材或换几个名词？新课程到底实施得如何？老师们对课改的认同度怎样？是不是进行了创造性实践？新课程是不是对老课程彻底否定？一线教师最有体会，也最有发言权，他们将以亲身的实践和理性的思考作回答。新课程热点话题，虽然连续刊登了多期，但将会继续刊登。

互动展示了特定时间内参与者们智慧的同时，也反映了一线教师对中学生物教学的热爱之情和关切之心。互动稿的形成过程，因为时间和精力所限，也难免存在这样或那样的问题，可以做进一步互动。

（写于2010年6月）

评"高考最有可能考的题"

近几年，每年高考前网上都会流行"今年高考最有可能考的题"，对此，不必理会。因为按常识是这样的，最有可能考的，也无非是个"可能"考，相对于《考试大纲》规定范围以外的内容来说，涉及《考试大纲》规定范围以内的所有题，都应该被认为是可能考的。

不可否认，高考命题是按照《考试大纲》进行的，作为考生来说，按照《考试大纲》备考就没有错。只要高考命题人员有起码的创新精神，理论上，考生就不可能猜到一模一样的题。从这个角度上看，"最有可能"考的，也是不会考的。同理，若只是从内容上认定其考的"可能性"的话，凡是《考试大纲》要求的内容，大多数都是可能考的。我们平时的所有按考试大纲命制的训练题，都是可能考的。再说，高考题有十几套，说"最可能"考的，到底是说哪套题可能考呢？

我带过20多届高三毕业班，最近几年都听到有人自称猜到了高考题，而事实上，其考试成绩并不一定支持这些人的观点。果真猜到了，也不一定是好事，因为猜到的题目，不等于百分之百地相同，其中存在的差异往往会让那些有思维定势的考生吃亏。不是发生过有老师平时训练题与高考一样而答案不一样的事情吗？2008年，哪个高中理科学生没有训练过有关"基因突变的时期"这样的题目呢？可以说，考生对此内容达到了熟记的程度，但由于他们没有好好看书，结果是熟悉此类题目的考生反而做错。原来，人教社高中生物课标教材的叙述与平时训练的题目的答案是有出入，高考答案与教材是一致的。等到高考试题出来了，仍然有老师感到不解。这一话题，在《中学生物教学》的互动栏目刊登过，当时刊登此话题的目的，就是想启发我们的读者去认真研究教材的变化，而不是一味地要高考和教材去适应我们的过时了的知识。高考既要适应教学实际，也要发挥指挥棒的作用，以促进中学推进课改，包括知识的更新。

在网上搜索发现，"最有可能考的题目"这样的内容，连"新华网"都曾转载了。我也好奇地打印下来了，整整17页，仔细一看，内容确实更"吸引"人，因为对每道题都写出了"猜题理由"和"命题指数"（都是"五星级"），并且是用图片呈现且打上了网站图标，给你一个"犹抱琵琶半遮面"的感觉，让你无法编辑，而产生"雾里看花"的印象。打印出来发现，有的题只有解析而没有题目。藏一部分不登，更显"神秘"，这是网站有意之为，就像某些作家小说中的"此处省略××字"。我干脆看了一下课标版试题的解析，看到"1个精原细胞一次减数分裂产生4个精子"，感到非常遗憾，这是课标版的题吗？高中生物选修课本上明明写着1个精原细胞可以产生很多初级精母细胞呀。显然作者是将其与"初级精母细胞"搞混淆了，或者说，是根本就没有去研究课标版教材。又如，有道题，要考生通过重量来计算能量的传递效率，这类题目是过去的争议题。若高考命题人员还是这样的"水准"，那将是中学生物教学的悲哀。

在考生集中精力回归教材，开展备考的时候，在考生心理上可能产生"不安"的时候，用"最有可能考"这一醒目的字眼来吸引他们，其目的何在？更让我不解的是，像一些国家级的网站想要干什么，是为了帮助考生备考呢，还是要增加考生的负担？是要获取点击率呢，还是有其他"目的"？不管怎样，这是给正常的高考工作和备考工作

"添乱"，是与维持良好的高考环境相抵触的。假设这些网站想真要为高考做点有用的事的话，为什么不将搜集到的题直接发给教育部？若让这些"宝贵资料"给命题者参考参考，那才是做最有益的事。

给学生出几道题，让他们参考，以查漏补缺，是无可非议的事，也是应该做的事，但若针对考前心理上的脆弱和好奇心来弄什么"猜题"，是不应该的。对于命题者来说，最担心的事，莫过于题目有科学性错误或被猜到，若被猜到，不仅是命题者和教育考试院（或考试中心）的"不光彩"，对公开"猜题"的媒体来说，也不是什么光彩的事。意味着给考生带来极大的不公平，直接威胁着高考的选拔功能和权威性，也是导致社会不安定的因素。请传播"最有可能考"的媒体三思而后行。

（选自《中小学教材教学》2015年第9期"名师开讲"栏目）

考生的学业负担来自哪里

1999年广东省率先实行3+X高考改革，2000年起增设文理综合考试。开始感到有些迷惑，后来经过一番思考后，有许多感悟。下文节选自《中国考试》2002年第2期，原标题为"从中学教学看文理综合科考试"。

1. 综合能力考试并非导致学生课业负担过重的主要原因

试问，减少考试科目能否从根本上解决学生过重的课业负担问题？事实表明，过去的诸多努力是徒劳的。因为，学生的负担主要源于升学竞争带来的压力，并非考试的本身。只要有竞争，就会有负担。相关考试科目的减少势必增加所考科目的深度，这与过去科举制度下不因考试科目少而使应考者学业负担轻的道理是一样的。为什么某些人却将增设的文理综合能力考试视为考生课业负担加重的主要因素？其原因是多方面的：一是，综合能力考试是改革过程中新增加的，有关考试理论尚不完善，施考者和应考者都缺乏相关经验，在许多人心理上产生了一定的神秘感，自然也就成了舆论的焦点之一。部分媒体的片面宣传，也为加重他们心理负担营造了不良的舆论环境。笔者调查发现，综合科给学生带来的实际课业负担并不比某些单科重（在高三，用于6门课的实际复习时间加起来远比语、数、英单科少）。因此，将造成学生过重的学业负担单纯归因为综合能力考试并片面加以斥责是不公平的，也是欠科学的。在没有增设综合能力考试的地方，学生的课业负担依然很重就是例证。事实上，对平时注重全面发展而对旧模式高考所考科目学习成绩并不理想的考生来说，因为有了综合能力考试反而会减轻部分心理负担。二是，部分学校领导和师生的思维方法未能适应考试的改革。他们仍指望用老一套题海战术的方法来应对，为了一门综合能力考试，要求考生承担应付6门单科考试的复习负担。在备考时，有的不是立足教材，而是依赖于课外复习资料；不是帮助学生构建知识网络，而是对知识零打细敲，将要求无限拔高。这也从客观上加重了他们的心理和课业负担。三是，教师所掌握的知识显得相对不足所产生的压力和影响。相关学科教师间新型、和谐的"综合"关系尚未建立，传统的封闭式的学科"牢笼"尚未冲破，业务上"老死不相往来"的陋习未能彻底改变，在辅导学生进行备考时，很难做到"心中有数"和"居高临下"，压力也就会油然而生。四是，长期偏科造成的严重"缺""漏"给补习工作带来的较大压力。

由此看来，文理综合能力考试是对过去那种严重偏科的传统应试教育的挑战，没有违背减负原则。随着高考改革的进一步推进和综合能力考试在高考中地位的确立，上述问题会逐步得到解决。因此，在强调减负时，不可因噎废食和主次不分。"减负"是指减去不必要的、过重的课业负担。应该说，只要有学习，就会有"负担"。合理的负担对于促进中学生的成长来说，是很必要的。就像两个人走路去商场，有负担的（家里正在做菜时少了盐而去购买）比无负担的（无目的地闲逛）要走得快。

2. 2001年综合能力考试题对中学教学的有益启示

高三教师在讨论综合能力考试的备考工作时讲得最多的一句话就是"难教"。不少学生也认为综合能力考试所涉及的内容太广、加之一些复习资料编得很深很偏，运用突击式的复习方法难以奏效。那么，综合能力考试到底考了些什么呢？是否有规可循呢？对我们今后的中学教学有哪些启示呢？结合相关考试说明，看看2001年广东、河南的文理综合能力考试试题就不难回答了。下面仅以第Ⅱ卷（非选择题）第八题的生物类试题为例来做一探讨。

八．（30分）水是人类及自然界不可或缺的重要资源。大河流域往往是人类文明的摇篮。

36．（10分）对绝大多数生物来说，没有水就不能存活。地球上没有水，也就没有生命。

请回答下列问题：

（1）水在植物生命活动中的意义是①_____；②_____；③_____。

（2）在全球水循环中，陆地水主要通过_____和_____方式进入到大气层中。

（3）我国西部地区干旱缺水，为改善这种状况可采取植树种草的措施，因为森林和草地具有保持水土、_____和_____等功能。

从这道题的整体结构看，构思新颖独特，具有综合性、开放性、灵活性等突出特色；从内容上看，没有偏题、怪题，没有超过考试说明对知识和能力的要求范围。每个小题都是围绕"水"这一主题来展开设问的。它立足教材，关注实际，具有良好的导向性。这道题难吗？据广东招办的统计，第36题的3个小题的难度系数依次为0.40、0.60、0.81（适中或偏易）。仅从36题本身而言，主要还是属于生物学科内的综合题。不难看出，第（1）小题是纯生物类题；第（2）和第（3）小题虽然依靠生物知识也可解决，但在地理学科中也有涉及；正因此，不少学生将第（2）小题答成"海陆间循环、内陆间循环"。正确答案是：植物的蒸腾作用、蒸发作用。这说明其对知识的迁移、判断等能力较差。第（3）小题涉及的知识虽然在高中生物必修教材上有，但部分学生因审题能力较差而出现失误，他们在作答时忽视了与"水"的联系，而写成"制造氧气、净化空气"等。当然，还有的学生是因为没有掌握"森林和草原的作用"这一基本知识而丢分的。

根据这道题并联系到其他题，我们至少可以得出如下几点启示：①牢固掌握各科基本知识是提高综合能力的前提。例如，如果没有掌握森林和草地的作用这一基础知识，也就不能解答"为什么植树种草能改善干旱缺水状况"等问题。可见，能力的形成离不开知识的载体作用，能力之大厦是构筑在基本知识的基石上。②注重理论联系实际是提高综合能力的有效途径。能运用的知识才是真正掌握了的知识。应该积极引导学生在运用知识解决实际问题的过程中去掌握知识。要注意培养学生的"问题意识"，以问题来激活思维。③注重学科内综合能力的培养是促使学生形成跨学科综合能力的保证。千万不能为了综合而综合。应帮助学生构建学科内知识网络，这是形成跨学科综合能力所必需的。只有对每门科目的基本知识和技能掌握好了，才会做到学科间知识的融会贯通等等。要做到以上几点，关键在平时，教师应该树立综合意识，将侧重培养学生的综合能力和素质的思想贯穿到整个中学的教学过程中。

总之，高考增设文理综合能力考试，对新世纪我国中学教育将产生深远的影响，对全面落实教学大纲的各项要求将产生积极的促进作用；它直接冲击着严重偏科的传统教育思想，有力地推动着我国未来人才知识和能力结构的改善，为他们更好地适应知识经济时代带来的挑战打下坚实的基础。笔者坚信，只要我们端正教育思想，真正将全面提高学生的素质和能力作为我们的行动指南，再大的困难都是可以克服的。

谈高考备考中的十个问题

本文是2011年9月在大梅沙举行的深圳市高中生物学教研会的发言记录。简要回答了高考备考的十个问题。

刚才几个老师的发言很精彩。特别是有老师在发言中提到了"生物学互动平台"的作用。我很感动。所有对互动平台的关心，我会认为也是对我的关心。

关于艾弗里的实验，在互动平台上讨论过，高考也考到，高考内容是依据教材的，虽然与真实的实验可能有差距。现在我想就高考备考的话题谈几点看法，可能显得有点空洞。请大家批评。

1. 高考题是原创题，是新的

不仅在素材方面，而且在思维要求方面。我们不要指望通过反复训练就能练习到原题。过去，有时少做一套题，就认为少了什么，心里总有失落感，唯恐学生就会因此考不好，其实不然。题目不在多。我们要从改造我们的课堂入手。上课要从多角度展开，多引入新素材，从多角度设问。就是练习，也必须注意多个角度。过去那种将做错的题重新放在后面的卷子的做法不一定可取，原因是，同样的思维角度练习多了，可能形成思维定势。要因题而异。最好是变化一下角度。

2. 高考题的命制受诸多因素的影响

不要指望今年题目的指标，一定会在明年呈现。高考命题毕竟是少数人在短时间内完成的，命题是遗憾的艺术。像难度等，也不是由命题专家事先就能完全掌控得了的。所以平时的练习，应该按照考试说明要求，既要注重基础，也不能忽视能力。

3. 高考备考的主力是考生

不要采取将老师累死，一部分学生跟着受罪，一部分学生没感觉的办法。我们备考并非是"了一下心愿"，而是要注重调动学生，提高学习兴趣，让学生多点快乐。备考要靠调动学生的力量。这一力量，不能完全靠考试来刺激，而更要靠课堂本身的趣味性。即使讲试卷也要这样做。

4. 高考备考的资料，主要是教材

切不可本末倒置。再好的教材以外的资料，都只能叫教辅资料。我们习惯让学生拿出各种各样的参考书。但一定要先让学生知道教材，同时参考它们。要及时让学生知道，我们的教学内容在教材的什么地方，然后再是参考什么参考书。刚才有老师提到2011届我的学生郭俊同学（育才中学高三（12）班，今年高考理综286分，名列深圳市第一，全省第二），据我了解，他很重视对教材的阅读，做的复习题也不算多，他在高三还参加了生物竞赛（高二时就得了省一等奖）。

5. 高考备考的资料要靠每个教师自己去选择

我们虽然提倡集体备课，要求统一进度。但因为教师个体和班级学生的差异等，我们还是要尽量发挥自己的主动性，有选择地吸取集体备课的内容。我们要努力体现自己的教学风格和特色。

6. 高考备考教学尽量不要满堂灌

凡是有学生知道的内容，努力创造条件让学生参与。通过学生的示范作用，引导更多学生参与。

7. 高考备考要发挥月考的检测作用

要检测前段时间学生的学习成果，要让他们感到学习的成效，这点非常重要。育才中学老校长曹衍清，原来是黄冈中学的校长，他的经验是，月考题也可采取在难度上呈现波浪式和滚动式前进，如9月的题目稍微容易点，10月稍微难点。要让学生感到复习有成效，但总有地方没有复习好。

8. 高考备考要注意考生心理调适

要让学生对我们的教学有信心。尽量了解学生的心理需要，从生活等方面关心，了解了，才有针对性。可做点问卷调查。我们布置任务时，要想到他们很忙。若没考虑他们的实际，他们会感到你不了解他。

9. 高考备考要尽量避免使用争议题

这类例子很多。我想说的是，关于争议题的界定，切不可将自己不懂的题，都说成是争议的题。判断是否争议，最好的办法是集体备课，开展互动。当然可到我们的互动平台。

10. 备考的知识准备是长期的积累的过程

我们要努力做好总结和反思。欢迎各位参加互动。以上内容仅供参考。我说的不一定对，即使对，也不一定就是我能做得好的。

生物学热点问题复习三招

《中国教师报》编者按：关注生命科学发展中的重大热点问题，是高考命题的主要思路之一。如何做好热点问题的复习，是摆在科任教师和考生面前的重要课题。

"什么是重大热点问题？"这个问题本身就是开放性的，没有比较明确的答案，因此对习惯于"抓纲务本"的中学教师来说，实在是有点为难了。我认为，对热点问题的复习要注意以下几点。

1. 不可将热点问题变成空中楼阁

飞机飞得再高，总是离不开机场；热点问题再"悬"，不能脱离基本知识的积淀。近几年的高考生物试题，涉及的热点问题很多，但没有哪道题脱离了学生所学教材。就拿2001年的文理综合能力考试试题来说，几乎题题都是热点，但题题都是紧扣教材内容开展设问的。例如，第12～16题（选择题）就是围绕基因技术新进展等重大热点问题展开的，初看上去，会令人感到耳目一新，难以作答；但只要做仔细分析，就不难发现，其并没有脱离教材。各题所涉及的内容如下：第12题——DNA复制的特点，第13题——细胞核的功能和无性繁殖应用，第14题——影响酶活性的因素，第15题——无氧呼吸的条件，第16题——无性繁殖的特点以及与单倍体育种的区别。

显然，各题所考查的内容无不与中学教材中最基本的知识相关。所以，牢固掌握基本知识是理解重大热点问题的前提条件；联系热点来学习和理解相关基本知识是上好复习课的有效方法。

2. 不可让热点问题喧宾夺主

一次研讨会上，有位老师在分析2001年的高考试题后称，给学生复习应考，只要搞几个热点专题就可以了。也有老师将近几年来的上百个有关生物学的热点问题，编成数万字的材料印发给学生去学习，弄得他们叫苦不迭，怨声起伏。我想，这样对付热点问题的方法，虽然对考生扩大知识面，了解科学发展动态，应对高考能取得一定效果，但这种单纯为热点而热点且不顾增加学生负担的方法，却是欠妥的。对基础知识掌握不牢的考生来说，这甚至会犯本末倒置、喧宾夺主之错，其结果当然也只是事倍功半了。

虽然高考确实重点考查了学生在新情境下对热点问题分析和解决问题的能力，但从把握热点问题本身来说，熟悉热点材料只是其中一个方面。由于这种能力的形成离不开对所学基本知识的牢固掌握，而对基本知识的掌握，与学科知识网络的构建密切相关，所以只有在知识系统中去掌握知识，才能做到完整和准确，也只有这样才能切实提高学科综合能力。

3. 不可因热点问题而违反基本的教学原则

开展热点问题的教学应遵循因材施教的原则。虽然高考的要求是一致的，但在复习中采取的方法却应因人而异。对基础相对较差的学生来说，其复习的侧重点应该放在对已学知识的查漏补缺上，对有关热点问题的学习，应穿插于复习基础知识的过程中，不可简单地像对待基础好的同学那样，花较多的时间用于单纯的对热点问题的专题复习。再者，不可违反理论联系实际的原则。对热点问题的教学，必须结合有关具体实例做讲解，不可仅仅是停留在概念本身和问题的表面。只有结合具体实例并联系所学基本知识引导学生做思考和分析，才能让他们在对具体问题的分析和理解的过程中真正理解热点问题和提高思维能力。

高考生物试题的导向作用

2009年新课程高考生物试题对今后中学生物教学有何导向作用？存在哪些值得改进的问题？下面简析之。

1. 强调科学方法和科学史，引导中学生努力提高思维能力和水平

直接考查研究方法，是新课程中学生物教学要求在高考中的反映。例如，人教版教科书使用了大量的版面来阐述科学研究方法，这些研究方法对启迪考生的思维、培养考生的思维能力是非常有益的，如假说演绎法等。2009年高考中有多道题目考查这些方法。例如，广东生物单科卷第9题，考查艾弗里等人的肺炎双球菌转化实验和赫尔希

与蔡斯的噬菌体侵染细菌实验在设计思路上的共同点，即设法把DNA与蛋白质分开，研究各自的效应；海南理综卷第14题通过不同的实验组合考查了"对照实验"的原理和方法。

关注生物科学发展史上的重要事件，这是考纲的要求之一，也是中学教学的重要内容。引导考生学习科学史，重温科学家探究的历程，有利于更好地理解科学研究的方法，激发考生产生热爱科学的情怀。例如广东生物单科卷第26题考查了达尔文自然选择学说与现代生物进化理论的关系。江苏卷第7题考查了有关孟德尔豌豆杂交实验的有关知识。天津理综卷第2题涉及著名科学家包括虎克、坎农、摩尔根和韦尔穆特等的研究成果。

2. 强调理论联系实际，引导中学生提升应用知识解决问题的能力

将考纲中要求掌握的各类基础知识融入具体实例中加以考查，突出考查考生应用知识的水平，这是新课程高考生物试题的重要特征和命题趋势之一。许多题目是借助于实例和实验等背景素材引导考生进行分析、推理和判断，而并非要求对知识进行单纯的死记硬背。例如安徽理综卷第4题和广东理基卷第45题，都引用了2008年诺贝尔化学奖有关"水母绿色荧光蛋白"这一内容。前者考查了绿色荧光蛋白在该研究中的主要作用，而后者则是结合此背景材料，考查了对基因表达的检测。又如，山东理综卷的第2题："细胞分化是奢侈基因选择性表达的结果。下列属于奢侈基因的是（A. 血红蛋白基因 B. ATP合成酶基因 C. DNA解旋酶基因 D. 核糖体蛋白基因）"。此题貌似考查基因的本质，实质上是考查细胞分化的实质。由于该题引入了"奢侈基因"这一概念，给试题营造了新情境，要求考生通过对"选择性表达"的含义及各选项所涉及的基因的差异的理解来进行比较和判断。

2009年的各类生物试题几乎都不同程度地体现着生活气息。例如广东文基卷第72题，借助炒肉过程中何时加入嫩肉粉的实例考查了考生对"蛋白酶的特征"这一知识的掌握情况。广东生物单科卷第4题考查了呼吸作用的原理在地窖贮藏种子、果蔬中的应用；第32题关于珠江流域某城市构建的人工湿地问题等，体现了生物知识与生活实际或当地实际的联系。

3. 强调人类健康和环境的关系，引导中学生树立健康观念和提高环保意识

使考生关注人体健康和生态环境的关系，这是课标的整体要求，理应在高考得到体现。例如，广东生物单科卷第28题借助甲型H1N1流感病毒与H5N1禽流感病毒的有关比较（重庆理综卷也用了甲型H1N1流感病毒这一素材），考查基因突变和免疫的有关知

识；第13题，结合气象预报中有"紫外线指数"方面的内容考查造成地面紫外线照射增强的直接原因，即臭氧层破坏。山东理综卷第5题借助重症肌无力患者的正确治疗措施考查考生的推理能力。海南理综卷第4题考查"癌细胞"的有关知识。广东生物单科卷第32题联系人工湿地考查了重金属污染问题。天津理综卷第8题涉及水华等内容。

4. 强调图文转换和知识联系，引导中学生构建知识网络和提高信息转化能力

能用文字、图表以及数学方式等多种表达形式准确地描述生物学方面的内容，以图表方式呈现实验结果，要求解释、推理、做出合理的判断或得出正确的结论，这是新课程高考卷的重要特点。2009年广东生物单科卷的必做题（140分）中涉及图表类的题占75分，尤其是非选择题中的必做题（76分）中有60分涉及图（表），江苏卷（120分）中有80分的题目涉及图表。宁夏卷必做的4道非选择题中，每道题都涉及图。

能理解所学知识的要点，把握知识间的内在联系，形成知识的网络结构，这是考纲的要求之一。例如广东生物单科卷第29题，通过人体体液免疫图解将DNA的转录和翻译的有关内容以及分泌蛋白的合成与排出途径等联系起来加以考查，突出考查了知识的联系和考生综合分析问题的能力。知识拓展方面的例子还有：广东生物单科卷第35题，涉及肾上腺素的分泌和调节方面的知识，这一知识是在人民教育出版社2004年版高中《生物》必修3的课后练习题中提到的，而下丘脑分泌促肾上腺皮质激素释放激素和垂体分泌促肾上腺皮质激素等内容，则是教材中所没有讲到的，对于破伤风抗毒血清（抗破伤风杆菌抗体或破伤风抗毒素），考生也只能利用知识的迁移加以解决。

5. 强调实验方法和探究能力，引导中学生积极开展探究活动

将实验与理论知识有机融合进行考查，将实验与探究能力的考查渗透到试题的题干及解题过程中，以及注重对基本实验技能和研究方法的考查是考纲的基本要求之一。部分试题直接呈现探究过程，同时将图与实验有机结合起来，这是2009年高考试题的突出特色。例如广东生物单科卷中有56分与实验有关，其中第36题要求考生设计实验方案探究不同光照强度对大豆植株高度的影响，并预测实验结果。安徽理综卷第29题要求考生设计实验探究乙烯利浓度对黄瓜开雌花数量的影响。广东生物单科卷第31题是对探究细胞膜的通透性的实验结果的解释；第12题要求考生对用图呈现的实验结果做出判断；第27题是借助蝗虫精母细胞减数分裂某一时期的显微照片考查考生对减数分裂过程和特点的掌握情况。江苏卷第6题是有关根尖有丝分裂的实验，要求考生能根据显微镜中观察到的图像，解答造成这种结果的可能原因。

值得关注的是，由于不同试题的命题思路具有一定的一致性，导致2009年部分试题在选材和考查目标上出现了一些相似之处，除了上文提到的安徽理综卷第4题和广东理基卷第45题所用的材料相似外，海南理综卷第7题与广东生物单科卷第17题也有明显的相似之处，两道题都是要求考生根据相关图形进行分析和判断。再如，福建卷第5题和广东生物单科卷第12题不约而同地考查了生长素与胚芽鞘弯曲度的关系。

总体上看，2009年新课改地区的高考试题，关注了生物学科知识与社会经济、人体健康和生态环境的关系，反映了《课程标准》和《考试大纲》的整体要求。当然，也存在个别题与中学教学实际不吻合之处，例如，广东生物单科卷第29题和海南理综卷第23题在考查"T细胞的功能"时采用的是旧版教材的观点，即认为T细胞有呈递抗原的作用。人教版课标教科书的观点是，T细胞没有呈递抗原的作用，希望此类问题在今后不再出现。

高考试题对高中教学的启示

新高考是新课改的组成部分。它不仅要适应新课改的教学实际，也要积极引导和推进新课改的有效实施。从整体上看，今年的新高考试题，在满足高校选拔合格新生的同时，对推进中学落实课改理念，全面提高学生的生物学素养有良好的导向作用。主要表现在以下几个方面。

1. 加强基础性，建构知识网络

能力的提高离不开必要的知识基础。引导学生全面熟悉课程标准规定的知识，构建必要的知识网络，是提升能力的前提。"基础性"在高考试题中的体现形式大体上有两种：一是对学生所学基本知识做直接考查。考生只要熟悉了课标教材的相关内容就能答对，这类试题在各试卷中均占有一定比例。二是设置新情境或借用新实例考查考生对基本知识的掌握情况和应用水平。这类试题在各试卷中所占分量最重。例如，广东生物单科卷第11题：

下列选项中，不属于对种群数量特征描述的是____。A.我国的人口将逐渐步入老龄化阶段；B.2003年，广东省人口的出生率为1.329‰；C.橡树种子散布能力差，常在母株附近形成集群；D.由于微甘菊入侵，松树种群死亡率较高。

本题结合具体实际考查了考生对种群数量特征的理解情况。种群的数量特征主要包括：种群密度、年龄组成、性别比例、出生率和死亡率、迁入率和迁出率等，这是考生所熟悉的，但由于题目借用了新实例，所以有一定的难度。A、B和D选项分别描述的是：年龄组成、出生率和死亡率，符合"种群数量特征"的范畴；而C选项涉及的实例是有关种群分布的，属于对"空间特征"的描述。其中C和D选项涉及的实例同时体现了广东"特色"。本题要求的知识在教材中，答案为C。又如，海南卷第8题，要求考生通过小鼠注射某激素后出现的现象（活动减少、嗜睡，甚至昏迷），分析和判定激素的名称（胰岛素），不仅要求他们具备必要的分析和判断能力，更要求他们具备有一定的知识基础，考生只有熟悉了这些激素的具体作用，才能正确作答。

可见，加强基础性，是保证高考平稳过渡的必然选择。使学生牢固掌握基础知识，构建合理的知识网络，应该成为教学的重点内容之一。

2. 突出探究性，提高思维能力

强调对能力和方法的考查，注重新颖性和灵活性，强调资料分析和实验过程，考查学生的思维能力和探究水平，试图扭转仅靠"死记硬背"就能得高分的现状是新高考试题的"主旋律"。或者说，造成考生不能解答此类试题的主要原因不是知识障碍，而是能力有缺陷。例如，山东卷第4题：

用某种药物饲养动物一段时间后测得实验组比对照组动物血浆中血红蛋白含量明显增高。该药物的作用可能是（　　　　）。

A. 增强血红蛋白的合成能力　　　　B. 提高血浆蛋白的含量

C. 增加红细胞的合成数量　　　　　D. 对红细胞有破坏作用

显然，这道题侧重考查的是考生的分析和推理能力，而非单纯的知识。血浆中血红蛋白的含量为什么明显增高？对于大多数考生来说，虽然对"血红蛋白是存在于红细胞内的"这一知识并不陌生，但对缺乏思考能力的考生却有一定的难度。增强血红蛋白的合成能力，不等于合成的血红蛋白能进入血浆而使血浆中血红蛋白的含量增高，A不对；同样，增加红细胞的数量，也不等于血浆中血红蛋白含量增高，C不对；而B选项只是对题干内容作了简单的"摘要"和"重复"，也不对。因此，答案应是D。又如，广东生物单科卷第33题，要求考生根据所学知识，设计实验来判断"叶片已变黄的原因是因为叶绿素降解还是因为其他色素增多"，所用到的知识在各版本的教材都作了讲解，而本题侧重考查的是学生对所学知识的迁移能力和应用水平。应该指出的是，高考中适度脱离教材考查考生的探究能力类的试题在以往的高考中也存在，只是比例相对小些。即使是新高考，应用新材料考查考生的能力和方法，其"思考量"也不应该超出学生的实际水平。

以上实例表明，在帮助学生构建知识网络的同时，要牢固树立探究意识，引导他们重视实验过程，学习和掌握获取知识的方法；要设法用多种方式创设更多的问题情境和探究空间，鼓励他们尽可能亲历思考和探究过程，领悟科学探究的方法。

3. 重视开放性，做到学以致用

依托现实生活和科技发展的实际情境，使考生置身于现实中去解决实际问题，努力体现地方特色和新课程理念，既是新高考试题最显著的特色，也是新课程的重要理念。开放性包括"素材开放""思路开放"和"答案开放"等。高考试题中的"思路开放"和"答案开放"，有利于鼓励学生多角度去思考问题，有创见地解决问题。高考题中引用贴近社会生活和科技热点的材料，这一"开放性"特色与课程标准对教学的要求是统一的。

按照课标要求，在中学教学中应该做好以下工作：适当结合教材内容将媒体上关于环境问题、生物多样性问题、营养和保健问题等方面的报道作为教学素材；增强与社会发展、科技进步、现实生活的联系，使教学始终保持"时代性"和"前瞻性"特色。

值得注意的是，适度脱离教材和相对独立地以"考试大纲"和"考试说明"进行命题，虽然有利于引导中学由"教教材"向"用教材"转变，但也容易使中学教学产生"迷惑感"。为更好地引导中学一心一意地使用所用教材开展课改，避免过多地加大知识教学的比重，以便将更多的时间和精力用于引导学生开展探究活动，高考试题应当适应考生所学教材的实际。然而，由于新课程高考命题工作还处在探索阶段，个别试题在处理与教材的关系问题时，对考生实际水平估计不足，在"独立性"方向上所迈的"步伐"显得稍快。

总之，2007年的新高考生物学试题，不仅直接考查了考生对基本知识的掌握情况和能力水平，也间接考查了情感、态度和价值观。其对中学教学的导向作用是明显的，这就是：必须全面准确地理解和把握课程标准的要求，努力促进学生在知识与能力以及情感、态度和价值观等方面的和谐发展，使其生物科学素养得到切实的提高。

（选自《中国教育报》2007年10月23日）

什么样的试题最难

试题难度直接影响到中学师生的教学负担，因此受到广泛的关注。2003年第10期《中学生物教学》发表了"生物学高考试题的难度、科学性和命题趋势探讨"一文，被中国人民大学书报资料中心《中学政治和其他各科教学》2004年第5期全文转载。

编者按： 每年的高考试题都是教师们关注的热点，及时分析和研究高考试题，对今后中学教师的备考和教学是必要的。为此本刊在第9期刊登了对今年有关试题评析类稿件，本期特约夏献平老师侧重以今年高考试题为例，针对读者关心的一些问题做探讨。

自1999年广东实行"3+X"高考改革并恢复生物学考试以来，如今已经走过了5年的路程。这5年的生物学高考试题始终强调了基础性、探究性和开放性，在积极引导中学生物教学改革，提高中学生物教学的地位方面发挥了不可替代的作用。

1. 试题的难度

多选题难于单选题，非选择题难于选择题，新题难于陈题，图表题难于文字题，图表与实验结合起来的综合试题最难，这是一般特点。但必须注意的是，难度感和实际难度是有区别的。高考刚结束时，我们对试题做出难或易的判断，仅仅是一种感觉。这往往与实测难度是有出入的。试题的难度不仅会影响考生的情绪，而且对今后的教学也有很强的导向作用：往往影响到今后教学的深度和广度。难度往往与招生比例保持一定的相关性，这是区分不同学习水平的考生而便于高校录取所必需的；有些题在表面上看，或者站在老师的角度看，是很难或是很容易的，但实际结果不是这样。难题的具体表现有以下几个方面。

一是，涉及的知识点不止一个，且用了易混淆的实例。2003年全国理科综合新课程卷第2题就是典型例子：

［题目］在过氧化氢酶溶液中加入双缩脲试剂，其结果应该是（　　　）。

A. 产生气泡　　　　　　　　　　B. 溶液呈蓝色

C. 溶液呈紫色　　　　　　　　　D. 产生砖红色沉淀

此题看上去应该说是很容易的。涉及的两个知识点"过氧化氢酶属于蛋白质"和"蛋白质与双缩脲呈紫色反应"都是课本的基础知识，属于浅度理解层次类题目，正确答案是C。按理，考生的得分率应该是比较高的，但某省的实际抽样结果表明其难度系数为0.59。这说明我们对考生的实际情况的把握是不全面的。值得指出的是，这道题之所以难，主要原因是考生对本题的考查目标不清楚，将教材上鉴定蛋白质的实验和过氧化氢酶催化效率的实验混淆起来了。这里还有一个大家熟悉的例子：部分学生对小麦等植物所含有的核酸（包括DNA和RNA）这一知识很清楚，但对烟草中的核酸种类却答不好，原因是他们将烟草和烟草花叶病毒混淆了。这些同学存在的最大的问题是对病毒和植物的区别缺乏理解或审题不仔细，对课本知识囿于死记硬背。

二是，平时教学中易忽视的常识性知识。例如，2002年广东、河南、广西试题第2题：

［题目］下列细胞结构中，在普通光学显微镜下分辨不出的是（　　）。

A．染色体　　　　B．液泡　　　　　C．核糖体　　　　　D．叶绿体

这道题乍看容易实际很难。本题的难度系数为0.293。由于平时对细胞器等结构和功能强调过多，而对其结构层次却重视不足，所以让考生不知所措。应该说，这道题较好地考查了平时教学中的薄弱之处。事实上它是一道带实验性质的题，只要知道显微结构和亚显微结构的区别，对使用过光学显微镜的考生应该是不难回答的，正确答案是C。因为核糖体只能在电子显微镜下才能看到。可是许多考生答成了A，原因是答题时不能联系到平时所做的有丝分裂实验。也有考生答成B，这是未能联系到观察质壁分离和复原实验，至于认为D是正确答案的考生，则缺乏起码的实验基础和必要的推理能力，因为叶绿体比核糖体大，从课本上的插图上就能清楚地知道。

再如，广东河南广西2002年第22题。

［题目］已知豌豆种皮灰色（G）对白色（g）为显性，子叶黄色（Y）对绿色（y）为显性。如以基因型ggyy的豌豆为母本，与基因型GgYy的豌豆杂交，则母本植株所结籽粒的表现型（　　）。

A．全是灰种皮黄子叶

B．灰种皮黄子叶，灰种皮绿子叶，白种皮黄子叶，白种皮绿子叶

C．全是白种皮黄子叶

D．白种皮黄子叶、白种皮绿子叶

本题的难度系数为0.19，为该份试题中最难的2道题之一（另一道是第20题有关根据基因的连锁互换和自由组合定律判定其在染色体上的位置的，难度是0.176）。这道题为什么难？显然不是对自由组合定律不明白，而是对母本与F1的关系分不清，应该说，这道题较好地联系了遗传和植物的个体发育方面的知识，具有一定的综合性。答案是D。

三是，带有图表的。例如，2002年广东、河南、广西试题第7题。

［题目］血液通过肺部血管时，O_2含量发生变化，下列正确地表示该变化的曲线图（略）是（　　）。

本题的难度系数为0.347。该题考查的知识应该说是很简单的，其含氧量大小是：肺动脉小于毛细血管，毛细血管小于肺静脉。但由于带有曲线图，要求考生具备读取图中信息并进行转化的能力，所以大大增加了难度。答案是A。

　　四是，创新性强和文字书写量大的试题，特别是实验类题。例如2003年高考生物单科试题的第41题（难度系数为0.092）和42题（难度系数为0.22），理科综合第26题（关于育种方法）（武汉市的难度系数为0.44，全国为0.358）。此外，试题的不同于教材的文字叙述，也会增加难度。例如，今年理科综合试题关于脊髓的"背根""腹跟""向中段""外周段"等文字，部分考生有一定的不适应。

　　对题目难度的控制，不仅要考虑到区分度以便于高校选拔合格的新生，还要考虑当年的升学率和中学教学实际水平。笔者认为，对广东的文理大综合试题的生物题，更要强调其基础性而弱化其选拔功能。据了解，2002年广东试题平均分是82，今年为88。虽说文理大综合考试对中学生的知识结构之优化起着不可替代的作用，但确实给中学师生带来了较大的心理负担。所以对其试题的难度系数最好不低于0.6，这样既可以确保考生相对的"不偏科"，使全体考生的知识结构得到合理的改善，又能切实减轻考生的实际心理压力。由于有单科试题和语文、数学、英语学科做选拔的基础，对高考的选拔功能不会造成太大影响。可以说，稳定其难度是皆大欢喜的事情。所以，建议文理综合试题在由侧重知识的考查过渡到能力考查方面的步伐不应过快。

　　对理科综合试题来说，今年试题的总体难度也明显加大（2000、2001、2002、2003四年的总体难度依次为0.66、0.67、0.63、0.55），其中生物学题目的难度明显大于去年，而与物理化学接近。这对改变今后中学生对这三科教学的态度是有作用的。以往有人认为，生物学应考只用花较少的时间背背相关资料就可以得到比物理、化学更高的分数。2001年物理、化学、生物三科的难度系数依次为0.49、0.47、0.74，2002年的难度系数依次为0.49、0.73、0.76，今年却有所不同（生物学试题的难度降低为0.52，而与物理一致，略难于化学的0.55）。显然，今后中学若不像物理和化学学科那样重视生物学，是会影响到考生理科综合科总体成绩的提高。因此，无论是在课时还是教学组织和考生心理上都必须体现出更广泛的重视。值得说明的是，参加理综考试的考生，物理、化学的知识和能力水平相对较高，学生的整体素质也相对较好，试题在探究性方面有所侧重，显得更符合实际些。

　　实践表明，过去的单科生物学试题总体难度是适中的，近年试题的命题水平趋向成熟。按理，单科试题应该明显难于综合试题，但由于施考地区选考生物学的学生知识水平和学习能力相对薄弱，希望今后更要注意保持稳定，难题比例不可过大，否则不利于中学的教学。

　　随着新教材在全国进一步的推广和实施，建议选修教材内容有较充分和具体的体现。保持高考试题内容与中学相关教学内容的比例的相关性，对促进中学严格按照教学大纲开展教学，遵循考试说明进行备考都是有利的；同时，选修教材内容为高考命题创设了更大的空间，相信会有更多新题的出现。新题即使考查层次稍微低点，但也有一定的难度。这是值得命题老师和中学师生注意的。

（选自《中学生物教学》2003年第10期）

奥运金牌与高考状元

虽然我们许多人锻炼身体的时间很少，身体素质也不怎么样，但都特别愿意分享奥运会金牌所带来的荣耀和快乐。

高考与奥运会虽然为人们所关注，但两者有很大的不同。媒体宣传奥运会金牌，几乎为所有人所乐见，而宣传高考状元，却被社会所诟病。原因是，高考直接影响到千家万户的生活质量。宣传高考状元，担心应试教育更激烈和残酷，而宣传奥运金牌获得者，没有这样的担忧，对广大人民来说，更多的只是旁观者，只是一个节目。

有人认为，高考是导致应试教育的罪魁祸首，这样的认识不仅冤枉了高考，也是很幼稚的。当年恢复高考，我们有多少有志青年为之欢欣鼓舞，是它给我们老百姓带来了相对公平竞争的机会。

虽然高考方式简单，但其功能强大。能通过一次考试对千万人进行选拔，这项工作，为人信服，维护了社会的公平和稳定。通过高考，以及高考指挥棒下的应试，学生的知识水平和能力得到极大的提高，这是有目共睹的。我们批评高考，主要批评片面追求升学率带来了许多负面的影响。仅就当事人个体来讲，运动会给运动员带来的影响，不亚于高考对考生的影响。奥运会的备战（实际上也是"应试"）的目标更明确，对目标的追求更片面。因为种种原因，不是所有家庭都愿意或者都能够将孩子培养成为职业运动员。有职业运动员的家庭毕竟是少数，其负面作用自然也不会引起更多人关注而已。作为国家队的队员，其应试已经是国家行为。竞技体育靠身体体能和技巧去比赛，而身心状态也就成了影响成绩最重要的因素，其对机体训练的强度，可想而知。

能参加奥运会的，自然在某个项目上是人类的尖子。运动场上有"冷"，也就有"热"。有超常发挥，也就有意外失误。获得金牌的人毕竟是少数，更多人则是陪练。在这个时候，在宣传金牌的同时，更希望多喊几声"友谊第一，比赛第二"。不管怎样，运动员在平时训练中所付出的超乎平常人的勤奋与刻苦是不容置疑的。如果国人在分享金牌所带来的快乐的同时，因受竞技氛围的感染而养成了健身的习惯，并将赛场上的拼搏精神落实到自己的工作中，那是再多的金牌也比不上的。

第 4 章

激情课堂

课堂是教学的主阵地，也是教师成长的摇篮。新教师精力旺盛，老教师经验丰富。及时记录教学所思所想，能为教学反思提供素材，也能作为改进的依据。

不同教师的课堂有不同的特色。要让学生对学习有激情，教师首先要有激情。说激情课堂，并非是说，我自己的课堂都是激情课堂，而是说，激情课堂是自己的理念和追求。简单地说，不管自己心情怎么样，但到教室门口，总要提醒自己打起精神，不能将自己的负面情绪带给学生。这是我与自己的学生和过去的同学交流时得出的结论。例如，时不时从学生那知道某某老师情绪不好，一是责怪学生，二是责怪同事，三是责怪学校。学生对此，不会有任何同情。除非他真是从心理上感受到老师有困难。

对那些班级管理差，学生学习基础和习惯也差，生物学学科不受重视的生物学课堂，我不敢说单靠教师的激情就有效，而是需要采取反复抓、抓反复的管理。仅靠激情，靠教学设计无法解决问题。这样的班级，在我的教学生涯中出现过一次。

那是工作的第4年，当时兼任初二年级的教学工作，在与有管理经验的老教师交流时，他们告诉我，初中这个班乱，与教什么学科没有直接的关系，教师没有自尊可言，课堂经常演变为学生提升"捣蛋"能力的地方。我曾经私下让捣蛋最"凶"，个子一米七左右的孩子，帮助我一起参与课堂管理，他稍微收敛了几节课，没想到，后来滥用管理大权，直接拿棍子打了其他同学。他不仅不认错，还认为很有理。他的家长希望我严格些。家长说，家里已经是管不了，老师打他，不会怪老师。我建议家长多陪陪孩子，带他散散步，谈谈心，看他到底在想什么，为什么这么"蛮横"。家长说，什么办法都使过，用皮带抽过、棍棒打过，也用各种办法哄过，就是没有办法，现在不指望他学习，只要不出大事，混到初中毕业就可以……

上面所说的现象，在我工作的37年，只遇到这一次。我当时是担任高二班主任及高三和高二生物学多个班教学情况下，兼任初中生物课的，对这个班研究不够，也没有找到好办法。只得出一个结论，教育教学，没有正常的教育和管理，也就没有正常的教学。

本书想单纯谈个人成长路上的课堂教学体会。在听课时，特别是初中课堂教学，总有一些老师带学生齐读教科书上某些内容。对齐读，在我的课堂几乎没有。在北京一所高中也曾听到有位老师上生物课时，学生喊起立后，不是马上坐下，而是齐读上节课的某个概念，挺受学生欢迎，既集中了学生的注意力，又进行了复习。可见，不能简单地说齐读无用，但总觉得与"生物课就是背书"这样的说法很容易挂上钩。一旦与死记硬背联系起来了，对我们学科的影响是弊大于利。因为生物学是属于理科，需要更多地引导学生去理解，去实验，去分析推理。对于很少让学生大声读书的课堂，有一次，我带学生阅读教材，收到了意想不到的效果。下面介绍之。

感受阅读之乐

——引导学生阅读教科书教学片段实录

题记：一节课的"高潮"有时就在小细节上。有预设的，也有不经意生成的。

引导学生阅读教材，不仅要让他们明确阅读的目的，熟悉所阅读的内容，更要培养他们阅读的兴趣；发掘所阅读内容隐含的兴趣点，启动他们阅读的内在驱动力。下面列举一个教学片段，供讨论。

1. 实录

师：［边阅读，边点评］快下课了，还有几分钟。

师：下面请各位同学看教科书［注：人教版《高中生物·必修2·遗传与进化》］第71页拓展题。

师："摩尔根通过白眼这一异常性状发现了控制果蝇眼色的基因……许多科学家也是从生物体的异常性状入手，研究基因的作用。想一想这是为什么？"［引号内为教科书原文，下同］

师：［停顿］

师：我们不妨再回过头看看，我们教科书编者的"激情写作"，请大家将教科书翻到第32页。我们一起来阅读有关内容。如果认真阅读，并将它作为"素材"在今后引用，我想是很有意义的事，不只是有利于解决这道题。例如，我关注到一些好的文章，他们往往会"引经据典"，特别是引用生物学知识，使文章更有灵性或说服力。

师："大约在1910年5月，在摩尔根实验室诞生了一只白眼雄果蝇，而他的兄弟姐妹的眼睛都是红色的。"——拟人化表述，读起来很亲切。对吧？！

生：［部分学生开始露出笑容，表示认可］

师："很明显这是一只变异个体，它注定要成为科学史上著名的动物。"——若将这里的"著名"改成"明星"是不是也可以？编者真是饱含深情啊！

生：［学生开始笑出声了］

师："在自己第三个孩子出生时，摩尔根赶到医院，他妻子的第一句话是'那只白眼果蝇怎么样了'。摩尔根的第三个孩子长得很好，但那只果蝇却很虚弱。"——他的妻子是不是很伟大？爱孩子，爱丈夫，也爱果蝇。不爱白眼雄果蝇的妻子不是科学家摩尔根的好妻子，对不？编者将果蝇与孩子、妻子写在一起？这是什么写法？说明了什么？爱果蝇胜过爱孩子？

生：[大笑不止]

师：怎么这么高兴？大家静一静，下面继续。

师："摩尔根晚上把它带回家中，让它待在他床边的一个瓶子里。白天又把它带回实验室。在实验室，它临死前抖擞精神，与一只红眼果蝇交配，把突变基因传了下来。"

应该改一下，他是将瓶子连它一起带回家的，不是与瓶子分开单独带回的，否则会伤害到它。他没带红眼果蝇回家，也没陪孩子和妻子，他为什么那么喜欢白眼果蝇？你看，"让它待在床边"嘛，他在哪，果蝇就在哪。你们看看，那只白眼果蝇真的被他老人家的爱心感动了！虽然它很虚弱，也很疲惫，但为了科学事业，抖擞精神，硬是将突变基因传了下来。

生：[全笑了]

师：以后大家就按照我这样继续读，虽然不一定有别人陪你笑，自己一个人读出笑声来，也是很幸福的事。

2. 点评

湖北省咸丰县第一中学向华民老师认为，像这样开展教学，生物教师更是魅力十足；广东羊垂功老师认为，课堂阅读需要创新品读。实际上可能有的学生已经感悟到教师深情解读的情感：①科研过程需要执着、忘我精神。②付出终会有回报，要不果蝇能在临死之前还再"抖擞精神一把"？③夫妻之间要懂得相互理解、尊重。学生长大后，这节课的"情感"体验在他某个阶段会发挥作用。④何为教育？教育就是润物细无声。

看似很平常的一段科学史料，经过编者的精心处理，加之课堂的激情朗读和点评，能激发学生的兴趣，引起他们的共鸣。给学生带来快乐的同时，也享受着科学精神的教育。值得说明的是，拟人化叙述，虽与科学事实不相符，但能增强教学内容的亲切感。本文为配合本刊互动平台栏目举办的"精彩课堂片段"话题讨论而写，做抛砖引玉之用。

（选自《中学生物教学》2014年第7期，原标题：让学生感受到阅读的乐趣）

有了这次阅读的体会，后来我是安排语文课代表，或者让学生推荐一位同学阅读，大家一起来点评。

"细胞增殖"之趣

——引导学生小结相关知识的教学片段实录

我怎么觉得"细胞增殖"是生物界生命活动中、细胞水平上最激动人心的事件呢？"细胞增殖"究竟有什么意义？

试想一下，假设没有细胞增殖，人的受精卵，会长大成人吗？人还会有后代吗？如果没有细胞增殖，我们的头皮细胞掉了，还能得到补充吗？受伤的伤口还能愈合吗？新增加的细胞与原来的细胞是一样吗？

生物界似乎没有哪一事件的悲壮程度可以与"细胞增殖"比拟的。它带来的是老细胞的瓦解和子细胞（新生命）的产生，并且在分裂过程中能保证其形态是那样的相同。

细胞分裂过程中，其染色体能准确地复制和平均分配，这也是有丝分裂的重要特征。复制发生在间期，平均分配发生在分裂期。还有其他物质的分配，这是多么不容易啊！它却在我们身体内时刻发生。你看，感人不感人？

（教师在黑板上边画图，边总结）

染色体怎么才能保证准确复制，是缠绕在一起容易，还是舒展开来容易。显然，是前者。丝状，加上被核膜包裹，我们在光学显微镜下是看不到染色体的，此时的染色体叫染色质。染色体复制的实质是什么呢？DNA的复制和相关蛋白质的合成等。这一时期，叫间期。

1条染色体复制，产生几个染色体？1个，不对，习惯上还是应该叫"1条"。对DNA的计数可叫"个"。染色体复制，也是产生染色单体的过程，这两条染色单体，将来一分开就是两条染色体。但现在因为共了一个着丝点，只好委屈地被称为"染色单体"。应该说，生物学的名词都是"被"出来的，是人为的，已经约定俗成了，我们要尊重。

若染色体呈丝状交织成网，方便平均分配吗？不能。那将会分得"乱七八糟"的。只有缩短变粗才可以。形态变化，物质不变，光学显微镜下一旦看到，我们就可以叫"出现染色体"。间期没出现染色体，不等于没有组成染色体的物质。如果核膜不溶解，能分配并移动到将来的两个细胞吗？核膜不溶解，意味着一个细胞中的染色体数倍增。

染色体能自行自觉地移到两极吗？不行，是不是得靠外力来拉，"绳子"呢？两极发出的纺锤丝，或者中心体发出的星射线。他们构成了纺锤体。纺锤丝构成纺锤体，就像中心粒构成中心体一样，是局部和整体的关系。其实，着丝点（着丝粒）的分裂并非是被拉裂的，而纺锤丝牵引作用确实存在。

你看，两极发出的纺锤丝或星射线的牵引力量哪边大？一样大。若其中一边大了，就不公平了，因为染色体可能跑到这一边去了，这不是变异是什么？若变异了，可能会产生"变态"，甚至死亡，该有多大风险啊。实际结果呢？是拉拉扯扯，像拔河，将着丝点拉到细胞中央的位置，它的名字叫赤道板，赤道板是真的板子吗？或者说赤道是不是真的像深南大道一样是一条马路呢？不是，是一个位置。此时的细胞，染色体在显微镜下最清楚。我们可爱的细胞，能将着丝点整齐地排在赤道板上，为后面的继续分配奠定了位置和形态上的基础。真的很完美，也是让我们所感动的。

着丝点分裂意味着后期开始。着丝点分裂意味着染色单体的地位要发生变化，在纺锤丝的牵引下要移到两极。一旦到两极，后期的使命完成了，染色体平均分配的任务也基本完成。但由于还在一个细胞中，此时，细胞染色体的数目加倍了，直到细胞分开前都是。分开前的时期，叫末期，主要是完成细胞其他结构的重建。当然，染色体，要重新变化成丝状，包裹到核内，核膜核仁重新形成。纺锤丝的使命完成了，也该消失了。大家想过没有，着丝点早不分晚不分，偏要到赤道板才分？核膜早不形成，晚不形成，偏到染色体到两级后才形成？这需要多么强烈的"合作精神"啊，这体现了结构之间的相互适应和相互配合，是生物长期进化的结果。

高等植物细胞与动物细胞在有丝分裂时，除了前期纺锤体形成的方式不一样外，末期子细胞分开的方式也有区别。前者通过形成细胞板，再形成细胞壁；后者则是靠细胞膜中央凹陷最后缢裂开来。再想想，前者与哪些细胞器的联系紧密，后者体现了膜的什么特点？

回过头来再看看，在细胞周期中，染色单体什么时候产生？什么时候出现？什么时候它的这一历史名称被取消？假若高尔基体在高等植物有丝分裂末期不作为，会产生什么后果？染色体何时复制、加倍，染色体（形态）何时出现和消失？我们为细胞增殖而感到自豪，也应该为它的复杂性点赞，而不是像个别人觉得的那样，感到"难学"。

点评

王文方：这篇文章大概是两年前第一次拜读，并尝试在自己的课堂上模仿。今日读来，我仍觉心情澎湃，感觉里面既包含夏老师教学内容的深刻理解，又有深刻打动人心的悲悯情怀。我感叹没有对教材处理的高超技艺、没有对生活的热爱、没有对生命的理解、没有对语言的艺术化驾驭，如何能让人如此动容？

朱秋容：具有此等高超艺术的教学语言，哪有不吸引学生的道理！我很受启发，真的应当好好来学习。

山水人生（网友）：真是好啊！我如同听了一个娓娓道来的故事。这样上的生物课，学生会记忆终生的。

雨意（网友）：如果没有对生物，对生活的热爱，是很难写出这样的好文章的。向您学习！

ghwlgph（网友）：这种课才能让学生真正感觉到是在上生物课。

眸儿（网友）：多么形象而有趣的一堂课啊！谢谢夏老师，也为我上了一堂精彩又激动人心的课，很有感触，值得学习！

蒙庚阳：别有一番风味！用生活的角度来理解抽象的理论知识。

谢佳：夏老师的文章非常精彩，这种以故事来串讲知识点，将知识完美融合的高超技巧，着实令人佩服。

望春玉兰（网友）：这样的叙述，学生喜欢。在风趣和活跃课堂氛围这方面，我的欠缺很大，向夏老师学习。

新教材为什么这样编写

——人教社2019年版高中《生物学》教材必修1培训讲座片段

这是一本指导学生进行科学思维和科学探究的教材，这是一本崇尚科学、反对伪科学的教材，这也是一本提升学生和教师核心素养，为健康中国，美丽中国默默作出自己特殊贡献的教材。

不时有老师对我说，"课程标准"经过教材的解读，变得生动有趣了。高中《生物学》新教材为什么要这么编呢？是为了便于学生的学，教师的教，更好地落实课标要求。

可以这么说，科学精神贯穿于教材的全部，涉及人们的衣食住行及方方面面。

生物学是属于理科，竟然很多家长和学生认为是文科。原因是我们的教学出问题了。宇航员为什么被称为"宇航英雄"，因为火箭发射的成功率不是百分之百。科学要强调证据，强调数据说话，科学实验结论和过程要能够重复，"重复"本身就是检验。某些科学实验，因为不能重复，大家就不认可。你卖个什么药，既能治高血压，又治低血压，还治疗糖尿病，我说，你就是伪科学。

必修一，这六章的标题都记得吧，一起说说看：走近细胞，组成细胞的分子，细胞的基本结构，细胞的物质输入和输出，细胞的能量供应和利用，细胞的生命历程。

第一章，走近细胞，怎么走近，我们自己就是由细胞构成的，我们就是细胞的集合体，如果学生想到自己是由细胞构成（摸摸脸，拍拍腿，哪里都是细胞构成），而不是教材上的细胞，那该多亲切，我们与细胞的距离就很近了。走近细胞就是走近生命啊。我们说的走近，是跟着细胞走到生命系统，走到细胞所在的生命系统的位置，对了，是生命系统的最基本的层次，没有细胞，就没有生命系统大厦的构建。

教材毕竟是教材，你看，从冷箭竹被大熊猫吃，我们展开去。大熊猫，是国宝，是学生非常喜爱的，我们打一下"大熊猫牌"，也没有错。记得日本曾经一个大熊猫逝世，举国青少年哀悼。这说明大熊猫无愧于"友好使者"这一称号。

你说，大熊猫和冷箭竹是细胞构成，有什么证据？凭什么说大熊猫是细胞构成？证据呢？证据，实证，是科学研究不可缺少的。可以说，证据就是科学的"良心"。教材这节的"问题探讨"就提出这样的话题。

哦，有学生说根据细胞学说推理的，也没有错，这也是科研必需的能力，说明他们预习了。就像知道人的"为着（胃左）……干哟（肝右）"，你并没有看到某个人的肝脏，但却推理出这个人的肝位于腹腔右侧，这是不完全归纳法的功劳。只是生物学上唯一没有例外的是都有例外，个别人的肝脏是不是长得不是那么右罢了。

好，看大熊猫，多漂亮，从个体出发一条主线，两个方向，结构层次如何，是个体、器官、组织、细胞，另一方向是个体、种群、群落、生态系统、生物圈。

再看冷箭竹，同样有一条主线，从细胞、组织、器官、个体、种群、群落、生态系统，到群落交叉：大熊猫与冷箭竹是同一个群落，同一个生态系统。

通栏彩图，整整两页；精美，壮观；鲜艳的色彩，蓝底红绿相映生辉，强烈的对比，无限的遐想。

从问题探讨，大熊猫与冷箭竹存在捕食关系。不是简单孤立的两种生物，与动物园里栅栏里的大熊猫与人投放的冷箭竹是不同的。自然界里的大熊猫和冷箭竹，是"天然的群聚"。

走近细胞，看看科学家研究的历史。维萨里的研究从个体器官到组织。罗伯特·胡克发现了细胞，列文虎克也发现了细胞，但若仅仅是这样孤立地发现了细胞，发现得再多，也不知道其他生物是不是由细胞构成。从维萨里到罗伯特·胡克，经历了122（1543–1665）年，从罗伯特·胡克到施莱登和施旺又是60多年，可谓前赴后继，施莱登和施旺为什么成功了？不完全归纳法被施莱登和施旺用上了。他们说，动物和植物都是由细胞构成。这是一次大飞跃。将千变万化的生物界通过细胞统一起来，这个是一个跨越生物种类的重要结论。

随着技术的提升，魏尔肖指出，细胞通过分裂产生新细胞。从罗伯特·胡克发现细胞算起，这是193年后的事情。教材几句话，跨越2个世纪，我们学生的学习是站在巨人的肩膀上。

教材编者编制的讨论题让学生归纳科学发现的特点，可以说是怀着对科学精神的敬仰，对科学的热爱编写的，是有科学情怀的。为了学生亲身感悟科学发现的历程，可谓良苦用心。你看，层次多清晰，从个体到组织，从组织到细胞，从细胞到细胞学说，再到完善和讨论，加上后面再设置科学方法"归纳法"，环环相扣，匠心独运。

广东从2004年开始实施课标实验版教材，2020年使用课标教材，相隔整整17年啊。

虽然说细胞是最基本的生命系统，但对我们人类影响巨大的病毒，也是生命，只是寄生在细胞中罢了。

教材专门设置了多道题目来讨论病毒，病毒为什么不能离开细胞，人工合成病毒是不是意味着合成了生命。这两个问题的回答，进一步加深了细胞是最基本的生命系统的理解。

我们向着细胞，走得更近了吧。但细胞与细胞并非完全一样，是多种多样的，所以，继续讨论。

原核细胞和真核细胞，研究细胞要借助显微镜，你看，第2节的问题探讨，就是引导学生认识和比较多种细胞。如果说，第1节是让学生感受到细胞的地位，那么第2节就要开始理解细胞的形态和大致结构。细胞形态不同，按结构分成两类。原核生物的原核细胞，真核生物的真核细胞。他们有差异性，更具有相同性，相同性也就是统一性。

你说，原核细胞有没有核？我要对老师们说，这样的问题曾经争议很大。2009年2份高考卷都考到，并且是认为没有细胞核的。而不少大学教材说，原核细胞有原始的细胞核。原始的细胞核不就说明有细胞核吗？只是原始的而已。老师们纠结啊。

我们是不是该厘清一下呢？细胞核包括核膜、核仁、染色质等。若没有核膜，没有核仁，没有染色质，还有核吗？对，没有核这样的结构，教材说，没有核膜包被的细胞核，其实压根就是说没有核结构，对吧。但原核细胞有遗传物质，有遗传的功能，有遗传物质不就意味着有细胞核的功能吗？没有核，但有核类似的功能，好办，给它取个名字叫"拟核"，或"核区"。

有的老师觉得改一些名词，很烦，我告诉老师们，其实学生没觉得烦。你烦，是因为旧的名词，旧的说法，影响到了你，而学生不一样，他还是一张白纸，希望我们的学生不要受到我们的负面情绪影响，也不要受到教辅资料表述的负面干扰。

肽键，我个人也不希望修改，改了也没关系，给学生说清楚不就行了。

"蓝细菌"这名词，我觉得挺好，一看就知道是细菌，是原核的，蓝色的。为什么？有藻蓝素啊？"藻"字也不错，有草字头，有三点水，让我想它是生活在水里的，类似植物的绿藻等，能光合作用。没有叶绿体，但有叶绿素，它整个身体活生生就像一个叶绿体。

为了让学生知道，原核生物不等于细菌，不等于都有细胞壁。教材第12页的"练习与应用"用了支原体这个素材，还是彩图的，它是原核，它没有细胞壁的，特例一个。除了它，其他原核生物都有细胞壁。教材专门挑它来讲，特例讲了，不就明白了吗，再说，大家听说过，人造细胞吗？这个很重要，造个没有细胞壁的，总比有细胞壁容易吧。你看第12页"生物科技进展"，美国科学家文特尔研究小组，20世纪90年代研究的生物就是没有细胞壁的——支原体，他们获得的人造细胞，有基本活动能力和繁殖能力。你能合成原核生物，还有厉害的在后面，谁？中国科学家。2018年我国科学家对酿酒酵母的16条染色体进行研究，设计出1条染色体，1条染色体执行16条染色体的功能，关键是移植后，还能存活。支原体是原核，酵母是真核。你说，这条信息是不是有利于增强民族自信。它是合成生物学领域新的里程碑。但教材不是生硬的灌输，而是启发学生：你认为这是不是标志着人工合成生命的设想就实现了，你是不是赞成这样的研究？详细情况还是大家自己去阅读教材吧。

人造病毒呢？相对更容易。那人造病毒，是否意味着人类合成了生命？你说，合成了，没有错，因为病毒借助宿主可以进行繁殖。

你说，它不是生命，也没错，因为它连最基本的生命系统都没有。我们走近细胞，并没说走近病毒，但病毒与细胞关系密切，了解病毒，更能理解细胞的地位。第14页这道题很有思考价值，大家可以组织学生讨论。

就这样带学生认识到，细胞是最基本的生命系统。细胞增殖分化是生长发育的基础，细胞是生命活动的基本单位。

顺便说一下，走近细胞，知道细胞是最基本的生命系统，已经很不错了。在本模板教学中你不要出个什么题目，重点去考什么群落，让我们教学离开细胞这个中心。

细胞为什么能成为生命呢？是不是细胞中的物质，是非生物界所没有的？细胞再伟大，不也是物质构成的吗？让学生潜移默化感受到生命物的物质性，这不就是建立物质观吗？世界是物质的，这是很重要的观点，如果没有它，也就没有马克思主义哲学。所以第二章，安排的内容就是组成细胞的物质，生命的物质性。

第二章是组成细胞的分子。细胞中含有的元素在非生物界都可以找得到，这也是统一性，也说明生命起源的可能性。既然相同，那岂不是一样了？种类相同，但比例严重的不同。哪些比例高，哪些低呢，为什么？教材的"问题讨论"就是从这下手的，这样的切入点，我认为可以起到乘上启下的作用。

组成的细胞无机物、水分，与我们的关系多密切呀，在细胞内含量多。人体内若没有水，意味着，质量50 kg的人只有10～20 kg。

细胞中有无机物和有机物，但是教材中画出的"组成细胞的主要化合物及相对含量图"中，标示的物质的百分比加起来不是100%，去年北京有位老师感到很纠结，无机物+有机物应该是100%呀，是不是教材编者太粗心，弄错了吗？于是他就写文章提出了质疑？可老师们要想一下，这个图的名称是什么？是指主要化合物，说明还有其他化合物，"主要"不等于100%。无机物+有机物=100%没有错，但主要化合物不等于所有的。例如，乳酸、酒精、丙酮酸等。就算是真的测定全部有机物，也不一定100%，还有实验误差呢。如果教材修改数据变成100%，岂不是弄虚作假？教材选的数据，是科学家测定的真实数据，不是100%，不正是科学精神的体现吗？

会前，有老师对我说，教材增加水的化学知识，没有必要。增加一点点水的知识，你们不应该反感吧。新教材也就增加了那么一点点，H和O之间的电子对，稍微偏向一点O，O就带那么一点弱负电，H带弱正电，够了，极性了，那些带电的离子，喜欢上了，正负相吸呀。水，就是良好的溶剂了。没增加多少内容，就让学生能深度学习相关知识，理解水的极性，这样的补充，我认为不仅有必要，而且让学生走出了死记硬背的胡同。更何况也能体现功能与结构观呢！蛋白质，有O和H，不同部分也带了那么点负电和正电，相吸了，吸得不那么紧。相吸，这个引力，叫氢键，氢键不是化学键，只是一种引力而已。蛋白质分子，那些不同部分的O和H相互吸引着，而不是多肽链到处飘。当然光靠氢键还不足以确保蛋白质的空间结构的稳定，没事，还有二硫键等，教材第30页做了介绍，我是这样告诉学生的，有了S，我们就能了解炒菜为什么会产生焦味，头发不小心被烧，也有焦味，是二氧化硫产生罢了。

我们还不能忘记DNA分子中也氢键，更不能忘记氢键为我们人类作出的重要贡献，当然，你也要了解教材编者，他们不是"吃干饭"的，修订教材不是为了改而改，而是为了更好地开展教学。老师要带着感情去认识教材的变化，我们的课堂才更有激情，才能让生物学更有魅力。

后面的变化，有时间我慢慢说。但今天就不细说了。

我们人身体内有脂肪，我们家里有桶装的花生油之类。与我们的关系多密切，为什么桶装的是液体，人身上的是固体，不都是脂肪吗？如果人身上的脂肪是液体，那人会长得像什么？教材上补充点脂肪的常识，对联系生活实际大有好处。你说呢？

蛋白质与核酸，是最重要的两类有机物。

牛吃草长牛肉，羊吃草长羊肉，同样在一个食堂吃饭的，长的样子是不同的。你吃的蛋白质，到你体内，是原料，是消化后的氨基酸才被吸收。将旧房子拆掉的砖块，你可以做大楼，也可以修建广场，看你是用什么图纸来施工。你吃了猪蹄，会长猪蹄吗，牛吃草不会长草的，多么有趣味的生物学。

再看，为什么有"夫妻相"。有的夫妻都胖乎乎，有的则都瘦，一起吃，相互"磨合"，一个人吃油腻的，另一个人也慢慢适应了，比翼齐飞不足怪。相反，亦然。什么是磨合？例如，家里的厨师喜欢吃肥肉或者吃素，老婆或老公，也许开始不喜欢吃，随着时间推移，加上你爱屋及乌，爱老公，爱老婆，也爱上他做的饭菜，时间一长不"夫妻相"才怪。当然，也有不适应对方的饭菜的，为了吃，吵架的事难免发生，这样一对夫妻，很难"夫妻相"，有人说，我家"那位"从来不喜欢我做的饭菜，这能有夫妻相吗？当然，对"夫妻相"的解释，有很多观点，大家可以查阅、参考讨论。

有的老师说到，为什么要将蛋白质功能提前讲。结构决定功能，先讲结构不更好吗？

先讲什么，倒不是那么重要。但这么一调整，课上得更好，不好吗？当然如果将课上成了死记硬背的课，谁先讲都无所谓。

如果你从情境入手，让学生体会到蛋白质的伟大作用，先讲功能好。

蛋白质无处不在，生物体的结构，都可以认为是"蛋白+"，没问题吧。细胞膜：蛋白质+磷脂等，染色体：蛋白质+DNA等，核糖体：蛋白质+RNA等，新冠病毒：蛋白质+RNA。蛋白质真是无处不在啊。蛋白质是生命的蛋白质，反过来说，无蛋白质的结构是不存在的，细胞不存在，人还有吗？看到自己，是不是该想到蛋白质，爱上蛋白质才对。怪不得恩格斯说，生命是"蛋白质体"存在的形式，当然，仅有蛋白质是不够的。

我们在座的，有的人那么弱小，说话轻声细语，但是，时时刻刻产生着尿素，多么了不起啊，你很强大！你看化肥厂隆隆的机器，生产尿素，什么高压炉之类，管道横竖交错，高温、高压，多难！人却是那么轻松，原因是什么？酶的催化作用，酶大多就是蛋白质。人每分钟发生的几百万次化学反应就是在你不经意中发生的。

人胖不胖在于脂肪的多少，壮不壮在于蛋白质，肌肉发达不发达在于……

人每天必须吃一定的蛋白，为什么？你每天会不断消耗，需要建造细胞补充，青少年更是如此，要长出更多细胞来用于生长发育。蛋白质却不能全部由糖类、脂肪转化，为什么？教材上有介绍，有关必需氨基酸的知识里有答案。

大千世界，形形色色，是蛋白质不同造成，根本原因是核酸。

为什么人工合成有生物活性的蛋白质重要，教材专门讲到，我国人工合成胰岛素，这是多么振奋人心的事啊，不同蛋白质又有什么相同的之处，不同的原因又是什么？

讲到这，学生还没有想了解蛋白质结构的欲望吗？那太不敏感了吧。

教材接着讲蛋白质和核酸的结构，这是非常合乎孩子的心理特点的，他们好奇呀。

既然细胞中各种成分都很重要，是不是意味着，随便弄点蛋白质、核酸、糖类、脂质和盐水搅拌搅拌，就是细胞了呢？

细胞中这些成分是如何组合起来的呢？这就要在第三章中寻找答案，所以接下来要讲"第三章细胞的基本结构"。

从第一章，章首页克隆猴，到第三章生物科技进展介绍的克隆猴，学生基本上走近了细胞结构。但还不够，要通过讨论，在问题探讨中，在方法介绍中，在实验中，在复习题中，在科学家探究的故事中，去彻底树立生命观念、科学思维、科学探究，同时指导我们的生活。

下面两章是讲细胞的功能。第四章细胞的物质输入和输出和第五章细胞的能量供应和利用。最后一章，关注细胞的一生，细胞的生命历程。

后面我想说说，如何不让我们的教学被教辅资料影响。介绍一下教材有关知识性的内容的变化及其相关背景。

脂肪及其检测，几丁质，肽键，氨基酸的种类（21种），镰状红细胞，蓝细菌，显微镜，物质间的相互转化，分泌蛋白的合成，酶的发现与实验，物质跨膜运输，ATP，NADPH，光合作用原理探究，甲紫，全能性，细胞周期……

（本文根据现场讲座片段整理，2020年10月）

常问学生：感觉如何？

师生"互动"在下课铃响前的几秒钟。

今天荆老师听课，昨天是徐老师听，且都是在高三（11）班。昨天是探讨自由组合定律练习题，今天是复习减数分裂相关知识。

多年来，在每节课下课时，我都会习惯地问全体学生或部分学生：这节课感觉如何？

昨天问他们时，他们仍然是说"不错"。我说，之所以这样教，是因为高三（10）班的邱同学对我说，这样教对他的效果好，所以你们班也这样上。下课时，刚好邱同学也来到11班，我对学生说，我就是听了邱同学的建议后，对你们也这样上的。听我这样一说，该班的科代表和部分同学开心地笑了，并对他表示感谢。

今天下课时，我特地问了上过黑板画图的熊同学，感觉如何？有收获吗？他频频点头称是。她对基因与染色体关系比较清楚，却在图上对同源染色体分离这一基础知识弄错了，这点出乎我和荆老师的意料。由于今天11班的同学对上黑板的形式表示了肯定，所以在10班仍然这样上。不过，10班部分同学感到有些地方还不是很了解，等到下课才解决。

每节课，教师进行反思前，除了上课直接看学生的表情外，别忘了直接问学生，同时多鼓励同行听课。为了鼓励学生对我提意见和问问题，我提出"郁闷说"，我认为有意见不提，会让人产生"郁闷"，"郁闷"有累积效应，过多的"郁闷"不仅不利于教学，也不利于心理健康，所以要及时释放出来。为消除同学的顾虑，我特别指出，多提意见和建议，也是帮助老师。

利用好下课前的几秒钟，及时问学生，这样的互动形式，有利于充分了解学生对课堂的建议和意见，同时也可根据他们的意见对教学做出及时调整，或向他们宣讲自己的教学理念和思路。正是由于平时及时征求他们的意见，所以，很少有学生背地里提意见。

关于课堂教学的问答

1. 讨论，不等于吵吵闹闹

问题：在您的教学生涯中坚持了哪些行动？有哪些教学经验是值得总结推广的？您觉得自己还需要在哪些方面下工夫做改进？

答：到2013年，我从事教学工作快29年，一直坚持着教学与教研的结合。同时参与了其他教研活动。多年来，我十分关注学生对我教学的反馈信息。几乎每周甚至每节课后都会注意询问学生对课堂教学的反映，发动学生为我的教学出谋划策，及时根据学生的建议和意见做出调整和改进。

例如，今年开学初，在课堂教学过程中，我曾经用比较多的时间发动学生做分组讨论。课后不少学生对我做这样大的变化，感到不适应，为此也向我提出了意见，认为"吵吵闹闹"浪费了他们的时间。他们认为我讲几句话就能让他们学懂的问题，结果花了很多时间却没有达到目标。有学生说，要相信他们的判断力，他们认为，如果继续这样的分组，会影响到生物课的"欢迎度"。为此，我也正在做反思。我会努力去改进，但没有更多适合学生的方法（或者说没有自由驾驭新的方法）前，先保持目前自认为比较适合学生的方法，先在保持稳定的基础上做些微调。

2. 以生为本，重在以学定教

问题：您是如何理解"以生为本"的教学理念的？

答：教师因学生而存在，满足学生发展的需求自然也是教师的追求。"以生为本"也好，"以学生为主体"也好，都强调了对人的尊重，对学生的尊重，一切以学生的需要为出发点和落脚点。教师以对学生的尊重和爱心，千方百计地激发学生的求知欲，激发他们自主学习的热情，千方百计地给予他们独立思考和合作学习的机会，给他们全面发展，搭建好自主发展的舞台。

单纯从高中的学科教学来看，以生为本，重在"以学定教"。这里的"学"，是指"学生"，这里的"教"，更多的是指教学方法和方式，而非教学内容。具体到当前的高中教学，特别是高三教学，其教学内容选择应该尽可能符合课程标准和考试大纲的要求。

3. 保证"闹中有静"，增加思维含量

问题：您是如何将"以生为本"理念融入您的教学工作中的？如果您不认可，能否说明原因，并介绍一下您自己的教学理念。

答：任何人的教学，任何人的课堂都有值得改进的地方，改进的目标是最大限度地调动学生的积极性，满足学生的需要。

引导学生自主学习，不等于将课堂完全开放，放弃课程标准和考试大纲的要求，而是采取更加开放、更加有效率的方式去唤醒自己的自觉，使他们主动地提高自己，将学习作为自己最大的乐趣，在乐学中寻求效益最大化。

引导学生自主学习，互动展示，应该尊重学生的实际，遵循学生的认知规律。这里的学生是"全体学生"，而一个班级的学生是有差异的。例如，我们倡导课堂的分组

学习，以课堂"热闹"的形式作为课堂成功的标志的同时，还应该做更深入的思考。对高中学生来说，应该为他们自主的独立思考提供足够的冷静思考的课堂环境，应该保证"闹中有静"，学生的参与，不等于就是"说话"，特别是要防止我们的课堂变成了一部分喜欢发言的学生为主导。学生的学习，从某种程度上也是做学问。做学问得力戒浮躁心态，反对那种不做思考的无价值的言论，减少课堂的"噪声"。

4. 理想的课堂，学生乐学并积极参与

问题：您认为一个好的生物课堂应该是什么样子的？对于当前南山区大力推进课堂教学模式的研究以及卓越课堂文化建设的活动，您有什么想法？

答：我认为理想的生物学课堂，是学生乐学并积极参与的课堂，是学生在相对轻松的状态下顺利达成教学目标的课堂，也是师生在平等互动和合作学习的课堂，是学生欢迎度很高而快乐的课堂。

在南山区卓越课堂文化建设中，作为育才中学生物科组长和区教研员，作为一线教师，我会自觉地主动地参与到这样的活动中，不断去探索，包括开始教学研究，研究我们课堂的形式与教学效果的关系，在研究中去实践和改进自己的教学。

5. 研教结合，与学生、学校和课改同成长

问题：对于年轻教师的学科素养提高和生涯规划，您有什么好的建议？

答：学校曾对教师职业提出了"八项修炼（忠诚使命、珍惜荣誉、富有爱心、充满智慧、善于引领、勇于创新、乐于分享、勤于学习）"，最近在青年教师会上又提出了做好"三常（常识、常规和常态）"和提升"四力（活力、动力、能力和影响力）"的要求，同时，育才中学教科室为青年教师制定了"培养计划"。我想，最关键的是，青年教师应该结合自身的实际，尽快制定切合实际的可行的个人的发展计划，以做好"三常"为基础，不断提升"四力"。在此我想提两点，与年轻教师共勉。一是努力树立责任意识，做一个有责任心的人。对学生负责，对学校负责，也是对自己负责。我们要努力使自己与学生同成长，与课改同成长，与学校同成长。二是坚持教研结合。坚持教中有研，以研促教。在提高课堂教学效果的同时，提升自己的教研能力。

（写于2013年）

讲题目讲出感动的笑声

为生命感动。要想让学生带着感动学习，教师的讲解必须有一定的感染性。

10班是年级的实验班。周一发的《分子与细胞》的练习卷该评讲了，可到教室，他们没做。3天了。我说："有一句话想讲，不知当讲不当讲？""当然可以讲。"部分同学说。我说："希望你们不要生气，更不要认为我有偏见。我说你们的态度不如6班！在学习时，没有想到生物学知识就在我们身边。"没想到，带来一片笑声。

生命多么令人感动！同学们，难道做这些题你没有感觉吗？你会无动于衷吗？

哪些是原核生物？不懂生物学，连广告都看不懂啊。电视广告语：感冒是由大肠内的支原体和……病毒引起的。（学生大声齐说）。

光合作用的图解怎么也不记得？……蓝藻，树苗，本领大啊，能分解水，吸收二氧化碳合成有机物，多么不容易啊，光合作用是多么伟大！

老年斑，是由于脂褐素引起的，难道你不感到做这样的题目很亲切？看看爷爷奶奶的老年斑，想到其原因，也算是一种对老年人的尊敬和关心吧。你有没有想到今后在去掉老年斑上做点研究工作？

癌细胞黏着性差，糖蛋白少，容易脱离、扩散。有人在操场上头上碰了个包，到教室，包仍然在吗？这些包与其他组织粘得紧啊。为什么？

从头到足，每个细胞都有46条染色体，靠的是有丝分裂，多么了不起，看看，染色体数保持得那样精确。

心肌几十年如一日，持之以恒，孜孜不倦地跳动，不会停歇，哪怕几分钟、几秒钟，线粒体立下了汗马功劳。

出汗，你们可想到高师傅（高尔基体）？总该想到水无尿尿（水分、无机盐、尿素、尿酸）吧，想到流唾液，想到核糖体等细胞器也是不错的。

为我们的生命活动而感动，为自己而感动，也为我们有机会学习生物学感动。想想生物与我们的关系，生物知识也就很亲切，想不感动都很难啊。……

中午在路上碰到几个同学，他们说"为生命感动，老师，你的每个细胞是不是都很兴奋？怎么那么有激情？"

课堂因"笑"而精彩

笑口常开，健康常在。"笑"对教学是否有用？课堂怎样才有"笑"？

1. 教学呼唤"笑"：打破沉闷空气的良方

好的课堂教学，要有幽默和笑声。医学研究表明，短暂的笑，可使人获得较长时间的轻松和愉悦。"笑"有利于增强免疫力，缓解紧张和压力。"笑"属于深呼吸，能促进气体交换，加快血液循环，及时补充脑部的营养和氧气，使人体各脏器和许多肌肉得到锻炼。

"笑"能让学生学得轻松，也能让教师教得自信。"笑"能表达感情，也能密切师生关系。"笑"会激发学生献身科学的激情，也能使教学充满着朝气和活力；课堂因"笑"而活泼，事物会因"笑"而难忘；在"笑"中可找到机智，也可获得信任，还可产生力量。

2. 课堂何来"笑"：拓展生活的视野

引发"笑"的素材非常丰富，关键靠发掘和积累。有大量素材和方法的使用，生物教学定会有笑的课堂。下面仅列出一些实例讲解的片段供参考。

在体验生活感受中"笑"。人体深呼吸时，腹部肌群能参与呼气活动，也能引起脊柱的活动，还能协助排便。这一知识似乎没什么好笑的。但做如下讲解就不同：为什么有的人大笑时会肚子疼？为什么有句歌词叫"笑弯了他的腰"，为什么曾经有人的裤带在咳嗽时爆裂？为什么小便时咳嗽会改变尿的射程？

肌肉能产生热量。为什么在冬天人排尿后有时会颤抖几下？是不是为了尿得干净？人体体温本来是恒定的，排出那"热腾腾"的尿，带走了热量，体温面临下降，所以需产热也多，此时的你本应该"跑步"，你却没"跑"，肌肉抖几下，难道不是好事？

不管你怎么跑或跳，为什么你的胃在腹腔的左边而不会移到右边，为什么肠子的活动不会磨破胃？原因之一是，脂肪有固定内脏、减缓摩擦的作用。用锤子敲小腿比敲臀部感到更痛？说明脂肪有缓冲机械压力的作用。

为什么打喷嚏时有时会引起耳鸣？为什么有的人在吃饭时突然打喷嚏，会将饭从鼻腔带出来？也有人将鼻涕抽吸从口腔吐出，说明咽鼓管、食道和鼻腔在咽处会合。

有人头部有炎症，医生给其注射药物时是不是直接打在头部？不是。为什么从臀部注射药物能使头部的炎症消除？为了使肌肉得到营养而强壮，饭菜是不是直接按在肌肉部位？像这样讲血液的运输作用（或者自由水的作用），学生没有不笑的道理。

如果有人问你："怎么吃过饭就想睡觉？"你应该说："此时不睡更待何时。"吃饭后血液分布在消化道部位相对较多。"春眠不觉晓"又是什么道理呢？讲血液循环和消化系统生理卫生知识时如是说。

子女为什么像父母？过去科学家曾经认为精子和卵细胞中分别有一个小父亲和小母亲，并画出了有关图解。现在电子显微镜得到了广泛的使用。你认为精子或卵细胞中能找到小"父母"吗？讲解遗传物质时，可由此导入。

联系媒体和文学。为什么说女人是水做的？这有没有科学道理？当然有，因为水在女人体内含量最多。那男人是不是水做的？从含水量看，男女差别不是很大。那为什么只说女人是水做的？原来这是说女性的"柔情似水"。讲细胞的化学成分时可用到。

为什么有人见到大海总是深情地说"啊，大——海！"？原来，从"海"的写法上可找到答案：水（氵）是人类的"母亲"。讲生命起源于海洋这一知识时可顺便介绍此。

社会生活。细胞学说有什么意义？它怎么能改变世界呢？课本上不就是写了"一切动物和植物都是由细胞构成的，细胞是动物和植物的基本单位"这句话吗？这似乎没什么引起"笑"的地方。关键要看怎么说？人、狗和小草在科学史上有什么联系？只要提到细胞，联系就来了，人是由细胞构成，狗也是由细胞构成，小草呢？还是由细胞构成的，说明大家都是细胞构成的。联系就来了，正是细胞让千变万化的生物界统一起来的，正是由于细胞这一共同特征让我们看到了生物之间的亲缘关系。

有人移植一次不成功，还要移植多次。换肾对病人来说很痛苦啊。若在他的身体上安一"拉链"是否可以解决手术的麻烦，可能吗？学生笑答：不可能。可见解决移植过程中的免疫问题十分重要。

为什么有人去厕所需要很长时间，有的干脆拿一本书去看。便秘的人是不是应该多吃点羊肉？应该多吃含纤维素食物，而纤维素是植物细胞细胞壁的成分，所以应该多吃植物性食物。讲纤维素时，联系讲老年人习惯性便秘的痛苦，要学生理解和尊重老年人。

适当夸张。随着医疗水平的提高，癌症一定会克服。过去，感冒很难治疗，曾经让几千万人丧生，现在人患感冒，似乎是家常便饭，虽然不像吃饭那样轻松。"我去年得了肝癌，现在痊愈了，但却得了肺癌"这是未来人类的对话。学生听后会大笑。

我们有没有见到过这种现象：某个同学在操场上头上碰了一个"包"，回到教室，发现"包"还在，有没有哪个人的包块会掉到操场？这样设问，学生会大笑。此例是要说明一般组织细胞粘得很紧。癌细胞之间的黏性很差，很容易掉落、转移。

"蚊子会不会越来越厉害？"过去的蚊子，扇子摇过去，就迅速跑到很远的地方去了；现在的蚊子，有时对你的扇子没反应。将来的蚊子——可能是你要拉着他的翅膀才走。原来容易被人驱走的蚊子，会失去吸食人血的机会，也意味失去生存和繁衍的机会而容易遭到淘汰。在形象地提问叙述中，学生在笑声中巩固了"自然选择"方面的知识。

目前化学疗法，所用药物很难像巡航导弹那么精确。肝部得了癌，可药物导致有的人头发脱落了，每次化疗都会脱落，减少了理发的次数，但脱发只是一个方面现象。其实说明副作用很大，对其他器官有伤害。可见癌的预防比治疗更重要。

蝌蚪长大的时候为什么他的尾巴会掉下来？是不是有人用剪刀剪的？不是。那是不是天敌咬下来的？不是。原来是细胞内遗传物质决定，是自己主动结束细胞生命的结果。这是细胞凋亡的例证，也说明对发育有积极作用。

有人晚上睡觉前还好好的，第二天起不来了？这些是心血管疾病。讲死亡率居高不下的疾病时这样说。

若一对蛔虫"夫妇"只产生2个卵并发育为后代，它一定会淘汰。原因是蛔虫的种族延续太不容易了，要冲破人体的重重封锁，要抵抗人类对它的各种处理。为什么蛔虫在今天依然"兴旺发达"呢？原因是有很强的繁殖能力（过度繁殖）。

此外，还可以通过比喻和谐音的方法。有人将高尔基体戏称"高师傅"，高尔基体与植物细胞壁的形成有关。叶绿素很"美"，因为其中含有"镁"。"U"代表尿嘧啶，确实难记，怎么办？U可以"装尿"呀。4种色素在滤纸上扩散的速度谁最快？当然是"老胡"啦，"老胡"（胡萝卜素）是"冠军"，它个子小，极性强，跑得快。

触景生"笑"。个别学生上课开小差，老师说："我们班本节课注意力难以集中的第一号种子选手马上要诞生了。"通过笑，集中了学生的注意力。有老师看到一个同学要睡了，但他却不情愿睡，所以他就拼命地睁开睡眼。若老师说，你这样子好像是射击爱好者，全班同学会大笑起来。

总之，笑的素材虽多，但为笑而笑之行为不可取。要寓教于"笑"，融"笑"于学。笑是为教，笑应促学。要笑得开收得拢，要笑得恰当，笑得科学，笑得自然。

课堂实录和反思

——以"传染病表格"教学为例

1. "学生在互动中提升"：我的课堂实录

师：请同学们认真观察大屏幕上的表格，并准备回答："此表说明了哪些问题？"要求大家联系具体实际，独立思考，并做好笔记和发言的准备。

（屏幕显示）表1-1　2002年10种高发病率和病死率的传染病

序号	疾病名称	发病率（1/10万）	疾病名称	病死率/%
1	病毒性肝炎	66.55	狂犬病	89.33
2	肺结核	44.00	艾滋病	32.88
3	痢疾	35.40	白喉	20.00
4	淋病	12.34	新生儿破伤风	12.08
5	麻疹	4.55	流脑	3.73
6	伤寒、副伤寒	4.21	钩端螺旋体病	2.91
7	梅毒	4.13	炭疽病	2.79
8	疟疾	2.57	乙脑	2.25
9	出血热	2.42	霍乱	0.77
10	猩红热	1.11	出血热	0.62

师：下面请同学们进行分组（4人一组）讨论。要求每个同学都必须做记录，5分钟后每组派一个代表发言。最后要求所有同学将所做的发言（包括最初的和修改后的）记录上交。

（学生参与的积极性很高，课堂气氛非常活跃，5分钟后）

师：下面请各组代表发言。那一组先发言？

（一些组迟疑，第一组代表率先举手）

师：下面请第一组先发言。大家都要做好记录，避免等会儿发言时重复。

生甲：1. 病毒性肝炎和肺结核的发病率高，狂犬病和艾滋病病死率高；2. 发病率高的病死率不一定高，相反，病死率高的发病率不一定高；3. 养宠物的人太多；4. 食堂不卫生。

师：你总结得很好。怎么概括得这样出色？！你凭什么作出了这些结论？

（哄堂大笑）

师：（微笑着）看得出，他们是掌握了一些观察方法，也就是说，他们"会看表"或者说"有一定的看表能力"！。

（生笑）

师：他刚才说的第一个结论是通过表中竖列数据做对比获得的。第二个结论是对表格中横向数据做对比获得的。说明掌握了基本的看表方法：横"看"、"竖"看和对比看；上看下看，左看右看，全面地看。

（他们小组同学，都比较兴奋）

师：第三个结论就更妙了！从书上一下跳到了社会生活中去了，联系了具体实际。但是，似乎有一点让人感到不是很明白，"爱动物"有什么不好？你凭什么说缺乏科学的生活方式？欢迎你们小组的其他同学随时起来补充。

生乙：养宠物的人缺乏预防意识，虽然养狗的人多，但许多人不及时给它注射狂犬病疫苗，会导致狂犬病。肝炎是属于传染病，与饮食卫生有关。

师：说得好，说明加强管理和提高预防传染病的意识很重要。养狗不忘健康，饮食需要卫生，健康意识不可缺少。

生丙：我国人口太多，容易传染。

师：看来你从计划生育的高度来认识这个问题了。人口问题会引起其他一系列问题，所以也与传染病的流行有关。

（哄堂大笑，激动地鼓掌）

师：好，下面请第二组的同学发言，前面已经说过的，就不要重复了。

生丁：1. 说明要对卖血、卖淫等行为加强管理；2. 病毒性肝炎发病率高，说明中国人在饮食上严重不卫生，应学习外国人的分盘进食；3. 病死率高的病能引起社会的重视，控制力度也大；4. 易传染的疾病，往往是通过呼吸道和消化道途径传染；5. 毒品泛滥，吸毒者共用注射器。

师：说得很好。是啊，对用于输血用的血液应该注意检疫。这点需要提请政府和医疗机构注意。卖淫行为要坚决禁止。病死率高的（例如，狂犬病，艾滋病，还有我国部分地区爆发的SARS）由于能引起公众和政府的重视，所以控制的力度大，发病率就低，SARS在短时间内就被全部控制了。你说的第一个结论和第4个结论，都是关于血液传染病的。你的第2个结论，为我们找到了控制消化道传染病的方法，要学习外国人的分盘就餐，对吗？看你，一下让我们的视野从课本走向了世界啊！呼吸时时刻刻在进行，所以传播的机会大。病从口入也是有科学根据的。

师：你们觉得还应该怎样做？

生丁：人类要洁身自好。要广泛宣传卖淫的危害，要对不注意卫生的饭店进行处罚。

师：还有吗？

生戊：要加强法治。

师：第三组同学有什么补充吗？相信你们有精彩的发言。

生己：1. 发病率高病死率低的会导致人为疏忽。病死率高的病，现在发病率低，但以后病死率降下来后，发病率会上升；2. 病死率高的病传染性相对较低，说明病死率高的病能引起了社会的重视；3. 人类缺乏锻炼；4. 现在的污染指数高，人们却不注意，导致肺结核发病率高。

师：好，第1～2个结论与前面的类似，但你重新说了一次，虽然你存在了对别人发言没注意听的倾向或者听了还要这样说。不管怎样，要感谢你再次强调了这一重要结论，让我们的记忆更深刻。第3条结论，对我们太重要了！下次看到有同学做广播体操不认真时，我们是不是应该给他办培训班？

（生笑，打断说话）

师：我觉得第4个结论在科学性方面需要探讨一下。肺结核是由结核杆菌引起的，不知道你说的污染是什么意思？空气质量日报中涉及的污染物质，主要是指二氧化硫（SO_2）、一氧化碳（CO）、可吸入颗粒物（$PM10$）、二氧化氮（NO_2）和臭氧（O_3）五种空气中的污染物，至少与你说的没关系呀。社会重视的传染病传染性就低，记得SARS流行时，党和政府都很重视，所以很快控制住了，前面讨论过。（生笑）

师：其他小组的代表有没有补充？没有的话。下面进行自由发言。

生庚：还有一个重要结论刚才没想到！

师：什么结论，大家都很想听呢！

（课堂气氛非常活泼）

生庚：天花、霍乱等虽然现在发病率不是很高，但过去很高。

师：是啊。这个结论太重要了！

（全体学生都感到有点突然）

师：这说明我们人民的生活条件改善了，医疗卫生水平提高了。还有吗？

生甲：环境卫生变好了，主要是国家发展了。

师：对呀，医疗水平的提高离不开国家经济的发展。还有吗？

生壬：病毒性肝炎发病率高，也说明肝炎病毒传播速度快。

师：有道理。传染病的流行的基本环节包括哪些？

（师生一起回忆，师稍做讲解）

师：还有什么结论吗？大家可举手自由发言。我从来都是对那种为了学习而踊跃举手的同学心怀敬意的，虽然他冒着答错的风险而引来难堪，可为了整个班有良好的学风，对区区个人利益在所不惜呀。这是什么精神？

（学生哄堂大笑。老师边引导学生回答，边做点评和总结，学生七嘴八舌地进行自由发言）

生：计划生育没有很好地贯彻执行。

生：许多疾病在医学上无法控制。

师：你好像有点悲观。应该说，是现在无法控制。随着医学发展，一定会做到更有效的控制。

生：肝炎病毒生命力强。人的抵抗率弱。艾滋病传播快，范围广。

生：新生儿应该打预防针。医疗腐败，假药泛滥，妨碍了正常的防治。

师：预防接种的政策和措施没全面贯彻落实。你说的涉及深刻的社会问题了。

生：死亡最高的是病毒引起的。

师：你的知识面挺宽的啊。佩服。这个表格上排列第一位的两种病确实都是病毒引起的，但是左边表格中第二位就不是，说明你的结论值得商榷，不过，好在你用了"最"字，至少对这个表来说，是合理的。病毒是什么？

（师生一起回忆，师稍做讲解）

生：对发病率高和病死率高的都应该更加注意。

生：要加大对疾病的疫苗研制。

生：病毒和细菌会变异，有抗药性。同时，传播途径也会越来越多。病毒和细菌与人的斗争将是永远的。

生：许多地方的人的饮食水平还是停留在温饱水平上，生活质量不高。在卫生上不注重，导致许多疾病有高发病率。

生：霍乱死亡率低，说明人类虽然不能完全控制疾病的发生，但也对一些疾病有一定防治能力。

……

师：大家的发言非常好，能从一个小小的表格里发现这么多大问题，大大超出了我的想象，我想一定也超出了教材编写者的想象。今天的作业是：1. 将今天的发言整理好，上交（注意写清楚，哪些是表格直接反映出来的信息，哪些是你通过分析才能得出的结论）。2. 收集资料说明我国医学的重大成就。

2."提高学习兴趣的方法"：自我反思

良好的内部动机是提高教学质效的关键。夏老师在2002年发表的《谈生物教学的趣味性》文章中指出："能否做一个受学生欢迎的中学生物学教师，与教师本人是否能生动有趣地组织教学密切有关"。而怎样才能做到这一点呢？他认为有以下几种方法。

（1）互动产生兴趣

讨论使课堂气氛活跃，学生积极性高，参与面大。虽然他们的回答具有较大的开放性，有的答案也缺乏针对性，需要教师花费更多的精力及时进行评价和纠正。但开展这样的讨论活动除了更好地了解学生的思维水平和语言表达能力外，至少有以下意义：一是，有利于提高学习兴趣。将枯燥的数字表格变成了生动的思考素材，促进了学习的主动性，增强了学习信心。二是，有助于培养能力。通过激发"问题意识"，能发展思维能力。表格虽小，但信息量却很大。要从只有20个数据的表格中发现问题，需具备摄取、整合、转化和表达信息的能力。三是，能增强科学的亲切感。在引导他们联系实际的过程中，不仅能培养他们关心社会的意识，更能使他们切身感受到科学就在身边，科学课题就在眼前，进而使他们产生热爱和献身科学的情怀。四是，有利于促进他们树立健康意识，崇尚健康文明的生活方式，从而更好地珍惜和热爱生命。五是，使不同的观点在相同的时空内进行有效的交汇，有利于创造性思维的产生。等等。

（2）营造趣味课堂

以趣诱趣。要想让学生对生物学感兴趣，教师首先要对生物学有"趣味意识"，这是教师实施趣味教学的前提。教师首先应有这种自信：生物课是完全有条件上成最受学生欢迎的课程之一。

妙语生趣。语言是实施趣味教学的基本手段。教师教学的魅力首先表现在其语言的魅力上，而趣味性又是实现语言魅力的重要因素，也是"教学美"的生动体现。再枯燥的内容，在教师眼里都应该是有趣的，都隐含着令人兴奋的亮点，都可找到较好的充满情感的表述方法。

以评激趣。对一些貌似枯燥的内容，可采取评价的手段调动学生的参与意识，促进"群体趣味氛围"的形成，从而使趣味性得到改善和加强，以达到大面积提高教学质量的目的。要随时把握学生的反馈信息，不断给学生群体获得成功的机会，使绝大多数学生感到通过自己的努力是完全可以学好生物学的。

以变求趣。最好的方法是关于"变化"的方法。每节课都尽量出新意。无论是给哪个年级的学生上课，都得讲究方法的变化。上课时要针对学生实际使各种方法和手段穿插进行，一旦发现有学生听课走神时，得马上改变方法。

举例导趣。结合教学内容适时联系日常生活和社会发展实际，引导学生关注生活，关注社会热点问题，并及时展开讨论。使学生在切实感到知识与自己的密切关系和益处的前提条件下讨论问题，对提高学生的兴趣十分有效。生物学知识与学生的日常生活十分密切，所以许多内容都可以上成"活学活用"课。

（写于2004年）

教学的科学性和艺术性

1. 教学知识的科学性

我主编的《中学生物教学热点与互动》（人教版），介绍了很多教学知识性问题。确保知识的科学性固然重要，但教学知识的科学性，与学生的认知水平和教学要求有直接关系。例如，对小学生来说，知道植物细胞有叶绿体就可以，但对中学生来说，这一知识是片面的，很多植物细胞是没有叶绿体的。若以中学水平看小学生所学知识，会认为小学所学的知识不科学。但这样的认识是片面的。因为小学生的知识背景和认知水平，决定了这样做知识讲解是科学的。所以，我在给学生授课时，总是要从高考要求，教材内容和学生实际中去界定，知识的科学性。教师本人要努力做到，对中学生所学的所有重要知识的背景知识都要做深入的学习，在引导学生学习时，却要把握好标高。

2. 教学方法的科学性

我在与同行分享教学方法时，总会提到这样的思路：课堂教学中学生普遍反对的行为一定要克服掉，例如拖堂等。虽然我无数次在打下课铃时，被学生要求我继续讲课，我总是严格按铃声下课。一节课，哪些环节是必需的，哪些是要抛弃的，各环节的顺序如何，这是教学程序科学性要探讨的内容。例如，先提问还是先指定学生再提问？显然，前者有利于面向全体学生。提问时，请谁回答，也得考虑学生的实际情况。课堂的基本环节是否应该固定？是否应该形成统一的模式？我认为，没有必要。但有些是需要固定的。例如，每节课都要设置问题，问题要有思维含量，问题要面向全体学生，问题要有生成性，对生成性问题要作评价。等等。

3. 教学艺术性

作为工作室主持人，在广东省骨干教师和百千万名师来我校跟岗培训时，我与来自各地的老师，采取"同课同构"方法去寻找每个人的不足，包括我本人的不足。例如，央视有个节目叫《实话实说》，节目的环节基本上一样，但主持人不同，观众的欢迎度也不同。有的老师课件很漂亮，每个环节的设计很好，但其课堂氛围和效果却比较差，原因在教师本人的教学基本艺术上。相反，个别教师一支粉笔一本书，反而得到学生的欢迎。

同样结构的教学内容与设计，让不同的工作室成员根据自己的实际与理解进行备课、上课。由于教师的不同，备课、上课的结构和风格，以及所采取的教学方法和策略各有不同，这就构成了同一内容用不同的风格、方法和策略。

在实际操作过程中，尽量保持教师个人风格以外的"同"，努力展现教师个人特点方面的"异"，或者说，在解决科学性的基础上，我们是想方设法减少不同教师课堂之间除教师本身因素以外的变量，更多地发现教师自身需要的改进之处。例如，尽可能保持同样的课堂结构，同样的教学素材，同样的问题引导，同样的学生活动环节等。选择此培训方法时，充分考虑到在确保科学性的同时，努力提升每个教师的课堂魅力。如何实施呢？首先强调要"先异后同"。即先就某一节课的内容，请工作室全体成员自主独立备课，然后进行课前集中演示，边演示边研讨，然后选择大家最适合的方法，共同确定这节课的大致结构（包括导入方法、学生活动设计、所提问题与反馈环节设计等），再分头准备和上课，在课前达到了从异到同的过程。

接着要进行的环节是"异中找同"。课后，我们要对不同成员的课再进行对比分析，总结出哪些方法受学生欢迎，哪些需要改进。这就是寻找教师个体存在的值得肯定之处。例如，语调，是抑扬顿挫效果好于平铺直叙；提问，凡是学生通过思考能回答的问题，学生回答比教师直接讲解好……这些很平常的道理，只有在实践中去比较、去模仿，相互评价，及时改正，才能达到预期效果。

（写于2016年）

与学生一起成长

我很推崇"最好的方法是变化的方法"这句话。我的教学很"随意"，没有特定的模式。有预设，但更多的是"生成"。为什么形成这样的风格呢？因为我实习的时候就没有得到过实习学校教师的指点，正式入职后，也没有同科老师的"帮扶"，全是自己摸索的。

要说我教研上有点进步或成绩，学生对我的帮助很大。可以说，自己的成长与学生的质疑分不开。我常常对学生说，对所学的知识如果不能提出问题，就是最大的问题。所以，我的教学总是与学生的质疑联系在一起。因为有质疑而使课堂有生成性、挑战性和生动性。正是由于经常会遭遇学生对知识的质疑，才使我养成了及时查找资料并做思考和做笔记的习惯，同时也激发了我写教学方面论文的习惯。

学生质疑能力的培养，需要教师的鼓励。从教之初，我曾将"扁形动物"的"扁"字少写一竖，开始有学生私下议论，但我却蒙在鼓里，很久以后才有学生告诉我。这件事对我的触动很大，不仅让我更加注重备课，还让我感到"教学相长"的重要性，也促进我努力为学生营造质疑的环境。

学生质疑范围相对比较宽泛，有时质疑的不仅是题目本身，还包括教材。由于他们有质疑，我也就鼓励他们查阅资料并写成文字稿，有的甚至发表出来。2008届有两个高三学生在课堂上与我进行了辩论，他们认为，教科书上的概念有错误。他们问："'初生演替'是属于'演替'吗？"我说："是。"他们说："'演替'的概念却没有包括'初生演替'，这不是矛盾吗？"于是我引导他们一起查阅教材。人民教育出版社高中《生物》（2003年版）的表述是："随着时间的推移，一个群落被另一个群落代替的过程，就叫做演替。""初生演替是指在一个从来没有植被覆盖的地面，或者是原来存在过植被，但被彻底消灭了的地方发生的演替。"中学教材沿用了高校教材的说法："演替"是指从"群落"到"群落"的过程，未包括从"无群落"到"有群落"的"初生演替"。从文字表述上看，确实存在自相矛盾的现象。但我告诉他们，一个概念的形成有其历史原因，但不管怎么样，他们的说法是有道理的，于是我鼓励他们将自己的观点发表出来。他们在文章中写道：建议将上述概念修改为："随着时间的推移，在没有生物生存的地域出现了群落，或者从一个群落被另一个群落代替的过程，就叫做演替。"

2014届一个高三学生（李燕宁）对教材中"关于遗传的变异是怎样产生的，达尔文接受了拉马克关于器官用进废退和获得性遗传的观点"这句话有疑问，且认为教材自相矛盾。我当时答不好，于是请教人教社生物室陈香老师做了比较好的解答，并发表在杂志上，受到许多同行的肯定。

这两个案例告诉我们，在维护教科书和教师权威的同时，不能"迷信"。学生质疑的价值，不仅可以帮助我们了解他们的学习情况，增强教学的针对性，还可以促进教育者对教学内容进行反思，以便更好地做更正和完善，寻找更恰当的讲解方法。

[选自《课程·教材·教法》2015年第10期"治学之道"栏目]

尝试给学生认定学分

2004年，广东参与课程改革，开始实行"学分认定"时，没有供借鉴的经验，响应学校的安排，自觉探索学分认定之路，是自己应该做的。如何对学生进行评价，需要作进一步探讨。

背景介绍

高中生物一个模块结束时，需要对学生进行学分认定。认定时需要从学生的学习目标、学习态度、学习能力等多方面进行。而对此没有一个固定模式可借用，因此需要进行必要的探索和尝试。

案例描述

育才中学已经进行的《生物学必修1：分子与细胞》模块学习过程评价的内容主要包括：平时学习过程评价、模块评价、模块学分认定等过程。

一、平时学习过程评价

主要采取的办法是，由值日班干或者科代表在老师的指导下，根据学生平时的表现如实、及时地做好以下表格的登记工作。

（一）育才中学生物学科平时学习情况考核表

模块名称：《生物学必修1：分子与细胞》　班级：高一（10）班　科代表签名：王小舟

学号	姓名	第×节（×月×日）			第×节（×月×日）		
		课前准备	课堂表现	课后探究	课前准备	课堂表现	课后探究
041006	莫昱欢					+2	
041007	辛雨	+1	+2	+2			
041008	詹雅伦					+1	
041009	杜颐乔					+2	
041010	戴碧霞						+4

（二）操作说明

1. 有关内容的说明

课前准备：按时出勤，准备好学习用具等。

课堂表现：发言的主动性与正确性，行为规范，组织和参与活动的能力。

课后探究：主动提问的次数，课后作业完成情况，对以前作业改正情况，对布置的课外活动开展情况。

2．评价表格记录的方法

可采取正负分值记录。例如，无故迟到一次记"–1"分。主动发言一次记"+1"分，疑难问题回答正确"+1"。一周小结一次，在下周公布结果。

二、模块结束时评价

采取学生自评与互评以及教师评价相结合的方法进行。

（一）育才中学模块学习过程评价表

模块名称：《生物学必修1：分子与细胞》　班级：高一（10）班　组长签名：×××

学号	姓名	自我评价				小组评价			
		学习目标	学习态度	学习能力	总体等级	学习目标	学习态度	学习能力	总体等级
041062	王小舟	A	A	A	A	A	A	A	A
041063	马钊								
041064	于晨辉								
041075	孙图灵								
……									

（二）操作说明

根据我校新课程学分管理制度，学科类学分以模块为单位进行考核。模块考核必须从学生的出勤情况、学习过程评价、模块考试成绩三方面综合评定。

1．对学生模块学习过程进行多元评价，即从学习目标、学习态度、学习能力三方面采取学生自评、互评和教师评价进行综合评定。

2．学习目标（指模块学习目标明确，有自己的修习计划并能根据实际进行调整等）、学习态度（指学习兴趣、努力程度、互相帮助的精神等）、学习能力（指学习方法、习惯、质疑、反思、动手、创新、交流、合作能力以及平时的作业、测验、实验的表现等）的评价应该从模块学习的全过程给予全面的综合评定。

3．评价的等级统一以A、B、C三个等级呈现，A为优良，B为合格，C为不合格。

4. 学生的自评、互评以学习小组为单位进行。学生按项目打出自评等级，并对小组其他同学打出互评等级，由小组长进行统计评定小组成员的等级。科代表和小组长负责监督各小组的评定情况。通过自评和互评的过程，使每个同学明确自己的优点和缺点，小组评定结束后交科任老师。

5. 科任老师汇总学生自评互评情况，结合自己的评价，最后确定该学生该模块学习过程评价的等级。

三、模块考核之笔试

（一）命题理念

《分子与细胞》是高一学生学习的第一个模块。模块考核必须按课标和教材要求，并结合本校实际全面检查学生的学习情况，对学生的基本知识、基本能力和学习态度等进行比较全面的检测，主要思路如下：

1. 突出基础性。不追求太大的区分度，定位于达标测试。要求紧密结合教材和相配套的教辅资料，考查学生对教材涉及的基本知识的掌握情况。强调基础性，还有一目的是保护好学生学习的积极性，让学生深切感到，只要平时认真按要求去做，都能考出较好的成绩。

2. 重视能力考查。试题注重了探究性和开放性。例如，由于教材有较大篇幅介绍了有关疾病的情况，并且要求学生搜集相关资料进行处理和分析。这次试题设计了"科技小论文"这道题，大大增加了试题的开放性，是对学生平时学习情况以及知识面的检测，其中特别考查了学生的语言表达能力。第37题的实验分析，是学生没直接做过的，课本上也没有现成的答案，要求他们勇于思考，大胆作答，较好地考查了他们的实际思维水平和解决新情境下新问题的能力。备用题，本次未使用，主要是结合已介绍的实验进行拓展探究。

3. 兼顾到情感、态度和价值观的考查。对试题的评卷过程中特别注意了对学生的卷面要求，对书写不规范或者不认真的都会扣去一定的分数。试题尽可能地联系了实验和实际，对促进他们更好关注社会，积极主动参加平时的教学活动起到了良好的导向作用。

（二）探究性试题举例

模块考试第37题（8分）

根据下列材料回答有关问题。

巴氏小体存在于雌性哺乳动物细胞中，是指在分裂间期细胞核中呈凝缩状态不活动的X染色体（雄性个体的细胞分裂间期无巴氏小体），可作为雌性细胞的标记。某科学

家所做实验的方法和结果如下表所示。（年轻女性体细胞用A表示，老年男性体细胞用B表示）

	实验方法	细胞增殖情况	备注
实验1	单独培养A	增殖次数多	实验中所需条件相同，并且都能满足细胞增殖的需要
	单独培养B	增殖次数少	
	混合培养A与B	A细胞增殖次数多 B细胞增殖次数少	
实验2	将去核的A与完整的B融合后的细胞进行培养	增殖旺盛	
	将去核的B与完整的A融合后的细胞进行培养	增殖旺盛	

问题

（1）本实验的目的是探究细胞＿＿＿＿＿＿＿＿。

（2）实验1的目的是什么？实验中为什么要选用年轻女性与老年男性的细胞做实验？

（3）实验2的目的是什么？本实验能否达到预期目的？为什么？

（4）本实验能否说明细胞可无限增殖？为什么？

答案：（1）衰老的原因（或增殖的原因）。（2）比较年轻细胞与年老细胞增殖的情况；便于标记和区别不同细胞。（3）探究衰老细胞的物质究竟在哪里。不能，并不知道衰老的物质在哪里，因为用到细胞核时也同时用了同一个体细胞的细胞质；（或者：能，因为有年轻个体细胞核存在时就能增加分裂次数）。（注：仅答"能"或"不能"，未答原因的一律不给分）

（4）不能。因为年老细胞的增殖是有限的。（本题其他答案合理即可）

模块考试第38题（8分）

科技小论文：结合所学内容，列举威胁人类健康的主要因素，简要分析其原因。

要求：1. 字数不少于300字；

2. 要紧密结合教材和自己的生活实际；

3. 层次清晰，语言流畅。

答案与评分标准：

评价要点	分数	要求	备注
观点和内容	4	观点正确、内容全面（包括内因、外因，涉及各因素及其原因，能联系教材和生活中的具体实例）	基本分5分。 各分段分布，适当控制各分段人数： 8分——每班不超过5人 7分——每班不超过10人 3分以下——每班不超过3人
层次与语言表达	2	要求对知识的分类有层次，语言流畅	
卷面	2	卷面整洁，书写态度认真	

（三）学生答卷及点评

《科技小论文》具有较大的开放性，给了学生足够的思考和回答的空间。但解答时要求他们结合教材和生活实例展开，也就说进行了一定的限制。江苏版教材关于健康的话题主要在第一章和最后一章。因为学生未学遗传内容，对遗传因素以及涉及遗传机理的知识评卷时不作要求。下面选取了部分样卷，并就有关评价问题进行有重点的简要点评，欢迎读者讨论批评。

样卷一 （作者：辛×）

威胁人类健康的因素很多，以下是一些主要因素：

1. 大气污染是现今环境污染的一个重要问题。通过学习生物课，我们知道，人类无时无刻不在进行有氧呼吸。被污染的大气在呼吸过程中进入到人体，这对健康的危害很严重，易导致肺癌等疾病的发生。

2. 癌症威胁着人类的健康和生命。它因抑癌因子失效，原癌因子过度活跃而导致细胞组织癌变。它与人的饮食习惯、生活作息很有关系。因此为预防癌症，有规律地合理地作息、科学的饮食都是十分重要的。

3. 农药过多地残留在人体是十分不利的。其主要原因是农作物生长过程中过多使用农药以及在清洗中未洗净。残留的化学农药很可能引发人体细胞癌变或中毒。

4. 水质污染，臭氧层破坏，滥用抗生素也都直接或间接地威胁着人类的健康。因为生物时时刻刻都需要水，大量的紫外线照射可能引起皮肤癌、白内障；乱用抗生素使病菌的抗药性不断增大。

［点评］层次清晰，语言流畅。能结合生活和部分教材实际或实例，但观点不够全面和准确。本文给了6分。

样卷二 （作者：吕××）

蓝天白云，红花绿叶，大自然每天都用它最美好的一面迎接太阳的升起。在这美丽的伊甸园中，人类正在忙碌地挖着陷阱，让自己跌落的陷阱。

首当其冲的便是无数无知的人类对树木的乱砍滥伐。树是多么神圣的灵魂啊，它们是人类最知心的朋友，也是干活干得最多，却一直默默无闻的圣人。人们啊，你忍心吗？当你狠心杀害这千万条生命后，你们终将把刀架在自己的脖子上，终将为自己的行为付出代价。人类健康迟早会因为这绿色的消失而遭到威胁，甚至随绿色一起消失。若是光合作用不再，太阳也会因此逊色几分。

人们，你们还记得自己的身份，自己的祖先吗？达尔文的进化论早已老少皆知，可为什么你们对待自己的同胞仍是如此残酷呢？果子狸是无辜的，禽类们是无辜的，牛和羊何罪之有？是人类过分的贪婪造成了SARS的蔓延，禽流感、疯牛症的风波，是人类用双手掐紧了自己的脖子，自己愚蠢的行为威胁了自身的健康。

细胞每时每刻都在进行呼吸，它们为人类造就能量，而树在阳光下进行光合作用，为呼吸提供氧气。那善良的人们，就手下留情饶过一棵小树吧；人类每天都要进食，可怜的动物们已经成了餐桌上的牺牲品，那善良的人们，就不要再责备它们了，饶它们一命吧。

人们不要再干"坏事"了，否则海啸将代表大自然再次冲上大陆，冲刷不道德、害人害己的行为。

[点评]语言流畅，字里行间包含情感，有感染力。但未能联系本模块所学知识和实际生活中有关健康的实例，观点不全。本文得4分。

样卷三 （作者：李××）

威胁人类健康的因素主要有物理因素、化学因素和生物因素。

物理因素，主要有射线和创伤。许多有害射线会造成人体细胞癌变，如血癌、皮肤癌等。创伤是人的撞伤，破裂，损坏人体细胞，造成局部细胞坏死。

化学因素，主要是一些有害物质进入人体，造成人体疾病，甚至死亡。如，一氧化碳进入肺部，会迅速与血红蛋白结合，以致体细胞不能正常呼吸，造成死亡。亚硝酸根离子进入人体会致癌，腌制的、烤的、炸的东西以及生有黄曲霉菌的东西有亚硝酸根离子（编者注：此处有误）我们一定要少吃，不吃；还有，如碘离子摄入过少，会引起甲状腺肿大，所以要提倡在食盐中加碘。

生物因素更是非常多。如感冒病毒会引起感冒，HIV病毒会破坏人体免疫系统，引起艾滋病；还有肺结核、痢疾等是由细菌引起的；蛔虫在腹中引起腹痛等。

我们一定要注意保护自己的身体，保护环境，有病要早发现，早诊断，早治疗。

［点评］既联系了生活实际，也联系了教材实例，既讲到各因素，也分析了其原因。层次清晰，重点突出。本文得7分。

样卷四（作者：钟×）

当心威胁你健康的因素

现阶段，随着科学技术的迅猛发展，人类的生活水平得到了很大的改善，然而值得担忧的一个问题是，即人类的健康问题又浮出了水面，越来越多的新的疾病的出现，危害到人的生命，同时还有各种因素也同样危害着人们的健康。我认为存在着外因和内因。

一、外因

1.现阶段工业导致环境污染严重，一些人为了经济利益，不顾一切，大量排放有毒有害的气体，或是污染未做处理就大量排入水源，导致饮用水受到污染，人们一旦吸入或饮用了这些有毒有害的水，就会危及人类健康，一些传染病还会被到处传播。

2.食品问题一直以来都能受到关注，不法企业为了谋私利，在食品中滥竽充数，生产劣质产品。或是大量使用危害人类自身健康的原料，不注重卫生，人们吃了这些食品，想不得病也很难。

3.城市汽车数目增多，所排放的废气中含有大量的二氧化硫、一氧化氮等有毒气体，人长期居住在被毒气包围的环境中，身体健康受到严重威胁。城市交通事故也威胁着人类生命。

二、内因

1.不良的嗜好，如酗酒，抽烟，喜爱吃腌制的食品等，这些看似微不足道的生活习惯，日积月累对人体健康百害而无一利。而且一旦发作起来，那威胁可是不小的。况且抽烟不仅对自身的身体造成影响，也同样危害着他人的生命。

2.都市人的生活节奏快，经常工作劳累导致体力透支，而且缺乏有规律的锻炼，导致身体抵抗力降低，容易生病。

3. 人活着，总有大大小小的心理压力，这些压力是来自各方面的，如果不懂得释怀，为自己减压，总抱着沉重的心理负担，总有一天会崩溃的。这种危害不仅体现在生理上，更体现在精神上的。

以上所述为威胁人类健康的主要因素。

［点评］联系了生活中的实际，比较全面地介绍了影响人类的因素。但对这些因素是如何威胁健康这一问题未做交代。本文得6分。

教学反思

1. 对学生的学习情况如何评价，评价的质量本身直接关系到他们今后的学习习惯和态度。由于高一学生刚接触高中生物学的学习，如何更好保护他们的学习热情成为开展评价的重要思路。从我校实验班测试的情况来看，由于学生积极性较高，准备较充分，99%的学生在模块考试中均取得了合格（60分以上），平均分80分。当然，试题中科技论文题目的设置，不仅是考查能力所需要的，也能克服少数学生在考场上出现时间富余的现象。从学生反映的情况来看，总体上认为试题难度适中，感到生物学的学习很有趣。对他们树立信心，为今后更好地学习帮助很大。

2. 评价过程，既是对他们前一阶段学习的检查，也是促进他们自我教育的过程。因此，引导他们自评、互评显得非常重要。然而我们也不可忽视自评和互评中所暴露出的一些问题，需要我们引起足够的重视。

（1）绝大多数学生都不约而同地评了"A"。这是否说明他们对前一阶段的学习状况都是持肯定态度呢？他们果真都那么自信？是什么原因让他们都评"A"呢？某同学平时上课不认真，作业不能按时完成，为此老师多次找他谈过话，且学科的模块考试成绩不及格，按理他的自我评价应该是"B"或者"C"才符合事实，但还是将自己评成了"A"。一些表现并不优秀的学生为何也将自己评为"A"？一是"自卫"心理。部分学生担心学分会影响自己未来的升学。从他们获知的信息看，高考会与学分或多或少挂钩，若评价太低，势必是自我"伤害"。二是从众心理。大家都打"A"，为什么我不打呢？三是敷衍心理。认为平时的评价没什么实际用处，将来怎么样还是看高考，因此，随便写上"A"，也没人来计较你。四是虚荣心理。只有评上较高的等级才能在同学和家长面前有"面子"。五是学校态度使然。学校对各"等级"的人数没有指标限制，没有花更多时间和精力来组织这样的评价活动。再说，多点儿"A"，对学生、老师都没什么不好。正因此，间接鼓励了更多学生去选"A"。当然有部分学生是因为对自己的认识不到位，而与教师的评价存在反差。此外，获得好的结果，是人的基本愿望，只是部分人只重结果不重实际过程而已。

（2）如何对待传统价值观。中华民族有许多传统美德，其中谦虚和诚实，更为历代仁人志士所倡导。然而，部分学生的评价结果中却很难找到它们的"影子"。事实上，也有极少数在模块考试成绩不及格的学生将自己的学分打成了"B"。但个别分数很低、学习态度欠佳的反而评了"A"。应该说，敢于给自己评上"B"的同学是有一定勇气的。他们有的认为，这次反正没考好，只要不打"C"（不合格）就心满意足了。还有人认为，这次确实比别人差，但会以此为新的起点，力争在下个模块取得好的等级。

不管怎么样，在评价过程所暴露出的部分学生自我认识不到位、不诚实和不谦虚的倾向，令人深感不安。它直接冲击着传统的道德观念，若对他们都给予充分的肯定，不仅会影响到今后评价工作的开展，更是对他们身上出现的不谦虚和不诚实的直接肯定，而威胁着一些传统美德在后代的发扬光大。事实上，这里还涉及一个张扬自我和谦虚诚实的关系问题。在积极鼓励学生有个性地发展，帮助他们树立"我很重要""我能行"的态度的同时，如何引导他们正确认识自我，理解过程与结果的关系，显得格外重要。

（3）学生自我评价过程面临走过场。虽然学生自评的结果并不准确，但若组织到位，其意义仍然不可低估。首先，自我评价过程可以成为生动的自我教育过程，通过在自评、互评活动中的表扬和自我表扬，批评与自我批评过程，可更好地认识自己。其次，评价过程本身能唤起他们进行比较深刻的反思和总结。虽然课改前，部分老师也开展类似总结评比工作，但毕竟没有像今天这样的有组织性、计划性和系统性。再次，评价的内容十分丰富，不仅要看结果，更要看过程，要看学习态度和能力等。那么，怎样才能有效地开展这一活动呢？其中关键的措施是，评价时应对每个班的各等级的人数有一定硬性指标限制，例如，至少要限制A（优秀）的人数。"A"的指标数一般不应超过班级总人数的50%。否则，评价的激励价值将会减弱。

第 **5** 章

教学反思

新课程，新理念，新挑战，新
变化，新案例。再好的方案
都离不开落实。一线教师，抓
住契机，在专业上可"弯道
超车"。

我与……一起成长，这里的省略号，可以填上很多词语，大到国家，小到学校、班级、家庭、同学，也可以填上课改、教材、高考等。这说明影响我们成长的因素很多。我在博客上曾经用了这句话："研而不教易空；教而不研易虚。"

将"生物"改成"生物学"

《中学生物教学》2004年第1期刊登了《打造生物教育新天地》的文章。该文8000多字，全文被人民大学书报中心《中学政治和其他各科教学》2004年第5期全文刊登。该文就2003年版《高中生物课程标准》进行了比较全面的解读。其中提到生物与生物学的概念问题。节选两部分内容如下。

选辑1　"培养"改成"养成"

今天的学生，明日的主人。中华民族能否屹立于世界民族之林最终要在他们的素质上见分晓。通过怎样的教育才能使他们具备竞争上的优势呢？

这是广大教育工作者需要探究的永恒主题。对此，课标针对我国中学教育发展的具体实际吸收了国际上最新的教研成果并做出了明确、科学的回答。它提出的基本理念有：提高生物科学素养、面向全体学生、倡导探究性学习、注重与现实生活的联系。正是这些理念相互渗透和补充并有机地贯穿在相关内容的方方面面而成了课标的精髓。例如它强调学生学习是一个主动构建知识、发展能力、形成正确的情感态度和价值观的过程。

在情感目标动词里使用了"养成"一词。"养成"与"培养"虽一字之差但所包含的意思却有所不同："培养"的对象在习惯上往往是被动的，而"养成"的主动性却是对象自己。这正反映了教师的角色随着课标的进一步实施需要重新定位的客观要求。教师的角色定位必须做以下的转变：由"指导者"向"促进者"转变；由"导师"向"学友"转变。

选辑2　"生物"改成"生物学"

原以为会将"生物课程"中的"生物"改为"生物学"，并通过课标"法定"化。但事实并非如此，可能是考虑到其名称的字数与物理、化学一致和习惯了吧！记得朱正威先生在《生物学通报》有关高考试题评析的文章中，就生物学高考试题的名称问题提出过相关看法，《生物学教学》也曾涉及类似话题。虽然"生物"在特定情况下已经成了"生物学"约定俗成的代名词，但笔者建议在修订时还是改为"生物学"为好，以便将我国广大中学生物学科任教师头上的"生物老师"这顶名不符实的带有明显歧义的"帽子"通过课改"更换"掉，也算是对生物学科任教师的尊重。（补充说明：2011版《义务教育生物学课程标准》和2017版《高中生物学课程标准》，已将相应的"生物"改为"生物学"）

对课改中若干实际问题的简析

教育是面向未来的事业，课改理念理应超前于现实并在实践中得到发展。自2004年秋季起在广东、山东、海南和宁夏四省（区）开始实施的高中新课改实验已将近2年了。此次课改后的中学教学与课改前相比有哪些异同点？课改的基本理念与实践之间的距离到底有多远？对新课程所遇到的困难我们应该怎样面对？

1. 课改实验：新课程理念的初步实践

（1）新课程是对旧课程的继承和发展

与旧课程相比，新课程主要有以下变化：一是教材变了。这是实施新课程最具有标志性的事件。首先是版本多了，其次是内容更丰富了，版面更活泼了，与实际的距离更近了。虽然教材的选择权不完全在各中学和相关授课教师，但毕竟有多个版本同时推出，至少给一线教师多提供了几本优质的教学参考书，为更好地理解和把握课标精神和探讨教法提供了权威性指导；同时，部分教材所设置的练习形式有所改变，更富有探究性和针对性等。二是教学方式有所改变，教师的探究意识和尝试变革教学方法的欲望增强了；课堂更加开放了，学生实验等活动时间增加了，教学活动变得更富有生机和活力了。三是授课时间和评价方法有所改变。许多原来只是高二才开始开设生物课的学校提前在高一开始开设，多数学校建立了涉及评价情感、态度和价值观的学分认定制度。生物学学科教学地位有所提高。四是教师的学习和合作探究意识加强了。例如，学分认定等活动是以前从未开展过的，其涉及过程评价等，需要教师边实践边总结，同时需要与学生、同事和家长等进行更密切的配合。五是新课程引发了新一轮高考改革。为适应和推动课程改革，部分省出台的高考方案在现行方案的基础上进行了一定程度上的改革。生物学科高考涉及的考生增加了。等等。

（2）新课程实验阶段值得改进的问题

因为诸多因素的影响，新课程理念在实际教学中难以得到全面兑现。例如，从总体上看，与旧课程相比，知识本位问题没有彻底解决；教学的基本组织形式和大班教学的基本格局没有改变；"以本代纲"的现象依然存在；地方课程和校本课程形同虚设；过程评价可有可无；教师的负担有所加重；部分学校生物课的相对地位变化不大，其课时仍少于物理和化学等学科。更突出的是，应试教育的主导地位依然如故。学生自主选课等方面的改革仍然像以前的会考等改革活动一样面临"走过场"的尴尬境地，他们的课业负担仍然很重。等等。

2. 反思课改：背离课改理念的实际问题溯源

课程理念的超前性与相对落后的现实之间存在着矛盾，反映了理念的先导性和对实践的指导价值。值得关注的是，提高学生生物科学素养的活动能否提高考试分数，这是中学不可回避的现实问题。因为升学率是社会和家长对学校的客观要求，能否升入理想的高校是直接关系学生前途和命运的大事。课改正是在这样无法改变的背景下进行的，任何脱离此背景而对课改所做的思考都是片面的。

（1）探究性与应试训练

倡导探究性学习是课标的重要理念之一。新课程虽然为学生留出了许多探究空间，而教学中更倾向于将有限的课时用于加强应试训练。

探究性要求课堂有更大的开放性和灵活性，要求更加注重能力和方法的探讨，不仅要求学生"学会"，更要求他们"会学"，而真正达到"提高生物学素养"之目的；同时要求教师真正做到"用教材"而非"教教材"。可现实是，教材仍然是应试的纲要，受课时少而内容多的限制，教师们大多难以去主动适应教材的开放性与生成性，而坚定地认为"严格遵循教材和配套的教参设计教学是最保险之举"。因此，牺牲学生探究活动时间用于增加对教材知识性内容掌握的训练，也是符合情理之事。如何做到既保护基层学校参与课改的热情，又增强实施者参与课改的成就感，同时得到社会、家长和学生的认可？在其他评价方式因为权威性和公正性欠缺的情况下，在高考中取得好的成绩似乎是检验学校和教师水平的核心标准。从这个角度上看，高考改革的成果将直接决定课改的成败。

（2）选择性、全体性和课业负担

可以说，高考方案代替教学计划，考纲取代课标，学生对课程的选择取决于高考方案等现象在短时间内不会因为新课程的实施而发生根本性改变。

例如，为适应未来的高考，部分中学在高二一开始就分文理科，同一年级，同一必修模块，不同学生却同时存在3种不同的课时安排。例如，有的学校学生全学年每周生物教学时数，文科是1，理科是2，选生物的是5。也就是说，学生选课的自主性在高考方案面前只能被无情地扭曲，必修模块的要求难以在全体学生身上得到全面有效的落实。在高考实施文理综合考试的省份姑且如此，不考这一科目的地区将会怎样？是不难想象的。

面向全体学生，努力使所有学生都获得成功，也是新课程的重要理念。教学活动中要更多地鼓励他们都怀揣着希望，愉快进步。但进入理想的高校或专业深造的愿望与个人在高考中的实际表现之矛盾总是存在的。而这是高考的选拔性与应试者实际水平之间有差别之事实所决定的。或者说，如何保证"让每个学生成功"的课改理念和教师通过课改更好地得到专业发展与获得成就感而不被高考"一票"否决，这不是普通教师所能做到的。

高考改革的"三有利于"原则中没有直接提出"减轻过重的课业负担"之要求，但减轻由少数学科带来的过重的课业负担却是推进素质教育所必须做的。过去高考改革曾以学生负担过重为由而将部分学科的考试资格取消。结果事与愿违。多年来，有关减负的呼声始终没有停止，可结果总是"越减越负""负负得正"。其原因是对负担缺乏具体而切合实际的分析和采取有效的对策。我们应该思考的是，造成学生过重课业负担的根源是什么，重负之下能否导入有素质的全面提高？

（3）学科不平衡问题

部分学校生物、地理等学科的教学课时数是36课时/模块。而语文、数学等学科则超过54课时/模块。其实，许多生物教师也深感课时的严重不足！为什么在课程具有较大开放性和灵活性的前提下也会出现这一现象？到底是教学内容多了，还是课时少了呢？原因是教师心里无底，对模糊的课程标准和未来严格的高考要求难以把握，只好不断补充教学内容，惟恐有疏漏。在探究活动不放松，知识教学仍按旧课程讲授的情况下，所需教学时数大大增加是必然的，而不同学科因学校领导心目中根深蒂固的陈旧观念的影响，学科课时在分配上出现新的不均衡，也就不足为怪。

（4）影响课改的因素

许多课程专家都认为"教师是推进课程改革的最关键因素"。由于课改的许多理念最终要通过教师的教学行为加以落实，似乎这一观点的合理性毋庸置疑；但稍做分析也会发现，它明显存在片面性，因为其需要前提条件，促成教师一心一意开展课改理想的环境因素之一是各级教育主管部门严格按照课改要求进行评价。也就是说，中学教师进行课改所遭遇的压力不仅是来自课改本身，更是来自应试。事实上，课改推进的状况在升学率提高面前只能是次要的。这就是基本情况。对此，在进行课改决策和采取相关行动时都是不可忽视的。

3. 面向未来：推进课改需要各方共同努力

许多影响学生素质全面发展的因素，在旧课程体制下是无法解决的。因此，只有改革旧课程才是教育发展的出路。如何保证新课改的有效推进？

（1）坚定走课改路

虽然课改会遇到这样或者那样的困难，但它毕竟是振兴教育，适应国际潮流，全面提升学生素质的唯一选择。因此，作为课改的实践者，对课改方向要坚信不疑，对课改过程要探索不已。通过课改，激发自己学习的积极性，激发教学的主动性和创造性，努力使自己的专业素养与新课改一起成长。

（2）细化课标要求

要求的具体性和可操作性，是做到有效落实的前提。因此，细化课改要求，是课程设计专家和广大实践者义不容辞的责任。

一般认为，课标能有效地克服以往教纲的弹性存在严重不足的问题，是新课程具有的最显著的特色和优势之一。其实，这一观点是片面的，也是值得讨论的。一是课标是否比教纲更具有弹性呢？二是弹性是否越大越好？通过"细胞的分子组成"内容与大纲相关内容的比较（如下表所示）可知：从知识要求方面看，课标的要求稍具体，弹性不是增加，而是降低了；从活动方面看，由于课标用了"活动建议"之说，弹性有所增强，活动的方法、取材和形式等可做变化。

课程标准（具体内容标准/活动建议）			现行大纲（知识要点/学生实验、实习和研究性课题）
生物学必修1　分子与细胞			生命的物质基础
细胞的分子组成	内容标准	概述蛋白质的结构和功能。 简述核酸的结构和功能。 概述糖类的种类和作用。 举例说出脂质的种类和作用。 说明生物大分子以碳链为骨架。 说出水和无机盐的作用。	组成生物体的化学元素（B） 组成生物体的化合物（C）
	活动建议	观察DNA、RNA在细胞中的分布。 检测生物组织中的还原糖、脂肪和蛋白质。	实验：生物组织中可溶性还原糖、脂肪、蛋白质的鉴定（Ⅰ或Ⅱ）

其实，教纲的弹性过小，不是其本身造成的，而是"以本代纲"的结果。当然，"弹性过小"也只适用于部分学科（即高考所考的科目）。对非高考科目来说，其弹性不是过小，而是被无限放大，乃至可随意抛弃。

理想的课标要求应该是具体的。没有具体明确的统一要求（或者说"底线"），就无法保证基本的实践要求。对课标基本要求或"底线"，可根据我国师资水平和学生的实际情况建立稳定有效的修补机制。例如，目前广东省高中生物课标的具体化工作已经完成，并成为2005年12月正式出版的《广东省普通高中新课程实验生物学指导意见》的核心内容。这是根据广东省高中生物教学实际和各地教材使用情况，将课标的相关条目做出具体解读的重要之举。

（3）克服形式主义

公开课是课改的，平时课是应试的；用于检查的课表是课改的，用于教学的是应试的。这是实验区存在的新现象。作为教师，应该自觉地将课改理念落实到平时的教学中，力争高考成绩和课改推进两不误，而不去追求课改在形式上的轰轰烈烈。

（4）改善办学条件

有条件的学校应实行小班化教学试点。在大班教学的情况下，许多活动都会受到限制。按照课改要求改善学校的硬件设施也非常必要，所以教师要主动参与学科建设，为改善学科教学争取更好的实验条件等。

（5）发挥高考效应

依赖高考来保证学校按课程计划开好所有课，这也是无奈之举，但却是有效的。本来通过会考可以解决学生偏科问题，可事实是，会考变成了走过场。堂堂的省级考试不能保证其信誉，如何让教师或学校自主认定的学分被高校承认？这是值得注意的。当前，确保和提高生物学科在高考中的地位，是保证中学生物课程全面开设的前提。在纸笔考核方式难以全面考查学生的实际活动过程和能力、情感态度价值观的客观事实面前，在中学仍被应试教育所主导的情况下，评价方式的改革特别是高考的考试内容的改革显得非常关键，要求高考试题应极力模拟和设置真实活动场景，切实将活动能力等作为重点考查目标。

总之，课改反映了时代要求，对解决旧课程中无法克服的诸多顽习带来了新希望。但由于新课程本身富有探究性，仅靠个人的努力和领导与专家的号召是难以奏效的。这就要求更多实践者了解和面对现实，以积极的姿态，百折不挠的科学精神，切实而主动地进行探索和反思，以使其不断完善。

（选自《中学生物教学》2006年第3期，原标题"课改理念与高中生物教学实践"）

硝化细菌是一种细菌吗

人教社高中《生物》必修1（2004年版）第105页的表述："生活在土壤中的硝化细菌，不能利用光能，但是能将土壤中的氨（NH_3）氧化为亚硝酸（HNO_2），进而将亚硝酸氧化为硝酸（HNO_3）。硝化细菌能够利用这两个化学反应中释放出的化学能，将二氧化碳和水合成为糖类，这类糖类可供硝化细菌维持自身的生命活动。"正因此，硝化细菌是自养型生物。

有没有一种硝化细菌既能将氨氧化为亚硝酸，又能将亚硝酸氧化为硝酸？没有。因为硝化细菌有很强的专一性。那么教材是不是有错呢？我们如何解读呢？教材是从总体上论述硝化细菌的（当然这样的叙述方式也容易让读者产生误解），事实上，其涉及下列两类硝化细菌：将氨氧化为亚硝酸的亚硝酸单胞菌等，将亚硝酸氧化为硝酸的硝酸杆菌。（见高等教育出版社，杨颐康主编，1986年5月版）

这两类菌通常生活在一起，这样便避免了亚硝酸盐在土壤中的积累，有利于机体正常生长，而土壤中的氨或铵盐必须在以上两类细菌的共同作用下才能转变为硝酸盐，从而增加植物可利用的氮素营养。两类菌均为专性好气菌，在氧化过程中均以氧作为最终电子受体。大多数为专性化能自养型，不能在有机培养基上生长，例如亚硝化单胞菌。

试题为何出现争议

不少流行试题因为出现表述不准确而产生歧义，甚至出现科学性错误，确实令中学教师感到迷惑，下面从来源上再举例做探讨。

1. 源于教材本身叙述的不完善

教材本身存在有部分需要完善的地方，若以此命题，自然会引起争议。

例1　（多选）关于人体内环境中pH调节叙述正确的是（　　）

A. 人体血液的pH通常在7～7.53之间

B. 血液中乳酸过多时，就与$NaHCO_3$发生反应，生成乳酸钠和H_2CO_3

C. 血液中Na_2CO_3过多时，就与H_2CO_3结合形成$NaHCO_3$

D. 血液中CO_2过多会刺激神经中枢，促进呼吸活动将CO_2排出

答案：BCD

讨论　D是否正确？按照教材理解，是正确的。人民教育出版社1998年版高中《生

物》必修1第87页："当吸入二氧化碳含量较高的混合气体时，会使肺泡气的二氧化碳含量升高，动脉血中的二氧化碳含量也随之升高，这样就形成了对呼吸中枢的有效刺激……"选修教材第7页："血液中增多的二氧化碳会刺激控制呼吸活动的神经中枢，使呼吸运动增强……"，显然，选项D的叙述直接源自教材。其实，血液中二氧化碳的增多引起的刺激，是直接作用于大动脉管壁的化学感受器而非神经中枢，引起呼吸中枢的刺激应该是来自神经传来的兴奋。对教材内容可进行适当的补充而完善，但作为试题，若学生懂得血液中二氧化碳不会直接刺激神经中枢，则会做错。

例2　若一个人的胸腺先天发育不良，可能造成的结果是（　　　）

A．体内没有B细胞而仅仅有T细胞

B．丧失一切免疫功能

C．只保留有非特异性免疫功能

D．有免疫功能的球蛋白合成能力减弱

答案：B

讨论　将此题答案确定为 B 的依据是选修教材这两段叙述，人民教育出版社1998年版高中《生物》（选修）第24页："HIV能够攻击人体的免疫系统，特别是能够侵入T细胞，使T细胞大量死亡，导致患者丧失一切免疫功能"，第18页："一部分造血干细胞随血流进入胸腺，并在胸腺发育成淋巴细胞，这一类细胞称为T淋巴细胞"。显然，命题者是认为，胸腺发育不良，则缺乏T细胞，而可能丧失一切免疫功能。应该说，教材在论述艾滋病时，所说的"免疫功能"主要是指"特异性免疫"，但表述时由于使用了"一切"，而让人感到困惑。

2．脱离教材或事实背景

这类问题比较多，大多是对教材断章取义和片面理解所造成的。例如，涉及基因控制蛋白质的合成的题目，将基因、DNA和外显子混淆起来；对动物和植物的区别，忽视教材以"高等植物"为例来讲解植物的有丝分裂这一前提。等等。

例3　假设某细胞所含的核酸中只有A、G、C、U4种碱基，则其含有多少种脱氧核苷酸（　　　）

A．3　　　　　　B．4　　　　　　C．7　　　　　　D．5

答案：A

讨论　本题具有一定的灵活性，由于U不存在于脱氧核苷酸，所以脱氧核苷酸只有3种（A、G、C 3种碱基分别对应的腺嘌呤脱氧核苷酸、鸟嘌呤脱氧核苷酸、胞嘧啶脱氧核苷酸）。所以选A。可事实是，这样的假设是缺乏科学依据的。在生物细胞中，DNA是双链的，也就是说，有A的DNA，必然也有T。但题目中没有T。

3. 忽视特殊性与普遍性之间的矛盾

有的命题者只强调特殊性，却忽视教学的习惯性，也有的只注意普遍性，不考虑特殊性。这些都会导致答案的变化而引起争议。例如，对果实发育，不少资料都说是由子房发育的，而忽视了部分植物中花托也会发育成果实的事实。

例4　（多选）某生物通过有性生殖产生后代时，与无性生殖相比，其后代具有（　　）

A. 更大的变异性　　　　　　　　B. 具有2个亲本的遗传性

C. 更强的生活力　　　　　　　　D. 与母亲完全相似的性状

答案：ABC

讨论　本题是机械套用教材所引起的。有几个版本的教材在讲述有性生殖的意义时都有类似这样的叙述："有性生殖产生的后代具有两个亲本的遗传性，因而具有更大的变异性和生活力"，应该说这一叙述是针对"进行有性生殖的所有生物群体"而言的，而不指进行有性生殖的个别生物。事实上，像豌豆等进行自花授粉的植物，并未涉及"两个亲本"，同时，由于变异的不定向性决定了后代的个体并非都能具有更强的生活力。因此，本题是欠严密的。

4. 沿用高校部分不严密的叙述

例5　科学还发现，如果把兔子体内合成血红蛋白过程中起模板作用的信使RNA加入到大肠杆菌的提取液中，可在这个无细胞合成系统的提取液内合成出兔子的血红蛋白，这个事实证明：所有的生物_____。

答案：共用一套遗传密码

讨论　严格地说，本题至少存在两点值得商讨之处，一是从两种生物之间发生的事实，是难以推测所有生物之间的情况。只能说明"兔子与大肠杆菌"（至多能说明，动物与原核生物）有上面的共性。二是，"一套遗传密码"是习惯性说法，改为"密码子表"也许更确切。即使做这样的修改也不一定完善，因为密码子表在微生物中仍是有特例的。事实上，"遗传密码"一词的使用频率很高，也很容易产生歧义。只要在网上进行搜索就知道，有的是将其用于描述基因，有的则将"基因测序"称为"遗传密码破解"，更多的是将遗传密码与遗传机理等内容等同起来。许多中学教学资料中的"遗传密码"实际上是"密码子"的代名词。

5. 源于思考的不周密

例6　[2006年某市高三统考试题]将某绿色植物放在特定的实验装置中，研究温度对光合作用与呼吸作用的影响（其余条件都是理想的），实验以CO_2的吸收量和释放量为指标。实验结果如下所示：

温度/℃	5	10	15	20	25	30	35
光照下吸收CO_2/（mg·h^{-1}）	1.00	1.75	2.50	3.25	3.75	3.50	3.00
黑暗下释放CO_2/（mg·h^{-1}）	0.50	0.75	1.00	1.50	2.25	3.00	3.50

下列对该表数据分析不正确的是

A. 昼夜不停地光照，温度在35 ℃时该植物不能生长

B. 昼夜不停地光照，该植物生长的最适温度是30 ℃

C. 每天交替进行12 h光照、12 h黑暗，温度保持在20 ℃的条件下，该植物积累的有机物最多

D. 每天交替进行12 h光照、12 h黑暗，温度保持在30 ℃时，该植物积累的有机物是10 ℃时的2倍

答案：ABD

讨论　按照题目所给的答案可知，命题者认为C项的"每天交替进行12 h光照、12 h黑暗，温度保持在20 ℃的条件下，该植物积累的有机物最多"这一叙述是正确的。许多考生和老师都支持这一观点。理由是，温度保持在20 ℃的条件下，植物在光照1 h和黑暗1 h时，CO_2的净吸收量最多（为3.25 mg−1.50 mg＝1.75 mg），意味着积累的有机物亦最多，超过温度保持在表格上其他恒温情况下的积累量，例如，温度保持在30 ℃的条件下，植物光照1 h、黑暗1 h，CO_2的净吸收量只有3.50−3.00＝0.50（mg）。似乎无可争议。但仔细分析就不难发现，命题者在给答案时是将"昼夜恒温"做为潜在条件。事实上，题目并没有要求一定要按"恒温"做思考。若不考虑恒温，则情况就大不相同。例如，在"温度为25 ℃时日照1 h、温度为5 ℃时黑暗1 h"时CO_2的净吸收量为3.75−0.50＝3.25（mg），大大超过1.75 mg。从这个角度上看，C应该是错误的。

总之，试题的质量直接关系到教学质量，试题的不严密是增加师生心理负担的因素之一，理性对待流行试题中存在的不足，宽容对待命题者，在平时教学中杜绝传播和使用不规范试题应该成为广大中学教师的自觉行动。

（选自《中学生物教学》2006年第5期，原标题"争议题溯源"）

生物学与其他学科的联系

不同教师，不同学科，面对相同的学生，如果各学科之间在同一知识出现矛盾，会令学生无所适从。地理课上将细菌列入分解者，而生物课上老师特别强调细菌中既有分解者，也有生产者和消费者。这篇文章就是在这样的背景下写的。

2018年高考理综乙卷第8题是化学题，之所以出现争论就是因为对酶的定义在理解上出现偏差，化学必修课本认为酶是蛋白质，而生物学与化学选修课本认为，酶是蛋白质或者RNA。如果命题老师熟悉此背景，就不会命制这样的试题。

进行信息整合是产生创造性思维的基本方法之一。基于此，我们在教学中不仅要注重学科内的知识联系，还要加强学科间的知识联系；以创造条件使各类相关知识信息在学生头脑中进行有效的整合。只有这样，才能更好地使他们改良知识结构、提升认知层次和扩大知识面；也只有这样，才能真正形成综合的知识网络而全面提高其思维能力，以适应纷繁复杂的社会生活等。为此，本文就当前中学教育中存在的有关具体问题和可进行跨学科联系的部分生物知识点等，举例作一浅析。

1. 学科内联系

虽然对学科内知识的联系，我们在以往实施教学计划时相对比较重视；尤其是在单科高考模式的指引下，在中学教学中十分强调这点。但事实上仍然存在着不少薄弱环节。其原因较复杂，有教材编写方面的，也有教师教学方面的，还有招生考试等方面的。教材编写方面主要表现在对选自不同高校教材的有关知识未能进行恰当的整合上，甚至出现了一些不必要的失误。

例如，人教社1990年版高中《生物》（必修）教材对生态系统的成分与代谢类型这两部分内容就缺乏必要的分析和联系。教材认为"分解者：主要是指细菌、真菌等营腐生生活的微生物"，"消费者是指各类动物"，据此，一些教学辅导书，为便于学生"掌握"，而列出了类似"细菌、真菌=分解者"，"动物=消费者"之等式。显然，这是误解！只要稍作分析就可看出，第一句引文含有"细菌和真菌都是营腐生生活，都是分解者"之意，这明显与事实不符：菌类中有不少是营寄生生活的，也有营自养生活（例如，光合细菌和化能自养细菌）的，这些都不属于分解者（其中寄生菌属于消费者，自养菌属于生产者）。所以拟将此句改为"分解者：主要是指营腐生生活的细菌、真菌等微生物"才妥。句子中之所以要用"主要"二字，是因为还有一些营腐生生活的动物（如，蚯蚓等）也属于"分解者"。由此看来，只有联系代谢类型等方面知识，才能准确把握"分解者营腐生生活"这一本质内涵。

再如，高中《生物》必修教材在描述有性生殖的意义时，由于未能较好地联系生物进化理论等知识，也出现了失误。在部分省市试用的2000年3月出版的新教材（试验修订本·必修）第104页中认为"在有性生殖中，由于两性生殖细胞分别来自不同的亲本，因此，由它们结合产生的后代就具备了双亲的遗传特性，具有更强的生活能力和变异性"（这是从1990年版必修教材继承下来观点）。显然，这与以下事实有矛盾：一是进行有性生殖的生物不一定涉及2个亲本，进行自花传粉的植物（例如豌豆等）就只涉及1个亲本。二是生物的变异是不定向的，所以其后代的生活力不一定强于亲本。三是变异是绝对的，在无性生殖中亦可产生变异。鉴此，原文宜改为："在有性生殖中，由于两性生殖细胞一般分别来自不同的亲本，由它们结合产生的后代就具备了双亲的遗传特性，具有较大的变异性，有的个体具有更强的生活能力"。

2．学科间联系

由于长期实行的分科教学体制，促使中学各科教师都十分重视其单科知识的内在系统性，而往往忽视了学科间的知识联系与综合，也就导致了各科教学间对相关教学内容与要求的不协调，甚至出现矛盾。在一定程度上加重了学生的课业负担，并直接威胁到教师群体的威信和教学质量的提高。首先表现在各科教材的编写方面。只要比较各学科教材的相关知识就不难发现其编写者之间也缺乏必要和适当的沟通。例如，人教社1995年10月第2版高中《地理（上）》（必修）教材认为："消费者，指各种动物"，"分解者，指细菌、真菌、放线菌等微生物"。这一观点的提出就是编者对此没有联系生物代谢类型进行分析的结果。对学生的负面影响较大。这2句叙述中在有关生物前缺少了"主要"二字。又如，人教社1996年11月出版的新编高中试验教材《地理》（试验本·必修）有这样的叙述："例如，植物通过光合作用吸收二氧化碳，放出氧气，可以保持大气中氧气和二氧化碳的平衡，具有净化空气的作用。"显然，这与生物教材上所说的净化空气的内涵有出入，生物教材上所说的"净化空气"是特指林木在低浓度范围内能吸收有毒气体（如SO_2等），而使污染的空气得到纯化的过程。再如，同样是葡萄糖分解产生乙醇的化学反应式在生物教材和化学教材的书写要求就不一样，生物教师要求学生在写反应式时要写上"能量"二字，对此，化学（选修）教材上所写的就没有。下面仅以生物学科为例，就教学中如何加强与其他学科间的知识联系分类举例如下。

（1）物理知识。例如，在讲叶绿体内所含色素的有关功能时，若单纯以生物知识作讲解，学生难以理解这是植物对环境的一种适应性。但只要联系光谱作简要的分析就较简单：植物体内的叶绿素主要是吸收红光和蓝紫光，类胡萝卜素主要吸收蓝紫光，而这2种光位于可见光光谱（红橙黄绿蓝青紫）的两侧，红光的波长较长，穿透力较弱；蓝紫光的波长较短，穿透力较强。运用这一知识就不难理解"绿色植物不管是晴天还是阴天都能较好地进行光合作用"这一道理。因为在晴天时红光和蓝紫光都能顺利到达地面，而在阴天时蓝紫光可较好地穿透云层射到地面，以保证光合作用的有效进行，这本身就是绿色植物的一种环境适应性。这种适应性还表现在海洋植物的分布上，因红光的穿透力较小，难以到达深水处，因此以吸收红光为主的绿藻就分布在浅海区等。应用这并结合能量特点分析，还可以进一步解释"为什么装有叶绿素等色素的滤液的试管在入射光下是绿色而在反射光下显红色"这一现象。又如，在讲动物细胞的形态和细胞分裂以及温度（热能）对动物的影响等方面知识时，可简要介绍表面积/体积这一比例关系，其比值越大，越利于进行物质和能量交换。所以，细胞生长至一定阶段就会分裂或停止生长，以保证表面积与体积的相对比值较大，以适于进行物质交换。而同一种类的哺乳动物在寒冷地带因适于减少体内热量的散失，表面积与体积之比相对较小（例如，极地熊的体型相对较大，鼻尖和外耳等较小）。再如，在讲松土对农作物的好处时，除了介绍有利于促进其呼吸和对矿质元素离子的吸收过程外，还可提到"它能破坏毛细管而起到保水之用"等。此外，在讲"物质出入细胞的主要方式"时，可引入有关"势能"方面知识：由于细胞膜两侧的浓度差构成了势能差，所以进行逆浓度梯度转运物质的"主动运输"方式，需消耗动能（直接来自ATP），这符合能量转化和守恒定律。讲"蒸腾作用"能降温的原因时，可联系到"汽化热"方面的知识。等等。

（2）化学知识。例如，讲色素在叶绿体内的分布时，若结合讲解"相似相溶"的道理，学生对其"只分布于基粒片层的薄膜而不溶入基质"这一知识就较容易理解：因为色素是有机分子，而基粒片层亦是由有机物（脂类和蛋白质等）组成的；懂得这一道理还有助于理解"可用丙酮等有机溶剂提取色素，但提取时不能让层析液没及滤纸条上的滤液细线"，用于过滤色素和医用的棉花都得进行脱脂处理等。又如，在讲蛋白质（包括酶）方面知识时，可对"蛋白质变性"方面知识做一简介，以便理解"利用高温或酒精消毒"和"酶的催化效率受温度等因素的影响"等道理；讲有氧呼吸时，可提及脱氢与氧化的关系；讲吸涨时可联系到"氢键"的形成；讲无氧呼吸有关乳酸分子式的书写方法时，可联系"同分异构"现象来强调在$C_3H_6O_3$后写"（乳酸）"的必要性。

（3）数学知识。例如，在讲蛋白质和DNA的多样性时，可对20^n和4^n（n表示单链中氨基酸或核苷酸的数目）二式作简要推理。讲分离规律和自由组合规律时，可适度引入加法原理和乘法原理的有关思路，导出Fn的表现型和基因型及比例的通项公式等。又如，为帮助学生更好地理解和掌握有关生理过程或原理，可引导其学会将文字性语言曲线化的能力。例如：有丝分裂和减数分裂过程中DNA和染色体的数量变化关系、根对离子的吸收量与氧气浓度的关系、酶的活性与pH和温度的关系、有氧呼吸和无氧呼吸的关系、光合作用与呼吸作用的关系、光反应与暗反应的关系、光照强度与绿色植物有机物的生成量的关系、捕食者和被捕食者的关系、竞争者之间的关系等。

（4）语文知识。教学（尤其进行概念教学）中适时分析字、词、句、段（或篇）的语法结构和内涵等，对理解和掌握知识十分重要。对一般的生物学概念，都应注意指导学生对句子成分（尤其是主语、谓语、宾语和定语）进行剖析。再如，学生对人类"生出的下代中，男孩患色盲的可能性"和"生出色盲男孩的可能性"往往区分不开；教材中出现的"主要""一般""几乎""种"或"个"等叙述也常常被他们忽视而造成误解。对此，只要稍作语法分析就可解决。还有不少诗句、成语或谚语、故事等亦可运用到教学中。还应设法培养其语言表达能力，例如，要求他们写段落提纲，整理听课笔记，练习看图说话和撰写生物专题小论文等。

（5）政治、地理等知识。政治知识特别是有关哲学原理和时事常识方面知识可运用于教学中的实例很多。例如，在讲同化作用与异化作用、遗传与变异等关系时，如果能正确运用对立统一规律原理加以阐述，就有利于更好地加深学生对这些知识理解和学会辩证思维的方法。在教学中适时根据相关教学内容结合时事进行讲解，可使学生在学习中切实感受到时代前进的步伐，对增强其学习信心、理解学习的意义和提高学习兴趣是十分有益的。

（选自《中学生物教学》2001年2期，原标题"例析知识的联系"）

从一道题目联想到高考命题

一道试题的争议引发的讨论。有部分老师在论坛对此争论不休，于是写了这篇文章。

《中学生物教学》2004年1—2期合刊《高考模拟试题一》有这样一道单选题：

假设有长势等特征完全相同的甲、乙两组水稻幼苗，甲组放在光下，乙组放在黑暗中，几小时后其干重和鲜重的相对大小有何变化（　　　）

A. 甲的干重和鲜重均大于乙

B．甲的干重和鲜重均小于乙

C．甲的干重大于乙，鲜重小于乙

D．甲的干重小于乙，鲜重大于乙

答案：C

本题涉及光合作用、呼吸作用、蒸腾作用等知识，通常情况下，放在光下和黑暗中的两组秧苗所受的光照和温度是不相同的。放在黑暗的秧苗因为无光照，不能进行光合作用，但会进行呼吸作用而分解有机物。黑暗下温度低，蒸腾作用弱，所以鲜重高，干重低。放在光下的秧苗，光合作用强，制造的有机物多，蒸腾作用强，干重大，鲜重小。

本题的素材来源是：张继厨主编的《植物生理学典型题解及自测试题》（西北工业大学出版社2002年6月版）。

原题1：有两组秧苗，一组放在光下，一组放在黑暗中，问这两组秧苗在干重、鲜重和形态有什么不同，为什么？（第192页例题）

原题2：有两组秧苗，一组放在光下，一组放在黑暗中，其他条件都适宜。问这两组秧苗在干重、鲜重和形态有什么不同，为什么？（第272页自测试一）

对光下的植物干重增加，一般都能理解，因为植物的光合作用制造了一定的有机物。光下有机物的呼吸消耗量与黑暗时区别不大，这一结论在中学流行类试题成了约定俗成的事实，几次全国高考和上海高考在此类试题中都将其作为已知条件。对此，考生也习惯了，本人与颜培辉老师在《生物学杂志》1999年第5期上发表的"对1999年广东高考试题的评析"文章中，曾经认为对这类题应该加上"光下和黑暗中呼吸作用相同"才严密，后来的事实表明，"不加"不影响中学教学和学生的考试。

最近有部分老师在K12生物论坛对上述试题中光下和黑暗条件下涉及的呼吸强度和鲜重变化情况等提出了质疑。对于呼吸强度问题，前文已做叙述。对鲜重方面有质疑的老师认为，光下植物蒸发的水多，吸收和保留在体内的水也就多。因此光下的鲜重应该也大，于是认为选项A正确。但为什么给出的答案是C呢？原因是保留的水主要是用于呼吸作用、光合作用等代谢活动。对此，广东四会中学方仲扬对此的解释是："光下蒸腾作用强，除了光的热效应外，植物在光下气孔开放，黑暗中气孔关闭。在空气湿度相同且不是太高的条件下，即使光下温度较低，蒸腾作用也比在黑暗中强。因此农民形象地说，作物在白天长干重，在夜间长鲜重。植物在黑暗中主要是液泡吸水增大，鲜重增加。细胞浆中的水才是影响生命活动的自由水"。但若过多地考虑到影响蒸腾作用的因素，超出了高中教材的范围。事实上，为避免考虑到吸水给解题带来更复杂的影响，试题没有要求将秧苗放在水的环境中，只要想到"植物体内残留有水，它们仍然会生活一段时间"就可以。因为光下一定会有光合作用发生，黑暗也一定会进行呼吸作用，且植物光下水分散失一定会比黑暗中多。所以，就该选C。这也是当初就选用了此题的依据。现在看来，若从多角度思考，原题本身就存在着条件不足的问题。例如，光照强度、温度、二氧化碳浓度等条件限定不够。

高校教材是改编试题的依据，但我们对许多事实和结论也没有更多精力和条件去做验证。如何看待高校教材问题，这实际上也是如何看待直接经验和间接经验的问题。仔细一想，我们所学的内容，有多少是自己去验证的呢？有老师提出，没有亲自去做实验验证，缺乏具体事实依据。这样的意见有合理的一面，特别是对所怀疑的内容。当然，认为试题答案有问题的老师，也应该自己通过实验获得证据，而不是简单的推理，否则同样会出现证据不足的问题。

生物科学实验性很强，设计试题时如何在追求新颖性的同时保证科学性，如何兼顾测量科学和自然科学事实，怎样才能保证有限的人力在有限的时间里的作品经得起无限的人力无限的时间去的评论。对命题的要求很高，但这样的要求却是合理的。虽然杂志在刊用前也请部分老师组织学生进行过测试和校对，但仍然在"作者注"中，强调了"有不少原创题，供老师们选题时参考"，目的只有一个，这就是提醒老师要成为试题的主人，而不要被试题左右自己的教学。

讨论时有老师提到，学生课业负担重和素质教育受到影响是试题造成的。这点就不多说了，我在有关文章中提到过多次，根本原因之一在于理想大学的招生人数偏少与考生的期望过高之间的矛盾。过去，生物学被取消高考时，部分地区生物学试题研究几乎呈现了停滞状态，学生的生物学学习负担很轻，当然更不见学生的生物学素养全面提升。杂志上推出原创试题，实际上是想给老师命制新情境试题提供参考依据。虽然编审原创试题花费的精力较多，且有一定"风险"，但毕竟带有新的信息，给大家开展教学研究提供思路。当然，这并不意味着"是原创，就不要科学性"。

也有老师提到，若用挑剔的眼光去评价流行试题会发现很多题目有问题。这是事实。但评价试题时，需考虑具体特定的测试背景和具体对象。例如，"植物细胞有叶绿体"，这句话对吗？若答对，不严谨。若答错，也没错。此类例子很多。

还有老师提到："在命题的时候，最好要把题目已知的条件明确清楚，切勿玩文字游戏！一些解释不清、有争论的问题，最好不要出"，我想这是每个命题老师都值得注意的。出题的人因为水平、精力和时间所限，以及对被测的不同对象的情况和水平把握不准。再说，争议往往是事后才出现，并非作者故意要这样的。在有关报刊的支持下，我曾经在K12发帖称，只要大家有原创题就给予发表。确实有部分人响应，也发表了一些，但总体上原创的很少，有的原创题因为存在争议未能刊登。今天各类中学教学有关的报刊因为读者不满足于陈题训练，仍然欢迎各类实用性的原创类试题。

老师们对试题提出质疑，体现了对杂志的关心和对读者高度负责的精神，表现了积极探究的科学态度。但这里，也想谈一下如何运用资料和对待地方统考的问题。首先应该肯定的是，参考资料能为我们提供更多的信息，能开拓自己的视野，但参考资料只能作为"参考"。题目是死板的，教师必须灵活使用。给学生做的试题，教师要尽量在事先做到能给予准确的回答。不可到评讲时才去做自己不一定说得清楚的试题。如何看待统考试题的命题和考试？首先统考命题需要几个老师的参与，需要命题老师之间相互以挑剔的眼光来试测和校对。在评卷前，应该组织命题老师根据参考学校老师的需要对命题思路和试题解析过程进行介绍，在讲解时及时发现问题，以便更好地开展评卷工作。

最后想说一下对高考试题和教材问题，对高考试题，我在1985年就开始关注，也发表过数十篇相关文章，1985年的试题涉及装片移动方向不符合部分显微镜的实际，南极食物网没考虑到多条途径影响生物数量等，在1989年，当我发现高考有一道题答案有争议，1992年更是有一题没有答案，当时请学校电报给阅卷组，有的观点也发表了。过去，认为发现了高考试题和教材有商议之处，很兴奋，似乎也有成就感。随着对命题和教材编写工作的认识，特别是参与了一些活动，了解到他们的劳动强度和科学态度，就十分理解了。事实上，有人对高考试题和教材的批评，也不一定是对的，只是命题老师和教材编写人员由于各种因素的限制未能直接辩论罢了。也就说，部分所谓的"争议"并非是教材和试题本身的问题，而是部分人的"不理解"。因此对教材和试题，尤其是对高考试题的评价需要更多的谨慎。

我现在对试题和教材，总体上以欣赏的眼光来看待（事实上，试题和教材的进步是有目共睹的），虽然仍然也挑剔。多年来中学生物学的发展告诉我们，对生物学给予更多不利的评论后，最后伤害的是自己的学科。原来很多人说，生物学考试就只用背背书就能应对，这在后来变化为"中学生物学属于描述内容"而作为了取消高考的重要理由。

（选自《中学生物教学》2005年第4期，原标题"关于一道代谢类试题的讨论"）

关于教材教法的若干建议

以下选编自《中学生物教学》和《中学生物学》发表的5篇"教材简析和教法建

议"的文章。选编时，删去了有关教材分析方面的内容。

《人体的稳态》的教法建议

1. 用实例使课堂活跃起来

由于这节内容是关于人体的，实际生活中可用于联系的实例很多。我们要拓宽发掘实例的视野，切实保持课堂有足够的开放性。这是巩固知识、活跃课堂、启迪思维、培养兴趣所必需的。在充分利用好旁栏思考题外，还可补充一些实例。

（1）关于体温调节的实例

在较高的相同温度条件下，潮湿的车间和干旱无风的沙漠，哪一环境下人的感觉更难受？"春眠不觉晓"的生理原因是什么？人在寒冷的环境中步行，为什么往往比在温度较高的环境中走得快？在严冬，为什么人排过尿后，有时会出现颤抖现象？人在发烧时为什么更怕冷？寒冷的季节，早晨起床时人为什么往往更恋床？人在运动时为什么往往会出现汗流浃背、红光满面的现象？人在游泳时为什么有时会出现抽搐现象？将一只青蛙和一只小白兔同时从25 ℃的环境移到0 ℃的环境中其耗氧量为何不同？发烧对人体有哪些影响？为什么？什么是中暑？中暑的原因是什么？在什么情况下容易引起？

（2）关于水分和无机盐的实例

为什么夏天人喝的水多，而排尿并不多？急性肠胃炎和出汗过多的人都需要注射或饮用盐水，主要是为人体补充什么？这里要说明的是，教材所说的"水分的摄入途径有饮水和食物，而无机盐的摄入途径只有食物"符合一般情况，但随着生活条件的变化，人们获取无机盐的途径也应该包括饮水。例如饮用矿泉水时能摄入少量盐分。

（3）关于内稳态方面的实例

当人的血浆中蛋白质含量过少时，人会出现什么症状？（组织水肿）剧烈运动时为什么人的呼吸会加快？（血液中的CO_2的含量会增多，刺激大动脉管壁的化学感受器，增强呼吸反射）。为什么人在要睡觉时有时会打哈欠？小孩在剧烈哭泣时，为什么会出现背过气的现象？当人的肝脏有病时，为什么血液中NH_4^+的含量会上升（严重时会引起肝昏迷）？肾脏有病时为什么血液中的尿素含量会上升（严重时会引起尿毒症）？人血液里钙离子的含量下降时引起抽搐现象说明了什么？（钙能抑制神经系统的兴奋）。为什么缺钙和磷时老年人会患软骨病、儿童会得佝偻病？为什么缺铁时，人会患贫血？为什么缺碘时会患呆小症或大脖子病？

（4）关于酸碱度的实例

可以充分利用教材上的例子。当血液中乳酸含量增加时，为什么血液的pH变化不大？当人血液的乳酸含量增加时，它与碳酸氢钠起反应生成乳酸钠和碳酸，碳酸是不稳定酸，很容易分解成二氧化碳和水，二氧化碳的增加，能刺激大动脉管壁的化学感受器，进一步使呼吸中枢兴奋，从而使呼吸运动和肺通气加快，使二氧化碳更好地排出体外。其调节的方式是什么？（神经—体液调节）。

通过较多实例的分析有利于让学生懂得一些基本生活常识，帮助他们树立科学生活的意识，正确认识生命科学的实际价值和激发热爱科学的情怀，从而更好地理解生活的意义，充分享受学习的乐趣，而使生活更美好。恰恰这也是生命科学的魅力所在。值得说明的是，本节内容单从知识方面来看要求不高，如果不能联系实际做分析而将课上成了"背诵课"，那将是教学的悲哀。

2. 使能力成为教学的主旋律

对即将跨入高校或步入社会的高三学生来说，不管是从应试还是从适应将来社会生活环境的角度来考虑，打牢必要的能力基础都是当务之急，进行探究能力的培养理应是我们教学的重点。

（1）让选修和必修知识走向融合

通过比较和联系不仅可以帮助学生构建必要的知识网，并在知识系统中去掌握知识而达到整体掌握知识的目的，而且可提高分析、归纳和综合能力。整理和改善后的知识结构，是高于选修和必修本身的。例如，讲温度的调节等知识时，可联系教材中"生命活动的调节"来进行。最好用谈话法进行回忆和总结。可回忆的内容包括：温度降低时，由于大脑的作用，下丘脑相关部位会分泌并释放促甲状腺释放激素，刺激垂体分泌促甲状腺激素，进而刺激甲状腺分泌甲状腺激素，甲状腺激素能促进新陈代谢，加速体内物质的氧化分解，进而通过放出更多热量，使体温不至于降低。同时，甲状腺激素还能提高神经系统的兴奋性，而更好地调节各项生命活动。

（2）在寻求链接点的过程中发展能力

例如，在讲过各个小专题后，可及时引导学生通过分析、比较等过程去寻求其间隐含的固有的内在链接点。例如，水分对内稳态的作用。首先，水分的大量存在有利于缓解热量变化引起的温度的变化，这与水分的物理特性（水分的比热容）有关。其次，人体内水分的排出往往意味着热量的散失，人体温度的变化也能及时影响水分的排出量等。又如，水分与无机盐的关系。水分的含量直接影响到无机盐的浓度，进而影响到渗透压，反过来通过神经和体液调节可改变人体对水分的摄入量和排出量而保持稳定。无机盐等物质的排出与水分的存在有密切关系。此外，还可以通过确立新的专题让学生进行联系。例如，可将"胰岛素"做一专题，指导学生去归纳、总结和构建新的知识网。这里可涉及胰岛素的化学本质，基本组成单位，在细胞内合成的场所，如何受DNA的控制，如何来调节糖类代谢的，与胰高血糖素是什么关系，为什么人会患糖尿病，为什么不能口服胰岛素，如何让大肠杆菌来合成人的胰岛素，植物性神经是如何影响胰岛素的分泌的，给小白鼠注射过量的胰岛素会引起哪些反应，等等。通过改变角度，从不同的侧面做这样的联系，不仅能让学生感受到生物学知识的系统性，更能切实体会到通过在知识系统中掌握知识的优势。

（3）在记忆中感受学习的快乐

提到记忆，有人就认为是课外的事情。笔者多年的教学实践表明，适当引导他们记住一些基本知识，对提高学习兴趣寻求学习的乐趣是十分重要的。例如，在讲排泄是排出代谢终产物时，针对有的学生记不全，笔者随口说一下"啊！水无尿尿"，他们的眼睛会睁得大大的，一边笑一边要我说慢点，当我解释其含义是"二氧化碳、水分、无机盐、尿素、尿酸"后，他们无不露出兴奋的表情，后来许多同学都会以说此为乐。又如，在引导学生记忆时，教师应该充满着信心，表现出兴趣和激情，要让学生感受到记忆会带来乐趣，善记乐记才是正确的选择。我在讲外界温度变化与人体激素调节的关系时，会像背散文一样来赞美人体调节功能的伟大：每当天气变冷的时候，在大脑和丘脑影响下……这样常会让大家在一阵哄堂大笑后积极投入到记忆活动中去。既然引导学生当堂记住一些基本知识会增强学习的愉悦感，我们何尝不去试试呢？

（4）在活动中提高各方面能力

只有明确大纲的具体要求，研究编写者的意图，才能做到"心中有纲，课堂不慌"。对水分和无机盐的方面知识，大纲是要求理解。所谓"理解"是指，能对不同知识用不同形式（文字、图和表）予以表达，对此教材就是这样做的。笔者认为对书上的叙述，引导学生对图、文、表进行互相转化是达到这一目标的基本要求。例如，在引导学生将图表转化为文字时，最简单的方法就是要学生进行看图说话。这部分知识难度不大，但要求的层次较高。尽量做到不放过书上任何一张图。从本章的题头图《98抗洪》开始，就可让学生谈感想。选修课是学生根据自己的志向和爱好选择自主修习的，以教学内容为依托结合《考试说明》和教学实际做适当的变化是值得提倡的。

我们应该牢固树立"能力意识"，努力使教学的每一个环节都围绕着"发展能力"这一核心展开。只有这样，才能促使学生更好地获取知识和培养兴趣，也只有这样，我们的课堂教学才能立于不败之地。例如，考虑到对这部分学生有一定的知识和能力基础，可多采用谈话法。无论是联系具体实例，还是对实例做分析、归纳和总结，这点都很重要。凡是学生能回答的一定要请他们自己来回答，不能直接回答的应启发其在思考的基础上回答。同时，应尽可能地利用表格、数据和问题来诱思，适时开展教学讨论，在讨论中提高能力。例如，对内环境的相互关系，可采用变式的方法。对体液各成分之间的关系，笔者特地用变化的图解来让学生掌握。可用A、B、C、D表示不同的组成部分，然后变换A、B、C、D和各箭头的位置等（图略），要求学生回答各表示什么？

通过变化非本质特征，有利于突出本质特征（三者的关系）。这里要特别提出的是，可鼓励学生自己通过列表绘图来掌握知识。此外，还可鼓励他们通过互联网等渠道收集、归纳和整理信息。同联系实际分析问题一样，这也是培养学生实践能力的重要方面。例如，糖尿病被现代人称为富贵病，发病率有上升的趋势，可引导学生通过收集其发病原因、病人症状、防治方法等更详细的信息。通过对信息的整理、加工有利于形成合理的知识结构。

（5）在探究和开放中获得成功

对教材有关的知识可根据大纲和学生实际做必要的取舍。对感兴趣的任何有关问题，都可适度引导他们进行探究。对实验，应该让学生独立设计方案和独立完成。可组织学生对方案进行讨论和评价等。借助此实验可引导学生复习一下有关设计实验的原则、方法、步骤等。

（6）用辩证统一的观点统帅全局

教学中要努力帮助学生构建"局部与整体是相统一的""物质运动是不断变化和发展的"等观点。要引导学生从"内稳态"这一核心出发，去理解其各类成分的变化和稳定关系。因为人体细胞内代谢活动是持续进行的，而代谢过程必然涉及物质的不断摄入和排出，这也就会导致内环境成分的改变，所以"稳定"是动态的。同时，内环境的改变和内稳态的维持需要多个系统的参与。

3. 对争议内容的处理

（1）人教社1998年版高中《生物》（选修）第6页表1-1"正常成年人每天24 h，水的摄入量和排出量"的部分内容值得商榷。此表源自高校教材，一是说人体对水分的摄入量包括饮水、食物和物质代谢3个来源。笔者认为对物质代谢产生的水，不能说成是人体对水的摄入量。因为此表的两列内容都是有关人体与外界环境之间的，而物质代谢是细胞内进行的，其产生的水不能与饮水等同列为"摄入量"。二是在两列比较项目"摄入量"和"排出量"内分别填上了"来自……（饮水、食物、物质代谢）"、"由……（肾脏、皮肤、肺、大肠）排出"，虽然单独看每列内容没什么问题，但对比看却是欠妥的。前列侧重说来源的物质，后列则是说排出的器官。与前列相对的若后列应是"尿液、汗液……"等。为更严谨些，建议教学中做适当处理。

（2）人教社1998年版高中《生物》（选修）第9页："人体内有各种途径可以使血糖含量增加或减少"，若将这句话中的"各种"改为"多种"较妥。该页还说："激素除了直接感受血糖含量的变化而发挥作用外"。显然，说激素能"直接感受"是欠妥的，因为激素是一种物质啊。建议根据上下文做相应处理。

4. 对2个概念的思考

（1）关于排泄

①排泄是指多余的代谢终产物排出体外的过程。所以，"排出"不等同于"排泄"。例如，排出粪便的过程不属于排泄。②排泄并不都是肌体排泄废物所需。例如，剧烈运动时，因为体内产生的热量过多，而增加排汗量同时带走部分无机盐，此过程对无机盐的排出，并非是因为无机盐过多的缘故，相反出汗多反而可能引起无机盐的缺失。③营养物质和废物的关系是相对和变化的。一些物质既是营养物质，又是废物。例如，饮食（包括代谢产生的部分水和无机盐）可以是说是营养物质，但他们的含量过多时，又属于废物。

（2）关于体液

人体的尿液、胃液等是否属于体液？对此，不同教学资料（包括高校教材）的答案不一。中学教材的叙述前后也不尽一致。人教社1998年版高中《生物》（必修第一册）第74页："人体内含有大量的液体，这些液体统称为体液，体液可分为两大部分：存在于细胞内的部分，叫细胞内液；存在于细胞外的部分，叫细胞外液。细胞外液主要包括组织液、血浆和淋巴等。人体内的细胞外液构成了细胞生活的液体环境，这个液体环境叫做内环境。"按照前面的定义，尿液、胃液不属于体液，按照后面的解释，体液包括细胞内液和细胞外液，细胞外液主要包括组织液、血浆和淋巴等，尿液和胃液不属于体液。鉴此，考虑到中学教学的连续性和广大教师形成的定势，笔者认为，还是不要将其列入体液的范畴较好。

（节选自《中学生物学》2003年第3期，原标题：《人体的稳态》教材简析与教法建议）

《生物的新陈代谢》教学设想

1. 力求探究式

无论是介绍具体的知识还是指导学生进行实验，始终要树立这样一种意识，即将培养他们的能力贯穿于教学的全程。

例如，在讲酶和光合作用的发现时，要特别注意探究性、趣味性，可结合科学家的研究，有步骤地培养学生的探究意识和精神。可根据发现过程，设置一些具体问题引导学生思考，在思考和寻求答案的过程将其介绍给学生。在讲光合作用的发现时，可采取"了解实验现象（或设问）→引导学生探讨→了解科学家的研究→总结发现过程"的教学步骤。具体讲解时，可将几个科学家的研究分解开来，一步一步地通过对问题的思考和探究得到解决。例如对恩吉尔曼的实验可做这样的介绍。先将实验的示意图和相关说明用直观手段呈现给学生，并引导他们进行思考：该实验说明了什么问题？（结论：氧是由叶绿体释放出来的，叶绿体是进行光合作用的场所）这里还可结合初中所学内容顺便设置一个问题：有没有直接的方法来证明叶绿体是光合作用的场所呢？

又如，在实验中可就学生接触的实验材料、可能遇到的一切实验现象、可能经历的过程进行设问，让学生带着问题去主动做探究，在问题探究中完成学习任务。例如，在叶绿体色素的提取和分离实验中，应抓住一切可能让学生自己去发现问题，提出问题和解决问题。为什么要用新鲜的叶片？色素在哪里？为什么在基粒囊状结构上而不被溶解于基质中？

尽可能按书本编排的顺序。在引导学生根据有关事实、实例培养学生积极思考问题的习惯和灵活运用知识分析和解决问题的能力。例如在对植物吸水和吸矿质元素的关系时，可联系有关内容，让学生自己作出结论。

2. 尽量联系实际

实际生活和生产实践上的相关实例很多，关键是要善于发掘。首先要充分利用好教材所介绍的各类实例，根据需要还可适当补充部分实例。例如在讲水分代谢时，可联系讲给农作物施肥过多时会发生萎蔫的原因和制作糖醋蒜时的原理等。

3. 努力构建知识结构网

应注意把握知识的内在联系，让学生在知识系统中掌握知识。例如，对光合作用知识的讲授，可联系其他知识来进行。原料水的来源与水分的吸收有关，色素和产物等的合成与矿质营养有关。光合作用的过程所涉及的化学反应中，需要酶的催化，其伴随着ATP的形成和分解。也就是说，光合作用这部分知识与本章前5节中的另外4节均有密切的联系。当然与第二章叶绿体的结构、第八章碳循环、本章呼吸作用、代谢的类型等也有密切联系。教学中可适当将这一观点渗透其中，为学生形成合理的知识结构网创造条件。

4. 重视方法的指导

可引导学生自己归纳所学知识，培养良好的学习兴趣和习惯，增强学生学习的积极性。虽然在绪论里专门介绍了学习方法，但比较抽象，若结合具体内容来讲解则显得更加具体生动。

例如：（1）在记忆方法上，对必需元素的7种微量元素（Fe、Mn、B、Zn、Cl、Mo、Cu）可引导学生运用谐音法进行，其可谐音为"铁猛碰新绿的木桶"。又如，对叶绿素中含镁这一知识，可做拟人化的描述。美丽的绿色是因为有叶绿素，叶绿素之所以美，是因为其含有"镁"，叶子变黄了，不"美"了，原因是因为镁移走了。（2）尽可能地鼓励学生积极观察实验现象和联系平时的生活实际，并学会提出问题，思考问题和解决问题。现以质壁分离和复原的实验为例做一说明。为什么要用紫色洋葱的鳞片叶？为什么要将放在玻片上的叶展平？为什么要先观察正常叶片？为什么做好质壁分离实验后不久就得做复原实验？质壁分离和复原实验有什么价值？（3）注重识图和绘图能力的培养。对图解、表解和曲线图要求学生尽可能会画，其他类图要尽量做到"看图说话"，努力提高他们学会图文转换等信息加工和处理的基本能力。

5. 对几个问题的讨论

细胞壁是膜吗？人教社1998年版高中《生物》（必修第一册）第61页中说"细胞壁是一种水和溶质都能通过的透性膜。"对此，广东信宜二中的曹晓丹等老师在K12化生论坛上提出过质疑。问题的焦点在"细胞壁是否是膜"上。曹老师的理由之一是，如果认为细胞壁属于膜，则如下的选择题就有争议了。

［题目］如果一分子CO_2从叶肉细胞的线粒体基质中扩散出来，进入一个相邻细胞的叶绿体基质中，那么CO_2分子共穿过的膜的层数是（　　　）

A. 5　　　　　　　B. 6　　　　　　　C. 7　　　　　　　D. 8

［答案］B

B是对的。它没有包括细胞壁。无论是从成分还是从结构和功能特点上看，细胞壁与细胞膜等还是有很大差别的。不可将细胞壁与原生质的膜系统混淆起来。笔者提出这一问题，是想借此机会谈一下我们如何对待教材等教学资料的问题。教材是死的，但对教材的处理应是灵活的。说细胞壁是"透性膜"，这句话本身是一种通俗说法，不能说是错误的。但如果担心误导学生，一种办法是，将该教材第61页的这句叙述修改为"细胞壁是一种水和溶质都能通过的结构。"另一种办法是对学生说清楚，明确告诉他们这里的"膜"不同于"细胞膜"等。顺便指出，关于"膜"的用法在《新华字典》上的解释也是值得商榷的。例如，该字典对"膜"的解释是："动植物体内像薄皮的组织……"笔者认为"组织"二字也应改为"结构"才妥。因为生物体内被称作"膜"的结构并非都是组织。现将其分类作一简介：①构成细胞的结构。例如，细胞膜等。一些单细胞生物具有膜结构，但不能形成组织，因为组织是由多个细胞所构成的。②部分组织。例如，骨骼肌的肌束膜等。③个别器官。例如，膈（旧称横膈膜）是由多种组织构成的器官。

预习好不好？我们强调学生课前进行预习，课后进行复习。如果学生真的认真进行了预习，却对应用教材所提供的材料开展有关研究过程是不利的，即对于运用实验等内容启发学生进行思考并作出结论的探究性教学过程构成了威胁。由于学生既知道材料，也知道教材上的结论，他们的思维实际上可能已经归属到教材思路中去了，有的甚至不做任何思考就将书上的现成结论搬来。从这个意义上说，对预习任务的布置应慎重。

如何利用图解？黑龙江的羽佳老师等在K12化生论坛上提到，在对图解的教学中，教师应强调ATP的形成与分解过程中的酶应属于不同种类，这是由酶的专一性所决定的。酶具有专一性，决定了不同的化学反应往往需要不同的酶来催化。我觉得这个建议非常好！同样的图解，用法不一效果不同。又如，对人教社1998年版高中《生物》（必修第一册）第57页叶绿体中的色素表解，可改变一下顺序，讲类胡萝卜素移到叶绿素的上面，使4种色素的排序依次为"胡、叶、a、b"（分别表示胡萝卜素、叶黄素、叶绿素a、叶绿素b），谐音为"胡耶？ab也"，这刚好与前面色素分离实验中，滤纸条上的色素排序一致。这样的记忆能起一举两得之效。

教学不能回老路。《新陈代谢》与旧教材相比改动幅度较大，尤其表现在编写思路上。由于目前国内是两种教材同时使用，而学生所用教辅资料往往涉及旧教材中有的被新教材删去的内容，"新瓶装旧酒"现象严重。这可能使得教师在教学中既要教好新教材又要补充旧教材内容，而使本已较重的教学任务"雪上加霜"，使新大纲的精神难以真正付诸实践。因此在教学中必须牢固树立"新教材意识"，千万不能误入"穿新鞋走老路"之途。

（节选自《中学生物教学》2002年第10期）

《生命的物质基础》教学建议

在教学过程中，应将培养能力和提高素质作为确定教学方法等的首要因素。

1. 改变知识的呈现方式，创设思考氛围

根据实际情况，尽量做到以"问题"促"思维"，以培养学生良好的思维习惯（包括探究意识）和学习能力（获取信息和处理信息的能力，归纳总结和语言表达能力，发现、研究和解决问题的能力等）。

例如，在讲组成生物体的化学元素和主要作用时，最好设法引导学生自己分析相关的"比较表"，并对从中获取的信息进行分析、归纳和总结，独立作出恰当结论。可采用谈话法。

［材料1］根据成人和玉米植株体内的元素种类及其含量（占生物干重的质量分数/%）的相关表格分析回答：从表中所列元素成分情况可以得出哪些结论？（注：必须用直观手段将表格展示给学生）

同时可引导他们用尝试记忆等方法识记大量元素和微量元素的概念和实例，也可介绍一些其他记忆方法。例如将微量元素"Fe、Mn、B、Zn、Mo、Cu"谐音为"铁猛碰新木桶"。应该说这样做，学生是非常感兴趣的，印象也较深。

又如，对"生物界与非生物界的统一性和差异性"这一教学难点，可引导学生分析下列材料来进行突破。

［材料2］组成生物体的化学元素都可以在无机自然界找得到。这一事实说明了什么？（这说明了生物界与非生物界的统一性，也说明了生命的物质性，还说明了生命起源的可能性）

［材料3］组成生物体的化学元素在生物体内和无机环境中相差很大。例如，C、H、N 3种元素在组成人体的化学成分中，质量分数共占73%左右，而这3种元素在组成岩石圈的化学成分中，质量分数还不到1%。这一事实说明了什么？（生物界和非生物界存在有明显的差异性，也说明生命物质的特殊性）

［材料4］生物体的化合物是生命活动的物质基础，其大部分是由C、H、O、N、P、S 6种元素组成。这一事实说明了什么？（上述6种元素是组成原生质的主要元素，元素是构成化合物的物质基础）

［材料5］微量元素B能促进花粉的萌发和花粉管的伸长，当缺乏B时，花药和花丝萎缩，花粉发育不良，而使受精作用无法进行。成人饮食中缺碘时，会患大脖子病。以

上事实说明了什么？（化学元素能影响到生物的生命活动等）

值得指出的是，上面的这些问题具有一定的开放性，也有一定的难度。对学生不可要求过高，即使他们所作出的结论离要求相差很远，我们仍然要设法给予积极的鼓励，以促进其养成"大胆研究问题和作出结论"的习惯。

2. 切实遵循基本的教学原则

（1）理论联系实际和启发式原则是培养学生学习兴趣、提高分析和解决问题的能力所必需的，应贯穿于教学的始终。能联系具体实际的尽量联系，可提出问题让学生思考的尽量不要单方面灌输。当然，联系实际时，也仍然要以启发学生分析思考为重点。例如，可结合旁栏思考题并联系学生所熟知的其他生活实际来引导他们进行思考。

在讲无机盐的作用等知识时，可提出以下问题：儿童的骨为什么易变形，老年人的骨为什么易折断？为什么用铁锅炒菜有利于预防"贫血"？

也可结合有关事实和实验，引导学生一起来直接进行思考和解析。例如，哺乳动物血液中钙离子的含量过低，会出现抽搐现象，这说明了什么？说明钙盐具有抑制神经兴奋的作用，缺钙会引起神经兴奋性增强；进而说明钙盐对维持其生命活动能起重要作用。又如，当人的红细胞放在高于0.9%的盐水中，会出现皱缩现象；放在清水中，则会胀大甚至破裂（溶血），说明无机盐能影响细胞的形态和功能。再如，哺乳动物血液中的无机盐含量与海水相似，这一事实可作为生命起源于海洋的证据之一。

在讲水的作用时，可联系水的作用和存在形式等知识来说明。例如，可提出以下问题：生物的生命活动为什么离不开水？正在萌发的种子与休眠的种子相比，细胞内自由水与结合水的相对含量有什么变化？为什么？

在讲糖类知识时，可提出这类问题：人的血糖浓度下降时，为什么会出现头晕现象？临床上医生给病人点滴输入葡萄糖液有何作用？

又如，在实验课中，可启发学生思考：鉴定可溶性还原性糖时，为什么要用苹果和梨的果实而不用植物的叶子做实验材料？能否用甘蔗来代替？等等。

（2）应注意知识结构的层次性，遵循循序渐进的原则

这点在蛋白质的结构的教学中显得格外重要。在讲蛋白质的结构时，宜按元素→基本组成单位（氨基酸）→二肽（肽键）→多肽（肽链）→空间结构这一顺序进行。对空间结构，最好让学生通过蛋白质的有关结构模型来理解。讲解过程中，让学生学会推算肽键数目（缩合失水的数目）与氨基酸数目（N）、肽链数目（M）的关系：肽键数目（缩合失水的数目）=N–M。

（3）应注意知识的直观性

对有关表格和参考资料应尽量运用直观手段展示给学生，同时动员他们学习用列表比较的方法来学习。例如，可对糖类、脂类、蛋白质和核酸的元素、分布、作用，各类蛋白质的功能，各类实验试剂的作用等知识分别进行比较。等等。

3．注意对知识进行适当拓展

"拓展部分"可根据学生的知识水平不同，有选择地进行，可以作为课外阅读资料，也可以引导学生在课堂上学习和分析。

［资料1］有关理化知识

生物体内所必需的化学元素绝大多数是轻元素，如周期表中开头的34个元素中有21个元素为生物生活所必需的，这样就使生物体有较轻的重量。

生物体所必需的微量元素大多数为过渡元素，这与它们的核外电子轨道中未被填满的d轨道有关。

C、H、O、N具有极易形成共价键的共同性质，它们的相互作用，生成大量不同形式的共价化合物。因为共价结合的强度与所结合原子的原子量成反比，所以这4种元素能形成很强的共价键。

C具有彼此相结合的能力。因此可以形成直链、支链或环状的骨架。C元素还可以和O、H、N、S形成共价结合，并把不同种类的官能团引入有机分子结构中来，使它能形成链或环，从而形成各种生物大分子。

C、H、O等形成的许多有机化合物在生理温度下（0 ℃ ~ 40 ℃）具有流动性。CO_2在常温常压下为气体，而这一条件下SiO_2却为固体，所以硅虽与碳相似，但从流动性上看，不能构成生命物质的骨架。

［资料2］有关进化知识

生命起源于无机小分子物质。生命发生和发展的历史与环境分不开，它是不断有选择地摄取环境中的物质向着自身稳定性并与环境相适应的方向进化发展的。正因此，组成生物体的元素在无机环境中都可以找得到。

［资料3］相关知识间的联系

元素和有关化合物的联系。例如，比较糖类和脂类所含有的化学元素可知，糖类中含有的C、H较多，而O较少，因此，一般情况下等质量的脂类在彻底氧化时所放出的能量要多。又如，蛋白质中的平均含氮量为16%，通过测定生物体的含N量可以粗略地推断出蛋白质的含量。

人体内糖类、脂肪在体内彻底氧化分解的产物是CO_2和H_2O，而蛋白质除产生CO_2和H_2O外，还有尿素。毛发等动物组织在燃烧时会产生"焦味"（含SO_2），说明其含有S元素。

[**资料4**] 从物质基础看生物的多样性

生物多样性取决于蛋白质和核酸的多样性，其根本原因是核酸的多样性，核酸的多样性决定了蛋白质的多样性。核酸是生物的遗传物质，其控制了生物体内蛋白质的合成。蛋白质结构的多样性（例如，由自然情况下100个氨基酸可排列出20^{100}种蛋白质或多肽）决定了功能的多样性。由于蛋白质是生物性状的体现者，所以其结构和功能多样性直接表现出性状的多样性，从而使生物界形形色色、丰富多彩。

4. 充分利用好旁栏思考框和空白

引导学生积极利用书中的空白适当做好听课笔记，养成及时解决问题和复习的习惯。

5. 引导学生做好巩固练习

在组织学生做好教材相关习题的同时，最好针对它们的实际学习能力和教材内容选编部分试题。下面选几例供读者参考。

[**练习1**] 下表中甲、乙两组数据表示了成人和玉米植株体内的元素种类及其含量（占生物干重的质量分数/%），请回答有关问题。

元素	甲	乙
O	44.43	14.62
C	43.57	55.99
H	6.24	7.46
N	1.46	9.33
K	0.92	1.09
Ca	0.23	4.67
P	0.20	3.11
Mg	0.18	0.16
S	0.17	0.78

　　［问题］（1）甲和乙哪项表示的是人？联系化合物的元素组成和含量等知识，写出相关判断依据。（2）从表中所列元素成分情况可以得出哪些结论？

　　［答案］（注意：在答案要求上不一定要千篇一律，只要合理，并能自圆其说就得给予积极的评价）

　　（1）乙表示的是人。要分析玉米植株和人体内各有机物含量的差别。玉米体内糖类（淀粉等）含量较高，因而氧元素含量较高；而人体内蛋白质相对较多，因而氮元素含量较高。也可从钙元素含量的差异进行分析，钙是构成人体骨骼和牙齿的重要成分，因而人体内钙含量较高。（2）①组成玉米和人体的元素大体相同（或，基本元素是C，含量最多的元素是C、H、O、N）；②同一元素在不同生物体内含量不同，同一生物不同元素的含量不同。

　　［练习2］通常情况下，分子式$C_{63}H_{103}O_{45}N_{17}S_2$的多肽化合物中最多含有多少个肽键？（　　　）

　　A．63　　　　　　　B．62　　　　　　　C．17　　　　　　　D．16

　　［解析］既然是多肽化合物，其组成单位必然是氨基酸。确定肽键的数目时，首先要确定合成该化合物所需氨基酸的数目。N个氨基酸所形成的多肽化合物（或蛋白质）最多的肽键的数是形成1条肽链时的，即为N-1。根据题目所提供的分子式可以看出，按各元素所可能形成的最多氨基酸数以N元素可能形成的最少。按N元素的数量计算，根据每个氨基酸至少含有一个N（氨基中）的道理，该化合物最多含17个氨基酸残基（参与当初合成的氨基酸最多为17个），所以该化合物最多有17-1=16个肽键。（说明：当时流行试题不考虑环链）

（节选自《中学生物教学》2002年第1～2期）

《生命活动调节》教法建议

1. 几点讨论

　　（1）问题意识。教学中应该努力培养学生的问题意识，以问题来促进其思维的发展。尽量联系实际问题引导学生在分析和解决问题的基础上来理解和掌握新知，并养成良好的思维习惯，进而提高思维能力。这里说的"问题"，可直接来自生活实际，也可人为根据学生实际创设。在用好课本上的实例外，还可结合典型例子做分析。例如，在讲述植物激素的作用时，可启发学生思考："为什么带叶和芽的枝条在扦插时容易成活？"对此可引导学生进一步分析探讨"生长素产生部位以及其主要特征，生长素促进生根的作用等"。在讲述"其他化学物质的调节作用"时，可联系这样的实例做分析"小孩大哭的时候为什么会出现背过气的现象？为什么常常在送往医院的路上又会恢复过来？"这有利于学生加深对CO_2也具有调节作用这一知识的理解，进而更好地掌握体液调节和激素调节的区别。

（2）方法指导。首先谈谈记忆方法问题。没有记忆就没有学习。对部分相对难记的知识给予学生适当的指导有利于增强他们学习的信心并减轻学习压力。例如，对神经纤维细胞膜内外的电位变化，可以简化为"静息时——外正内负；兴奋后——外负内正"。对"S区受损时，病人能看懂文字和听懂别人说话，但不会讲话，即运动性失语症。H区受损时，病人会讲话会书写，也能看懂文字，但听不懂别人讲话，即感觉性失语症"的记忆问题，广东英德的罗春老师的体会是按英文含义来记忆较方便："S既是英文say（说话）的缩写，又可想象成摇摆，可进一步想象为运动；H是英文hear（听觉）的缩写"。对突触的亚显微结构，可引导学生通过画图的方法加以掌握。表面上看画图会给学生增加负担，其实不然。应该说对生物学的学习，学生最大的负担是心理上的，知识本身难度上的压力相对较小。引导学生掌握相关图，会使学生加快知识掌握的步伐。对刺激与兴奋的关系问题，也可稍做补充，可让学生思考"医生给人进行肌肉注射时，为什么将针插入时，其速度要快？"人的手离火较近会感到痛，稍远时则无感觉，由此可让学生得出"产生兴奋的刺激需要一定的时间和强度"这一结论。

再谈谈比较法。对本章涉及的内容，可用比较法学习的例子很多。最好引导学生通过列表等形式加以比较和学习，以切实加以掌握。对下列内容都可采取此法：体液调节和激素调节，体液调节和神经调节，各类激素的作用、先天性行为和后天性行为、反射与本能等。例如，有人对激素调节的作用通过列表做了如下总结（如下表所示），显得较为清晰。

激素调节类型		举例
纵向调节	促进作用	寒冷刺激→下丘脑（分泌促甲状腺激素释放激素）→垂体（分泌促甲状腺激素）→甲状腺（分泌甲状腺激素）→代谢加强
	抑制作用	甲状腺激素增多→（抑制）下丘脑和垂体使促甲状腺激素释放激素和甲状腺激素减少→甲状腺激素维持正常（反馈调节）
横向调节	协同作用	生长激素和甲状腺激素共同调节促进生长发育
	拮抗作用	胰岛素的降血糖作用和胰高血糖素的升血糖作用相互拮抗，共同实现对糖代谢的调节

2. 相关建议

自主学习。应尽量培养学生主动学习的习惯。多用谈话法。努力创设教学情境鼓励学生主动看书，积极思考和回答相关问题。凡是学生通过看书和思考能回答的问题，尽量让学生回答，尽量给他们营造说话的机会。凡是需要记忆的内容，尽量通过尝试记忆的方法引导他们当堂记住。可采取快速重复的方法。教师不可满堂灌。尤其是对基础差的班级。这也是笔者前段教学中的体会。对实验设计内容，可做专题复习，可引导他们开展设计比赛等。

教学参考书。在分析教材等备课活动中，离不开教学参考书的帮助。人教社的配套教学参考书有关这部分的"实验设计"方面内容相对较丰富实用。从设计方案的课题选择、内容、思路等均花了较大篇幅的介绍。不少可直接提供给学生练习、测试等。

复习题。教材中复习题的质量总体上都不错。不少是过去经过实践检验的高考题或其他流行试题。是作为当堂巩固练习用还是课后训练用，这得根据教学情况和学生实际来决定。但不管怎样，这些复习题作为教材的组成部分，有的侧重巩固教材知识，有的侧重于培养学生的能力，还有的有利于提高学生的学习兴趣。对复习题应该注重讲评，讲评时尽可能注意知识的联系、拓展和启发性，以发挥更大作用。下面以人民教育出版社1998年版高中《生物》（选修）第87页简答题第1题为例做一探讨。

题目：为什么说植物的向性运动是植物对外界环境的适应性？请举例说明。

讨论：单从寻求题目本身的答案来说，并不难。因为该教材第83页有现成的答案："向光性使植物的茎、叶处于最适宜利用光能的位置，有利于接受阳光而进行光合作用；向重力性使植物的根向土壤深处生长，这样既有利于植物的固定，又有利于从土壤中吸收水和无机盐，可见，向性运动是植物对于外界环境的适应性。"学生这样作答当然无可厚非，但如果教师也仅仅是这样做评讲就显得不够。因为，向性运动本身也体现了生物的应激性。这在绪论中有阐述。为做好前后知识的联系和防止学生出现混淆，可将"应激性"与"反射"和"适应性"做一比较。

应激性是指生物对外界刺激产生的反应，反射是动物通过神经系统对刺激产生的有规律的反应。因此，反射属于应激性，是更高级更灵敏的应激性，反射是通过反射弧来实现的，是具有神经系统的动物所特有的。适应性是生物与环境相适合的现象，其包括生物体形态、结构等方面的适应（例如，鲫鱼的身体呈梭形，体内有鳃等，适于水生），也包括生理和行为等方面的适应。生物具有应激性（包括反射），本身有利于其生存，也体现了对环境的适应。例如，植物根的向地性生长，茎的背地性生长，这是植物对地心引力的反应，是植物的应激性，同时这也是一种适应性，是自然选择的结果。生物形成的许多适应性，不能叫应激性，例如，仙人掌的叶子成刺状，利于减少水分的丧失，是对干旱缺水环境的适应，但不能叫应激性。

灵活处理教材。灵活处理教材，除了灵活处理小字内容外，还表现在对一些具体概念的把握上。该教材第99页有这样的叙述："动物在从幼年到成年的生活过程中，不断适应外界环境的变化，通过学习和体验新事物，建立新的条件反射。"对此，黑龙江的翟贵君老师提出了这样的问题："条件反射是动物在从幼年到成年的生活过程中建立起来的，那么成年后就不再建立条件反射了吗？"并做了否定的答案。应该说，条件反射对生物来说，是终生都可建立的。教材的上述观点是有一定的道理的。其实，条件反射不仅能形成，也可以消退。教师对这些观点做到心中有数是有必要的。

再如，该教材第97页中说："动物的爬行、奔跑、游水、飞行等运动方式，取食、繁殖和防御等动作……都是动物的行为。"第98页中说："动物的行为，无论是先天性行为（包括趋性、非条件反射、本能）还是后天性行为（包括印随、模仿、条件反射等）都与神经系统的调节有关"。对此，有如下疑问："无神经系统的低等动物也具有趋性、取食和繁殖特征，那么这些是否也属于行为？"按第97页的说法答"是"，而按第98页的叙述却"不是"。认真阅读教材不难发现，教材提供的实例动物都是具有神经系统的，因此它讨论的"动物"实际上是"具有神经系统的动物"。第97页的说法较普遍，认为无神经系统的动物也有行为，它与植物一样，具有简单的行为（趋性和向性等）。

（节选自《中学生物教学》2002年第4期）

《现代生物进化理论简介》教学设想

1. 教材分析与讨论

（1）特殊的地位

新大纲对生物进化部分只保留现代生物进化理论部分，表明编者在注重减轻学生课业负担的同时没有忽视教材的先进性，是确保生物课程反映生命科学的新进展、体现时代特色的重要举措。由于本部分引入了部分现代遗传学和生态学发展成果，而与前后教学内容有密切的联系。其中，一部分内容与遗传变异部分有紧密的联系，例如，突变和基因重组方面知识在前面有较大篇幅的叙述，物种的概念与生物的变异（染色体的变化）和生殖有联系。另一部分（关于种群的知识）与第七章生态知识存在着密切的联系，能起到承上启下的作用。同时，通过这部分的学习，可帮助学生形成必要的进化观，对树立辩证唯物主义自然观和逐步建立科学的世界观有着不可替代的作用。

（2）要求较低

在教学要求层次上，大纲对这部分教学要求相对较低，只要求他们识记。所谓识记是指"要求记住所学知识的要点，能够说出它们的大意，能够在有关情境中识别它们"。这样的解释，应该说比以前更具体了，但教学中特别是涉及评价问题时，就不是那么容易把握了，是要求学生记住要点还是记住全部内容？显然是前者。对"能够在有关情境中识别它们"这一要求是值得讨论的。显然，识记不等于死记，但不可不记，不应该引导学生死记硬背，而应引导他们进行科学的记忆，进行必要的理解和探究，让他们在理解和分析具体实例的过程中去达到"识记"的目的，同时也应该注意教学要求上的"弹性"，在将识记作为对全体学生的基本要求前提下，可鼓励优秀学生做更深入的探讨。

（3）新旧理论比较

教材在讲授现代进化理论之前对达尔文的自然选择学说进行了回顾和评价。其中评价的篇幅相对较大，并且运用了一分为二的观点。首先肯定了达尔文的自然选择学说能科学地解释生物进化的原因，以及生物的多样性和适应性，对人们正确认识生物界具有重要意义，然后再指出其不足。这样的安排有利于引入新课的学习。因为正是认识到达尔文理论的不足，才会感到学习现代生物进化理论的必要。同时，达尔文理论的不足，也正是现代进化理论所要改进和完善的地方。

讲授现代生物进化理论部分时列出的主要内容包括：种群是生物进化的单位、突变和基因重组是产生进化的原材料、自然选择决定进化的方向、隔离导致物种的形成。现代生物进化理论并非是要对达尔文的进化理论的全盘否定，相反，与达尔文进化理论一样也是以自然选择学说为核心的。应该说是对达尔文进化的理论的扬弃。其最突出的特点是，回答了达尔文进化理论所不能解释的几个问题。对自然选择作用的研究，达尔文理论是以个体为单位，而现代生物进化理论是以种群为单位。以个体为单位研究的片面性是多方面的，例如，个体的生存与适应性等特征并不能显示其繁殖上的优劣。又如，关于遗传和变异的本质和自然选择对遗传和变异的作用问题，达尔文理论由于受当时科学发展的限制只能从性状水平来研究遗传，而现代生物进化理论发展从分子水平上做阐释，强调了生物进化的实质是种群基因频率发生变化的过程，强调了可遗传的变异来源于突变和基因重组等。应该说，缺乏必要遗传学理论是达尔文进化论最薄弱的环节。因为遗传变异是其理论的重要组成部分，而恰恰它连诸如"子代与亲代之间为什么会存在差异"等最简单的问题都不能作出合理地解释。

（4）种群和物种

关于种群和物种的概念的比较，在K12化生论坛开展过多次讨论，参与的师生相对较多，说明这是教学中的热点和疑点问题。事实上如果教学中，老师对这两个概念没有比较明确具体的认识，上课就会显得底气不足。虽说种群有关知识在后面的生态部分还会讲到，但对其概念的把握应是本章的任务。下面列表做一比较（如下表所示）。

项目	种群	物种
概念	指生活在同一地点的同种生物的一群个体。种群是生物进化的单位、生活和繁殖的单位。同一种群内的个体之间可以进行基因交流。	是指分布在一定自然区域，具有一定的形态结构和生理功能，而且在自然状态下能够相互交配和繁殖，并且能产生可育的后代。
生活地域	同一地点。	一定自然区域，同一地点或不同地点。
相互联系	一个物种可以包括多个种群（例如同种鲫鱼可以生活在不同的池塘、湖泊等，形成一个个彼此被陆地隔离的种群）。同一物种的多个种群之间存在着地理隔离，长期下去可能发展为不同的亚种，而可能形成多个新物种。	

从宏观方面看，种群是进行繁殖的单位，从微观方面看，生物进化的实质是种群基因频率的改变。所以它是生物进化的单位。

顺便说明一下，对物种的概念有不同的说法，进化研究中的物种与分类学中的物种是不完全一致的。由于分类学中的物种概念是不具有时向性的，而进化过程具有时向性，所以用生殖隔离的判断方法是不适合于历史上存在的物种的。

还想说明的是，进化上生物维持或变更的单位，对无性生殖的生物是无性繁殖系，对有性生殖的生物才是通过有性生殖联系起来的种群。

（5）突变的概念

人民教育出版社1998年版高中《生物》必修2中"突变和基因重组产生进化的原材料"，在这部分第一自然段对突变的含义做了阐释，明确指出它包括基因突变和染色体变异。也就是说标题中的"突变和基因重组"实际上包括了前面所学的可遗传的变异的三个来源，即基因重组、基因突变和染色体变异。教材将概念做这样的安排，有利于学生今后对进化理论的进一步学习。但给中学教学带来不必要的麻烦。例如，编者在后面三个自然段重点对突变的有关情况做了介绍。对照前面的遗传学部分的有关变异知识的叙述不难看出，这三段所说明的突变实际上只是说了基因突变。这三段的解释由于没有讲解染色体变异的情况，实际上又将突变的概念回归到"基因突变"上去了。这是值得商议的。笔者建议做相应的修改。

2. 教学设想

一根主线。由于自然选择学说也是现代生物进化理论的核心，在教授现代生物进化理论时，始终都要注意贯穿这一思想：种群基因频率的变化过程实际上也的自然选择和进化的过程；变异是不定向的，过度繁殖、突变和基因重组为选择提供了丰富多样的材料。环境在自然选择中起了重要作用。同一物种不同种群形成不同物种的过程实际上也是不同环境对其定向选择和积累的过程。变异、选择和遗传是物种形成过程的三个基本环节。自然选择通过定向改变种群的基因频率而决定了生物进化的方向。

实例开路。对这部分内容的教学，应尽量引导学生运用实例来培养语言表达能力和处理科学信息的能力。例如，在讲种群的概念时可列举下列实例让学生进行判断。

下列哪项属于种群？（A. 一个池塘的所有鱼类　B. 一个稻田里的所有昆虫　C. 一片草地里的所有蒲公英　D. 分散在各湖泊、河流的鲤鱼）

又如，在讲自然选择决定生物进化的方向时，可将课本中的相关材料改编成问题形式呈现给学生，并要求他们作出相应的回答。

［**材料1**］英国的曼彻斯特地区有一种桦尺蠖，它夜间活动，白天栖息在树干上。（说明生物具有应激性和适应性）

［**材料2**］自然条件下桦尺蠖触角和足有长的也有短的，体色有深些的也有浅些的。（说明生物存在着变异现象）

［**材料3**］试验表明，桦尺蠖之间能进行相互杂交，黑色的桦尺蠖杂交能产生浅色的桦尺蠖，而浅色的桦尺蠖之间杂交其下代都是浅色的。（说明这些桦尺蠖是属于同一个物种。黑色是显性性状，是由显性基因控制的）

［**材料4**］19世纪中叶以前，浅色的桦尺蠖数量较多，到20世纪中叶则是黑色的桦尺蠖成了常见类型。这种现象被称为桦尺蠖的"工业黑化现象"。（这是自然选择的结果。环境对生物的生存会产生影响，自然选择是通过生存斗争来实现的）

在引导学生分析作答的基础上。要求学生从基因水平做进一步的分析：

［**材料5**］桦尺蠖的黑色是由显性基因S控制的，浅色是由隐性基因s控制的。19世

纪中叶以前的桦尺蠖种群中S基因的频率只有5%以下，而到了20世纪中叶则上升到95%以上。

19世纪中叶以前曼彻斯特地区的树干上长满了浅色的地衣，而后来因为工业的发展，工厂排出的煤烟使地衣不能生存，树皮也熏成了黑色。

要求回答：1. 基因S频率变化的原因是什么？2. 生物变异是否是定向的？基因频率的改变是否是定向的？自然选择是否是定向的？

要求学生当堂回答这些问题，不仅有利于巩固知识，而且有利于培养其语言表达能力，进而提高分析问题的能力。

拓展思维。教材在将"突变和基因重组产生进化的原材料"时，就基因突变的特点进行了解释。大意是，突变率低不等于突变个体的绝对数少，突变往往有害，但有害是相对的。其实这里可以顺便指出，突变率低也说明生物遗传物质的相对稳定性。突变往往有害也说明了生物对环境的适应性。突变是产生等位基因的过程，等位基因的增加，也增大了基因重组的机会，从而提高了变异的机会。

联系巩固。在讲突变时，一定要通过引导学生回忆前面所学的相关知识。例如可引导学生分析：

为什么马和驴的后代（骡）是不育的？（可结合其染色体情况加以分析，因为骡体细胞含63条染色体，在减数分裂时，因为联会发生紊乱，不能形成生殖细胞，所以是不育的）

又如，对一些结论性的知识，可引导学生当堂进行必要的记忆和总结，可创造条件引导他们进行尝试记忆。这样既可以使他们增强学习的信心，也可减轻其课业的负担。要求学生记住的结论性内容主要有：达尔文自然选择学说的四个基本要点（过度繁殖、生存斗争、遗传变异、适者生存），该教材中的四个标题（种群是生物进化的单位、突变和基因重组是产生进化的原材料、自然选择决定进化的方向、隔离导致物种的形成），四组概念（基因频率和基因库、种群和物种、突变和基因重组、隔离和生殖隔离）、三个环节（物种形成过程的三个环节：变异、选择和遗传）等。此外，对课本上的复习题可引导学生当堂做好，并做到及时讲评。

（节选自《中学生物教学》2002年第12期）

谈最新科技进展与中学教学

长期以来我们在教学中形成了"靠教材吃饭""唯书至上"的基本定势，以至于在施教过程中介绍一些"最新的科学进展"知识时，也显得羞羞答答，裹足不前，惟恐与教材不同；即使介绍了，一旦发现与材料论述有出入，就会再三叮嘱学生在考试时应以教材为准，弄得学生索然无味，无所适从。如何将最新科技进展与教学有机地结合，这不仅关系到教学效果的好坏，也关系到教学评价和考试问题，更关系到我们的下一代能否跟上时代前进的步伐和适应世界形势发展的大问题。下面就最新科技进展与中学教学内容的有关问题谈几点看法。

1. 应让教学跟上科技前进的步伐

（1）为未来建设者输送新鲜的科技营养

我们今天的学生是未来的主人。中华民族能否屹立于世界民族的强者之林，最终要在他们的素质上见分晓。培养和造就高素质的具有创新意识和能力的一代新人是教育的重要目标，这就要求我们必须以最新的知识和有效的方法去武装他们；将最新科技进展引入到我们的教学中来。对此，过去我们做得很不够。下面这则材料就是例证：联合国在对中、美、日等国家的青少年（大学一、二年级和高中生）的一项科学素养的测试中发现，我国青少年的科学素养相对较差，对20世纪的知识掌握明显不足。例如当时有一道题是"地球是圆的还是方的？为什么？说圆的还是方的有什么意义？"对第一层次的问题我国的学生得分率最高，几乎都是答"圆的"；第二层次的问题，我国的学生答案多是"书上没有"，而其他国家学生的答案则五花八门；第三层次的问题，我国学生的答案更是令人啼笑皆非，许多人甚至说"这种题无聊"。这反映了教材的相对陈旧，更反映了他们的唯书至上，不思创新的心理状况。

（2）使课堂充满求知的激情

世界范围的课程改革已形成潮流，我国基础教育课程改革已经起步。已在部分省市实行的《国家课程标准》大大加强了教学的探究性和开放性。随着新课程标准的进一步推广和使用，中小学课程的功能、内容、结构、评价等都将发生了根本性的改变。积极加强探究性和开放性，努力提高学生综合素质和能力，已经成为教育者应该追求的目标。这就迫切要求将最新科技进展方面的知识引进课堂。

（3）让教材永葆科学活力

教材对科技进展来说，永远是落后的。将最新科技进展方面的知识引进课堂，是解决教材更新速度慢与一日千里的科技发展速度之间矛盾的必要措施。例如广东等省至今仍在使用的人教社高中《生物》（1990年版）教材，其教材编写思路和所涉及的知识，许多都显得较为落后了。仅靠教材的旧知识是无法满足学生对新知识的渴求。例如，其认为酶是蛋白质，其实在上世纪80年代，科技界就提出了某些RNA有催化作用，只是没有吸收进教材罢了。又如，教材规定的实验都是验证性的，没有什么探究性，整体上脱离了现代科技发展实际。鲜活而生动的科技进展具有生动性和新颖性，有利于激发学生的兴趣。例如，在媒体广泛宣传"克隆"的时候，如果课堂上及时加以关注，对克隆的大概过程和产生的社会反响进行介绍和讨论，学生不仅感到亲切，也会非常感兴趣。事实上，这也是STS教育理念在教学中的实际体现。将最新科技进展方面的知识引进课堂，有利于取得教育的主动权。首先，这是让学生获取最新科技进展所必需的。随着信息技术的迅猛发展，学生了解最新科技进展的渠道很多。即使课堂上不讲，他们也会有所了解。但他们通过自己随意了解的，往往存在一些不可忽视的问题，一些伪科学也会随之而来。例如，许多带有封建迷信色彩的东西会打着科学的旗号走进他们的心灵。当年那些所谓的特异功能，"水可以变油"之说，无不是打着科学的旗号的。只有结合教学及时关注科技发展的主线，引导他们学会科学的思维方法，树立正确的科技意识，提高对各类信息的科学的分析、比较和判断能力，才能主动获取正确的科技知识，而避免误入歧途。其次，作为教师，如果自己掌握的知识落后于学生，不仅有损于自己的威信，而且也无法在学科知识层面上居高临下地开展教育工作。再说，科学本身就是一个开放系统，不是永恒的真理。这就决定了我们的教学也应该具有必要的开放性。只有与科技进展的开放性保持紧密联系的教学才是真正的不落后于形势的教学。因此，只有不断及时将最新的科技进展吸收到教学中来，我们的教学才主动。

2. 引入科技新进展不是赶时髦

不可为了"引入"而"引入"，应注意以下几点。

（1）要注意与教学进度的衔接

这是保证教学效果所必需的。只有与教学紧密结合时，才能较大限度地起到巩固和拓展知识之效。将科技知识引入课堂并非以其来取代教学大纲所要求讲解的内容，而是要对其进行巩固、补充、拓展和完善。

（2）要紧密联系学生生活的具体实际

包括学生日常生活实际和已具备的知识和能力实际。只有充分联系学生实际的知识，学生才感兴趣，也才容易接受。

（3）要注意形式多样、生动活泼

要充分调动学生自学的兴趣，培养他们关注科技进展的热情。不管哪种形式都要注重激活其主体意识。

（4）要注意内容的选择性

对任课老师来说，对科技进展问题的关注，不可兴师动众，更不能去猎奇而将道听途说的无根据的东西引到课堂，以免污染学生正确的科技观，而要尽量关注与本学科知识关系密切的有科学依据的问题。此外，要注意科技进展和科技热点问题的区别。近几年的高考试题特别关注最新科技进展（其实是科技热点）问题，令人鼓舞。以考试改革促教学改革之举已经取得了一定的成效。例如，中学教师在教学中对热点问题的日益重视不能说与此无关。然而，虽然我们在教学中适时给学生介绍最新的科技进展情况，对教学本身是有利的，但却未必能适应高考。原因是：首先，命题者不一定注意到所有的科技成就，高考涉及的科技热点是指几乎所有重要媒体的经常性宣传对象都了解的问题。而教学中涉及的科技进展的面也许就比较宽，有些可能是没有定论的；再说即使是定论的，如果与教材有矛盾，高考往往以教材为依据或采取回避的态度。例如，2001年各大媒体上刊登的一篇文章说，瑞典科学家发现引起温室效应的主要气体不是二氧化碳而是水蒸气，但如果学生在考试中用此作答能否算错？这是值得讨论的。如果算错。显然，责任不在学生。所以，建议命题人员在命题时应给予高度重视。

（节选自《生物学杂志》2003年第2期）

生物学就在生活中

1. 生活中的科学性问题

理论联系是中学生物教学中最重要的方法之一。通过联系日常生活和社会发展的有关实例开展教学，不仅能帮助学生巩固知识、改善思维品质、提高能力和素质，也能起到活跃课堂之效，还能培养他们的学习兴趣和关心社会生活的习惯等。下面就可供教学选用的几则反例作一浅析。

（1）垃圾的味道难闻

有关"味道难闻"的说法较常见。例如，某电视台曾在有关新闻节目中称："武汉东湖的水质污染严重，湖边垃圾的味道难闻！""过去，上海苏州河岸边居民，不敢开窗，担心难闻的味道自窗而入。"

这里有两个问题值得讨论：①味道不同于气味。味道是人通过舌味蕾感受的；而气味则是通过鼻腔黏膜的嗅上皮感受的。因此说垃圾或污水难闻的人，并未通过舌去尝它，故不能说"味道难闻"。②不能说味道（或气味）自窗而入。就拿气味来说吧，它是在人的大脑皮层形成的，通常是某些具有挥发性的化学物质通过扩散作用，进入人的鼻腔后刺激嗅觉感受器产生神经冲动，经传送至大脑皮层而形成的，如果人的相关感受器或传入神经及大脑皮层相关部位发生障碍，则不能形成气味，更谈不上其自窗而入了！应将引文的中有关叙述改成"……会使人感到（气味）难闻"等才科学。

（2）感染了感冒病菌

在一些新闻媒体中常听到（或看到）"感冒病菌"一词，那么，是否有感冒病菌呢？否也。应该说，感冒是由感冒病毒引起的。病毒不同于病菌。病毒无细胞结构，比细菌简单。还有人常把"细菌"与"菌类"混为一谈。其实菌类包括了细菌，此外还包括真菌等。

（3）还能克隆出多莉

自1997年3月以来，"克隆"一词在各报刊出现的频率较高，其中出现的误解亦多。例如，《南方周末》1998年7月17日第11版《生命医学的世纪曙光》："自去年人类首次'克隆'成功了'多莉'以后……"

"多莉"为何物？它是英国科学家维尔穆特等人利用绵羊的乳腺细胞等克隆（无性繁殖）出来的一只绵羊。维尔穆特借用自己喜爱的乡村女歌手多莉·帕顿之名而将其命名为"多莉"。那么，以后再用体细胞克隆出的绵羊或其他动物还用那位歌手之名叫"多莉"吗？应该不会。因此，应将引文改为"自去年人类首次克隆成功了绵羊以后……"（将"多莉"改为"绵羊"），或"自去年人类克隆成功了'多莉'以后……"（将"首次"二字删除）。

（4）♀张三和♂李四

"♀"与"♂"这两个符号被误用的实例不少，《上海卫视》曾有一则控制人口方面的公益广告就是用其代表人的。另外，《南方周末》的《新生活》专栏也曾将其印在作者的名字前面，以代表性别；某些餐厅宾馆的洗手间门上也有类似标记。

何为"♀""♂"？"♀""♂"作为生物学上的专用符号，其基本意义是："雌性"和"雄性"，常用于表示非人的生物个体或生殖细胞的性别。对人的性别则以"男性"和"女性"来区分，以区别于其他生物。

虽然有些生物学教材在阐述有关包括人在内的生物的遗传问题时，为书写方便，也用到"♀""♂"等符号，但在具体描述人类个体的性别时则不用"雌性"和"雄性"，也就不用"♀"和"♂"。就像我们不会因为人属于哺乳动物纲灵长目人科，就说某人是一个动物一样，这也是对人类自身的尊重。可见，用"♀""♂"来表示人的性别是欠妥的。同时，"♀张三""♂李四"之类的提法也不太恰当。

（5）流行艾滋病毒

有人一看到"病毒"就想到"病"，且将它们混为一谈。例如，《南方周末》1998年7月17日第3版《非洲病毒》中写道："非洲病毒的临床表现之一是内战。"还称："非洲还流行着一种毁灭性的病毒……艾滋病正在有条不紊地毁灭非洲。"

这里，有两点值得商榷：①关于"病毒的临床表现"。应知道："病原体"≠"××病"（病原体是指能够使人或动物致病的生物）。例如，"蛔虫"≠"蛔虫病"，"××病毒"≠"××病"，等等。不能将"蛔虫病的临床表现"称作"蛔虫的临床表现"；同理，引文中的"非洲病毒的临床表现"宜改成"非洲病的临床表现"。②关于"病毒的流行"。显然，我们只能说"某地流行蛔虫病"，不能说"某地流行蛔虫"；同理，只有将引文第二句中的"病毒"二字改为"传染病"才妥。

只要我们留心于生活就会发现，这类例子还有很多。现仅列上述几例，以期起抛砖引玉之用。

2．"超级细菌"到底是什么

媒体是如何解读的？下面就有关问题作解析。

（1）病原体能简称病原吗

某报原文："抗生素基本上可分为两大类，一为抑制病原的生长，二为直接杀死病原。可用于治疗大多数细菌感染性疾病；抗生素的主要来源是发酵，也可以通过化学合成和半合成方法制得。"

解析：引文中的"病原"应该是"病原体"。这里的病原体是指能够引起人或动物患病的生物。"病原体"作为一个专有名词，是不容随意做简写的。"病原"是植物保护方面的专有名词。

（2）细菌是病毒吗

某网原文："美国加州卫生部门7日证实，被称为"超级病毒"的抗药性金黄色葡萄球菌已从美国东部向西部蔓延，迄今加州首府萨克拉门托、洛杉矶和旧金山的几所学校已有数名学生被感染。"

解析：细菌与病毒有明显区别，例如前者有细胞结构，而后者没有细胞结构。

（3）"超级细菌"都是病原体吗

某网原文：2010年08月15日新华网消息："'超级细菌'一经发现就受到媒体的广泛关注。"

解析：作为病原体的超级细菌并非是2010年发现的，其受到广泛关注则是2010年。例如，早在1987年就被分离出来了，"超级细菌"并非都是自然产生的病原体。被命名为"超级细菌"的细菌，有的是具有特殊功能的细菌，例如，分解石油的细菌。通常一种细菌只能分解石油中的一种烃类，而用基因工程培育成功的"超级细菌"却能分解石油中的多种烃类化合物。有的还能吞食转化汞、镉等重金属，分解DDT等毒害物质。

（4）超级细菌能产生抗体吗

某报原文："正常人体内有许多共生菌群，抗生素特别是广谱抗生素的不合理应用，打破了其平衡。每一种抗生素投入使用，没有被杀灭的细菌会迅速产生对这一抗生素的抗体，成为耐药菌。"

解析：抗体是由人体的浆细胞产生的，原文中的"细菌会迅速产生对这一抗生素的抗体"是不对的。按照自然选择理论，这些细菌之所以没有被杀灭，原因在于，人体不能产生消灭其的抗体，抗生素只是起选择作用。

3. 生物学离我们究竟有多远

近日，用GOOGLE搜索，得到下列一组数据：约有131 000项非典病菌；约有273 000项非典细菌；约有115 000项艾滋病病菌；约有422 000项艾滋病细菌；约有131 000项肝炎病菌；约有123 000项禽流感病菌。令人感到震惊的是，将病毒误认为是"细菌"或"病菌"的媒体，有一些是国家级大型报刊。可见，生物学概念被曲解的现象似乎司空见惯。你错，我错，大家错，似乎错得有理。

说错几个生物学专用名词，似乎没什么大不了，但其中反映的问题，确实令人深思。

为什么一个在初中生物课中讲过的而与人们的生活息息相关的常用名词，被那么多人说错呢？主要原因是，生物课长期被许多中学列为副科，且在大型考试中不考，在以考促学占据中学教学的主导地位的前提下自然也就形同虚设了。从教学大纲的要求看，合格的高中生不等于合格的初中生，合格的大学生不等于合格的中学生，也就见怪不怪了。媒体在传播知识时过于重视新闻性而忽视科学性，以及相关知识欠缺，也是重要原因。

大众传媒是双刃剑。在全社会学习"八荣八耻"荣辱观的讲话之际，为崇尚科学营造良好的氛围，为确保新闻报道的科学性，必须从分清"病毒"和"细菌"这一名词做起。

也只有这样，才能更好地为公众的科学素养做出实际的贡献。

以前我们还讨论过趣味性和科学性的关系问题。不少文章为增强趣味性，常以牺牲科学性为代价。例如，在解释仙人掌的叶为什么是针状时，不少资料（尤其是少儿读物）用了"为了适应干旱环境……"等说法。

当然，科学也不是永恒的真理，有些概念虽然落后于科学发展速度，但它却被人们所认可并赋予新的内涵，例如，"心想"这词是约定俗成了的，虽说我们明明知道不是"心脏想"而是大脑想，但还要这样说下去。

反思生物教学的科学性

随着新课标在中学的进一步实施，按课标编写的教材以及教师的施教更加注重直观性、趣味性和探究性。然而，在遵循教育心理学的某些规律的同时，却仍然存在着忽视知识本身的科学性问题。如何更好地保证教学的科学性，是值得教材编写者和广大教师重视的。

1. 叶绿体是绿色的吗？——色彩化与真实性

叶片为什么是绿色的？是不是所有的地方都是绿色的？显然不是，叶片的绿色是由叶肉细胞所决定的。例如，叶片表皮等部分就不是绿色。同样，叶肉细胞是绿色的，也不是说其每个部分都是绿色的。只是其中的叶绿体是绿色的，其细胞膜、细胞核等许多结构却是非绿色的。那么，叶绿体的每个部分是不是都是绿色的呢？回答仍然是否定的。例如叶绿体的外膜和内膜是非绿色的，只有叶绿体内类囊体内含有的叶绿素才是绿色的。然而某些生物教科书和课件，为了使学生更好地区分不同的细胞器，侧重以不同的颜色来表示了细胞内不同的结构，其将叶绿体的各部分都涂上了绿色。显然，它们在强调形态区别的同时，忽视了对颜色的把握。将叶绿体的不同部分都以鲜明的绿色来显示，给学生会留下强烈鲜活的错误信息。

真实性是科学的生命。在追求色彩化的同时，确保其真实性是开展模像直观教学时需要注意的。

2. 能量是什么样子的？——图表化与思考性

能量，包括热能、电能、机械能和化学能等。它们是什么样子的？这是难以用图来表示的，而许多教材却很轻松地表示出来了。教材在有关图解上，画出了类似太阳或者闪电，或爆炸等形状，使其变得具体形象。然而，用"能量"二字就能表示出来的，是否需要用大的篇幅的图形来表示并不准确的信息（例如，化学能）？是否可留给学生必要的想象空间呢?

高中生处在由经验性思维进入到理论性思维的阶段,发展他们的抽象思维应该成为教学的重点。通过对教材图表类知识的教学,可引导他们学会将图表信息转化文字信息,并发展这一转化能力。为更好地使学生加深对事物的认识,对一些难以理解的内容,通过模像直观的方法施教是有效的。然而,在极力追求图表化的同时,也不可忽视将文字转化为图表能力的培养。也就是说,不可忽视文字本身的作用。通过文字叙述,引导学生自己画图和进行想象,在高中阶段是十分重要的。形象准确的语言描述,对高中生的思维能力培养同样重要。这是形成和深化抽象思维所必需的。

这里顺便指出,虽说直观教学是开展教学的基本原则之一,"直观"有利于丰富学生的感性认识,可获取更多的表象,有利于发展它们的想象能力。然而,直观教学应该考虑学生的认知水平。对学生已经具备有感性认识的常识,若占用有限版面来做实物或模像直观意就不大,甚至会分散他们的注意力。例如,对小学生所使用的教材,为他们获得糖类有关知识,画几块"饼干"等含糖类丰富的食品等,有利于知识的具体化、增强亲切感而便于理解。但对高中生来说,配上这样的图片就没必要,因为"饼干"对他们来说是非常熟悉的,完全可以通过引导他们去列举"哪些食物里含有糖"做回忆。遗憾是,部分教材没有这样做。

此外,一些教材将复习题上的曲线图等也画成了彩色,惟恐学生不能理解其中的关系,对培养学生的观察能力和思维能力是无益的。

3. 某些化学药品的"味道"难闻? ——习惯化与准确性

采用一些习惯性用语,也许便于学生接受,但却不准确,也不科学。"化学药品味道难闻"——如果这句话出自非生物学老师之口也无妨。若出自生物学科老师之口,则有悖于自己的专业要求。味觉的感受器在舌,而气味的感受器在鼻腔。化学药品是不能用舌来尝的,因此不能说"味道难闻"。习惯上,不少人说"垃圾的味道难闻"等,但事实上都是以鼻腔感受的,说的都是"气味",而非"味道"。其实化学教学中很强调味道与气味之说,但老师一般会说"气味"如何,"味道"如何,而没有形象地强调两个概念的生理区别。

习惯化叙述的另一种现象是,采用拟人化的描述。拟人化虽然增强了趣味性,但有时却会违反科学。例如,在解释"仙人掌的叶为什么变成了刺"等适应性特征时,有人这样说:"仙人掌的叶为了适应干旱缺水的环境而变成了刺",像这样用"为了"二字来描述生物适应的实例很多,常见于网络、报刊刊载的一些文章中。例如,《滥杀致基因突变亚洲大象"不敢"长牙》这篇文章就是习惯化导致违反科学的典型例证。仅从这个标题就可以看出，它存在着明显的科学性问题，因为基因突变不是因为"滥杀"造成的，"不敢长牙"更是带拟人化色彩下的误解。这类叙述可以说在学生头脑中根深蒂固了，他们最早获得这一错误的认识是从儿时接触的"童话"开始的，后来在语文课中得到了强化。

按照达尔文的观点，生物进化是通过自然选择进行的。例如，仙人掌的祖先本身就存在着个体差异，有叶子大的，也有叶子小的，由于叶子相对大的因为蒸腾作用过于旺盛而导致失水过多遭淘汰，只有叶子小的才有生存和繁衍的机会，经过若干代像这样的选择和积累才形成了今日之仙人掌。也就是说，对生物适应性产生的原因，应该结合"选择"过程来思考和叙述才符合科学。

一些拟人化的叙述，确实大大增强了教学的生动性和趣味性，更加贴近学生，容易形成生动形象的印象，但它同时会使教学远离"科学性"。

4. 植物细胞都有叶绿体？——片面化与完整性

某些教材在讲植物细胞的结构时，理所当然地将叶绿体和大液泡画在相关的图中，给学生形成了"植物细胞都有叶绿体"这一片面的印象。类似的例子还有很多，例如，误以为"植物细胞都无中心体""细胞的细胞核只有一个"等。诚然，教给学生结构性知识或者标志性知识是合理的，但给学生过于片面的知识印象，却是欠妥的。有叶绿体植物细胞存在于叶片等部分，在根部等非绿色部分却没有，有利于植物进行光合作用，体现了适应性。

相对完整的知识结构，是确保科学性的前提。保证教学重点不可忽视知识的相对完整性。

总之，在强调教学直观化、生活化过程中如何保持科学性，如何在教材编写和施教过程中避免出现顾此失彼现象，如何更好地适合学生的认知水平和更好地发展学生的思维能力等，这是新课程背景下需要特别注意的。

（选自《中国教师报》2004年11月14日）

科学课，为你忧来为你欢

研究表明，不同的学科知识在学生头脑得到有效的交合就利于创造性思维的产生。科学课正是以特有的探究性和综合性为基本特色，以培养学生的创新意识和实践能力见长。它的开设，让我们看到了课程改革的美景。然而，自从其开设之日起，它在实验区就一直面临着各种挑战和压力。回首实验区近三年走过的路，老师们感慨良多。

1. 摸着石头过河——不苦也累

学习累。科学课涉及的内容包括生物、物理、化学和地理等。这就要求学科间打破传统的老死不相往来的陋习，需要几个学科老师之间相互学习，弥补知识的缺陷，从学习课程标准到熟悉教材，老师们比以往多出了很多负担。原来教起课来轻车熟路的教师，而今既要按部就班地上好课，还得多学习3/4的新知识。很多教师当初读书的时候，对生物、地理课就没认真学习过，现在却既当老师又当学生，压力自然不小。

备课累，上课也不轻松。因为课堂具有较大的开放性，许多活动需要发动学生参与，例如要引导学生动手实验，主动提问，开展探究和讨论。但课堂放开容易，收起来难，教师需要运用多种手段才能做到既"放得开"，又"收得起"，否则会影响到教学进度，部分教师为此甚至喊哑了嗓子。因为活动多，加之对部分实验内容和仪器不熟悉，课前准备和熟悉实验材料等需要耗费较多的时间和精力。再说，虽然课程标准是以纲要的形式列出各知识点和活动建议，为教师创造性地开展教学创造了条件，鼓励了教师和学生的个性张扬，但教师在教学中到底要讲多少和讲多深才合适却很难把握，这也给他们带来了较大的心理压力。目前部分地区编制的复习题，仍然带有传统考试的色彩，惟恐知识有遗漏而追求多而全，教师们也试图通过让学生多做试题的方法来提高应试能力。一些老师所说的"七、八年级多探究应付检查，九年级多训练应付考试"就反映了部分地区的课改事实。

2. 做着不知结果——忙而心怯

对科学课涉及的学科内容应该怎样进行评价？招生考试怎么考？说起来容易，做起来却难。怎么考决定怎么教，考什么决定教什么，这是教学面临的基本事实。只有让学生考得好，学校和老师才有立足之地。平时教学中，教师对活动本身运用了大量的评价方法，这与对纸笔考试的评价当然是有区别的。这些评价的结果与将来的升学考试是否一致，教师却不清楚。如何做到既不影响课程的全面实施，又不影响学生的考试成绩是教师们最为担忧的问题之一。同时，如果考试不能很好地起到推动课改的作用，即考试不做改革或改革不到位，那将意味着这门课程的"变味"，也会造成较大的负面影响。例如，若考试直接来考探究等活动，则涉及监考、评分等一系列评价活动的公正性；

若仅仅用纸笔考或试题出得不到位，则可能导致今后的探究活动被轻视甚至被部分地抛弃。

近年来浙江省的高考情况表明，初中开设自然课，并没有影响到其学生高考的成绩。但这并不能说明更多问题，因为他们的自然课已经是全省性行为，且高考和招生也是以省为单位组织的。但科学课实验区的教师却有着并非多余的担心：学科学课的学生将来进入高中后，将与学单科课程的学生一起学习，其实际学习水平和潜能是否具有优势呢？因为，到了高中，教师仍是采用分科授课的。

而一些刚开设科学课的实验学校，因为授课教师的专业不同，学生所学的内容和实际掌握水平出现了不同程度的不均衡。为了改变这一情况，有的学校不得不采取加课时的办法，将物理、化学等学生难以接受的内容另外单独开设讲座，有的干脆还是采取多个老师来上同一班的课程。这种"拼盘"式的分科上课，倒是降低了教师的负担，但学生的负担却加重了。

3. 坚持终会有获——势在必得

虽然感到压力很大，但实验区的不少教师还是认为这门课与单科相比，对个人和学生的发展确是有明显好处的。例如，关于能量问题，过去不同学科在讲授时都是从不同角度来讲解的，在说法不一致的情况下，学生会被弄得很糊涂。现在教师可引导学生从不同的学科综合起来做探讨，就有利于学生的全面掌握。对教师来说，如果坚持再教一轮（3年），其本人的知识结构会得到较大改善，那种初三物理老师的生物学水平不如初一学生的现象将一去不返了。

笔者认为，为了让科学课真正开好，需要尽快制定出相关的评价方法，并尽早让实验区学校的师生知晓。评价方法的制定，既要考虑课程标准的全面落实，又要切合学生的实际。例如，不可忽视对知识特别是对结构性知识的要求，对非结构性知识则应尽量少涉及，并做到逐年提高对探究活动考查的比例。通过考试来引导和推动课程实施，在现阶段是非常重要的。

（选自《中国教师报》2004年1月14日）

脱水与渗透压变化
——对高中生物选修教材的讨论

1. 脱水和细胞外液渗透压的变化

人教社《全日制普通高级中学教科书（试验修订本·选修）教学参考书》："脱水是指人体大量丧失水分和Na^+，引起细胞外液严重减少的现象"。人民军医出版社《病理生理学》（赵克森等主编，1999年4月第一版第12—16页）认为："脱水是指体液容量的明显减少"。后者所说的体液明显减少，包括以细胞内液减少为主，或以细胞外液减少为主等情况。那么脱水与细胞外液渗透压的变化有什么关系呢？

对渗透压变化的描述，人教社《全日制普通高级中学教科书（试验修订本·选修）》（简称选修教材）第8页有这样的文字："当人在高温条件下工作、剧烈运动或是患某些疾病（如剧烈呕吐、严重腹泻）时，都会丢失大量的水分和无机盐（主要是钠盐）。这时，如果不及时补充水和食盐，就会导致机体细胞外液渗透压下降……"；第7页的相关叙述则是："当人体饮水不足、体内失水过多或吃的食物过咸时，都会引起细胞外液渗透压升高"。两段引文中都有"都会"二字，前段引文说"失水"引起渗透压下降，后段则称"失水"引起渗透压升高。显然，上面的叙述之间本身存在矛盾！渗透压到底何时升高或下降呢？对此，部分老师通过网络论坛表示过迷惑。

将高温条件下作业（大量出汗）、腹泻等脱水实例一并作为"细胞外液渗透压下降"的依据是欠妥的，同时大量出汗可引起细胞外液渗透压升高，而不是降低；第二段引文将"失水过多"作为渗透压升高的实例是有条件的：失水多于失盐（属于高渗透性失水）。应注意的是，细胞外液渗透压变化与治疗措施有密切关系，例如，低渗性失水往往与只补水不补钠有关。

2. 对渗透压概念的看法

高中教科书对渗透压的叙述最早是在人民教育出版社1998年版高中《生物》必修1以小字形式出现的："渗透压是指阻止水分子通过半透性膜进入水溶液的压力"。笔者认为中学教科书将"渗透压"这一概念作为纯知识引入，学生难以理解，对学习相关内容并没有起到实质性的基础作用。因为只要将"浓度"相关知识告诉学生就可以了。同时，在讨论成熟的植物细胞渗透作用时却未提到"渗透压"类知识。原因可能是，编写中学教材选取内容时用了高校不同的学科教材，而在整合时未能做到充分的通盘考虑。

例如，高校教材中"渗透压"一词是在《人体及动物生理学》等书籍中。而《植物生理学》等涉及植物水分代谢时，早就抛弃了"渗透压"一词而启用了"水势"和"渗透势"等概念。

由此看来，选修教材对渗透压变化的描述存在着值得讨论之处，教材前后内容之间、教材与参考书之间存在有不一致之处。希望本文对读者研究相关知识的教学有抛砖引玉之用，对不妥之处，欢迎大家指正。

（节选自《中学生物教学》2004年第4期）

对模拟考试题争论的回复

1. 理解试题

参与试题讨论是互动，也是备课。特别是对即将做讲评的试题，备课的功效更明显。

一道未经过检验的原创题，其命运如何？大体有这样几种情况。

一是遭到抵制，甚至认为是错的，但事实上是对的。例如，DNA一条链相邻的碱基A与T的连接问题，答案不是"氢键"。又如一个卵原细胞产生几种卵细胞，答案是1。还有考试时曾被老师认为没答案的例子，涉及植物根细胞没叶绿体的表格题。当初费了多少心力去解释。现在成为流行题，甚至进入全国联赛。

二是，题目没很多创意，但抓住了教材不被注意之处。例如，葡萄能否用作检测还原糖的实验材料，青蛙心脏收缩最明显的是不是"左心室"，难倒了很多老师。这类题流行起来比较困难。

三是，采用教材新变化的素材。例如，细胞分裂过程中染色体数目在末期与后期一致，被部分老师所抵制。这类题的使用与教师的知识更新的情况有关。由这类题遭批评可知新教材新知识普及最大的阻力是教师。

四是有编校差错等硬伤的题目。

2. 模拟考试有什么用

最近有一位朋友发表如下感慨：模拟没啥可期待，没有什么考前模拟题跟当年高考试题类似，大部分跟去年像。我回复：模拟与反模拟是一对矛盾，高考命题是在模拟考试之后工作的。模拟，并非是要从内容上去仿真。

模拟考试，对学生来说，应该成为考前的实战演练，特别是考试形式和内容上的综合演练，类似于战前的"军演"。好的模拟考试，能给学生提供新颖的试题，良好的组织形式和合理的考试安排，可让学生特别是缺乏考试经验的考生，从心理调节、作息安排和答题技巧等方面有比较好的适应性训练，以便在高考中能比较好的发挥水平，以增强考试的公平性，而让高校不漏选成绩优异考生的机会。

至于模拟考试的具体题目，在高考中应该避免重复，这是对高考命题的起码要求。试设想，如果高考试题采用了某地模拟题，其后果是不堪设想的，它直接冲击的是高考的公正性和权威性。合格的高考试题，能够肩负起公平选拔的重任，这是毋庸置疑的。

那么，模拟题本身对考生就不值得重视吗？否也。模拟考试涉及的考点是否熟悉，考试中让考生造成失误的原因，题目中涉及的命题思想，都是值得教师好好帮助学生总结的。如果考生能在模拟题上"举一反三"，能从自己在某一具体内容上的失误加以"发散"和"推理"，找到更多可能的潜在的失误，并一一列出和制订计划加以"备考"，模拟的价值就更大了。可见，模拟无非是一次考试，但其价值则因人而异。

以深度学习促进深度教研

——"深度学习教学改进项目"生物学科活动小结和反思

2014年9月，我有幸参与了深度学习项目。5个月来，我们生物学科团队按照9月份所制定的计划，除参与学习外，主要进行了案例开发和实践工作。

1. 对深度学习项目的理解

深度学习教学改进项目重在教学改进。之所以没有用"深度教学"这一提法，有利于体现其"生本"立场，其立足点和出发点体现了以学生为核心的教学思路。"深度学习"中的"深度"，显示了与以往教学之不同，主要表现在内容的重整，挑战性问题的设置和解决，评价的动态性和持续性等方面。其既遵循了课程标准的理念，又超越课程标准的要求。"深度学习"中的"学习"，既是对学生的，也是对教师的。从学生角度看，引导学生自主学习将成为课堂的主要教学方式。对教师来说，需要围绕着发挥学生的自主性和探究性，对教学资料重新学习、思考、设计、整合和实践，以不断改进自己的课堂教学为主要任务。

深度学习，既是一种教学理念，更是一种教学行动。它给我带来的，不仅可以直接指导一线教师按照深度学习有关理念创造性地开展教学，同时，也可指导其他年级的教学。

2. 深度学习项目的实践体会

再好的理论或项目，若不落实到实践，若不经过实践做检验，都是无用的。每年全国仅省级以上的课题，估计有数以万计，有多少起到实质性作用，无法判断。提高课题的实际指导价值，是迫切需要关注的问题。

深度学习项目，首先是研究团队的自主学习。深度学习教学改进项目，并非是对过去教学的全盘否定，相反是对过去的一些成功的做法进行提炼和强化。或者说，深度学习中的有关理念，并非全部是原创，而是对以往教学理念的在侧重点的变化。其更加注重教学资料的重组，更加强调启发学生的自主思考和学习，更加注重学生学习效果的反馈和及时评价。

所谓深度教研，是将深度学习教学改进项目的有关理念贯穿到日常的教研活动中，促进教师对课程标准和课改理念的深入学习。通过这一项目，能促进教师更新教学观念，影响教学实践。

鉴此，深度学习项目对其他年级仍然有借鉴作用。

未来生物学科教师是什么样的

作为生物学科教师，站在本学科的角度，我希望未来的生物学科教师是这样的人——

1. 有情怀的人

未来的教师要有对学生的爱心，还必须有学科情怀，有强烈的健康意识和生态意识。他们热爱生物学科教育，热爱科学普及工作，关注每个学生对生物学科的兴趣，努力使学生在生物课上发掘、领悟到生物学对生活的意义。

2. 有格局的人

生物学科教师要有生命观念，有科学思维，有科学探究和社会责任等大格局。能将这些学科核心素养融入到自己的教学中，不仅体现在课堂上，还要身体力行，贯穿到自己的一切行动中。

3. 有趣味的人

在生物学科教师眼里，一切生命科学知识和研究方法，都是有趣的，教师的课堂也充满着激情和魅力，上课成为学生的享受，学生在课堂上乐于分享和交流。学生在妙趣横生的课堂中感受着生物学的无穷魅力。

4. 有理性的人

教师的课堂是理性的课堂、思维型的课堂，真正成为培养学生科学思维和开展探究的课堂。教师在努力使生物学课堂充满生活气息的同时，上出生物学科的特色；充分发掘生物学科的育人价值，使学生独立思考各类生命现象，重视研究过程和结果的分析，学会用事实和证据说话，讲究科学方法，理性面对复杂多变的生活情境。

5. 善于学习的人

生命科学发展速度越来越快，信息化为生物学教学带来前所未有的机遇和挑战。不学习，意味着落后；不学习，也就不能给予学生最新的知识。未来的生物学教师既要学习系统的新知识，又要及时学习新技术，探究二者深度融合的方式，让课堂更加高效、生动。

6. 有帮助力的人

教师应该积极参与社会活动，熟悉学生的成长环境，联系学生的成长背景、学习习惯等，从而全方位帮助学生成长，为他们的个性化发展创造机遇。教师能针对不同学生的学习特点进行思考，选择相应的教学方法，创新教学方式。在教给学生基本的科学研究方法的同时，鼓励他们灵活运用这些方法，甚至将其迁移到实际生活中。

7. 善于合作的人

"一花独放不是春，百花齐放春满园"，教师各有专长，仅靠个人的力量是无法完成学生素养的全面提升的。生物学教师同样要广泛调动各类教学资源，与同事合作，与家长和社区合作，与学生合作，共同完成学习任务，才能助力学生核心素养的提升，提高学生的社会化意识和交流合作能力。

8. 乐于反思的人

"学然后知不足，教然后知困。知不足，然后能自反也；知困，然后能自强也。"

教师职业具有的专业性、实践性等特性，在某种程度上决定了教师需要在理论与实践两个方面不断成长，基于实践基础上的教学反思是当前及未来生物学科教师必须具备的职业素质，也是新手型教师向专业型、专家型教师转变的不二法门。一个乐于反思、积极上进的生物学教师，才能适应时代发展对教师提出的不断变化的新要求。

9. 有创造力的人

未来的生物学教师能够因地制宜，敢于尝试和开发地方性、个性化的生物学课程，善于运用新的教学技术，针对同一堂课能提出多种教学设计方案，适应任何条件、任何时空的教学，富有创造力，同时也是学生在学习、创造性思维培养的引领者。

（选自《中国教师报》2021年1月20日）

享受教育，从现在开始

☆ 读书笔记来整理
☆ 进修课程细讲解
☆ 同类好书有推荐

微信扫码

第 **6** 章

评点教育

教育无处不在，教育资源亦然。发掘生活中那些平凡小事中的闪光点，并作出自己的判断，这也是成长。

谈"我最棒"

"我最棒"作为一句口号，对人有一定的激励作用。我觉得仅从字面上看，这句话没有"天生我材必有用"好。"我最棒"有一定盲目性，甚至有一定误导作用，而"天生我材必有用"中的"必"字，除了包含决心和信心外，还有强烈的责任感。

"我最棒"的意识。在他人一声声"你最棒"强化下，很容易演化为"孤芳自赏"和"唯我独尊"，使自己缺乏必要的反思，缺乏自我修正的机会，而导致错位和失败。相对于自己而言，他人往往就是一面镜子。镜子反映出自己的问题，不应该全怪镜子。"我最棒"的学生，学习成绩若没有显著提升，往往会埋怨学校管理水平不好，没有好的学习氛围，教师的课堂不高效，家长不懂教育方法等，因为正反馈效应而使成绩更差。类似正反馈的实例比比皆是。教师的书没教好，会想到学生基础差，一起搭班的同行不配合，学生家庭教育有缺陷。单位没有管理好，怪下属不得力。自己的文章没发表，怪编辑有眼不识"泰山"，缺乏鉴赏水平。等等。其结果可想而知。有这样想法的人都或多或少地存在"我最棒"的意识，或多或少地存在逃避困难的心理。相比之下，长期在"我最棒"的氛围中成长的人，一旦明白了其实"我不棒"或"不够棒"时，更容易被自己"打垮"。不是吗？部分"贪官""庸官"，自从成为"官员"后，慢慢陷入在"您最棒"的吹捧声中，时间一长，真以为自己"最棒"，就飘飘然，自以为是，我行我素，进而走向犯罪。一旦被查，他们没有表现出"最棒"，个别人甚至显示出"无耻"的嘴脸。

自信应该是一种登高望远的心理素质，自信的人有敢于正视现实的勇气和气魄。在前进的道路上遇到困难时，不是一味埋怨环境，而是敢于做自我反思，努力提升自己，以自己的实力去克服困难。"天生我材必有用"更符合这些特征。虽然山外有山，我并非最棒，但天地造就了我，必有它的用处。虽然我不一定"很棒"，但我就是我，我必是一个有用的人。上面写得比较空洞，因为我的随笔并不"棒"。

（选自《中小学教材教学》2015年第9期）

别将所有学生当状元培养

一个人本来经努力可挑80斤重，你却硬给他压160斤，以致因伤而50斤也挑不动或走不远。

曾多次听过"伴性遗传"的新授课，教学对象是高一学生。教师上课讲的内容很丰富，条理也很清楚。在讲完色盲遗传后，教师大多会讲到其他各类遗传病，例如Y染色体遗传，还会讲到X与Y染色体同源区段和非同源区段基因遗传的区别等，教学内容有多地高考或模拟题的影子。教师也会告诉学生，高考题是怎么设问的，等等。

还听过"种群特征"的复习课，教师在整节课里，花了很多时间讲授了J型曲线和S型曲线，并结合所发的导学案，列举了大量有关种群增长率的计算和比较方面的内容，并在课堂上将某道高考题的答案根据教师讲授的理论做修改。这位老师比较敬业，搜集的资料也比较"齐全"，课堂上学生也很配合。

我无意去点评某堂课，也无权去责怪同行，而是要以此来说一种现象。这种现象都或多或少存在于我们的课堂：我们很多时候都是将学生当状元来培养。不，是以远高于状元水平的要求来对付他们。因为状元高考时，可能只是某个内容某一题比较难，而考前备考的内容则是全方位的难。结果是，状元没"培养"出来，很多人连一本也考不上。多少人能考上一本，是由招生部门确定的。相当一部分学校的学生，他们的基础相对薄弱，或者说，他们不是那块状元的"料"，更何况，高考是选拔性考试，状元毕竟是少数。

例如，某省一道题目，高考时几乎没有学生（包括状元）做对。但你却用来要求自己的所有学生。问题还不止如此。一些教辅资料，试图将最难的题，包括作者也解释不清楚的问题，集中起来呈现给学生读者。就这样，教师就不知不觉地用全国各地最难的题目所确立的标高来要求他们。具体点吧，某年某省考了基因互作方面的试题，其互作内容就成了考生的必修内容。同样，某年某省考了动作电位图，关于电位有关的大学教材上的内容就成为他们学习的重点。

即使是新授课，即使学生基础相对薄弱的学校，课堂内容也不知不觉地追求着"难"而"全"，唯恐学生在学习知识上不如人。结果是，学生眼高手低，难题不会，基础却很是薄弱。或者说，中学内容没有学好，大学内容却成为他们备考的重点。更可怕的是，一道图文繁杂的题目，花费了很多精力，但却是有争议的，答案不知所云，以致学生信心受损。从这个角度看，我们教学存在的问题，不仅仅在应试理念本身。

可见，我们鼓励学生在高考中取得成功，包括成为状元，但状元的培养也是要从打基础做起的。需要注意的是，高考试题的总体难度可能是0.6，大多情况下更低，个别题是0.2以下。最难的题有时是出乎意料的基础题。

（节选自《中小学教材教学》2015年第9期）

教学实践：呼唤课标具体化

课标是实施教学的法定依据，教师必须依据课标开展教学，这是毫无疑义的。通过高中生物必修模块一《分子与细胞》的教学实践，联系到课标和教材的相关内容，以及与其他科目同行的交流情况，下面就有关知识类内容存在的让我们感到迷惑的几个问题进行探讨。

1. 要自主性也要避免目标缺失

过于抽象或模糊的目标，可能会带来较大的随意性，进而导致教学目标的错位或缺失。学生应该学习多少知识？这是教师施教时不可回避的问题。那么，课标对教学内容是怎样规定的呢？

例如，高中生物必修模块一《分子与细胞》列出的"内容标准"条目数是25个，"活动建议"的条目数是11个。其中，关于细胞器方面的内容，课标在"具体内容标准"和"活动建议"栏目分别是这样要求的：举例说出几种细胞器的结构和功能，观察线粒体和叶绿体。没有对每个条目的具体内容做更详细的规定，也没有在教学时数上做具体要求；而"活动建议"也只是"建议"。这事实上给教学增大了较大的弹性，也为教师主动而富有创造性地开展工作准备了更充分的空间。正因此也给教学带来了较大的潜在的随意性。"几种"到底是几种？2种，3种，还是更多种？显然，若仅仅按字面理解，极端地说，教学中只要引导学生学习了线粒体、叶绿体就没有违反课标。事实上，几个版本的配套教材依然像旧教材那样不约而同地同时讲解了叶绿体、线粒体、内质网、核糖体、高尔基体、中心体和液泡7种细胞器，有的还讲到了溶酶体，惟恐有遗漏。教材之所以做这样的安排，是考虑与其他模块或章节的联系性，为学生今后更深入的学习打下基础。从这点看，这样的安排是合理的。但也暴露了一个重要问题，这就是课标因为"欠具体"而使其丧失了"统一标准"的作用，或者说"标准"并不"标准"。这也给评价工作带来了较大的困难。若检测学生对课标知识掌握的情况，能否考查线粒体和叶绿体以外的细胞器？怎么考查？可以说，只要考查其余细胞器中任何一种都有超"标"的嫌疑。

对这样一些要求必修的结构性知识的要求，为什么课标不做更具体的表述呢？可能有人会认为，若规定得太死，教材和教学的自主性就太小。可实际情况却恰恰相反的，正是课标规定的不具体，部分教材及配套练习的编写者，只好通过追求着"大"而"全"的方式来防止教学质量的下降。部分学校只好要求教师将各个版本的相关教材同时做研究以做补充备用，这大大增加了教学的压力特别是教师的心理负担。鉴此，建议课标做相应修改，以使其要求具体化，例如，可将"举例说出几种细胞器的结构和功能"改为"举例说出线粒体、叶绿体、内质网、核糖体等细胞器的结构和功能"，以更好维护课标的权威性。做这样修改不会削弱教师的主动性，因为教学的主动性主要体现在教学方法的选择和使用上，而非对必修内容过多的随意取舍上。

2. 要探究性也要合理评价

新课程教学大大增强了探究性，探究性势必带来开放性。对教学效果的了解需要通过必要的检测等反馈措施。然而，由于课标因为知识目标的不具体，而导致能力要求的不确定，也给评价等带来较大困难。主要表现如下：

一是评价的滞后性和随意性。这种滞后性事实上与课标要求的"不具体"密切相关，它给评价的随意性有较大的空间，也给明显存在缺乏针对性的部分试题留有余地。教材的教学内容是按课标要求来组织的，但配套的习题却较多地使用了陈题。虽说这些题目不乏良好的知识和能力检测功能，但毕竟在知识要求上与教材所讲授的内容吻合度不是很高。正像前文所述，在对知识要求方面使用了诸如"几种"这样模糊的文字，也给学生的自我评价在内的各类评价带来麻烦。例如，"几种"这一要求在对"细胞器"方面，在叶绿体和线粒体以外的细胞器上无异于没要求，因为只要引导学生学习了这两种细胞器，就遵循了课标。

二是评价能力的局限性。教学过程决定教学质量。探究性教学过程有较大开放性，那么，怎样评价这一过程和结果呢？

课标有这样一个"活动建议"："探究酵母菌的呼吸方式"。几个版本的教材都对此做了安排。可问题是，怎样来探究？探究哪些问题？达到什么样的目的？拿多少时间用于探究？如何检测学生的探究水平？实践表明，学生对此探究的兴致很高，我们尝试让学生来设计方案，自己选择实验器材，并自己验证。学生提出很多种实验方案，可是当他们付诸实践时，却至少需要两节课的时间。个别学生因为玻璃管使用不当，还将手划出了很深的口子。对这样的实验，做过与没做过怎么在评价中体现出来？若仍然采用的是纸笔评价方式，是难以反映学生的实际学习状况的。教材并没有对此做更多的考虑。一节课下来，结果却不知道怎么样。可见探究到底应该给学生多大的空间，需要探究的路还很长。

事实上，课标模糊性问题在原来的教学大纲中也存在，甚至更严重。为什么过去对这一问题并没有引起更多的关注呢？原因是原来依据大纲编写的教材只有一套，教材一定程度上起着大纲的作用，教师对教学大纲的把握事实上完全可以通过教材来进行。这一问题只是在"一标多本"的今天才被凸现出来。

总之，课标要求上的模糊性是导致教学目标的缺失和评价的无针对性的重要原因。课标要求能否落到实处而更好地起"法定"的指导作用，能否有效防止实施过程出现不必要的偏差，决定其是否具有操作性，而操作性与要求是否具体和明确有关。此乃建议修改的原因。

［注：本文的课标是指教育部制订的《普通高中生物课程标准》（实验），2003年4月版］

（选自《光明日报》2004年11月18日）

"熟能生巧"怎么了

熟能生巧，是人类长期实践经验的总结和智慧的结晶，是人们津津乐道并自觉遵循的指导学习和工作的理论。它指导培养一代又一代知识和技能的传承者，立下了不可磨灭的功勋。

"熟能生巧"真的是灵丹妙药吗？事实上，它并不是那么值得信奉的真理了！只要留心观察，就不难发现，"熟能生巧"被大多数人瓦解和分离只剩下"熟"了。熟读唐诗三百首，不会吟诗也会凑，这是熟能生巧在写诗方法的具体实践。它激励了无数青少年勤奋刻苦、孜孜不倦的学习热情。虽说读诗、背诗、爱诗的人很多，熟读三百首唐诗的和从事诗的研究的也不少，但真正会写诗的人却寥寥无几。在学校，常见孩子们因为课文抄写的遍数不够而遭老师呵斥，难见老师责怪其没有提出新建议。常见老师重复要求学生去做类似的习题，少见要求学生去参加探究与发明。许多农民几十年在同样的土地上耕种同样的作物，风风雨雨含辛茹苦几十年，但几乎用的是同样的方法，有的对推广新技术和品种表现出极大的抵抗性。我们的教师，几十年如一日持之以恒诲人不倦，热衷于教学生从一本书钻到另一本书，对教育上哪怕一点点改革都难以接受。岂不知，长此以往，农民只是个耕种和收获的熟练工，教师只是个生产背书能手的熟练工。对"作家培训班难出作家""计算机系难出计算机专家"这一现象我们也就见怪不怪了。

因为我们的学校是侧重培养熟练工的学校，我们的老师是培养熟练工的熟练工。个人能否有所创造，那是他自己的事了。

诗源自于生活，源自诗人内在情感的迸发，而非诗的本身。写诗是创造。熟记唐诗，可使你在短时间内对一些诸如填空、默写之类的知识性问题对答如流，也可能会获得一个高文凭，但不等于你一定能将诗性精华内化为你自己的心理而付诸实践。

培养熟练工，更依赖于"熟"；造就创造家则更需要"巧"。我们不仅需要熟练工，更需要创造家。用步枪练习打靶，可以培养使用步枪的能手；步枪能手的命中率再高，也不能让步枪产生出巡航导弹的威力来。一个民族，若长期只熟不巧，那将是一个悲哀的民族，是无法自立于世界民族之林的。从这个意义上说，我们宁可去吸纳哪怕是十分微弱的创造热情，也要放弃过去衷心推崇的被离解了的"熟能生巧"了。

（选自《教师报》2006年1月4日）

关于世界杯，我想对你说

听说许多同学强烈要求学校停课来看世界杯足球比赛；也有家长说："我的小孩自从世界杯开赛以来变得不听话了，说是不看世界杯，就会书看不进，作业做不好。"为此，我想对高三同学说几句心里话。

世界杯足球赛该不该看？

我可以说"该"！是的，我们该看！各大媒体不是在为"世界杯"炒作吗？各界球迷不是在为"世界杯"发狂吗？如果我等不看，岂不是在封闭自我？岂不是在将自己变成孤家寡人？

我也可以说"不该"！一个人每天要做的事情很多，只要将这些事情分类一下，你就不难发现：有些事情是自己最感兴趣的，有些事情是自己不太感兴趣甚至不感兴趣的；有些是最重要的（非做不可的），有些是可做可不做甚至是做了会有害的。若我们自己最该做的事也是最感兴趣的事，那是最好不过了；如果最该做的事是自己最不感兴趣的，或者最不该做的事是自己最感兴趣的，这也许是莫大的"悲哀"。我们应该让最该做的事成为自己最感兴趣的事。对此，我想，谁做得最成功，谁就是最幸福的人。你认为处在高考前夕的你们现在最重要的事情是什么？最感兴趣的事情是什么？如果两者有矛盾，你该做怎样的处理？

在"看球"问题上你最欣赏什么样的人？

也许你欣赏暂时放下自己的工作不做而请假去韩国或日本亲临赛场的人，也许你也欣赏请假坐在家里看电视的"顶尖"级球迷？也许你还欣赏只看中国队的比赛也只为中国队的每一点进步而欣喜若狂的人？

但我要说，我最欣赏的是那些虽然关心和热爱中国体育事业，但因为自己有更重要的事情要做而不去看比赛的人！例如，在医院急诊室的医务人员，在天空中飞行的飞机驾驶员，在边防哨所站岗的战士……还有为了在高考中取得好成绩的莘莘学子（当然也包括你们）。我知道，有的同学家长因出差不在家，自己晚上可以很方便地打开电视机看比赛，但他没有看，而是将自己全部精力投入到复习应考中去。我认为，这是对自己负责的表现。我常说，责任心是一个人的良心。正是你们中间部分同学虽然关心足球、关心体育，但勇于牺牲自己的部分兴趣而投入学习中的精神感动和激励着我，连日来，我也因此放弃了看比赛的机会，将主要精力用于教学和教研中。

是否喜欢看足球与爱国有没有直接关系？

可能有人会说："连国家队足球比赛都不想看，那是不是缺乏爱国热情？"但我要说，许多不喜欢看足球的人确确实实是地地道道的爱国者！例如，许多从事科学研究（特别是常年在野外考察）的科学家虽然很少花时间去关心足球比赛等，但你能说他不爱国吗？相反，有些体育迷，像一些迷恋"游戏"的人一般，他们才是典型的不学无术之辈！对这样的人，你能说他爱国吗？他们中间甚至不乏心理变态者呢，因为国足比赛失利而侮辱球员的事例屡见不鲜就是例证。

人的兴趣不一，所从事的工作各异，爱国的形式也应该允许多样。若我们简单地将"是否喜爱看足球"作为评判"爱国"的标准，显然是不科学的，也是错误的。

看足球赛的目的是什么？

也许你认为提这样的问题显得毫无道理，甚至是荒唐的。但任何事情的发生都有其内在的原因这一事实不因为你我的态度而有所改变。因此，我觉得还是有必要做一探讨。

不同的人也许有不同的目的。不管是为了开心、过瘾，还是好奇，等等。我想，有一点是共同的，对大部分球迷来说是一种精神的需要，它能使人获得一种满足感。不知道同学们的目的是什么呢？哦，有的同学说是为了"放松"一下，这倒也不错！但我觉得如果从中来探讨一下"球队胜败的原因"或者悟出点"体育精神"也许更有意义。

放弃总有理由

重阳节登山活动在下午如期举行，多年来为鼓励教师踊跃登山，学校后勤人员在登山口都会准备毛巾和矿泉水。今天也不例外。

我与部分同事乘车于下午5点20分到达登山口，没想到，刚领到毛巾后，老天就下起了大雨，于是，学校又安排车子准备将我们分批接回。

就在许多老师纷纷返回的时候，我想到深圳的雨一般是阵雨，于是与另外几个有同样想法的同事决定冒雨前进。一路上，挥汗如雨，雨中带汗，随着海拔高度的提升，雨时大时小，大约到1/3高度时，Z老师对走在前面的我说："雨够大的了"，我没回头作答，而是继续往上爬，过段时间他重复了同样的话，我们仍然在继续前进，他终于直接说："还是往回赶吧"，我们几个经过商议，觉得还是继续前进为好，他也表示了理解。

随着我们高度的继续"攀升"，雨最终逐渐变小了，到山顶时，基本停止了。下山后，我们几个找了一家饭店，吃起了以剁椒鱼头为代表的辣味晚餐，我们额头重新流起汗来，大家感到很"爽"。

我们选择放弃登山会有各种理由。太忙，没空；天热，怕中暑；天冷，怕挨冻；云多，怕起风下雨；心情不好，没有兴趣；等等。这样那样的理由，最重要的是，觉得这项活动不是自己所必需的。

（写于2011年）

网海茫茫，从教无憾

上了网，生活，发生了变化……

虽然少了些许空余的时间，虽然少了许多与身边朋友的相聚，却多了无限的充实，却有做不完的事情；发不尽看不完的论坛上的帖子，读不尽复不完的信箱里的E-Mail，解不透答不完的QQ上网友的提问……

——我，一下陷入网海，它深不可测，广袤无边。

网海茫茫　挚情相伴

有时出差几日不上网，手机上，QQ上，信箱里处处有来自网络的问候："夏版主怎么了？我们想你啊！""怎么忘记了我们？""是不是生我们的气了？"……朋友们的牵挂使我的行动一点一点公开。哪怕只要出差两日，也先得在论坛发帖告假，大事小事统统说明。单位的考勤表上还有周末和假期是空格，论坛上却少不得一天。

我说要考普通话不能上网，电话里传来未曾谋面的朋友们"不要急"的鼓励，论坛上贴出根据我说话声音得出的"没问题"的结论；我说身边有朋友没有高三生物新教材，大连的阿静老师一下给寄了10本；得知我出书了，老师们纷纷要我赠送；得知我担任《中学生导报》和《课堂内外》的编辑和特约编辑，不少老师愿意帮助发行并主动要求写稿任务……

遇到什么困难只要提出要求总会有朋友们不求回报地帮助。急需编制试卷但抽不出时间，也许第二天摆在学生面前的是来自山南地北海角天涯的心意；替出版社征求全国中考卷，信使带来湛江的蓉子、江苏的苏州人、哈尔滨的刘锡志、吉林的小曼、杭州的春儿、深圳的与你同行等数十位网友的真意……

网络，一下将许多陌生的朋友拉近了，我生活在大家中间，也离不开大家。到哈尔滨得到了张庆岭等老师的接待，到厦门逛街有玲美老师陪同，到王府井书店购书有北京大学的辛颖带路，了解教育信息动态能有珊瑚、管家、蝈蝈的接待和当面指点，送学生到广州参加全国生物联赛有黑皮等朋友陪我在考场外聊天……

网络，论坛，是洋溢快乐的地方，互相鼓励，互相支持，携手学习，共同分享，一样的事业使我们有了共同的语言；一样的追求让我们有了共同的梦想。镇西发的文章在说到友好交流时特地提到了"内质网（我的网名）"；江苏的敏刚、辽宁的阿静出书时会先寄一本给我；深圳的红袖、长沙的信梅和山东的秦莉等谈自己的体会时忘不了说一句"得到内质网的鼓励和帮助"；江苏的木兰在做的网页上特别介绍了内质网，并将我的书扫描放在多个网站；朱永新教授、李镇西博士来深圳考察和讲学，特地约我们聚会，并将自己写的新书无私赠送给我；网友看到我发表的文章，有时会到论坛来祝贺和讨论；我主编的书籍上有部分编者就来自论坛……

教师节，更有无数的学生给我们久违的亲切……

每一次交流，就多一份依恋；每一次接触，就多一份感动。在朋友们的目光里，想不上网很难，在互相追逐的脚步中，想不学习更难。

网海茫茫　从教无憾

自从担任学校春韵论坛版主，参与春韵杂志组稿工作，在网络里，我看到了学生们收起课堂上的拘谨后的模样，听到他们自由说出想说的话，与学生的交流变得直接和便捷。"你今天上课黑板上写了个错字。""老师能否帮我改改文章？""老师，今天的生物课有个同学学您讲话你怎么不管？""实验课上有同学所做的色素提取的滤纸条是别人的。"……同学们通过便条形式给我提意见、请求帮助、甚至是打"小报告"，我也将有关教学的思路和自己写的文章放在网上让同学提意见。常彬同学干脆将对我的介绍列在他在成长论坛等的签名栏内，并将我的照片和书推荐给多个网站，让更多网友熟悉我；将我上课的情况多次写成文章发到论坛上。如果不是网络，一个非班主任的生物老师要做到这样直接地了解学生是很难的。

网络让我与学生的关系更密切了，因为网络使我更加关心学生、更加热爱教育工作。

"草原上的植物以草本为主，少量灌木，稀有乔木；草原上的哺乳动物适合奔跑和穴居……"这样的描述，能给学生留下多少印象？"辽阔的草原，美丽的山冈，成群的牛羊……"即使是如此的语言，又能给学生多少联想呢？多媒体技术解决了一切问题，直观生动准确地让学生看有关草原的画面，还可以配上优美的音乐和讲解，给他们建立起整体多层面的信息联系。然而，现实生活中，由于认识、技术等方面原因课件相对缺乏，不熟悉电脑操作的老师，一节课得花比非多媒体课多几倍的时间，这都阻碍了新教学手段的应用。可是在网上，在论坛中，大家共享制作精美的课件，共同学习多媒体教学的技术，让每一位教师的课程都更加精彩。

网络，使教师受益，学生受益，教育受益；网络，让教师与学生更亲近，让教师与时代更接近。选择网络，从教无憾。

网海茫茫　何处是岸

不可否认，网络论坛可以助人成材，也有无尽的陷阱。

"在一大堆尽是嬉笑怒骂的BBS中，在数不胜数的讨论私人感情的BBS中，在随处可见的用做消磨时光的BBS中，在四散的为了交易而生的BBS中，夏老师主持的论坛无疑是网络中一块洁净的乐土。没有肮脏龌龊的语言，没有急功近利的渴求，只有教师交流的涓涓细流，只有学生求知的纯美追求……"，如愿走进北大的学生在化生论坛——一个她学习过，她喜欢过也喜欢着的论坛上留下这样的声音：

这里，谁的问题都不会是一张孤零零的零回复帖子。这里，版主治版有方，孜孜不倦，全心全意，深受支持，一呼百应。这里，教师们知识广博，热心授教，不求回报。这里，是个热闹和美的大家庭，就是初来者也会受到热烈的欢迎，就是简单的问题也会受到明确的回复。这里，热点话题层出不穷，紧追时事，贴近社会。我爱生化论坛，爱得真挚，爱得简单，没有理由，只要转一转。

没有什么送给论坛的，就祝这里的老师工作顺利，身体健康，桃李芬芳；就祝这里的同学学习进步，心情快乐，题名金榜。迎来送去又一年，我爱的论坛又将送走一批学子，请你们有空别忘回来看看。我爱的论坛又要迎来一批学子，请你们在这网络中少有的净土上努力求学。而对我深深感谢的老师们，就请您依旧身披粉笔屑微笑讲台上，就请您依旧手握滑鼠漫步论坛间。

"——不要理由，只要转一转。"

是啊，既是捧着一颗心来，不求带着半根草去，茫茫网海，又何须寻岸？

想想，换个角度想想

我们不断地学习新方法，并努力地加以掌握。对一些方法熟悉了，并成为了自己的思维的定势，确实能加快我们应对一般情况的能力。但同时也是这些固有的老方法或老经验严重地束缚了我们的思维，使我们缺乏起码的创造性和竞争性。

有这样一道急转弯类题目：有四个人，每个人都拿了一把枪，但枪的最大射程都不允许超过10米，若要求他们射中离自己100米的目标，有什么办法？

你若带着这个问题去问你的朋友，包括老师和学生，愿意回答的人可能不是很多，积极动脑筋争取答对的人就更少了。有的思维停顿，只想到等待现成的答案；也有的觉得这是无稽之谈而不屑一顾。个别人甚至可能将此与阿Q和茴香豆的茴字的写法联系起来，觉得无任何的价值。可以肯定的是，在这种新情境问题面前，并非年龄大的或经验多的人就能答好。答对的人有老的也有孩子。对了解枪的人来说，这个问题与年龄和经验关系不大。懒动脑子，是许多人的长期形成的特点，这与我们的教育形式和方法密切相关。

在学校，老师总是花很多精力去模拟升学考试题目，极力鼓励学生在题海遨游，在书山中挖掘。虽说这对能力提高是有一定作用，但却让我们的教育对象墨守成规，不思创造；面对变化的新问题，唯书至上，束手无策。上面这道题目虽然非常简单，且具有开放性，但要答对，则需要有打破常规的勇气，有善于思考的习惯，有克服思维定势的能力。无法作答的原因很明显，这就是"枪"的固有大小等内化为他们知识结构，思考问题时，不善于换个角度去思考，总是在老角度上打圈圈。其实，若将思考的角度从"射程"换为"枪杆"，将枪的长度变化成90米，问题就解决了。当你因为怀才不遇而心情烦恼的时候，请不要只是埋怨，而要多想想。不仅可以从"不遇"这一角度来想：我遇到的环境是否就真的不适合自己的发展？是否有办法去改变它？也该从"怀才"角度来想：为什么优秀如我却不能驾驭和适应环境？我是不是真正的"才"？我的心理素质等综合素质是不是很好？

大千世界异彩纷呈，生活之路荆棘坎坷。面对困难，多想想，换个角度想想，这不仅可以帮助自己尽快找到解决问题的方法，也会为自己营造好的心理环境。当你从困难带来的烦恼中解脱出来时候，当你将战胜困难作为乐趣和培养的能力的时候，你不仅能获得心理上的愉悦，更会积极主动去想方设法克服它。多想想，换个角度想想，能让我们的思维插上翅膀，跃出旧胡同，飞向海阔天空。

标高对行为的影响

给人提要求时设定"标高"，不管是显性的还是隐性的都会对其行为产生一定影响。下面先看两则故事。

故事1

《读者文摘》曾经转载过一篇文章，大意是，在同一条街上有两家卖粥的小店。光顾两个小店的顾客相差不多。然而晚上结算的时候，左边的总是比右边收入多。原来，右边粥店的服务员给顾客盛好粥后，会问："加不加鸡蛋？"大概有一半人选择了"加"；而左边小店的服务员给顾客盛好一碗粥，则是问顾客："加一个鸡蛋，还是加两个鸡蛋？"顾客中有的要求加两个，有的则是要求加一个，不加的很少。

可见，两个小店的生意之所以有区别，原因就是在服务员对顾客设置的标高上，或者说是在"加几个鸡蛋"和"要不要加鸡蛋"所产生的效果上。

故事2

最近在参加一次省级培训，主办单位给学员统一发放了一次性餐票。就餐时，厨师在收下餐票时，会让学员从除青菜外的十几种菜中选择喜欢吃的四种荤菜，而果蔬和主食任吃。饭店这样的限定能保证每个人的"荤菜"数不超过4个，表面上看，这样既有开放性又有限定性的选菜模式似乎很科学，既避免增加成本，也防止了浪费。可事实上，由于其带有限定性，给大家增加"神秘感"和"必然性"。我发现，与我一样，几乎每个人都会先选定4种"荤菜"，主食和青菜也不会减少摄取。这对平时顶多吃两份荤菜的学员来说，因为"有限定"而增加了摄食。

感想

这两则故事都涉及"标高"对人行为的影响。第一则故事中两个小店形成了鲜明的对比，如果粥的味道、分量，以及店内设施等环境条件完全一致的话，自变量是"服务员对顾客所说的话"，或者说是设置的标高。"加几个鸡蛋"和"要不要加鸡蛋"的区别就是"标高"不同。第二则故事，同样是这样。"四个菜"成为学员每餐食量的标高。两者相比，第一则故事中"标高"的设置更隐蔽。两则故事中的"标高"，都促进了顾客摄食量的增加。只是不知道后者产生的结果与饭店老板的愿望是否一致？对学员健康的影响如何？这是学员自己应该注意的事。

在我们平时的工作中，对自己确定要做的事，在要求别人做的时候，如何恰当地呈现"标高"，以便达到理想的结果。这是值得思考的。

"也许"带来的尴尬

"也许"让我们的思维增强思辨性和创造性，正是由于有无数个"也许"，增强了人类将幻想变成现实的信心。然而，"也许"也可能给真理带来尴尬。

生物技术为开创人类的新生活带来了前所未有的动力。不管你是否反对，转基因食品已经悄悄地摆上你的餐桌。不是吗？我们吃的豆油，有一半是进口的，而相当一部分就是转基因大豆生产的。就在转基因生物产品不断为人类服务并给人类带来福音的时候，它也遭遇了前所未有的"抵制"和"漫骂"。这些"抵制"和"漫骂"大多与"也许"有关。

若你认为"转基因食品无害"，即使这是真理，也无法摆脱尴尬的境地。你说，第一年的试验证明是无害的，我说，到第二年也许就有害。你说，第二年的试验仍然证明是无害的，我说，也许到第三年就有害。即使有50年的试验证明是无害的，我还可以说，也许到一百年后会有害。验证转基因食品有害比证明转基因食品无害要容易得多。在历史的长河中，只要在某一短暂时间内发现一个有害的例子，就可以说其有害。但要证明其无害，则需要用无数代人用无限的时间来做证明。按这样的逻辑，转基因生物研究似乎必须停止。

"基因产品无害"永远存在证据不足，但它却不等于谬误。有人发现抗虫的转基因作物能杀死一些珍稀蝶类，由此想到转基因作物的存在能破坏生物的多样性。虽然这是转基因有害性的一个例证，但不能以此作理由来停止转基因工作。转基因技术存在问题，不等于这些问题会永远存在。例如，若能更大地提高作物杀虫的特异性，这一问题就可以得到解决。

科学本来就是双刃剑。英国科学家曾经用抗虫玉米来喂老鼠，结果老鼠死了。此事经过媒体的大肆炒作，且被绿色和平组织所利用，让人们真切地感到了转基因的危害不是危言耸听，使"转基因产品是有害的"这一论点自然也就成了真理。后来，经过科学家的重复实验，发现原来科学家的实验结果是假的，对此，善良的人们无不为此感到震惊！虽然那位科学家被弄得声名狼藉，但对转基因食品的抵制心理却在不少人心理上根深蒂固，以致使欧洲一些国家对转基因作物的研究相对滞后，其经济也因此蒙受了重大损失。可见，"也许有害"一旦被跃变成"肯定有害"并且内化为人们的信念的时候，其危害就一定会超出转基因食品也许带来的危害本身。

点评

蜜蜂（山东沂源）：夏老师写作角度是那么让人始料未及。可是如果这样话，人们还敢不敢吃东西？如果怕这有毒，怕那会生病，人们或许会饿死。而且科学永远是解不开的谜，也是在不停地探讨之中。或许有一天，我们……哦不敢想象了。

黑皮（广东四会）：我部分同意夏老师的观点。人类要发展，必须大胆地进行科学实验，因噎废食只能坐以待毙。但必要的谨慎也是不能没有的！过去人们没有认识到外来物种入侵的危害（现在能够认识到的人可能也不到20%）而盲目引种，这方面的教训是不可谓不深刻的。

太阳能（山东胜利油田）：我不愿忽视事物的两面性，但我也不愿否认夏先生的观点对我的启示。

川贝子：也许是好事也许是坏事，"也许"给了我很多的启示。

微笑毒谷（四川成都）：每次面对科学家的时候，我总想从他们目光中寻求一丝虔诚——没有一种归属于信仰的伦理，科学就显得粗俗不堪。多少年来，总有一些想要僭越上帝力量的狂人，用毕生证明他们的无知和愚蠢。而今，在我们的认知越来越接近于神的时代，我们也就越来越频繁地在圣人和犯人间徘徊。

生物科学是属于第七天的工作，这一天，上帝休息了，理性却不可以入睡。当转基因食品在市场上大行其道的时候，我既赞美它们颗粒饱满，口感实佳，又担心基因的恶性变异会为我们带来厄运。只有在食物链顶端的"人"才会如此困扰：他们需要两个端点，其中是最重要的平衡。

站在正熵曲线的某一点，听着老庄在旁的嘲笑声，我们也决定面对着路前进，改变自我、消耗自我、认识自我，心怀虔诚。

陶铭（陕西西安）：我同意科学是双刃剑的看法，科学的发展之路从来都不是平坦的，不能因为科学问题而否定科学探究。探究是人类永恒的事业。

SmallMonkey：作为高一的新生，虽然还没学到高中生物，但对生物科学有浓厚的兴趣，对关于科学也有自己的看法。想意大利的布鲁诺，想波兰的哥白尼，想房龙笔下的"先驱者"，想他们对科学，对守旧人的不屑一顾，对真理不懈地追求。

浮躁是学研之敌

观点：学习需要静心。交流方法的获得也要借助静心思考。

背景：家长说孩子学习不努力，孩子说家长太苛刻，太唠叨。

不能静心思考，就无法深入研学。不静心，就难专心；三心二意时学研的效率会大打折扣。

家长的浮躁会影响孩子的心态，使孩子无法去静心学习和思考。关心孩子不等于重复唠叨。唠叨的人，往往是将思考沟通方法和反思自己不足的时间全用在自己的随性"发泄"上，用在责备孩子不配合自己的指责上，或者说时间用在低效的重复上。部分自以为聪明和最关心孩子的家长，其实并不了解孩子，也不了解自己。演员不受观众欢迎能一味怪观众吗？

教师的浮躁和过分的唠叨，会直接影响课堂的基本学习环境。课堂上，如果没有适当的安静的时间，学生是难以静心思考的。

课堂的热闹，应该建立在保证学生有足够的思考时间上，建立在和谐有序的动静结合上。课堂不是简单的休闲和玩乐的场所。课堂上需要促进学生心理上对教学内容的同步思考和积极的共鸣，与同伴交流时引起富有感染力的热闹并从心底产生快感。静的是表面，热闹的是思维。不是吗？当学生因为一个问题而做冷静思考时，那些叽叽喳喳的热闹，就成了噪声污染。相反，当静心思考的时间缺乏时，热闹的是表面，苍白的是思维。

所以，浮躁是心静之敌，也是学研之敌。

评"一个都不迟到"

今天是2010年高三学生照毕业照的时间，按照要求，学生在早晨6：30必须到校。刚才听到我任授课教师班级的班主任孙老师说，他们班一个都没有迟到。

"一个都不迟到"，听起来很简单的事，其实并不容易，因为有学生住得比较远，光路上可能就有近一小时的路程。可见，学生的纪律意识是很强的。这届学生虽然我只教了不到一年的时间，但他们的综合表现给我的印象非常深刻，与他们相处的高三这一年，他们总是努力地以友好的态度对待老师，以欣赏的眼光对待老师的教学，也未见他们发生过无故迟到的现象。一个人能做到某一次不迟到容易，难的是，一辈子在不该迟到时都不迟到。

今日的学生，是未来社会的栋梁，但愿他们以此为起点，在今后不该迟到的时候永远不迟到。不迟到，往往是集体活动对个人的基本要求，也是一个人对一个集体的责任感和爱心的体现。在与学生同时参加某项活动时，我们要求学生不迟到时，自己当然也不能迟到。

教师是蜡烛吗？

我说"是"。将教师比作蜡烛不仅仅是对教师本身的肯定，更是对奉献精神的褒扬，是对人类文明传递工作的厚望。人们在说"教师是蜡烛"时所表现出的敬意，是对广大教师终身从教的深情鼓励和安慰。每个学生都可以有远大的理想，而教师的理想就是为自己的学生实现理想。为了学生实现理想，他可以夜以继日，他可以废寝忘食。如果你一生都是当教师，那么你的一生就是为别人实现理想奋斗的一生。从此点看，将教师比作蜡烛，是最确切不过的了。

我说"不是"。蜡烛怎么能比教师呢？蜡烛灭，光也灭；教师不在，影响常在。蜡烛不稳定，弱不禁风；教师精神持久，能坚如磐石！蜡烛是被动燃烧，而教师是主动奉献。蜡烛是燃烧有机物，教师是燃烧辛勤和才智；蜡烛的光诞生于泪水中，而教师的光产生于理智和激情中。蜡烛的燃烧会产生污染，教师的工作却净化灵魂。蜡烛现在人很少用，教师却是永恒的。蜡烛不会根据人的需要而变化光的强度，教师可以根据学生实际改变工作力度。

尽管蜡烛与教师工作不好做比较，但我还是喜欢此说，因为这并不是教师自喻的，而是社会对这一崇高职业的认同。从这个意义上看，也既是社会对教师品行的要求和期望，也是一种社会地位的象征。尽管教师也是人，教师也有七情六欲，教师也并非都乐意像蜡烛那样以"燃烧自己、照亮别人"为出发点和归宿，但每当我们想到了蜡烛，就想到了伟大奉献精神带来的光芒，会感受到无私奉献的崇高，也因此感到了自豪。

不要以"专家"自居

1. 这是一个专家辈出的年代

一进入21世纪，感觉教育形势发展的速度陡然加快，例如，在比较短的时间内涌现出了一大批专家。

课改还没开始，课改专家就有一大批。课改的理念一下就渗入了专家们的细胞，说起话来头头是道。一节课听下来，专家们常会道，课堂上怎么不出现课标要求呀？学生活动怎么那么少呢？这个应该让学生活动，那个应该不可忽视教师引导；这个若是让学生提前准备就好，那个应该让学生课后思考就妙。显然，这些专家大都是教学内行和高手，至少是课改理念掌握得很透彻。

谈起高考来，专家们更"牛"。当初专家说，课改后的高考就是按照课标命题，不按某一版本的教材了。是啊，太有道理。摆脱教材的束缚，老师们可以更好地发挥才华的空间就大了。可是教师们进教室是拿着课标，还是教材呢？全体老师，个个都八仙过海，各显神通，要是学生高考考的，老师没教到，谁来负责呢？总不能去找专家吧。所以还是不得不请教专家，专家没回答的，还是老老实实按照教材去教。

2. 专家会"请教"吗

如今，是一个制造"专家"的时代，例如，有一位教研员朋友说，他有很多头衔：既是教学专家，又是课改专家，还是评估专家、评价专家、高考专家、实验专家……对拥有的"专家"光环，"专家们"的态度各异。有的只是一笑了之，上面这位朋友即是。因为他知道，自己在上面这列举的"专家"头衔，事实上是"皇帝的新装"。

可是，也有的"专家"则是以"专家"自居，明明知道自己有错，某些问题并不懂，还会不懂装懂。这样的专家，对自己不懂的问题的提问方法是，先说别人讲得不对，然后引起人反驳和耐心讲解，而达到学习的目的，辩论到差不多要懂的时候，还会说一句，你早这样说，不就正确了吗？当人家说，开始就是这样说的，他会说，不可能的，或者说，难道是他听错了？一句话，这样的专家事实上是一知半解的"混混"。

3. 教师和大师

教师工作，教育工作，是"良心活"，不同地区教师对工作的投入程度，教师的心态和生活质量都有明显差异，同一地区，甚至同一单位的同一科组，差异也是明显的。有历史原因，也有个体原因。教育的各项改革，皆举步维艰。教育的环境也是变得无序，正反都有道理的形式上的改变，很难达成共识。教育评论中的混淆概念和以偏概全式的批评遮天蔽日，却让真正的民意淹没。某地一现象被批评，全国的教育可能跟着挨批。

以大师的口吻教育别人的人在增多，反对权威和"大师"的人，同样在增多。腐败分子的曝光，让更多人，甚至是普通百姓以为自己已占领道德制高点，其实，风气的腐败，无处不在的。在个人要求得不到满足时，仅去责怪环境，总是片面的。不时想到"批评与自我批评相结合"才正常。

（写于2003年）

谨防教材处理的两种倾向

一般来说，教材的表述，可作为中学教学和考试的依据，至少是值得借鉴和参考的。但问题是，教科书的每一句话都是"真理吗"？对此很多人都会做出否定的回答。可现实中，其起的作用却"不一定是真理但胜似真理"。因为中学教学中，特别考试中总是以其作为"标准"和"规范"的。某些试题又将教材上或过去的高考中的叙述作为唯一正确的标准，对此感到有讨论的必要。

对教材有两种倾向不可忽视，这就是"重文字表述轻编写思路"和"重内容复述轻变化拓展"。这两个"忽视"使我们的教学常常陷入在"文字游戏"中不能自拔，使我们的教学丧失了最基本的乐趣和魅力，其必要的可信度也大打折扣。

班主任能否利用上课时间说班务

我认为，将一般课演变或部分演变为班会课大体有这么两种情况。

一、习惯性

有的班主任一到教室就想到要给学生说点"班务"，似乎形成了条件反射，非得

177

"天天讲品德、时时讲纪律"不可，这是自身对学生持久的"不放心"的不自觉的外显，也是缺乏对学科教学和班会课必须保持相对独立和完整性缺乏应有认识的表现。有这种习惯的，常将自己的学科内容与班级问题穿插起来，将自己的学科教学与班会课融合起来。教学任务完不成时，会用班会课来弥补。他们（特别是教低年级的）中也不乏受欢迎的。其实，"班主任"和"授课老师"这种角色在同一个体的"合二为一"的"重叠"（或胶合）现象，并非个别现象，其危害，不一定表现为所授学科成绩的变坏，相反却会引起学生（特别是对低年级）的偏科，这是因为他们在心理上形成了"学习"与"学习班主任所教的课"二者的紧密联系的缘故。同时，有这样习惯的老师（特别是有升学考试压力的），不少还会以学科教学侵占班会，更容易出现"因为是班主任"而"学生考得好"的现象。这种成绩，实际上并非是班主任本人的教学水平真实反映。因为它实际上包含了学生更多的"劳动"，付出了"全面发展"的代价。这种动不动就牺牲班会课的做法一旦形成习惯，他们也会无意识将自己的学科教学的研究方法和思路用于班会课，而忽视班会课本身应该具有的优势，从而使班会课本身应具有的灵活性和创造性的全面丧失。

二、偶然性

往往是由突发事件引起的。在上课前或上课过程中突然出现学生打架的特殊情况时，临时将自己的课或其他老师的课调换成班会课。如果这是有目地以此抓住这一教育时机开"现场会"以取得较好效果，而不是因为简单地将自己"闷气"放出来，未尝不可。否则，就显得太随意和对学生的不尊重和不负责，因为这种"一人犯错，几十人停课"的做法，虽在特殊情况下有"杀一儆百"的作用，但却导致了学生心理上对学校授课制度的严肃性的藐视，进而影响到教师和学校的威信，使今后的教育活动蒙上难以消失的阴影。对有的班主任利用自己或他人上课时间讲"重要事情"的现象，过去我也遇到不少。但对科任老师是无能为力的。请看下面的实例：有位生物教师刚到一个新学校任教。其中有一个班是英语老师任班主任，她的英语教学成绩在当地有点小名气。第一学期，他每周有两节生物课排在她的后面，在开学的前几周，常常是他去上课时，她才刚从教室出来，看到他来了，她在门口还要将头伸进教室讲一句"老师来了，请大家将《生物》书拿出来"。为此，他很反感。怎么办呢？同事说她性格古怪，一般人是惹不起的，就是校长对她也没有办法。他认为，如果是偶尔出现一两次，可以理解，但经常这样，确实难以理解和忍受。他想，她这样做的原因无非有：1. 认为耽误一下生物课（不是主课）没有关系；2. 认为冒犯一下新教师没有关系；3. 她班上连续出现了许多"特殊情况"；4. 拖堂是她的习惯。经调查，是最后一种情况，她是利用上课或课间在给学生讲班级上的事情。虽说她不是针对他一个人的，但他认为有必要采取行动，否则他的教学效果会大打折扣。他找过她，她的解释是：没有听到铃声，或学生不听话等等。显然她在回避根本原因。为此，他在每节课上课前，提前近10分钟到教室门口晃一下，虽然她也反感，但没有理由反对。这样虽收到了一定效果，但他担心长期下去会使矛盾激化。这是新教师最不愿看到的。直到期中考试后这一问题才缓解。事实上，她班的成绩并不比别班差，他在复习和评阅卷时，做了一点手脚，让她班生物科的平均分比其他班低15分，显然，这样对学生是不公平的，也是不可取的，但为了他们获得同样公平的生物教育，还是这样做了。结果表明她班的生物科成绩与其他班相差最悬殊，后来她在帮他来分析失败的原因时，他这样说"你班上课时间经常不能保证，学生一上课就要去洗手间，特别是实验课，其他班都是提前到实验室，你班要10分钟后才安定下来等"。她对他无奈。后来，她有一定程度改变，但并没有实质性的变化。欢迎大家继续讨论。

三、学科化

李镇西老师将"语文教学班主任工作化，班主任工作语文化"，作为自己的自觉追求。对此，部分老师已表示赞同和欣赏。对李老师自己做这样的追求，无可厚非。将班主任工作有机地渗透到语文教学中，在班主任工作中提高学生的语文水平，以起到相得益彰之效。

"语文教学班主任工作化，班主任工作语文化"，这句话是不是适用于其他各科教师？例如，数学教师是否也可以来个"数学教学班主任工作化，班主任工作数学化"！（当然，李老师没有说他的话是放之四海皆准的真理；也没有倡导其他学科老师仿效，我只是提出来做一探讨，希望大家不要误解。）先看，"语文教学班主任工作化"是否可以改为"学科教学班主任工作化"。"语文教学班主任工作化"的实质是，结合语文教学来开展班主任工作。我猜想，李老师也不是说每节语文课的每一教学内容都要联系到班级工作，而是要在教学中树立"班主任工作"的意识，利用教学中的一切可能机会联系班级学生实际来主动地开展班主任工作。其实，对学生进行"品德"教育，这也是各科教学的重要目标之一。强调"语文教学班主任工作化"是对"品德教育"的一种特别"强调"，也是对"班主任首先应该是合格的科任教师"的"强调"。从这个意义上看，也可将这句话改为"学科教学班主任工作化"，而适合其他部分学科（特别是文科）班主任教师，甚至非班主任老师。如果真是这样，也许班级管理水平将会有一个新的提高。这样有利于构建全员育人的德育工作模式。因为现在有部分非班主任老师，总以为学生出现的各种不良的品行问题（甚至包括对所学学科不感兴趣问题），都一味地将责任归结于学生，甚至班主任、政教处和家长，而事不关己，高高挂起。值得指出的是，部分科任老师主动树立"班主任工作"的意识，与那种婆婆妈妈地说那些与教学无直接关系的班级琐事是不同的。再看，"班主任工作语文化"是否有普遍意义？是否值得其他科班主任（包括语文科的）仿效？如果理解成发挥自身学科教学优势开展班主任工作，是值得肯定的，至少值得语文老师借鉴。例如，生物科任班主任可以结合"近视的成因""骨骼的成分特性""痰的成因"来举办"行为规范教育"方面的主题班会。如果不看李老师具体实例，而机械地按李老师"将班会课上成语文课"，显然这是不对的，我前面的文字中有这方面的论述。虽然此观点只适合于特定背景情况下的教育，具有局限性和片面性，但对帮助我们拓宽班主任工作的思路是有益的，为我们如何更好地将班会课上得生动、有趣提供了范例。值得说明的是，将班会课偶尔上成带学科特色的课（不是我们习惯上所指的一般语文课）未尝不可，正是老师发挥自身特长和学科优势的实际体现。然而，如果一味地强调"班主任工作学科化"（包括"班主任工作语文化"），是欠妥的。首先是这句话也容易引起误导，容易成为那些以学科教学侵占班会课的教师的"幌子"。其次，过分强调学科特色，明显具有片面性。班主任工作包罗万象，如果过分打上学科烙印，势必将导致学生的偏科，妨碍学生的全面发展。

谈"骨干"

骨干，是从形态上对骨进行分部时所用到的名词。骨包括骨端和骨干，后喻为事物的主要部分，主要支柱或最实质性的成分或部分，在总体中起主要作用的人或事。从上述解释看，任何事物的各组成部分中，只要有突出作用，都可以称谓骨干。由此推理，在多人从事的工作中，正向作用突出或正能量明显多的人，就是"骨干"。互动讨论中，谁是骨干？骨干是否是一成不变的？

"互动骨干"主要是对互动讨论有重要推动作用的人。仅从一个话题讨论的表象来看，骨干主要为以下几类。一是话题的提出者，因为他，互动才有好的开始；二是话题的有效回复者，因为他，话题才能进行深入讨论；三是互动的积极宣传者，因为他，才有更多朋友参与；四是话题的整理者，因为他而使互动话题有机会走向杂志。由此可知，互动的骨干一定是有一定业务基础的，否则是难以发现和提出话题的。没有对问题锲而不舍的钻研精神是不能及时跟踪和关注话题的进展的；没有良好的合作精神，是难以与他人进行友好讨论甚至激烈辩论的；没有一定奉献精神，是不能及时去回答可能不会刊用的话题的，也是难以去查找他人信息并对其成果进行搜集整理的。

可见，"平台引进门，骨干在个人"。互动平台是开放的，谁成为互动骨干，是个动态的过程。在于参与者是否具有一定的业务能力、参与态度和学习精神。互动的一个个论题，其实就是一个个课题。解决这些问题，其实就是进行一次次的微创作。当然，参与互动的过程，是集体教研的过程，是友好交往的过程，是提前备课的过程，也是自我提升的过程。而这些过程的实现，离不开骨干的突出作用。

形态学上的"骨干"不同于生理地位上的"骨干"，导致"骨干"的内涵是变化的、相对的，也常常是"名不副实"的。例如，从造血功能看，长骨中终身保持造血作用的部位是位于非骨干部分的骨松质内，而位于骨干的骨髓腔则被黄骨髓所填充。这说明"骨端"才是真正意义上的造血的"骨干"！在某个话题中，张三是骨干，在另一个话题中李四是骨干；在今天，张三是骨干，在明天，李四是骨干。发起话题时，张三是骨干；在讨论话题时，李四是骨干；在搜集话题时，张三是骨干，在宣传话题时，李四是骨干。所以，互动中有的人是局部的骨干，有的人则是总体上的骨干。

上面有关互动骨干的论述，我认为适合社会工作的方方面面。大到国家大事，小到家庭琐事，总有人充当着"骨干"的角色，而不少人却是没有骨干之名而干着骨干之事。

说"家长"

男婚女嫁，生儿育女，婴儿诞生，家长出任，乃世之寻常事。家长之职，一旦拥有，永世保留。纵观今日诸家，多是两个家长一个兵，将多卒少，本应兵强马壮，却见老弱残兵，不禁令人生忧。真乃家长易当，好家长难成。深感成者有五性，特做罗列，以供评鉴。

一曰自律性。有其父必有其子，身教重，言教实。子效父之行，父乃启蒙师。曾常见：为父手执烟斗吞云吐雾声称此乃孩儿所不宜，为子想，既然长大可为，早抽晚抽一回事。为父终日醉于麻坛不自拔，为子想，坛内乐趣这般多，不妨偷着试一试。正是，言行举止，潜移默化；兴家利己，理当自律。

二曰自觉性。养不教长之过。家须长管，长靠谁掌舵？长之长者，心有余而力薄。外人难断自家事，不便手指脚划；举家大权，常家长独霸。家之兴衰，定于后代，有赖家长觉悟之高下。今之家长，须勤学苦耕，自觉规划。远景目标振家魂，短期安排利调整，一日常规便于行。饮食起居，有规当循，守规宜勤。

三曰稳定性。十年树木，百年树人；养教之道，非朝夕所成；身心发展，难直线上升。须从大着眼，心静情稳；从小入手，见缝插针。抓住反复，先浅后深；反复去抓，持之以恒。切莫松紧无度，时热时冷，以免悔过当管之时心不诚。

四曰创造性。千行百业，层出榜样，养教无定法，切莫乱模仿。拔苗助长，终会毁秧。寓教于养，堪称良方。须提倡，补己短，扬我长，因材施教创辉煌。

五曰协同性。家之二长，养教之责宜同担。若你左我右，则三败俱伤；亲情沦丧，终将酿成家运悲怆。两长谦和情真，方能润物无声，遇事须互谅互让，避免纷争，先议后决，携手过问，你唱我和，誓促大器告成。

（写于2010年）

内质网是什么网

我的网名叫内质网，这个网不是互联网的网。曾有朋友问，为何叫内质网，什么是内质网，我说一句话说不清。还有一位朋友认为是"病毒"，我告诉他，只是个名字而已。

每当那些有高中甚至本科、硕士和以上学历背景的朋友不知道内质网，或以为内质网只是互联网上的一个网站时，我总会想到我们的学科，想到我们的教育，想到我们的考试制度。

虽然，高中生物教学中包含"内质网"的内容属于必修的，总有很多人不需要知道这些就照样读大学，读硕士，当专家。过去我在《新课改呼唤新高考》中曾提到，合格的大学生不是合格的高中生，并非危言耸听。

我们的教育，仍然会表现出浮躁，常常缺乏基本的科学和理性，更缺乏有效和合理的评价。

（写于2010年）

当遭遇暴力威胁时

那一年，我刚任年级组长和班主任不久，就遭遇过一次暴力的威胁。

一天夜里，我接到一个陌生人打来的电话。

"你小子可不要管得太多了，过几天我们会放倒你的！"电话的那头凶狠地说。我正要问他为什么，却挂断了！根据声音判断，在场的不止一个人，且是在街上打的。

那夜我没有睡。我对自己的行为进行了一系列反思。心想：我来深圳不久，工作还没有稳定，难道要发生什么事？莫非真的要为教育"献身"了？

第二天，我将此事对同组一位老师说了。他很认真地告诉我说："这些家伙什么事都敢做。原来一学校领导的儿子就是在晚上上街时，在马路上被人暗算了，他的头被人砸了！"我开玩笑说："我对你说的目的不是别的，只是希望不要让我牺牲得不明不白，所以还是请您不要声张！"虽说是开玩笑，但心里明显的底气不足。我想，我没有得罪社会上的任何人，这事肯定与班上同学有关。

早读时，我走进教室后没有说话，装着若无其事的样子。我注意观察每个学生的表情，没见任何异常。我很失望。到上午第四节课我上课的时候，突然有几个戴着墨镜的社会闲杂人员（估计是翻墙进入校园的），匆匆地从教室门口路过，并且以凶狠的眼光扫了教室一眼。等他们走了时，教室里似乎有一丝骚动，有个男生突然对我说："老师：今天得小心哪，他们就是常欺负×班的×××一伙人，我们好怕啊！"

下课铃响后我没有立即宣布下课，而是让学生拿出纸来回答我要提出的问题。我的问题是："你认为夏老师任班主任有哪些缺点？你有哪些意见和建议？""你目前遇到的最大困难是什么？"我说："你们一定要实事求是地填写，本着关心老师的角度来写，不能交头接耳、左顾右盼，更不能开展讨论，并且要在5分钟内完成。"我的突然之举，使教室的气氛顿时紧张起来了。写的过程中，我发现有一女生哭了。那女生写道："老师，是我错了，我对不起你，×××要逼我与他恋爱，我不同意，我怕母亲（该生父母分居）打我，于是我说是我们班主任不同意的，并将您的电话号码告诉了他们。他们说，谁让我不同意就要杀谁，他们还说，如果我将他们的名字告诉了你，也会杀我，所以我一直没告诉你……"。

既然事情清楚了，我心里就有点底了。于是我让她留下。我鼓励她说："你做得很对！特别是今天对我的信任和真诚令我感动……"后来在政教主任和派出所的帮助下，我们顺利地处理好了这件事。这件事情虽然过去多年了，但给我留下的印象却难以磨灭，使我感到校园暴力就在我们的身边，也使我深深地认识到，校园暴力是社会暴力的组成部分，两者有着不可分割的联系。

2002年，我国有12亿人口，其中2亿多生活在校园，校园内外的联系千丝万缕；校园安全与否与社会环境息息相关。根治校园暴力现象，需要全社会的共同努力！

（选自《中国教师报》2002年8月7日，原标题："当我第一次遭遇校园暴力威胁时"）

第 **7** 章

答学生问

教师的教学灵感和教育智慧很多是来自课堂，来自学生的疑问。

我从教早期发表的不少论文，就是因为要解答学生的疑问而写的。因为学生不理解，我要想办法让他们听懂，不得不思考教学方法。例如，学生对动物原肠胚，玉米的胚和胚乳的发育过程记不住，反复让他们填图，很费时间。有一天突然想到，自己就是通过绘图才记住的，于是要求他们一起画图。表面上看，花的时间多，实际上反而少，记得也牢固。经过画图，他们学得快，记得牢，信心也足了。于是，我在《生物学教学》发表了"充分发挥图表教学的优势"的文章。

部分论文涉及的内容，是学生的提问，当时无法回答，我通过查找资料，找到答案并写成文章发表。例如，噬菌体的遗传物质并非都是DNA，也有RNA噬菌体；病毒除了植物病毒，动物病毒和细菌病毒外，也有真菌病毒。ATP是直接能源，但还有UTP，CTP等。人类的女性怀孕后，胎儿是男性，脐带的遗传物质如何？减数分裂是否在时间上是连续的？等等。我专门翻阅了"发育生物学"等高校教材内容，才弄清楚的。有些文章是"现炒现卖"的。这可能也属于教学相长吧。

答学生问，首先需要有重视学生的态度，重视他们的问题并及时作出解答。教师学习和教研的动力之一是学生的提问，学生是教师写作的资源库。我的每一点进步，都与学生分不开。

群落的概念正确吗

这篇文章发表于《中学生物教学》，原标题为"对'演替'概念的讨论"，作者涂门江、申紫练是2008届高三（5）班学生，文章涉及的题目，源自他们使用的复习资料。

1. 题目

下列有关群落演替的叙述，错误的是（　　　）

A. 火灾后的草原、过量砍伐的森林和冰川泥上进行的演替都属于次生演替

B. 由草本植物阶段渐变为灌木阶段，主要原因是灌木较为高大，能获得更多阳光

C. 群落演替是在生物群落发展变化过程中，一个群落被另一个群落代替的过程

D. 发展工农业生产往往使群落演替按照不同于自然演替的方向和速度进行

2. 分析

答案是A。A选项错误的原因是，误将"冰川泥上进行的演替"归为"次生演替"，事实上这种"演替"属于"初生演替"。"初生演替"应该属于"演替"，但令人感到不解的是，C选项对"演替"概念的叙述没有包括"初生演替"，但为什么是对的呢？原因出自教材。高中生物教材的叙述都与C选项类似。

例如，苏教版教材是这样叙述的："在生物群落发展变化过程中，一个群落代替另一个群落的演变现象，称群落的演替……演替是群落长期变化累积的体现，主要标志是群落在物种组成上发生了质的变化，或者说是一定区域内一个群落被另一个群落逐步替代的过程。在从未有过生物生长或虽有过生物生长却被彻底消灭了的原生裸地中发生的生物演替，称为原生演替。"

人教版教材的表述是："随着时间的推移，一个群落被另一个群落代替的过程，就叫做演替……从光裸的岩地上最终也会演替出森林。""初生演替是指在一个从来没有植被覆盖的地面，或者是原来存在过植被，但被彻底消灭了的地方发生的演替，如在沙丘、火山岩、冰川泥上进行的演替。"

从教材的表述看，"演替"都是指从"群落"到"群落"的过程，而未包括从"无群落"到"有群落"的"初生演替"。鉴于此，"演替"的概念应该做适当修改。例如，人教版的概念可改成下面类似的叙述："随着时间的推移，在没有生物生存的地域出现了群落，或者从一个群落被另一个群落代替的过程，就叫做演替。"

磷虾到底是增加还是减少

这个问题来源于课堂，是1985年全国高考生物试题，多届学生对此都感到迷惑，高考答案，很难让他们信服。因此，我发表了如下文章。

题目（第3小题）：根据"南极食物网简图"回答有关问题。假设由于某种原因，大鱼全部死亡，磷虾的数量将会＿＿＿＿＿＿。

虎鲸 ← 企鹅 ← 大鱼 → 海豹

须鲸 ← 浮游动物

磷虾 ← 浮游植物 → 大鱼

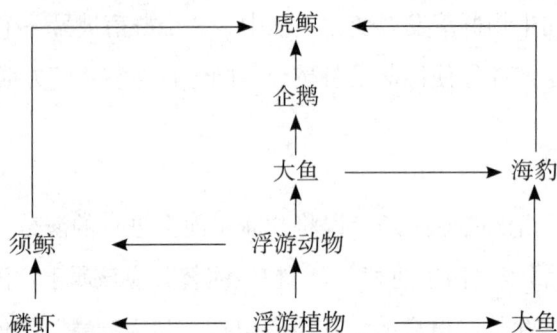

这道题能有效地培养学生运用联系的观点，从多角度、多侧面分析问题和解决问题的能力，具有一定的代表性。下面举例作一浅析，以望得到同行的指教。

1. 对此题，学生中有两种截然相反的答案

（1）答"减少"。理由是，大鱼全部死亡，浮游动物会因天敌的减少而增加，导致浮游植物的减少，故磷虾因缺乏食物而减少。

（2）答"增加"。理由①：企鹅会因大鱼的死亡而死亡，虎鲸则因吃不到企鹅而增加对须鲸和海豹的捕食，故须鲸会减少。磷虾会因唯一的天敌的减少而导致增加，理由②：大鱼死亡，浮游动物会增多，使须鲸捕获浮游动物的机会增多，从而减少了对磷虾的摄食，故磷虾会增多。《教学参考书》和高考命题提供的标准答案也是"增多"。

（3）笔者认为正确答案应是"短时间内增多"或"先增多，后减少，达到动态平衡"。因为磷虾不会无限地增多，最终会引起食物的匮乏和天敌的增多而减少。

2. 对其中几个问题的解释

（1）为什么须鲸在短时间内会减少而不会增多呢？

这是学生中普遍存在的问题，他们认为，既然须鲸的食物（浮游动物）增多了，须鲸的数量也会增加。但这是误解，因为它脱离了事实。值得注意的是，虎鲸吃不到企鹅而增加对须鲸的捕食现象，是立刻会出现的，但通过食物的增加而使其数量的增加，却非短时间内能实现的。因为须鲸属哺乳动物，其繁殖过程需较长的时间，且还受其他因素的制约。

（2）短时间内浮游植物的减少能否引起磷虾的减少？

大鱼死亡，浮游动物会增加，也增加了须鲸对其捕食的机会，故浮游动物的数量受着须鲸的有效调控，同时，大鱼死亡，小鱼则成为海豹的唯一食物来源，故小鱼会迅速减少，从而减少了它对浮淤植物的捕食，所以浮游植物不会大幅度减少。再说，浮游植

物作为生产者，处于能量金字塔的最基层，其数量也最多，缓冲能力也最强，它的部分变化不会立即引起磷虾数量的变化。

（3）大鱼的全部死亡，是否会造成海豹和须鲸因为虎鲸的过度捕食而全部死亡，最终导致该食物网的崩溃呢？

从理论上说是不会的。因为生态系统具有一定的自动调节能力。应该知道，虎鲸在捕食海豹或须鲸时处于第四营养级，而在捕食企鹅时却处于第五营养级。根据能量流动的"十分之一"定律可推知，正常情况下，虎鲸主要是依靠须鲸和海豹来维持生存，对企鹅的捕食量很少，这也是与企鹅（生活于海滨）和虎鲸（生活于海水）的生活环境和生活习性相适应的。因此，企鹅的死亡不会造成须鲸和海豹的灭绝。

（4）图中的食物网与南极的事实是否相符？

我们应注意到题目中的"简图"两字，事实上，南极食物关系远比图中所示的复杂。例如，磷虾不仅是须鲸的食物，也是企鹅的食物。如果大鱼全部死亡，企鹅还会通过捕食磷虾而不致灭绝；并且，图中各类生物实际上并非只有一种，例如藻类植物有300多种，鱼类有100多种，企鹅有18种，等等，各类动物的食性也并非完全一样。如果大鱼与须鲸所吃的浮游动物不一样，浮游动物、小鱼和磷虾所吃的浮游植物也不一样，则上图中大鱼死亡直接引起的浮游动物变化，不会对磷虾产生直接影响。

当然，在解这道题时，对处于同一食物网同一营养级的同一类生物可以看作是一种。

（选自《生物学教学》1994年第6期，原标题为"一道习题引起的思考"）

二氧化碳不是"非糖物质"吗

——从课堂对话谈"互动平台"专题征稿

二氧化碳不是糖，当然就是非糖物质，怎么会有问题呢？请看本文的分析。

1. 问题

曾经有这么一个问题："人体血糖的主要去路是转化为非糖物质"这句话是否正确？（选自某市统考试题中选择题的一个选项）答案是："错误"。

2010届高三年级王鑫尧同学却说它是"正确"的。为什么呢？

命题者根据教材或教辅资料的说法，认为血糖的去路有如下几条：一是"氧化分解→CO_2+H_2O+能量"；二是"合成为肝糖原、肌糖原"；三是转化为"非糖物质"。

之所以说"血糖的主要去路是转化为非糖物质"这句话是错误的，是因为血糖的主要去路是进行"氧化分解"；说它"正确"，同样认为其主要去路是氧化分解，而最终产物CO_2和H_2O，却属于"非糖物质"。

可见，两者的理由类似，只是结论不同。两者的差异在于对"非糖物质"的理解上。前者认为"非糖物质"是脂肪和氨基酸等有机物，后者则认为CO_2和H_2O属于非糖物质。造成如此差异化的解答的根源在于语言习惯和知识背景。生物教学中常说的"非糖物质"是指"非糖的有机物"，特指"脂肪和某些氨基酸等"。

2. 讨论

仅就题目本身而言，只要按照"非糖物质"的约定俗成的含义去解答就能答对。相反，如果认为"非糖物质"是真正的客观上的"非糖"物质（除糖类以外的物质），就会做错。

这是题目设置本身存在的问题，还是学生的回答有问题？我们是否能一味地责怪学生呢？

不难想象，教学和考试中我们往往会要求学生答题时不能脱离教学的知识背景，还会要求他们区别一般情境和特殊要求，但对许多"特定情境"下所谓正确或错误的表述却未必都能关注到。又如，在《高中生物·必修1·分子与细胞》（2003版）模块教学中，有的学生在回答"癌细胞与正常细胞相比，遗传物质会发生改变吗？"这个问题时，其认为"不会改变"，当老师问"为什么？"时，学生反问道："总不会变成RNA吧？遗传物质仍然是DNA！"。对此，教师应该给予必要的肯定，不可加以责备。原因是，DNA本来就没有变成RNA，DNA发生基因突变后，仍然是DNA，只是此DNA非彼DNA而已。更何况学生的回答符合该模块的知识背景。

在教学中，是按照教材或教辅导资料循规蹈矩地开展教学，还是积极鼓励学生独立思考并学会使用不同的表达方式来提高思维水平？是完全顺应自己所理解的教材语言背景和思路教育学生，还是突破框框条条的禁锢而对教学内容做一定的取舍和重组？若一味地"死扣"教材或教辅资料那些似乎固化的知识或所谓的规律总结，势将鼓励学生（特别高考和中考考生）将"死记硬背"和"揣摩"命题者的意图作为考前的必修课。这是不能不思考的问题。以上实例和分析一定有不妥之处，仅做抛砖引入之用。

请编辑老师作答

在课堂上，学生有很多疑问，有些问题也是教师一时无法回答的。下面的两个问题，就是请人教社老师作答的。

如何区分生态系统中的信息传递的类型

1. 问题［徐欢］

人教版《高中生物·必修3·稳态与环境》第106页："生物的行为特征可以体现为行为信息。动物的行为信息丰富多彩……蜜蜂跳舞就是典型的行为信息"。第107页："苹果园里放置一个电子仪器。这个仪器能够产生与蜜蜂跳圆圈舞和摆尾舞相同频率的振动或声音。当蜜蜂感受到电子仪器发出的声音信息后就会受到诱惑，飞到苹果园去采蜜"。

上面两段引文是否存在矛盾？"蜜蜂跳舞"属于行为信息还是物理信息？

2. 答复［人民教育出版社生物室（10081）谭永平］

生态系统中的信息传递，是生态学研究领域比较新的研究方向。和"能量"一样，"信息"也离不开"物质"。能量、信息是物质的基本属性。生态学家一开始也没有将生态系统中"能量流动"抽象出来做独立研究，20世纪30年代之后才产生"生态能量学"的概念，并逐渐深入量化探讨生态系统的能量流动。20世纪80年代后，生态系统中的信息传递才受到重视，逐渐成为相对独立的研究主题。当前有一部分中文的《生态学》专著将信息传递作为独立章节。英文的生态学著作里，提到信息传递、信息流的，比中文的要少。十多年前的高中生物课程标准在生态系统的主题内纳入信息传递这一内容，是比较超前的。

一部分生态学家认为，将信息传递作为与物质循环、能量流动并列的生态系统的功能，将信息传递抽象出来，有助于更好地理解生态系统的运转。

关于什么是"信息"，目前的说法却是莫衷一是，还没有一个很准确清晰的定义。目前生态学著作里，一般都说生态系统中的信息包括4类，即物理信息、化学信息、行为信息、营养信息。应该说明的是，这是一个为了研究方便而做的人为的划分，未来是否还会继续发展尚未可知。生态学著作里对物理信息、化学信息的阐述比较清楚，易于理解，但对于行为信息、营养信息的阐述，则缺少明确的定义。高中生物教科书里省略了营养信息的提法，只是介绍了三类信息，以免增加理解困难。

从信息传递的途径本身来看，生态系统的信息传递途径（介质）只有两类，即物理途径和化学途径。动物的某些特殊行为也传递特定信息，但其传递途径（介质）显然也只能是物理的（视觉、声音等）、化学的（化学分子）。由于行为信息一定要借助物理、化学的途径来传递，因此，说某行为信息是物理信息或化学信息严格说不算是错误。为什么把行为信息抽象出来？因为如果把这类信息混同于一般的物理、化学信息，对于突出这类信息的特殊性和行为的意义，对于理解生态系统中信息的多样性不太有利。因此，生态学家将动物传递着特殊信息的特殊的行为抽象出来，称作行为信息。

关于"行为"，目前也存在不同的理解。一般认为动物才有行为，但也确实有一些资料在讲植物的行为。在中学生物课程里，我们还是倾向于采纳动物才有行为这一观点。动物的行为很多样，生态学里有专门的"行为生态学"研究方向。动物的行为不一定都传递特定信息。很多的取食行为，比如牛低头吃草、猪埋头进食，就未必传递某种特殊信息，还算不上是行为信息。根据目前生态学的著作里的提法，只有那些传递特殊信息的行为才算是典型的行为信息。目前的生态学著作里，关于到底什么是行为信息，都往往采用举例式，如蜜蜂的舞蹈、孔雀开屏等是，而没有非常给出明确的概念内涵、外延。像萤火虫的发光等行为，就难以判断究竟算作行为信息好，还是算作物理信息更好。是物理信息应该不错，但是否算行为信息？不同的人有不同的看法。在编写高中生物教科书时，编者考虑将行为信息给予严苛些的限定，学生可能更容易理解些，更好界定一些。实践中，恐怕也是这么操作更合适些。

对于高中生来说，在哪些行为算行为信息这个问题上恐怕不苛求为好。这一节教材，无非是希望学生知道生态系统里，除了物质循环、能量流动，还有信息传递，信息具有多种类型，大致可以分为物理信息、化学信息和行为信息，这些信息传递，对于生态系统的正常运转十分重要。深挖目前大学生态学课程里都还没有阐述得十分清楚的行为信息究竟包括哪些，不是本节的主要学习目的。

（选自《中学生物教学》2008年第3期）

达尔文是否赞成用进废退的观点

1. 问题［李燕宁］

人教社2004年版高中《生物》必修2第112页"关于遗传的变异是怎样产生的，达尔文接受了拉马克关于器官用进废退和获得性遗传的观点……"，这句叙述如何理解？

2. 答复［陈香］

有些老师认为此处的表述欠妥，与事实不符。笔者查阅了《物种起源》及进化论的相关书籍，答复如下。

达尔文在《物种起源》（舒德干等译，北京大学出版社2005年10月第1版）第5章第2个黑字标题里论述了"用进废退和自然选择"，认为"家养动物的某些器官因经常使用而加强、增大，因不用而减缩、退化，并且这些改变可以遗传给后代"，在本段文字的结论部分，进一步提炼观点"生物的习性和器官的用进废退，都对生物体构型及构造变异有着重要的影响"。由此可见，达尔文是认可用进废退和获得性遗传观点的。

关于获得的性状是如何遗传的，达尔文提出了"泛生说"进行解释（虽然同时代的孟德尔对生物体的遗传规律给出了科学的解释，但是他的观点未得到当时社会的认同），认为生物体各部分细胞内都带有特定的自身繁殖的粒子，称为"泛子"，这种粒子可由各系统集中于生殖细胞内并传递给子代，使它们呈现亲代的特征，因而亲代获得的性状可能传给子代。（见于李难主编的《生物进化论》第310页，人民教育出版社1982年12月第1版）

需要注意的是，在达尔文的自然选择学说中，"用进废退和获得性遗传"的观点和"自然选择学说"并不矛盾。在人教社2004年版高中《生物》必修2第111页图7–3的自然选择学说的解释模型里，"事实4：个体间普遍存在差异（变异）"，达尔文借助"用进废退"的观点作为解释变异产生的原因之一，"事实5：许多变异是可以遗传的"，达尔文借助"获得性遗传"及其提出的"泛生说"解释变异是如何传给后代的。虽然这样的解释在今天看来不够科学，但囿于当时的科技条件和认识局限，通常难以获得科学的解释。尽管如此，达尔文的自然选择学说与拉马克的进化学说有着本质的区别，拉马克认为生物进化的原因是生物将因用进废退而获得的有利性状遗传给了后代，达尔文认为生物进化的原因是自然选择作用对生物体的变异（变异有有利的，有有害的，也有中性的）进行选择，使有利于生物体的变异得以保存，有害的变异毁灭，从而使生物不断进化出新类型。

（选自《中学生物教学》2014年第5期）

这道概率题的答案是什么

有一道题目，流行很广，有关内容某地高考也考到，我的学生也常问到，所以将我搜集整理并发表的文字也收录到本章。

编者按：2005年3月16日浙江的waterbuleboy网友在K12生物论坛上发表了一道遗传计算题，引起了众多网友的热情关注和积极讨论，5天之内回复的帖子多达220多篇，点击数近3000，争论激烈，答案多样，有的是1/20，有的是11/216，也有的是1/6，还有的是1/27或1/24，等等。由于许多答案都可找到不同参考资料做依据，但相互矛盾，因此，争论还在继续。说明这一问题具有一定的迷惑性，也给许多教师的教学带来了困惑。现编发此文，以供本刊读者做进一步的讨论。

为促进读者对这类问题做更深入的思考和讨论，下面重点选取讨论过程中有代表性的几种方法做介绍（其中方法一与方法二之争最激烈），并做简要的评析，同时谈几点感想。若有不妥，请批评。

1. 题目

下面是某家族单基因遗传病系谱图，基因用A、a表示，已知5是纯合体。请据图回答：若12与13个体婚配，则子女患病的概率是多少？

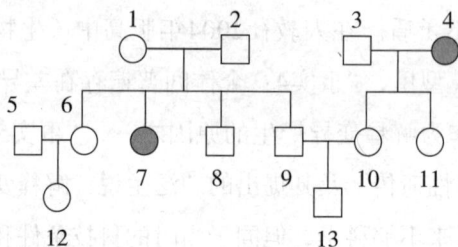

2. 解法

2.1　6、9和10的基因型

根据正常双亲1与2生出了女性患者7，可判断该病为常染色体隐性遗传病。因为4是患者，所以它的基因型是aa，可推出10为Aa；同理，7是aa，可推出1与2的基因型都是Aa；1与2的后代为AA，Aa，aa比例为1∶2∶1，因为6与9都是正常的，所以6与9的基因型分别都是：1/3AA和2/3Aa。

2.2　12的基因型

5是AA（已知），6为1/3AA和2/3Aa。5和6婚配的后代的概率如下：

①当6为1/3AA，后代为AA：1/3×1＝1/3；

②当6为2/3Aa，后代为AA：2/3×1/2＝1/3，Aa：2/3×1/2＝1/3；

所以12为（①与②合起来）：Aa1/3，AA2/3。

2.3　13的基因型

9为1/3AA和2/3Aa，10为Aa。9和10婚配的后代的概率如下：

③当9为1/3AA，后代为AA：$1/3 \times 1/2 = 1/6$，Aa：$1/3 \times 1/2 = 1/6$；

④当9为2/3Aa，后代为AA：$2/3 \times 1/4 = 1/6$，Aa：$2/3 \times 2/4 = 1/3$，aa$2/3 \times 1/4 = 1/6$；

9和10婚配的后代后为（③与④合起来）：2/6AA，3/6Aa，1/6aa。

因为13不患病，所以13只有两种可能：AA和Aa，比例为：2∶3。即AA占2/5，Aa占3/5。

2.4　12与13婚配后代

12为Aa1/3，AA2/3；13为AA2/5，Aa3/5。只有Aa与Aa才有患病后代。Aa1/3与Aa3/5的后代中aa是多少？

因为12与13都是Aa时，后代患病（aa）的概率为1/4。所以12与13的后代为患者的概率为：$1/4 \times 1/3 \times 3/5 = 1/20$。

答案为1/20。

……

3．说明

当一对正常夫妇（Aa）生出一个正常后代时，该后代为Aa的概率多大？一般是这样思考：这对夫妇的后代为：AA，Aa，aa，比例为1∶2∶1，正常后代是：1/3AA和2/3Aa。显然，这一结论是在同时考虑AA，Aa，aa3种后代的基础上排除aa的情况后做出的。因为Aa与Aa产生后代的过程，配子有a，所以考虑后代出现aa是必须的，只有这样思考才符合事实。也只有这样才有AA，Aa，aa比例为1∶2∶1，它是排除aa后导致出现AA和Aa分别占1/3和2/3的前提。也就是说，之所以作出1/3和2/3的结论，是考虑了包含aa在内是三种基因型后代。

上述解法认为，应该将各种可能后代的概率先计算出来再统计某一类型的概率。也就是说，由9和10推出13的方法，应该与由1与2推出5或6的方法一致，在考虑所有可能后代的基础上排除aa的情况。

4．思考

从这道题的讨论过程，可以看出广大教师对教学的热爱和钻研精神，同时也反映教学的辛苦，还暴露出部分教辅资料存在的问题，也显示出网络教研互动性和时效性强的优势。

这里顺便指出，自1999年广东率先恢复生物学高考以来，全国高考试题在考查遗传学知识时，始终注意到按照教学大纲和考试说明进行命题，没有出现复杂的计算类题目。这是值得肯定的。如果考试中出现复杂的遗传计算题，意味着考生备考过程中需要花费更多的时间和精力去复习相关数学知识，这不仅会增加他们的课业负担，也不利于将有限的分数用于侧重考查学生的生物学素养。

（节选自《中学生物教学》2005年第6期，原标题"网络链接：一道概率计算题的分析和思考"）

基因是遗传物质吗

日常生活中，如报刊、杂志、广播等传播媒体常将基因与DNA这两个概念等同使用，因此在具体情况中，要留意区分。

人教版教科书的这个题目出得也很有思考性。我们为什么说DNA是遗传物质，从遗传功能上看，就是因为有基因。因为基因的存在才使它（DNA）成为遗传物质，才具有遗传效应；同时，对以DNA作为遗传物质的生物来说，DNA是基因存在的基础和前提，基因是无法离开DNA而存在的。教科书上的问题与解答在讨论两者的关系时很到位。基因和DNA是对遗传物质从不同角度的描述。当然，从概念上看，既然DNA是遗传物质，而基因只是其中的部分，但说基因是DNA似乎有些不妥。日常生活中（或有些专业书籍中），人们习惯地将基因与DNA这两个概念等同使用，是因为基因确实是DNA中最重要的组成部分。例如，在讲述细胞的"全能性"的遗传基础时，有时说其含有控制个体的全套基因（或遗传物质）。可以说，在习惯上，基因常常成了DNA的代名词。

植物种子是生产者吗

初看此题，部分同学给出肯定的答案。其实是错的。

说植物属于生产者，是从其营养功能来看的，因为植物能通过光合作用制造有机物，属于自养型生物。生产者是针对个体而言的。种子是植物的器官，对植物各器官，只能说是组成生产者的一部分，讨论某个器官是否是生产者，无实际意义。例如，根属于植物的器官，是许多生产者不可缺少的，不能将根与同一个体的其他器官割裂开来讨论，而认为其因为不能制造有机物而判定是异养型或消费者。当然，种子内的胚属于下一代，从生长发育的历史看，也可认为是生产者的幼体，但胚不等同于种子。

没有不遗传的变异吗

有朋友认为，"生物的变异，有的仅仅是由于环境的影响造成的，没有引起遗传物质的变化，是不遗传的变异"这样的叙述值得商榷，他认为，任何变异都是可以遗传的，不存在不遗传的变异。主要证据如下。

水稻由于"水肥充足"（环境条件）引起的高茎，其后代只有同样也处于"水肥充足"的环境条件中，才能产生高茎性状。这种现象不就说明了"没有引起生物体内的遗传物质的变化"的"变异"也是能够遗传的吗？

老鼠尾巴的遗传实验中，若将某代老鼠的尾巴被剪去，其后代仍然有尾巴，连续剪去18代，后代仍然有尾巴。本可以说明，剪去尾巴主要的变异，是不能遗传的，但他们要这么认为，之所以后代有尾巴，是因为后代环境变化，失去"剪去尾巴"这样的环境。如果仍然剪去，自然没有尾巴，这不正说明，无尾巴的变异是可以遗传的吗。

对此如何进行理解呢？下面换个例题来说明一下。

例如，适宜条件下，基因型为DD的植株长成高茎，自交后代在同样的条件下依然长成高茎，因此，高茎DD这一性状是可以遗传的；基因型为（DD）的植株在贫瘠土壤条件下长成矮茎，"高"的后代出现"矮"这一现象，从概念上看也叫变异，这种变异是不是遗传？按照习惯性思维，应该再放到适宜的条件下试试，若出现的是"高"，说明这一变异是不可遗传的。我想说的是，若是后代出现矮茎dd个体（变异），即使在适宜条件下，也长不出高茎。这样的变异是遗传的。这还不能说明这样的变异不能遗传吗？问题的焦点是，水肥充足能否引起矮茎变高茎？如果能，那适应条件下所谓的高茎和矮茎并非遗传学上的相对性状，因为要么都是矮茎，要么都是高茎，也就没有这一变异出现。

给老鼠剪去尾巴，这个动作若始终存在，意味着老鼠本来就是无尾巴的，那就没有有尾和无尾之争。我们的讨论也就失去了前提。

可见，在给概念下定义或者在学习和理解概念时，一定要准确了解其存在的前提，同时也要尊重具体实际。

有机碎屑属于生态系统的何种成分

"生态系统包括生物成分和非生物成分，非生物成分又称为生命支持系统，包括能源（太阳能和其他能源）、气候（光照、温度、降水和风等）、基质和介质（岩石、土壤、水和空气等）和物质代谢原料（腐殖质、脂肪、蛋白质和糖类）。"[①]

"有机碎屑"来源于生物，含有生物的物质和能量，但不是生物。在生态系统的4种成分中，有机碎屑只能是属于"非生物的物质和能量"，这里的"非生物的物质和能量"可理解为"非生物体内的物质及所含能量"。一片落叶，虽然来自植物，但不能称作"生产者"。它与其他无机环境的物质和能量是有区别的。"有机碎屑"来源于生物，也可直接为生物提供有机物和能量（化学能）。以"碎屑"为基础构成的食物链，即"碎屑食物链"。该类食物链的构成方式为：碎屑、食碎屑动物—小型肉食动物、大型肉食动物。

---

① 周永红，丁春邦. 普通生物学【M】. 北京：高等教育出版社，2007：434.

第 8 章

对学生说

与学生的互动，有口头的，也有书面的。不管哪种形式，及时与学生进行心理沟通都是必要的。

教研结合，研而不教则空，教而不研易虚。我们希望自己的学生快乐对待学习。教师的理想很大程度上是通过学生来实现的。没有学生理想的实现，教师发的论文再多都是空的，自己也不会原谅自己的。我常对学生讲逆境出人才的故事，也讲各类英雄故事，科学家研究的历史。董存瑞连碉堡都敢炸，你做几道数学题，不需要付出那样的代价。为什么那么怕呢？人是不是英雄，要看你跌倒后是什么态度，而不是看你在顺境的表现。

给学生写公开信

亲爱的同学们：

本学期将由我来担任你们的生物课。学校对大家给予了深情的厚望。希望你们打造出育才生物教学更加精彩的未来，希望你们以实际行动证明今次的选择是无悔的选择。

你们与我一样选择了充满着无限生机和活力的生物学，使我们有缘成为学习和研究的同行和战友，我非常感谢你们。

"21世纪是生命科学世纪"不是吹出来的。生物学与人类的关系越来越密切，当今人类遇到的所有重大问题的解决几乎都与生命科学有关。2002年国际十大科技成就中就有6项与生命科学有关，各大媒体有关科技进展的新闻报道中有1/3以上是生命科学方面的。生物科技的主导地位日益显著，生物科技产业已经成为21世纪的三大支柱产业之一。等等。这些让足以我们感到激动和自豪。我们选择学习生物学，并将他作为自己的真诚选择，也应该感到无上的光荣和幸福。你们是好样的！

当然，生物学的地位在部分中学师生的心目也许还不高。因为"文革"期间的生物学遭遇了人为伤害，使我们的长辈在读中学时所学的生物的知识非常少，以至于今日媒体包括工具书中，有关生物学的名词术语用错的现象比比皆是。同学们，生物知识的普及和提高任重道远啊。

为什么将生物学作为自己的选考科目？不同的同学可能会说出不同的理由，但有一点应该是相同的，这就是我们对其学习有着必胜信心，相信生物学会给自己带来光明的前途。而这正是取得成功的先决条件。因为，信心是学习的支柱。而一个人如果对自己的学习丧失了信心，是难以创造佳绩的。总想成功才会成功。学习之路并非平坦之途，其间布满了荆棘、存在着坎坷。希望大家在前进的道路上不管遇到什么艰难险阻，不管遇到来自何方的风吹浪打，应该始终要像今日一样保持着必胜的信心和勇气。

学习很苦，但苦中有乐、苦尽甘来。没有几番寒彻骨，哪得梅花扑鼻香啊。如何使学习变得快乐？如何让自己的未来生活充满着欢歌笑语？我认为首先得有快乐的意识。快乐不等于盲目乐观，更不等于麻木傻乐。要将解决学习中一切问题、战胜前进的一切困难作为自己的最大的快乐。一旦将克服困难与快乐联系起来了，你就会乐此不疲，你就会进入进步与快乐的良性中。

最重要的学问是关于方法的学问。学习方法对我们来说非常重要。为什么同样的起点、同样的班级、同样的学习条件为什么学习成绩差距这么大？与个人的基础、态度、方法、能力等有关。对生物课来说，想在此提醒大家注意几点：一是，要理解和落实老师的基本教学要求。教与学双方，如果比做两种力的话，符合矢量的加法原理；如果比做波的话，符合共振的原理。二是，应及时主动检查和发现和解决自己的存在的问题。为后阶段的学习打下良好的心理、知识和能力基础。这点非常重要。及时解决问题，会起到事半功倍之效。对寒假来说，个人应根据自己的情况，将本学期所学内容复习一下，为下一阶段的学习打下良好的基础。三是，及时做好笔记。记下自己遇到的经过思考还不能解决的疑难问题，以便通过讨论加以解决。可以与同学一起讨论，也可以与老师一起讨论。作为老师，非常欢迎与大家一起来解决问题的。

我们每个人都有远大的理想，并且愿意为自己的理想去做快乐的打拼。作为教师，也有自己的理想，我的理想是你们能更好地实现理想。

（写于2002年2月24日）

你的成功是我的期待

——《中学生导报》理科版主编寄语

各位同学，想到你们正在看或曾经看过我们的报纸，我们只有感激和不安。感激的是，因为报纸我们有缘成了朋友。能结识你们这些未来建设者，心里增添了无限的希望，也因此增强了工作的信心。不安的是，担心我们所做的并不是你们所需要的，我们所表达的思想并未被你们所认同和肯定。随着高考的日益临近，同学们也会越来越感到紧张。在此衷心期待大家做好以下几点。

1. 快乐

快乐出成绩。当前，要将上好每节课，记住每一点知识，学会每一解题方法，熟悉每一则材料，作为自己最大的快乐。不要烦恼，不要悲哀。老师讲的简单了，你可自己与老师也一起默讲；老师讲的太难了，可做好笔记在课后弄懂。读书很苦，解题很累；但苦中有乐，累中有趣。苦尽甘来，累过无悔。

2. 自信

自信力是人生的支柱。你们没有理由不自信，也应该自信。想到我们国家有那么文盲，我们即使考不上大学，也是同龄人中的佼佼者了。我们吃现成的，花着父母的血汗钱，享受着良好的教育，我们没有理由不自信。天生我才必有用。有了自信，遇到再大的困难我们都会想办法去克服。

3. 负责

责任心是中华民族的良心。对自己负责应该是我们的基本态度。抓紧现在，不放过今天。今日能完成的作业不留到明天。我们勤奋刻苦，主动求知，是因为我们是有良心的人。因为负责，我们会主动地学习。因为负责，我们不会找任何借口去放弃我们对知识追求的信心和决心。

4. 勇敢

学习之路，布有荆棘坎坷。我们要勇于克服前进道路上的一切困难。想到董存瑞在危机之时能以自己的微薄之躯拉响炸药包，想到黄继光面对凶猛的机枪口无畏地前行。我们遇到的问题再难，付出的代价再大，也比不上董存瑞和黄继光这两位英雄所遇到的大。有什么困难能阻止我们前进的步伐呢？

5. 善思

我们自信，但不盲目自信。我们负责，但也讲究策略。我们有勇气，但不轻敌。面对学习，不要轻言不懂，要多想想，换几个角度想想。努力做到心中有书，心中有书会让我们做题不慌。努力做到题题有思，因为思考让我们遇到的难题不难。

6. 有序

学习需要循序渐进，不要时冷时热。"兵荒马乱"，效率最差。劳逸结合，效果最佳。时间一定，活动安排应有序。一天时间大多在课堂，人与人成绩之差异，主要在课堂的效率上见分晓。看书做题应合理搭配。不要看书时，就想到该做题；做题时想到该看书，更不要只看书做题不休息。应该从点滴入手，持之以恒。量变累积，必有质变。

如何学好生物学

如何适应新课程下的生物学学习？学习新课程理念下的生物学，要特别注意做到以下几点。

1. 想学

生物学对自身发展太重要了！"21世纪是生命科学世纪"已成为科学界的共识。比尔·盖茨在北京师大附中说："未来，只有软件和生物科学能改变世界！"许多有识之士认为："只有懂生物学的人才能真正领悟到生活的意义。"从20世纪90年代起美国培养的博士有约51%从事生命科学，到2000年，世界前50强企业中生物制药企业就占13家。为什么许多优秀学子都立志学好生物学课程呢？为什么许多非生物学专家后来转学生物学呢？因为他们认识到生物科学与人类关系的密切性。学好生物学对自己解释平时生活中的许多生命现象，了解国家的方针政策，解决平时所遇到的健康等重要问题密切相关，生物学领域对自身有较大的发展空间。同学们学好生物学基础知识，获得必要的方法和能力，具备一定生物学素养有利于更好地适应未来社会和建设自己的祖国。

2. 要学

要有学好生物学的主动性和自觉性，要有学好生物学的意识和决心。"我要学"与"要我学"最大的不同在学习动力方面，前者意味着学习具有主动性和自觉性。总想学好才会学好。过去有部分人对生物学存有偏见，以为生物学的学习就是认识几种植物或动物。还有人认为，学习生物学就是"背书"，只要临时突击就可过关。这都是对生物学的不了解。其实生物学是一门实验性和应用性很强的科学，它包含的内容博大精深，是一门学科门类较多、涉及研究方法多样的综合性的科学。只有认识到这点，你才不会认为其是"副科"，才会懂得它是构建你知识结构不可缺少的学科，与其他学科具有同样重要的作用。同时，也只有认识这些，你才能更好地树立学好生物学的意识和决心。

3. 爱学

在学习中寻找乐趣和动力。爱学，乐学，这是保证自己有旺盛的学习热情的前提。生物学为什么是许多同学认为最有趣味性的学科之一？这与它所涉及的内容有关：它与我们的生活密切相关。当你翻开报纸或浏览网页时，你会发现有大量的文章都涉及生物学。有人统计，《参考消息》的科技文章中有1/3与生物学有关。只要回忆自己一天的生活历程就会发现，几乎每个环节都可用生物学知识做解释。同学们不妨试试。正因此，不少同学随着对生物学知识和方法的了解，对生物学的兴趣也越来越大。

4. 会学

把握学习方法，不断培养和提高自己的学习能力。怎样学习生物学？与学习其他学科一样，在树立正确的学习态度，具备明确的学习目的前提下，要特别做好以下几点：一要打牢基础。学好基础知识和技能是提高能力的前提。学习知识和获得技能，不是依靠死记硬背而是通过实践和思考获得。二要积极探究。开展探究活动，首先要有探究意识，要有探究的热情和兴趣，对各种生命现象，要有好奇心。在探究过程中，要善于提出问题和解决问题，从中获得必要的探究方法和技巧。探究能力还包括语言表达能力，如果没有必须具备的表达能力，探究水平也就不可能得到更大的提高。三要勤于思考和总结。要形成经常性反思的习惯，要及时克服影响自己学习成绩提高的各种困难。四要坚持不懈。从事任何学习和研究活动，都会遇到这样或者那样的困难。作为新时代的高中生，要有迎难而上的勇气，再大的困难通过自己的努力也是可以克服的。

（选自广东科技出版社《高中新课程100问》2005年4月第1版）

不要总说"不懂"

说生物学难学的同学，到底是不懂呢，还是不记得？对学生的学习来说，这是很重要的问题，它涉及今后如何学习，学习是否主动和是否有信心的大问题。

细胞质基质能不能产生丙酮酸，对这样的问题，若答不出来，那说明你不记得，不能成为生物学难理解和难学的理由。

我们每天接触一大堆新知识和实验方法等，要全面掌握这些知识和方法，需要做许多类似的模拟题，做过以后，应该反思一下，自己学不好的原因。

这就需要分清楚，学不好的知识是不懂呢，还是不记得。因为考试结果本身不能反映出是什么原因，需要每个人自己去总结。

做错题，给自己造成的负面影响的效果是相似的，会使部分学生感到的学习困难。

学习应该学会反思，学会对自己的问题进行归类，这才能做到有的放矢。

少一点"郁闷"吧

在某班讲试题时，个别学生对某些题目明明不懂，但就是不问。为什么不问呢？

经过一番启发式疏导，果然有效。

我们不能"郁闷"啊，一道题不懂，增加一点"郁闷"，两道题不懂，增加一点"郁闷"。一天下来，得有多少"郁闷"啊？长期下去，量变到质变，那将是什么样的人生呢？郁闷的人生。这样还谈什么生活的精彩？

大家有什么问题，就及时说出来，老师就是为大家解决问题的，解决问题的过程不仅是能学到知识，也能减少郁闷，提高生活质量的。

有了郁闷不可怕，及时解决就是。产生"郁闷"本身也说明有一定的责任感。若对一些问题，什么郁闷都不会产生，有可能是失去了解决问题信心。这才是更应该重视的。

也就是说，有郁闷不可怕，只要及时解决就好，临时产生点"郁闷"比没有郁闷好，及时解决"郁闷"比让"郁闷"累积好。

第 **9** 章

教研心得

及时参与各类教研活动，带着
研究的心态去学习和思考，
并加以记录，带来的不仅是充
实，更能使自己有良好的状态
投入到工作中。

分享教研的苦与乐，感受交流的真与美——标题是2003年我给"生物论坛"写的主题词。"点击学科热点，敲打互动文章；记录成长轨迹，相伴核心期刊"，这是我博客上的话。可见，当初互动平台在我们心目中的地位。信息技术的进步，改变了互动的形式，但没有改变互动的地位。

三动二情促成长

我是一个普通教师，说我的成长经历，从某种程度上就是反思我为什么还是那么"普通"。如果说我有一点感悟，集中起来就是"动情"，即互动、感动和冲动，激情和真情。这五个词密切联系，彼此相关。

1. 互动是给自己照镜子

互动是一种交流形式，既是心理上的，也是行动上的，是与互动对象直接或间接的呼应和交流。互动是一种"默契"，一种超越物质层面的"情感体验"，或者说是"心有灵犀一点通"。

我对学生说，如果我们每天遇到的问题，不及时解决就会增加一点"郁闷"，"郁闷"累积太多会让人产出精神"窒息"。解决郁闷方法，就是让它释放出来。释放郁闷的有效方法，就是不懂就问。

很多关心我的同行朋友注意到，我在担任广东省教师工作室主持人之后，热衷于写随笔了。我将随笔发表在博客上，作为向同行谈心的途径，作为向关心我的人汇报工作的方法。平时讨论过的东西，课堂讲起来就方便。所以我认为"互动是长远的备课"。为什么自己在上课时，总是处于兴奋状态？原因是，许多教学上的疑难问题，都在我主持的互动平台讨论过，学生常常表现得比我更兴奋。无论是平时的教学，还是外出与同行进行交流，由于有"互动"的基础，不管事先准备得如何，至少感到自己始终有话说，总有引发大家"思考"的话题。时间安排上，能给自己更多的自主性和灵活性。讲课或做报告的内容可长可短。互动的内容，可做"补白"，也可作"专题"；可穿插在教材解读中，也可渗透在热点问题讨论中。我因此在交流中变得有"底气"了。

直接与学生互动，发动学生之间互动，可以让学生感到一节课的时间太短，而不是急于下课。准备发言的学生会认为，准备活动需要足够的时间；已经发言的学生，非常想听听其他学生是怎么发言的，老师是怎么评价的。我曾经上过一节"绪论"课，题目是"如何利用表格"，内容是关于多种传染病的发病率的，这节课就是通过互动完成的。内容涉及传染病的有关生物、预防方法、国家医疗卫生事业的进步等，引发了学生思考和互动。在课堂小结时，有学生提到，我们国家癌症发病率低于心血管疾病，而美国则相反，因此我国医疗水平高于美国。我引导他们思考，有的发展中国家感冒和疟疾的死亡率高于癌症，又说明什么呢？不少学生兴奋地说，他们许多人等不到患癌症就去世了。

互动可以让学生找到自信，也可以发现不足。还可以培养合作精神，避免走弯路。对教师本人来说，也是这样。

2. 冲动是持续发展的动力

有一个我们难以回答，却不得不回答的问题，就是"你有进步的冲动吗？"对这个问题的回答，本身就是"反思"的开始。

产生冲动的原因，其实很简单。产生于自己对专业提升的渴求与现实的矛盾，无论是教学或者是教研，只要有反思，有自身定位和与同伴的比照，就会产生冲动。我刚参加工作时的学校是在农村，虽然学生的基础以及教学设施等远不及城里学校和重点中学，但作为刚毕业的我，却有着要彻底改变和提升学生成绩的强烈愿望。理想与现实产生的尖锐矛盾，促使我产生了强烈的需要更加努力的冲动。当时的我，总是不断提醒自己，要努力做到尽可能地读更多专业期刊和书籍，给学生更多的关心，与学生的关系更密切，使自己的课堂能得到学生更好的评价。正是这样，学生对我的课确实表现了更大的热情，他们的进步也相对比较快。这也是我所教的学生，虽然只上一年生物课，但其高考生物成绩能超过市里绝大多数学两年生物课的学生的缘故。而这样的结果，又进一步强化了我继续产生新的冲动，因为我的教学目标提高了。

3. 感动是调节心理的良方

没有感动，也就没有感恩。有"经历"的人，碰到过不顺，更懂得感动和珍惜。对我来说，感动能让我去做换位思考。感动可以引起感动。我曾经在一篇谈教学的文章中说过，幽默无处不在，感动也无处不在。有学生曾经说，生物课就是让他们感动的课。

例如，植物默默无闻地为我们制造氧气。

我甚至认为，我能当教师，本身就该感动。所以，我很看重学生的评价。特别感谢那些并不一定欢迎我，却必须听课的学生，是他们给了我"饭碗"。从这个角度上讲，没有差生的原谅，就没有今天的成绩。考得好的学生固然让我感动，考得不好的学生，却不责怪我，反而鼓励和宣传我，更让我感动。

我过去听报告时，对自己不喜欢的"报告"，总是感到不快，有时很烦躁。后来意识到，我是使用了低水平的听报告的方法。我想，为什么能让我去听报告，而有的人还在农田或者烈日下流汗，甚至连工作都没有。相比之下，如果我听报告时"混日子"，这不也是"腐败"吗？想着想着，自己就感动起来了，于是就开始以欣赏的眼光对待"报告人"，并开始做换位思考：若是我去做报告，怎样才能更好地与听众做互动？也因此，我不仅关注报告内容，也关注做报告的方法，并随时做记录和写反思。记得2004年多次参加新课程培训，对报告者的部分观点虽然理解，但却不赞同。我没有感到不快，没有指责报告者是"胡说"，而是连续写了多篇感想，在《光明日报》《中国考试》和《中国教育报》分别发表的《教学实践：呼唤课标具体化》《新课改呼唤深化高考改革》《课改理念与中学生物教学实践》等文章，就是参加培训活动的时候写的。

作为教师，有时也知道有的同事不受学生欢迎，但不知道具体原因。但如果假想自己是学生，遇到不喜欢的老师，就可以直接加以研究了，可以探讨"不受欢迎"的原因。这样就可以为自己提供另一个角度的借鉴。可见，当教师时找机会去体验"做学生"，有利于更好地当教师，这也成为很长时间我愿意参加教研活动的原因。

4. 激情是产生灵感的"催化剂"

没有激情，就没有活力，就不可能成为一个好教师。教师要以激情去引发学生的激情。我感到自己对教育始终不乏激情。在进教室的时候，常常会提醒自己，一定要有激情，要让课堂生动些，再生动些。

有了激情，上课才会幽默。自己不开心，还能让学生开心吗？上课时，对教材很朴实的描述，我会尽量添加点"激情佐料"。例如：我让学生在"1928年，格里菲斯的肺炎双球菌转化实验"的描述前，加上"难忘的"三个字；在做摩尔根的白眼果蝇实验时，我会与学生一起，朗读阅读材料，并加上"爱妻子，爱孩子，更爱科学"的表述，并加以解释。常常引发一阵阵喝彩或笑声。

有激情才会留心生活中的细节，才会及时做好观察和记录。我的语文不好，其中最不好的可能是普通话。我读小学和初中时，老师基本不讲普通话，我也因此耽误了学普通话的最佳年龄。刚到深圳时，我订阅了《汉语拼音小报》和《咬文嚼字》。我随身带着《新华字典》，将生物课本上所有的专业名词标上了汉语拼音，书上总是密密麻麻的。查字典给教材注拼音的时，我发现《新华字典》本身也存在不少不专业的问题。例如，"菌"字的注解就存在错误，我为此发表过《质疑'新华字典'中生物学问题》一文，该文涉及诸多生物知识存在值得商榷之处。

我还认为，热衷于发表教研论文，往往是一个教师热爱教育的表现，也是有激情的表现。只有教而有研的教师才可能及时总结自己的经验教训；只有善于总结经验教训的教师才有可能将自己的文章顺利发表出来。

5. 真情：构建和谐的"内质网"

一份真情可能让人永世不忘。我感谢我过去的老师，感谢我所有的学生，感谢给我各种发展机会的所有人，包括对我进行过培训和我参与培训过的老师。

真情对待学生

作为教师，你想对学生说什么时，一定要想到，如果自己是学生，是不是接受这样的说法。我坚持认为，教学好不好，得要学生说了算。没有学生的肯定，对教师来说，荣誉再多，都是失败的。

有真情，不等于与学生就是"哥们"，而是要给他们学习的信心。我经常与班上生物学成绩差的学生探讨教学方法，让他们帮我出主意，共同研讨如何上课才能让大家听得懂。有时，让他们一起试着讲一些可能难懂的问题。我还向好学生学习理解问题的技巧。其实，这也是与学生互动，或者说教学相长。

有的学生说，让他们感到最放心的课是生物课，如果我的课他考不好，他觉得对不起我。我没有逼学生做作业的习惯，因为我读书的时候就是喜欢自学。向学生"请教"的另一个方法是，让他们填写调查问卷，让他们对我的教学提建议和意见，并且可以不记名。我几乎不公开严厉批评某个学生，在说成绩时，我会加上"暂时"二字，例如，"成绩暂时落后者"。我在给学生发"成绩奖"的时候，会同时发"卫生奖"和"乐于助人奖"。

真情对待同行

共同关注某些话题，并参与讨论，这本身就是合作学习的开始。生物学科教师群体中共性的东西很多，特别是专业成长方面更是如此。他们过去学习的是类似的课程，教授的是同样的教材，阅读的是类似的期刊和专业书籍。但每个人的成长过程总是有差别的，面对同样的问题，其处理方式和态度有所不同。某个人的经历及思考，也许能让他人产生"胜读十年书"的感叹。向同行请教，目的很明确，不仅能帮助自己，也能让同行感受到自身的价值。我鄙视"不懂装懂"的现象。我之所以乐意做互动平台的主持人并坚持做了十几年，目的之一就是，要在同行中形成一个相互学习的氛围。互动不等于"表扬"。互动过程中，我期待支持，也欢迎善意的批评，支持和批评都将是让自己产生思维火花的源泉。好的对手能就事论事，友好回应，字里行间饱含"真情"，可以成为我们成长道路上的"一字之师"和"启迪之源"。一句支持，一处点拨，也许会影响自己一生。这方面的实例很多，在此就不赘述了。

[选自《课程·教材·教法》2015年第10期"治学之道"栏目]

写作感悟

虽然我们写教研文章时心态不一，目的有异，但有一点却是相同的，写文章的过程本身也是一种学习，能促进自己业务水平（特别语言表达能力）得到不同程度的提高。正因此，教研和写作在部分教师身上占有举足轻重的地位。我写一般教研文章的体会主要有：

尽量做到有感而发，有感必发。这点很重要，无感而发的文字往往是枯燥乏味的。"感"是开启打开思维大门的钥匙。有感，我们才有话可说。感想产生于生活，人人都有；关键是我们是否能及时"捕捉"，是否能抓住不放。记得1997年我在准备环保资料时，为了解各个国家对环保的重视情况，特地去了一趟书店，其中"国旗、国歌、国徽"这本书，使我感到眼睛一亮，从书中的插图和注解知道，许多国家的国旗上有绿色并且不少与环保有关，我在买回来做资料的同时，也就对各国家的国旗的相关颜色进行了分析归类，于是在《环境》杂志上发表了"绿色象征着什么"一文。又如，在一次备课过程中，我查《新华字典》有关"菌"字的读音时，发现其释文有欠妥之处，心想：这样印刷数以亿计的权威工具书都有问题，实在是太令人震惊了！这也使我产生了结合生物知识进行探讨的欲望。是不是还有其他条目也有问题？于是我花了大约2天时间集中看完字典，结果发现不少生物条目值得商榷，同时我还翻阅了同一字在不同版本上的解释情况，发现大多以《新华字典》为依据，于是在杂志上发表《质疑新编》一文。当然，由于种种原因，我更多情况下是感到自己留下了很多遗憾，未能对教学中的更多的感想及时作总结，而不能很好地做到"有感必发"。

努力以欣赏的眼光去学习和研究别人的文章。写文章最怕眼高手低，尤其是对刚开始写文章的人。有几个我熟悉的朋友，以前看别人的文章总觉得没什么，似乎人家讲的东西很无聊，不值得一看，而拒绝了学习他人的可取之处，后来因为评职称等原因想发表文章，而开始动笔，在我帮助他修改时，才恍然大悟，觉得还是自己不如人家。应该说，每个人写的文字（特别是公开发表的），一般说都包含有自己独到的见解，都有值得学习的地方，如果总是"严于律人""宽以待己"，自己的教研水平就很难得到切实的提高。

只有以欣赏的眼光来看待别人的文章，你才有耐心去读，也只有这样你才能参与有关问题的思考和讨论。

发表文章与提高教学质量并不矛盾。教研文章，来自教研实践和对实际问题的思考。只有积极参与实践，并思考实践中所遇到的具体问题，才能产生自己独到而有价值的观点。

发表文章应该说有利于促进我们的教学，因为写这类文章，需要查阅许多相关资料，需要对教学情况进行分析和总结，需要对教学对象的特点进行深入了解和把握。多年来，由于我注重研究教材和高考，以至于上课时能说出教材任何一页写了些什么话，哪些话写得不严密，哪些话容易误解；见到大多高考试题能准确说出是哪一年的（甚至是第几题）。对一些流行试题，能说出是哪一杂志是最先发表的，原创作者是谁。在为杂志和市统考命题时，能在较短的时间内根据考试目标命制出新颖独到的题目（许多题也成了流行题）。正因此，在课堂上可不看任何参考资料，而及时根据学生对知识掌握的具体情况提出切实有效的问题，使学生顺利接受。多年来，在授课时数较少，课业负担相对较轻的情况下，学生在会考、高考、竞赛等大型考试中，均取得了突出的成绩，我的教学也因此受到学生的欢迎。

学科教师如何做教研

——答《南方日报》记者问

1. 请您介绍您的教研大致情况

回忆自己的教研历程，大致做了以下几个方面的工作。

一是问题研究。这样的研究，虽然不成系统，甚至有些零碎，但都是针对教研中遇到的实际问题开展的，比如，对教材、对试题、对同行等开展的质疑。我尤其重视学生提出的关于教材或试题方面的问题，有些研究和讨论就是从学生的提问中得到灵感。我发表的文章中，很多是直接来自课堂教学的体验、感悟和反思等，是对课堂教学问题的具体解读和回复。

我自己申报的立项课题不是很多，但作为一线教师代表，我参加了多项国家级课题和省级课题的研究。在与包括一些教育理论专家在内的工作室成员一起参与课题研究的过程中，自己的教研理论水平得到明显的提升。

二是互动平台。我教研工作的相当一部分精力，放在担任核心期刊《中学生物教学》杂志互动平台专栏的主持人上。在担任主持人期间，引导和组织全国各地成百上千的优秀生物老师同时开展线上线下的互动式的讨论。该杂志发表了百万字互动的稿件，并在人教社出版了《中学生物教学热点互动》一书。

三是考试命题。因为长期担任区教研员，同时热衷于教研，所以参与大型考试的命题或研讨的机会也多，除区统考命题外，仅参与深圳市模拟试题的命制就有40多次，还有多年参加教育部和广东省高考有关试题研究或评价等工作。

四是教材编写。近年来参加人教社高中课标教材的编写工作，感受和学习了专家们的研究精神和经验。

五是经验分享。我担任全国继教网的主讲教师，人教社的培训专家和广东省教师职务培训的主讲教师，也常应邀到各地区做交流。在分享与交流活动中，我遇到了很多值得探讨的问题，进一步促进了我教研水平的提高。

2. 您最为得意的科研作品是什么

谈不上得意。在我的教研活动中，自己觉得相对有意义的，除了上面提到的互动平台外，就是构建我的"广东名师工作室"的研究项目"同课同构—互动培训模式"的实践研究。对于这种"同构"，当时有些学员不是很理解，但在跟岗实践活动中，受到了充分的肯定和欢迎。我的工作室被评为省级优秀工作室，我被评为优秀指导教师。

3. 老师在中小学做教研有哪些难处

一是文字表达意识和水平。很多年轻教师能做也能说，但就是不写，或者一写就缺乏逻辑，没有条理，甚至语句不通顺。二是精力，特别是中学老师，更多的精力放在提高学生的考试分数上。三是缺少系统性指导，包括我自己在内，我的教研活动，有较大的随意性，很多一线教师大体也是这样。好在我一直"以教为乐，以研为趣"，将教研放在备课和教学中。于是，自然发育，野蛮生长，也算取得了一些成绩。

4. 中小学实施教研有哪些意义

大家讲得比较多的可能会是以研促教，对中小学教师来说，做研究可促进自身理论水平和教学水平的提高。对教学问题研究透彻了，自然为下一阶段的教学积累了经验，避免少走弯路。

而我想强调的是，做教研可以克服职业倦怠。以高中教师为例，做教研的大部分是中青年教师。还有那些长期不放弃教研的老教师，一直孜孜以求，乐在其中。因为不断的研究，不同的成果，使他们"沾沾自喜"，乐在其中。

5. 中小学实施教研存在哪些"短板"或"瓶颈"

现在中小学实施教研，最大的问题是追求"高大上"，追求形式的轰轰烈烈。在我看来，对于基础教育来说，做教研与大学需要较高的理论水平不同。做教研，不等于申报课题和立项；即使是做立项课题，课题也要尽量小点，要与自身教学结合。写论文，不需要太高深的理论水平，而需要实践过程的经验或教训的分享。

"举例说明"科学吗

编者按：教育学者和科学家具有不同的科学本质观，但两者在认识自我、理解世界和揭示规律上，却又呈现出相对的一致性，即都具有科学的思维。针对目前教研论文中，普遍采用的"案例研究"，本文作者从科学的角度进行了审视，值得思考和讨论。

1. 案例不等于科学

科学强调"实证"，注重实验的"可重复性"，重视用数据来说话。然而数据的枯燥，调查、统计与分析的复杂，让人望而却步。因此，"教研论文"的作者大都不约而同地选择"举例说明"的形式进行论证。"举例说明"难免会受研究者自己的主观愿望的定势影响，使其研究得到的结果与预设相接近甚至完全吻合。"叙事研究"是案例研究中相对"科学"的一种形式，其描述的是客观事实，其"价值关怀"蕴含于"事实"中，可以不明确结论，不提出"口号"，以帮助读者从事实中去探寻答案。

"案例"本身也是一种事实。但事实一旦被罗列和滥用，就可能制造出"谎言"。科学和伪科学的区别就在于前者是不断寻找和发现研究的不完善之处。例如，太空实验所应用的火箭，即使进行了 1 000 次实验，获得了 1 000 次实验的成功，唯恐第 1 001 次还会出现差错，难以得出100%"绝对正确"的结论；而伪科学则大不相同，哪怕进行实验的次数少，但仍千方百计地掩饰、修改没有一次成功的事实。又如，颁布一项新的政策，可以得到"全体相关人员拥护"之结论，从案例研究的角度上讲，这种效果很容易实现。因为只要获得部分人的拥护，这些人就可以作为"例证"。而对"有没有不拥护的"或者"有多少不拥护的"，则可以忽略不计。

2. 科学强调用数据说话

科学强调用数据说话。一定比例的科学教师，之所以难以深入地研究"案例"（特指"举例说明"），其中的一个重要干扰因素是来自学科本身。习惯性的"科学眼光"，让其怀疑，甚至抵制"案例研究"，以至在市场上少见有理科教师在教育方法方面的"专著"。

影响学生学业成功的因素通常是多方面的和难以界定的。这是案例提供者在研究过程中至少应该认识和理解的。否则，"案例"会背离科学，甚至走向科学的反方向。一位教书多年的教师，都或多或少地有将"学困生"转变为"学优生"的案例。在学生转变的过程中，教师提供了更多的倾听、帮助、付出和耐心，当教师将这些成功的实例集中起来的时候，自然就会被认为是一个"教育有方"的人。而科学更需要的则是数据（证据），例如教育成功的实例在学生总数中所占比例。成功的基数越大、比例越高，才能说明教育方式和方法更加有效和合理。教育的复杂性还在于，影响一个人发展的因素是复杂、变化和多维的，学生要经历学校、家庭和社会等诸多因素的影响。因此，从科学角度来看，虽然选用成功案例作为"证据"在一定程度上说明了教学方式的有效性，但并不等于成功的概率高，这是一种现象，也是一种事实。教师在评价学生或者进行自我评价时，可以选择实例让被评价者趋近"完美"，也可获得相反的结果，究其原因，就在于案例研究的局限性，它不是科学视角下的科学研究，只能称为教育学者视角下的科学研究。只有综合所有学生的反馈信息来评价教师的教学效果，其评价结果才会更加贴合实际，也才符合科学的本质。

3. 科学的魅力在于"重复"

科学的魅力在于"重复"，与教育案例中提炼的所谓"法宝"则不同。某教师成功培养一学生考进北大，因此，该教师可以将这一学生作为案例来说明其教学方法的成功。而当这位教师运用类似的方法重复教授其他学生时，则可能无法获得同样的成功。

很多教师都明白这个道理，正是源于教育的不可重复性，所以格外珍惜类似案例。这样的研究方法是可以理解的，但难以将研究推进到更深的层次。因为其结论仅停留在"事实"的层次上，并未延伸、触及科学的本质。因为其结论总结的所谓"模式"或"范例"等，就像"一阵风"，"一阵风"刮得再猛烈，毕竟只能刮"一阵"子。

强调研究的科学性，并非要彻底否定案例研究，而是期待研究者在研究过程中增加多一些的科学思维。案例研究或"质"的研究也有其一定的合理性，相对比较成功的案例，都或多或少的存在一定的可重复性，或者说，从个案中也可探索"重复性"的规律，即研究者理性分析教育事件或教育片段中所包含的问题，并从中提炼具有普遍意义的命题，从而进入哲学层面进行思辨。

有益的启示　真诚的互动
——纪念《中国教师报》创办5周年

2005年春季，陕西师范大学《中学生物教学》杂志主编梁秋英老师建议我将新课改背景下中学生物教学过程中的实践与体会写成系列文章，在"课改专栏"刊登，供一线教师借鉴。我不假思索地建议开设互动平台栏目。如今这一栏目成功开办了近30期，涉及的话题包括中学教师关心的许多热点问题，例如课程标准、教师的专业成长、高考与教学等。每当我在互动平台编辑加工作者们的稿件时，总会想起《中国教师报》，感激之情油然而生！如果没有当初参与《中国教师报》的"对话"栏目，也许就没有今天的互动平台，是"对话"开阔了我的思路，增强了我的参与意识，提高了我的参与水平，给了我当主持人的勇气。

1. 相遇在"对话"

最早是从李镇西老师在K12论坛上推荐的帖子中知道《中国教育资讯报》（《中国教师报》的前身）的。当时，K12论坛相当火爆，老师们发言的积极性非常高。后来了解到，"对话"版编辑也活跃在论坛，并就"教师是否是学生的朋友"这一话题进行征稿。辩论双方的代表人物是李镇西和茅卫东，当时我也参与了这一讨论。不久，收到了样报和稿费，感到非常开心。心想，如今报纸能将网上言论变成铅字，既能使论坛得到健康发展，也能使报纸的内容更有针对性和参与性，这是新形势下开展教研活动、促进教师专业成长的有效方式。之后，我陆续地参与其他话题的讨论，并利用担任化学生物论坛版主的优势，主动推荐话题，并协助组织了"上课时能否讲班务""流星雨"话题的讨论，还参与了"世界杯""校园暴力""论文写作"等多个话题的讨论。因此，是《中国教师报》拓展了我研究问题的视野。

2. 相识于"升学"

与白菊花编辑（解成君）的相识缘自于她在其他论坛为"升学"栏目的征稿，我主动要求她到化学生物论坛发帖。由于白菊花编辑的真情引导，征稿帖引起了强烈反响。我也以最快的速度写出了相关试题评价方面的文章，并动员老师们积极参与，引发了许多老师对高考试题和教学问题的讨论与反思。2002年高考后，同类文章中，"升学"栏目刊发的稿件是最早的，随着相关文章被多家网站的转载，报纸的影响也越来越大。

3. 投稿于"新课程"

新课程改革给中学教师的教学带来了机遇，也带来了挑战。在教学实践中遇到了不少问题，我深深感受到，及时将自己的真实体会写成反思性文章非常重要。于是在2004年9月到12月，写出了《自评给我们带来了什么》《反思生物教学的科学性》等文章投给《中国教师报》。投去的每篇稿件，都能及时收到翟晋玉等编辑及时、具体的回复，让我很受感动。这些稿件，虽算不上什么精品，但它却真实记载了一个普通中学教师的思考历程。

在《中国教师报》创刊5周年之际，作为《中国教师报》的一位老朋友，特借此文表达我对《中国教师报》的祝愿，衷心祝贵报越办越有特色，在新课改下为一线教师的教育教学提供更加丰富的精神食粮，成为更多普通教师的良师益友。

生物学教学数字化是时代的要求

—— 从高中生物学课标要求看中学生物数字化发展趋势

《普通高中生物学课程标准》（2017年版）（以下简称为"课标"）已经正式颁布。课标的实施将有效推动人才培养模式的改革和创新。虽然课标中未出现"数字化"和"数字化实验"这样的表述，也没有对"数字化"的概念做明确具体的阐释和要求。但课标将"坚持反映时代要求"作为修订工作的基本原则之一，特别关注"信息化环境下的教学改革"。课标认为这是实现国家教育现代化和建设教育强国的必然要求。字里行间为数字化教学留下了广阔的期待空间，因为信息化与数字化密不可分。

当今时代，数字化风暴正席卷全球，信息技术与教育教学的全方位融合，为教育创新发展描绘了新画卷。本文结合数字化的社会背景，从课标相关叙述入手，就生物学数字化实验与中学生物教学的关系做思考与讨论。

一、数字化：深刻影响每个人的生存状态

"数字化"已经深刻地影响到社会的方方面面，正在快速地改变着社会和人们的生存方式。数字化阅读，数字化资源，数字化学习，数字化教学，数字化游戏，数字化银行……数字化几乎无处不在。以"微信"为例，2018年春节期间（自2月15日零时至2月21日零时，即除夕零时到正月初六零时）微信消息发送总量达2297亿条，朋友圈总量达28亿条，音视频通话总时长达到175亿分钟。春节期间，小游戏同时在线人数最高达2800万人每小时。此前，微信官方还称，截至2017年9月，微信日登录用户超9亿（来自微信官方消息）。微信和支付宝已经与多个行业联网，影响和改变了大多数人的生活。

广东省教育厅制定的《广东省教育信息化发展"十三五"规划》，明确"十三五"期间广东省以教育信息化带动教育现代化为目标，到2020年全省中小学课程数字化率达80%以上。

人类学习资源几何级数的倍增，人际关系和学习共同体多层次构建和重组，人类的学习和生活质量的变化，几乎都与数字化有直接或间接的联系。虽说数字化对教育的影响程度，没有其他很多行业那样迅猛，但教育教学数字化所带来的不断增强的活力和引发的推进趋势却不可逆转；社会对教育的先导作用的要求，势必影响和改变教育相对落后的数字化现状。就像智能手机智能化水平和普及速度，远远超越教育装备智能化和普及水平一样，受教育者已具备的数字化相关应用水平，势将要求教育对学校和教师的数字化水平做更大的提升。

二、课程标准：呼唤生物学教学数字化

数字化对中学生物教学有何影响，课标有哪些相关叙述？下面结合课标的相关叙述做简要回顾和分析。

（一）课标强调了信息技术不可或缺

1. 强调生物学与信息技术的联系

课标在"课程性质"里特别强调：生物学与信息技术和工程技术的结合日益紧密，生物学有着与其他自然科学相同的性质。它不仅是一个结论丰富的知识体系，也包括了人类认识自然现象和规律的一些特有的思维方式和探究过程……生物学课程要求学生主

动地参与学习过程，在亲历提出问题、获取信息、寻找证据、检验假设和发现规律等过程中习得生物学知识，养成理性思维的习惯，形成积极的科学态度，发展终身学习及创新实践的能力。

2. 关注学生学习过程中的实践经历

课标在"基本理念"的"教学过程重实践"里特别强调：本课程高度关注学生学习过程中的实践经历。让学生积极参与动手和动脑活动，通过探究类学习活动或完成工程学任务，加深对生物学概念的理解，提升应用知识的能力，培养创新精神，进而用科学的观点、知识、思路和方法，探讨和解决现实生活中的某些问题。

3. 培养解决实际问题的思维习惯和能力

课标在"学科核心素养"的"科学思维"里特别强调：科学思维是指尊重事实和证据，崇尚严谨和务实的求知态度，运用科学的思维方法认识事物、解决实际问题的思维习惯和能力。学生应该在学习过程中逐步发展理性思维，如能够基于生物学事实和证据运用归纳与概括、演绎与推理、模型与建模、批判性思维、创造性思维等方法，探讨、阐释生命现象及规律，审视或论证生物学社会议题。

4. 要求掌握科学探究的基本思路和方法

在"学科核心素养"的"科学探究"里指出："科学探究"是指能够发现现实世界中的生物学问题，针对特定的生物学现象，进行观察、提问、实验设计、方案实施以及结果的交流与讨论的能力。学生应在探究过程中，逐步增强对自然现象和好奇心和求知欲，掌握科学探究的基本思路和方法，提高实践能力。

在"课程内容"的"必修课程"里指出，教学要高度重视学生的实践环节，力求为学生提供更多动手实践机会。例如，课标在"课程内容"的"必修课程"的"教学提示"中列出了多个探究活动。包括：观察叶绿体和细胞质流动；使用显微镜观察各种细胞；观察植物细胞的质壁分离和复原；探究酶催化的专一性、高效性及影响酶活性的因素；探究酵母菌的呼吸方式；制作和观察根尖细胞有丝分裂简易装片，或观察其永久装片。等等。这些观察和探究实验都可以作为数字化实验的例子。

5. 要求充分利用信息技术提高课堂教学效率

课标在"实施建议"之"教学建议"的"高度关注生物学科核心素养的达成"中指出，要充分利用信息技术提高课堂教学效率。课标认为，信息技术的快速发展为生物学课堂提供了诸如图片、视频、模拟实验等丰富多样的教学资源。充分利用"互联网+"为代表的教育技术可在一定程度上减少主动学习活动对实验耗材及相关场地条件的依赖。

（二）课标为中学生物学数字化实验做了提示和指引

根据课标要求和中学教学信息化的具体实际，可以这样认为，数字化教学是实现教学信息化和开展信息化建设的基础，没有教学的数字化，也就没有教学的信息化。信息化过程，也是数字化的过程。数字化，实际上就是用计算机技术来代替一些传统手动的工作，使工作效率得到极大的提高。

生物学属于实验性科学，生物学知识的发生过程和获取过程，与实验密切相关。在中学教学中可以通过数字化手段模拟实验过程，定量检测并获得有关实验数据，将彻底改变传统教学中的"纸上谈兵"现象，使课堂教学情境化和仿真化。

（三）生物学教学与信息技术融合有利于课标的实施

课标提出的"核心素养"包括"生命观念""科学思维""科学探究"等，其中"生命观念"包括结构与适应观、物质与能量观等。学生在完成上述"使用显微镜观察各种细胞""观察叶绿体和细胞质流动"和"观察植物细胞的质壁分离和复原"等探究活动时，如果能够借助数字化显微镜，对细胞的形态和结构进行观察、测量和比较，就能够直接形成感官刺激和有效反馈，提升学习兴趣，以积极主动的态度投入到学习活动中，而达到建立"结构与适应观"的目的。又如，教师可借助传感器等设备，鼓励学生在完成上述"探究酵母菌的呼吸方式"同时，自主探究光合作用中物质的变化情况，有助于他们理解光合作用和细胞呼吸的过程，达到"形成物质与能量观"的目的，同时还有利于提高"科学探究"和"科学思维"等素养。不难看出，教师利用数字化手段进行教学，有利于培养学生的核心素养，落实课标要求，提高课堂教学效率。

三、中学生物学教学数字化的发展趋势

（一）更好满足个性化教学需要

数字化使学习过程的动态变化成为即时和可视化的图像信息，而使课堂上师生多维互动更具有针对性，教学指导更具时效性。

例如，高中生物学教学中所有使用显微镜观察的实验，均可用数码显微镜替代普通显微镜进行。数码显微镜具有显微摄像功能，可以使显微镜看到的实物图像，显示在显微镜自带的屏幕上或计算机上，并加以保存；形成的图像文件可以在网络上进行分享交流。数码显微镜的成像装置具备测量功能，可打印图文报告和进行录像等。

教学过程中，每个学生独立操作的实际进程和所观察的结果，能及时显示出来，教师对所有学生的操作情况了如指掌。从而，作为教师开展个别辅导和反思自身教学的依据。学生也可通过对比自己与他人的实验结果等，进行自我评价。

教师和教研组可以建立数码显微观察的资料库，对同一学校的不同教师，不同学校的同科教师之间的有关数据可以共享，同一教师不同班级和不同界别学生所做的同一实验结果也可共享。这些都可成为资料库的内容。同时，可以依据这些资料，量化教学过程，发现学习者的学习特点，分析实验教学的难点，找出学生中存在的普遍性和规律性问题，而采取相应的对策和开展个性化教学。

（二）为学生自主学习和探究搭建平台

上文提到的微信交流和游戏，可以说，使用者，都是自主完成，不少年轻人能做到乐此不疲。这为数字化教学提供了有益的启示。

为学生搭建自主学习的平台，需要提供各种学习资源和设备，营造数字化网络环境等。学生是否具有自主学习和探究的兴趣和热情，与学习和实验过程的本身特点有关。研究过程的主题性、目的性、挑战性，结果呈现的及时性、可视化和互动性，显得十分必要，需要教师结合教学内容的特点，加以引导和调控。

例如，探究活动课堂上，教师要尽可能有明确的教学主题内容，尽可能将实验过程和结果数字化。"数字化"实验，往往要用到实验传感器、数据采集器、计算机、相应软件等。应用传感器技术，将实验中采集的信息数字化后传送到计算机，由传感器软件处理后，通过点线图、表格、数字仪表、指针仪表等多种形式及时显现出来。实验过程的实时更新形成的刺激，有利于激发学生的学习和探究欲望。显现出的结果，可相互分享和学习，潜移默化地影响着他们的学习兴趣和探究欲望。

（三）推动教学研究走向立体化

信息化和数字化，不仅有利于学习共同体的形成，也有利于研究共同体的形成，使研究团队能跨越时空进行即时整合，包括研究团队重组、研究主题重组、探究过程重组等。即时发布主题，随时选择自己感兴趣的和有研究特长的话题开展讨论，使研究成果共享，同时促进相互学习。

《中学生物教学》杂志互动平台栏目，创办12年来，所刊登的百万字的互动稿件，都是通过网络互动讨论后整理而成的，人民教育出版社依此出版的《中学生物教学热点互动》一书，也是作者、编辑通过网络共同讨论和编辑完成的。参与互动的作者达3000多人。互动活动之所以受到广大中学生物学科一线教师的欢迎，原因是多方面的，例如，互动活动是开放的，互动参与者是自愿的，讨论活动有明确的主题，涉及的内容属于教学一线急需要解决的热点问题，参与讨论的作者能即时得到反馈，讨论过程不仅仅限于网络本身，而是网上网下形成了全方位的立体式的互动。像这样立体式的教研模式，正在成为教研的常态。例如，微信群等具有互动功能的交流平台，成为中学师生进行交流的重要途径。班级学生群、教师群、学科群等应运而生。无论是工作群还是学习群，其强大的互动功能和即时性，显示出了旺盛的生命力。

可以预见，"互联网+"还要求教师和研究人员通过网络，提供同步实验和拓展实验服务，为学习者提供丰富多样的可随时获取的探究资源。同时，教师可以通过互动式探究活动的开展，远程诊断学习者的学习和探究活动，这也将为新一轮教育教学改革助力。

（选自《中小学数字化教学》2018年第3期）

"大声"地说出来

曾在武夷山的讲座，一个人连续讲一天半。按一位数学老师的说法："这怎么讲？"

这次到武夷山培训时，特别安排了1个多小时讲了一下论文写作的问题。其中谈了自己的一些体会，也结合互动文章及其互动作者的特点谈了自己的看法。

一线老师掌握着大量的写作素材，关键是是否能够及时表达出来。为什么许多一线老师是课改的实践者，却非要等非一线的专家来总结呢？老师们在实践过程中一定会遇到各种各样的问题，有些问题可能让自己感到郁闷。有郁闷就需要发泄，发泄的途径之一，就是写作。我写教研论文的体会是有感而发有感必发。有些问题之所以让人感到郁闷，是因为一时找不到解决问题的方法，通过自己个人孤军奋战无能为力，但写文章发出呼唤，可能引起更多人的支持。

2004年刚开始进行课改时，我在8月的课改培训会上，了解了新课改高考可能有变化，有老师认为学生负担应该减轻，高考科目应该减少等，所以写了"新课改呼唤新高考"的文章（发表于《中国教育报》）。讨论时听到有老师说，以后课标就是命题的依据，所以接着写了"教学实践：呼唤课标具体化"（发表于《光明日报》）等文章。这两篇稿都被其他部分报刊转载。

第 10 章

互动前行

"点击学科热点，敲打互动文章，记录成长轨迹，相伴核心期刊"是很多老师的亲身经历。开办网络互动平台，并在《中学生物教学》开设专栏，组织专题讨论，让不同教师跨越时空进行交流，这就是互动。互动的本质是合作教研，互动的目标是共同发展。

理解互动，不忘初心

互动平台栏目开办以来，发表了部分没有"明确结论"而饱受"争议"问题的文章。对此，有部分读者提出过质疑。下面选取作者所写的部分感想，以作讨论。

1. 互动的过程与结论

有部分读者认为，没有明确结论的话题没有必要讨论。对一些争议性的话题，十几年来，我们的互动参与者，一直坚持讨论着，乐此不疲。没有参加过本栏目互动的朋友也许不解。

到底什么是有结论的互动呢？按照某些老师的看法，有结论就是类似于"1+1＝2"。他们认为，在中学教学中大凡没有定论的东西就没有必要讨论。但我想说的是，互动平台上涉及的话题，大多数是因为在某些人眼里是有结论的，只是其他人觉得所谓的结论是不正确的而已。也就是说，认为有结论的，不一定是大家公认的结论；相反，没有结论的话题恰恰暴露了存在争议的问题，让更多人知道其暂时没有定论，这不也是一种"结论"吗？以往的许多互动话题，正是针对流行试题或所谓的定论内容展开讨论的。

中学一线教师或教研员，在生物学科涉及的热点问题面前没有"旁观者"，更没有"局外人士"。只能说，你对某些问题采取的态度不同而已。例如，你可以回避；或人云亦云；或通过其他途径去找寻问题的对策。当然，自我苦思冥想和默默的互动，也是正常的。

2. 关于互动结论的看法

下面做进一步的回答。互动触及的问题，许多是高考试题或教材问题。教材和高考试题是一线教师心目中公认的"权威材料"，而互动的主要参与者大多是中学教师。争论过程中，不少一线教师是站在上述"权威资料"一方，努力为其观点寻找依据。虽然他们不一定能准确了解原作者的意图，但通过这样的争论，却能促进参与者和读者对这一问题的深入思考。事实上，在互动过程中，我们也常常邀请有关专家参加，但仍然留下了不少"争论"之处。

因为生物学科发展很快，其历史背景也比较复杂，很多内容本身还在变化发展着，所以互动活动并非是要对某一知识的正确与否做出"判定"，而是期望将这些现阶段有争议的问题暴露出来，以便引起足够的重视。对此，只要引起了重视，互动的主要目的就达到了。这可以让中学教师在教学中不必被类似的无定论的问题所"纠缠"，同时也有利于促进高考命题和教材编写工作更加完善。很多老师期待高考话题讨论的结果是"对"或"错"。或者说，要么试题有错，要么是我们的理解有错。事实上，高考试题永远是"对"的。因为它的主要功能是"选拔"，起到了选拔作用，其目的就基本达到了。也就是说，知识上存在争议，不等于测试角度有问题。更何况试题在阅卷过程中还可以做适当的处理和完善。

对专业问题有疑问，而这些疑问在参考资料上没有现成答案，所以需要讨论。其实，不少问题，通过互动作者查找资料和反复推敲论证也能基本上得出知识性结论。但作为互动话题，我们还是尽量保留基本的原始记录，让读者去思考、判断和参考。

互动的许多"争议"问题，都是因为背后支撑的教学资料存在矛盾。中学教学中所用的部分教学或教辅材料，有的片面使用了参考文献或过时的知识。所以，引用更多新资料，让问题的背景更清晰，有利于使我们的认识更全面和科学，而更好地对有关教学或教辅材料做取舍。因此，查找相关文献资料，理应成为互动作者的工作之一。

还想说明的是，互动稿形成过程中对作者所引用的资料本身也有要求。一是，互动作者提供的资料能列出具体的参考文献；二是，对资料进行必要的整理，同时附有引用者理解和思考方面的文字；三是，引用的资料与讨论的主题密切相关。此外，要求引用资料时要尽量避免做简单的复制，杜绝没有具体来源的资料，等等。

3. 反映一线教师的声音

"反映一线教师的声音"是开办互动平台栏目的初衷，且一直这样坚持着。虽然我们不时也请教材编写专家和命题专家参与，但并未改变这样的组稿思路。

互动讨论中，有不少观点值得商榷，所以需要寻求做进一步的"互动"。本应该给出更权威的答案，但一些"权威资料"之间有时存在着矛盾；互动稿对各类"权威资料"进行适当地引用，旨在借助"权威"之力。争议并非是互动作者故意所为，而是自然产生的，大多是出自一线教学和教研中。

在高考试题答案没有出来的时候，互动就开始了。从部分话题（例如，2013年广东理科综合卷第28题有关"如何证明某突变位点就是某遗传病的致病位点"等）的讨论看，可以大致了解试题的创意和预期的难度。这也为今后的教研提供有参考价值的信息；同时让我想起了《南方周末》（报纸）曾经请作家写高考作文题，并请中学教师评卷的故事。在试题做开放性讨论时，找到简单快捷的阅卷方式和确保阅卷的公正性成为需要解决的难点。

只有参加了互动，才能更好地理解互动；同样，只有理解了互动，才能更好地参与互动。我们希望更多年轻读者的名字走向期刊，同时也期待老作者在互动中起引领和示范作用。这里的"年轻"与年龄没有绝对的正相关性，不少经常发表文章的作者的年龄普遍不大。可以说，互动是不同年龄的教师所进行的集体备课，是持续多年开展的跨省大讨论，也是凝集网络教研力量，促进教研水平提升的事业；互动是《中学生物教学》编辑部与一线教师进行的"面对面"的对话，互动稿凝集着互动参与者和编辑的汗水和智慧；互动在一定程度反映了一线教师的实际教研水平和困惑，同时暴露了各类中学生物教学相关出版物之间的矛盾，也呈现出教学资料与科学发展水平之间的差距。所以，始终期待更多一线教师参与。

（选自《中学生物教学》2016年第10期）

网友点评互动平台

互动平台栏目创办十年，作者遍布全国。互动十年，许多感慨。选辑寄语，是以纪念。

在互动平台，可以平等对话，可以消除疑惑，享受热情鼓励。平台十年，助力很多老师的成长，我在其中。感恩平台，享受平台，祝福平台。［北京　任智安］

平台可以突破地域的界限与各地教师、专家探讨生物教学中的困惑。［山西　王正庆］

平等、开放和包容的平台，相互学习、相互促进，为生物教育发展起重要作用。［广东　刘林军］

在平台互动，收获的不仅仅是刊登在期刊上的铅字，更能认识敬业、钻研和无私的同行，潜移默化地影响着自己的成长与发展。［甘肃　杨国锋］

互动是集体备课。互动以实证为判别尺度，以逻辑作辩论的武器，是一个动态的过程。

互动稿记录着参与者的集体智慧，集中反映当今中学生物教育和教研的思想、方法等。互动平台既授"鱼"也授"渔"，既是"渔场"也是"欲场"，激发专业成长的发展欲、求知欲、解惑欲和分享欲。互动十年，见证并影响了同行的专业成长。〔广东　陶勇〕

平台传递的是正能量，激励着我不断学习，也使我的精神生活得到充实。这份能量还会通过我传递给周围的人。〔浙江　牛延琴〕

十年平台，见证生物教学事业的发展繁荣，助推生物学教师的生命成长。〔江苏　吴文清〕

到此平台，遇到多位事业上的知己，互相帮助，互相激励，增加了欣喜和快乐。〔贵州　刘聪〕

十年走来，实属不易。没有华丽语言，没有豪言壮语，只有两字：谢谢。〔安徽　孙鸿才〕

我今天的成长，需要真诚感谢平台的创建者和支持者，让我遇见这么优秀的"内质网"。给一线生物教师提供了一个展现自我的舞台；使教师间的关系变得更加平等、民主和和谐。〔安徽　吴志强〕

平台打破了地理隔离，我们相互讨论，相互学习，资源共享，共同发展。〔甘肃　孟鑫〕

与平台一起成长了八年，我长大了，平台更成熟了。〔湖南　谢佳〕

互动平台不仅让我们真切感受到网络的魅力，也拉近了彼此间的距离。十年的发展历程，让人感慨万千。平台让我们感受着百家争鸣、不同凡响的声音；享受着平台丰富的资源。互动平台，就像一缕清风，使人倍感亲切；就像一位老师，给我指点迷津；更像一盏明灯，照亮我前进的道路。期待下一个更辉煌的十年，加油！〔海南　王志伟〕

互动平台促进我们不断学习、努力和提高。通过平台，拓展自己的视野，提高对教材的处理能力，提升自己的教学水平。〔广东　王雪梅〕

互动平台已经渗透到了我的工作和生活中。这是团结友爱的团体，为了生物教育事业不断进行着思想的交流，自己也从这里不断汲取养分。非常庆幸能成为其中的一份子。〔甘肃　徐生鑫〕

互动平台让生物老师有了"核心"，有了凝聚力，有了共同的理想和追求。为互动平台的所有朋友加油！〔山东　马凤月〕

平台让我结识了许多有思想、有热情、志趣相投的朋友。通过讨论和钻研，我的生物知识和思维方法有了质的飞跃。互动平台是展示自己的舞台，是提升自己的捷径，是

一种类似于信仰的精神寄托。［天津　张一］

由衷地感谢互动平台给我们一线教师的"指导"。让我们一线老师有说话的地方，有"讲理"和讲科学的地方。［河南　程保收］

平台内高手云集。大学教授、特级教师、教研员、各地优秀中青年教师比比皆是；英语翻译、信息技术、哲学逻辑、写诗作赋各有所长。所谓"三人行必有我师焉"，每天和优秀者互动，每天都能收获进步。［浙江　王苗苗］

互动平台打破了老师之间惜授现象，真正做到知识共享，提高并促进了生物学教学的发展。在这里，人人都为自己能提出有价值的问题和帮助他人解决问题而自豪，激发了教师积极主动参与研究和解决问题的热情，提高了教师自身的生物学素养。互动平台之所以有现在的辉煌，源于教师们大公无私的奉献精神和平台管理人员的兢兢业业的服务精神。我就是平台最大受益者，所以人人爱此平台。［河南　郑长军］

我为互动鼓与呼。有疑惑，不互动，如何解惑？有顿悟，不互动，如何知真伪？有心得，不互动，如何益人育人？有好思想，不互动，如何分享传播？生命在于运动，事业在于互动！［华南师大　李德红］

十年前，你在天南，我在海北。我不知道你，你不熟悉我。十年后，你熟悉了我，我知道了你。不是一家人，胜似一家人。十年间。发帖、回帖、质疑、讨论……三千多个日日夜夜，我们乐此不疲，只为那，生命的本源。务实求真的互动平台，是我们永恒的追求。［河北　任永春］

互动平台让我结识了一群知心人。一个个生物人对生活的热爱，对学科的追求，都在这里得到了充分的体现。这里倾注了生物教师对学生的爱，凝聚了教师无私奉献的精神。感谢互动平台，让生物教师有了凝聚力，这股力量荡起了我生命中的精彩。今生与平台有个约会，与互动有个美丽的邂逅。在平台里，大家集思广益，不断交流思想，是一个非常好的地方，这里让我留恋。我真诚地邀请您来平台，让互动擦出美丽的火花。
［广东中山　杨祖芳］

以互动平台为代表的网络教研形式，是现今教师专业发展非常好的一个途径，它充分利用网络资源，跨越时空，实现专家与教师、教师与教师、教师与学生的互动，以一种开放、平等、共享、共进的活动交流方式，为广大教师的专业发展和成长搭建了一个崭新的平台，使具有共同愿景的教师相互启迪、相互扶持、相互鼓励，让不断奋进、追求卓越的新时代教师实现自我发展。［深圳科学高中　邓鹏］

（选自《中学生物教学》2015年第7期卷首语）

请将精彩对话分享给同行

1. 教法研讨一直未成为互动的重点

多年来，教法研讨一直未成为互动的重点。有人纳闷：莫非生物学科教师只对做题或应试感兴趣？有人不解：生物学科怎么有那么多"问题"？难道生物老师只重视细节？还有人疑惑：是生物学科值得完善的地方太多，还是教师专业发展遇到困难更多？等等。这些问题在互动过程中都或多或少做过回答。为什么教材和试题方面的互动稿相对多？总的来说，生物学科很年轻，但知识更新快。生命运动比其他自然运动形式更复杂，涉及的新问题更多，各类生命现象中总是有例外和相互的新联系不断地被发现。而中学生物教育一直遭遇着不同程度的被忽视甚至歧视，其学科发展历程更有波折性。此外，中学生物课程涉及的内容，是高校农、林、医及生命科学的"简缩版"，同一知识在不同学科中描述的角度和表述方式存在着一定差异。这些都是引发教学内容互动的原因。这些紧迫的话题，自然也就成为互动的热点。也因此，教法探讨话题始终是关心《中学生物教学》互动平台栏目的朋友所建议增加的话题之一。虽然互动栏目也零星刊登过此类话题，但始终难以成为栏目的重点。

2. 课堂对话将成为互动的重点话题

无对话的课堂只能是讲堂，是一言堂。没有精彩对话也就没有精彩课堂。课堂向对话转变，对话向思维转变，这是对教师的基本要求。每个教师都有让自己满意的课堂，课堂中总有自己认为生动的片段。记录下已经发生的精彩，设计出新的理想精彩，借鉴好他人成功的精彩，对个人来说，是积累，也是促进，更是学习，这就是开展本次专题活动的主要目的。通过互动与分享，通过自评与他评，有反思，有批评，更有自我认识和提升。当你自己认为很有趣的对话，在别人看来也许是很"俗气"的；当你认为习以为常的对话，说不定会被他人默默叫好，互动的价值就在一声声鼓励和批评中凸显出来。

3. 核心期刊见证一线教师的精彩课堂

文章不以长短论"精彩"，不写短章难成长篇。一个个主题鲜明的对话，将成就一篇篇互动的精彩。关注中学教学热点，聚焦教师的专业发展，是核心期刊《中学生物教学》的办刊思想，科学性、趣味性、实用性是刊物的基本特色。反映一线教师的声音，选自精彩的课堂片段，进行集体的合作和互动，激励更多年轻教师，关注有经验的老教师，是开展本次专题活动的宗旨，也能更好体现《中学生物教学》的办刊要求。在此欢迎一线教师朋友参加课堂对话选编，参加互动，与远方同行一起备课。互动平台没有忘记初中教师，我们不仅希望阅读到高中课堂的片段，也欢迎初中同行来稿。希望您尽量保持发言的完整性，同时希望稿子能注意格式要求，期待您将自己精彩的课堂展示出来，我相信互动是教师解脱惜授和健康成长的途径。随着这一活动的顺利开展，教法研讨活动将走向深入。

（选自《中学生物教学》2014年第6期，原标题"记录课堂对话，走向核心期刊"）

互动是为了更好的使用

——答《中国教师报》记者问

1. 问题

在您主持的内质网生物学互动平台上看到，有关教材内容的讨论，甚至争议的话题比较多，您是怎样看待这一现象？

2. 解答

广大一线教师热衷于对教材进行讨论，说明教材在教学中的作用具有不可替代性。可谓"爱之深，则'论'之切"。为什么讨论教材的话题比较多？

（1）对教材缺乏理解。已经讨论的话题，大多是教师对课标教材不理解的新问题，有些是新入职的教师提出的，所以，互动过程，也是促进一线教师共同学习和研讨教材及相关课程标准的过程，也说明开展教材的进一步培训是必要的。

（2）教辅的负面影响。部分教辅资料的编排不符合课程标准的要求，涉及的内容"偏""深"和"旧"，导致不规范的试题仍然在教学中流行，使教师对教材的认识上出现模糊和偏差。因此，改变教辅对教材的负面影响是当务之急。

（3）教材的更新速度相对滞后。教材知识更新的速度永远落后于科学发展和教学研究的速度，这是事实。生命运动比其他自然运动形式更复杂，涉及的新问题更多。各类生命现象中总是有例外和相互的新联系的事实或规律不断地被发现，相对稳定的教材自然与其形成了一定的差距，甚至矛盾。

（4）过高的教学要求与较少的课时存在矛盾。中学生物教育一直遭遇着不同程度的被忽视甚至人为"歧视"，其学科发展历程具有波折性。即使在今天，一些地区的中学仍然存在轻视生物学科教学的现象。与其他学科相比，生物学科教师在教学内容的处理上存在压力也就比较大。

（5）不同的知识背景存在差异。中学生物课程涉及的内容，是高校农、林、医及生命科学的"简缩版"，同一知识在不同学科中描述的角度和表述方式存在着一定差异。虽然中学教材编者对这些知识做了必要的处理，但不一致的"参考文献"仍然会被教师所关注和讨论。这样的讨论，有利于教师对知识的认识更科学和更全面。

此外，师生的语言习惯和知识背景，生物学科与其他学科教材对同一知识的表述上存在差异，教材问题的讨论比教法的讨论更容易做出相对明确结论，这些都是导致有关教材讨论的话题较多的原因。

（选自《中国教师报》2014年12月17日，原标题："为什么讨论教材的话题比较多"）

我与互动平台

1. 成为互动主持人

当上"主持人"。自2005年起7月起，几乎每一期的《中学生物教学》杂志都有"互动栏目"，且印上了我的名字，我正式做了"主持人"。我的生活自然与杂志也紧紧联系在一起，我会关注杂志上的每一篇文章及其作者，关注作者的教研动态；自然也关注读者对杂志的反映，关注作者的精彩论述；同时关注一稿多投等现象。我一夜之间仿佛成了"杂志"的人。

"主持"融入了我的工作。在教学中，只要遇到有争议的问题，自然会想到是不是可以"互动"，是不是该推荐在互动平台讨论区，可不可以发表在杂志上。同时，看到互动中老师们讨论的结果，总是想到如何告诉其他同行，让更多同行来进行互动。我的教学似乎也就是互动，互动就是教学。上课变得更加喜欢让学生提问，更加重视引导他们开展讨论。课堂上若没有学生"互动的声音"或者互动的声音不大，就会感到很"失落"。

我只主持"互动"栏目。看到我的名字列在杂志网站的编辑名单中，部分朋友认为稿子投给我就是投给了杂志。虽然我会及时转交给编辑部，有时也会望一眼稿子的主要内容，但毕竟我没有权利去看"互动栏目"以外的稿子，更没有权力去确定是不是可以发表。大多是在没打开邮件的情况就直接转给了编辑部。个别情况是转给其他报刊。

我只是一个主持人。"主持人"是一份"工作"，一份"兴趣"，或者说是一份"充实"，当然也是一份"责任"。虽说"互动"是永恒的，但在历史面前，"主持人"却是暂时的。既然我在主持，就得主持好，就得结合实际，将互动栏目办好；就得按杂志的要求，不断发现和推出教研"新"人，就得在努力使老作者的影响更大的同时，使新作者也有影响；就得努力使"问题"在互动中得到合理解决。互动讨论区内外成百上千的作者就是互动栏目的"嘉宾"，还有广大"嘉宾"有待邀请。主持人的水平从某种程度上是组织话题和整合不同观点的水平，更多的是要发挥和依靠集体的智慧。

2. 省工作室主持人

自2010年3月起，我成了广东省中小学名师工作室的主持人，后来同时兼任广东省百千万名师培养工程理科工作室导师。"名师工作室主持人"与"互动平台主持人"这两项工作之间有关系吗？乍看没有，其实不然。既然都叫"主持人"，自然就是"相通的"。

两项"主持人"都是因为自己愿意的。即使是被动员过的，但绝对不是被"迫"的。这说明都是自己感兴趣的，也是感到有"好处"的事，在促进同行发展的同时能更好地发展自己。"主持人"不是张三当就是李四当，我当了，并非我的"德"和"能"就一定高于没当的。当上了，只是自己有幸被信任了而已。

工作室中的"骨干教师"或"名师"与主持人的关系，与互动平台的作者与主持人的关系一样，都以"互动"为重要特征。"骨干教师"或"名师"是工作室邀请来的嘉宾，主持人就是代表主办单位做好业务服务工作。可以说，工作室的水平，与成员之间的互动水平密切相关。互动作者的知名度与主持人的知名度是一起得到提高的，骨干教师与主持人也是一样。骨干教师的实际水平不一定比主持人差，主持人也未必在教育教研方面比骨干教师有更多优势，同样与互动平台类似。可见，工作室就是实际工作中的"互动平台"。

虽然互动作者与互动平台主持人参与互动的机会平等，但获得的"好处"不一样。同样，骨干教师或"名师"与工作室主持人也是这样。例如，同样是"培训"的参与者，同样都是事实上的被培训者，但待遇有很大的不同。例如，骨干教师或"名师"被认为是"被培训者"，会获得继续教育的学分。而主持人没有接受其他形式的继续教育，在共同参加职称评定时，骨干教师仅凭此项就可将主持人"淘汰"掉。

与互动平台栏目不同的是，名师工作室的成员具有相对的不"开放"性，主持人不是骨干教师评出来的，骨干教师同样不是主持人选的，骨干教师事先不知道他所在的工作室及其主持人。而互动平台栏目的作者，在参与互动前都知道他在谁主持的什么栏目中参加互动。

事实上"主持人"这一称谓，在学术研究中更多的是一种"职责"，工作团队中进行某一项目的策划者和指导者，也应该是实践者。

对我来说，如何在两个"主持人"的角色中进行"转换"，怎样将其"经验"在两者之间进行迁移，如何在两个平台之间架设沟通的桥梁，怎样才能使骨干教师真正成为教学和研究的骨干，这是需要尽早思考和积极探索的。

一片真情献互动

互动需要相互"开火"，不要人身攻击；互动需要感性言论，也要理性思考；互动需要平等参与，也要主题鲜明。互动追求思维碰撞，也要科学严谨。互动不需要一言堂，但需要总结陈述；互动是新事物，但追求高定位。互动需要完整的个人发言，也需要不同观点的交锋。互动需要以文定稿，也需朋友的支持关爱。（《中学生物教学》2005年第7期互动平台栏目编者按）

1. 互动往事

年复年，月复月，往事似烟，是"研"。

2002年4月至2004年4月，《中学生物教学》杂志在跨越2年的时间里，分别刊登了两期互动稿，其题目分别是"聚焦刘海洋事件"和"聚焦考试大纲"。这两篇互动稿，以及2005年第6期刊登的《一道概率题的互动分析》，为同年第7期正式创办互动平台栏目进行了"预热"。

从2002年4月到2005年6月，可谓互动的酝酿、准备和尝试阶段。这一阶段，我还兼任了《中学生导报》高中理科版的主编。为表达对老师们的支持，我坚持在导报上开办了"网络链接"栏目，并参加了《中国教师报》对话栏目多期话题的讨论和组稿工作，后来又参与过《中国教育报》一期高考备考内容的组稿，同时为《课堂内外·高考金刊》组稿几次，影响比较大的是2002年第9期的理科试题解析，这些活动，为我主持互动栏目增强了信心。本来我是希望这个栏目的名字参考《读者》杂志的名字，只用两个字，就叫"互动"，当时编辑部认为叫"互动平台"更准确，是杂志为广大教师提供的平台，特别是青年教师成长的平台。这一阶段主要依赖的网络是K12化生论坛和生物论坛。我是这两个论坛的首任版主。同时兼任教育在线理科的版主，我也借此进行了系列的宣传和发动工作。在论坛，我邀请编辑们参与讨论，除邀请《中国教师报》的多位编辑到论坛，特别邀请了《生物学杂志》编辑，他们要么亲自注册，要么是我帮助注册。陶铭老师是自己注册的，她的发言，也在《中学生导报》刊登过。《教师之友》主编李玉龙对论坛也情有独钟，我们原本想着弄一篇写作方面的互动稿，但由于诸多原因而"泡汤"。我也请朱永新、李镇西和李玉龙等老师为《中学生导报》写过文章，并请李晓光老师为为朱老师和李老师等画了报刊用的头像画。

2. 互动就是互动

互动在论坛的"炮火"中诞生。为了一道题，争得面红耳赤，这是常事。由于理解上的差异，加上语言习惯的不同，也偶见"人身攻击"。

在回答"您怎样看待互动？"和"理想的《互动》应该是怎样的？"时，海滨浴场老师是这样寄语《互动》的：刊物连接网络，与时俱进，使刊物走上了信息高速路。网络连接刊物，净化网络，提升了网络质量。刊物与网络互动，传统的刊物注入了网络的新鲜血液，调动了更大的积极性，扩大了影响面。信息时代，刊物与网络互动，增强了针对问题探讨的多样性、广泛性、借鉴性、时效性、公开性、科学性。互动是新事物，如何更好地开展互动，利用好互动，参与到互动中来，是我们教育界同行都将面临的问题吧。作为一个需要探索的问题，希望大家提供出您的"奇思妙想"。王彬老师是这样说：时不我待，此时不搏，更待何时？借着这个契机，每个人都来反思自己的教学，把那些动人的片段、感悟、撞击学生心灵的授渔之法拿上来，互相交流、借鉴、学习，这不是生物老师无比动人的生活状态吗？

互动起步于K12生物论坛，但追求更广泛的交流平台。互动扎根教学一线，反映教学热点问题。互动就是互动。互动是参与者的互动，是透明的互动，是杂志进行自我创新的互动。互动给老师发表言论提供了新的舞台，给论坛朋友的言论找了新的出处。

互动是在互动的过程中不断创新的。应作者要求，2007年采取的一项新举措是，对大主题下小主题的观点相对独立、结构相对完整的文章，单独成篇发表，例如，开设的"专业发展大家谈栏目"中，大多数稿件就是这样呈现的。同时也在期刊目录上，同时加上小主题的作者名录，注明话题发起者，邀请骨干作者参与整理。2008年，在网易博客圈专门开设了互动平台讨论区，得到诸多朋友的支持。由于发言时，不要求是"圈友"，所以是互动立足网易，面向所有具有上网条件的生物学同行。为了使问题讨论更加深入，互动过程中，邀请了多位教育专家参与。

每一位作者在互动平台讨论区的每一段文字，是他们直觉思维或审慎思考的结果，必然有其闪光之处。将这些零散言论的闪光点发掘出来，剔除它的与主题不太相符的"寒暄""问候"，并将口语转化为书面语言，将未署真名的作者的网名转化真名。一篇稿子的雏形就形成了。

互动是相互学习与借鉴的途径，互动是暴露大家思维闪光点的工作，也是发掘和集中闪光点的工作。互动稿是集体智慧的结晶，相信这项工作，对开创生物教研新途径，促进中学生物教学有一定促进作用。

3. 互动需要什么

我们讨论问题，是为了解决问题，但我们参与互动的目的不限于解决某一问题的本身。"促进我们学习和思考，促进自身思维能力的提高，促进教学资料的完善，促进观念的更新，促进合作精神的树立，拓宽研究的视野"才是"互动"应该追求的价值所在。

对有些问题，表面上看起来似乎没有什么思考性，但当你加入了讨论的行列，你就不得不去思考和研究，不得不去体会和思考他人的观点，不得不反思和戒除自身"眼高手低"的陋习。

你的观点若遭遇别人批评，在心理上会带来或多或少震动，这正是可以转化为辩论的动因之一。通过对不同观点的辩论，将使自己变得更理性和成熟，使自己的思维更缜密。

辩论是需要激情的，若缺乏激情，与自己教学再密切的话题，你都将无动于衷。在此问题上，你最终可能是，要么"人云亦云"，要么"自以为是"或"孤芳自赏"。

辩论需要合作精神。开口见心，互动见情。要合作就得尊重，尊重自己的对手。只有尊重，才会使自己谦虚。没有对对手的尊重，也就难以对对方观点的真正学习、了解和研究，就难以做换位思考，自己的观点也就难以保证不偏颇，难以保证有更强的针对性和说服力，也难以在互动中找到真正的"友谊"。

辩论需要勇气。要有批评和接受批评的勇气。有了这样的勇气，才不会"人云亦云""趋炎附势"。你才敢说真话，才会努力做到"就事论事"，才可能有一个好心态，而不至于为互动而感到不快，也不至于为互动而留下"遗憾"。

辩论要讲究技巧。技巧往往来自换位思考。批评时想到被批，被批时多做反思。只有这样，才会告诫自己努力做到"耐心""细心"和"虚心"。

辩论需要好的对手。一个巴掌拍不响，拍得太重会受伤。互动不等于表扬。我们期待支持，也期待善意的批评，支持和批评都将是让自己产生思维火花的源泉。好的对手能就事论事，友好回应，字里行间饱含"真情"。好的对手，可以成为我们成长道路上的"一字之师""启迪之源"。一句支持，一处点拨，也许会影响自己一生。

互动需要鼓励。一声问候，一句肯定，在温暖对手的同时也会给自己带来更多充实。期待鼓励不等于要"无病呻吟"，给予鼓励也不是要"吹牛""拍马"。

此外，辩论也需要时间。当你参与了互动，你就会体会到什么是"一步三回首"的状态，什么是对回复的"渴望"。没有一定时间做保障，是难以做更深入的辩论的。

4. 互动平台没有忘记初中教师

不少初中生物教师朋友在留言或回复中，提到这样的问题：为什么很少看到初中话题？为什么《中学生物教学》互动栏目几乎没有刊登过初中话题？人教社初中教材的有关编辑也曾聊过这个问题，为此多次建议，在修订的后的初中教科书即将发行之际，希望我们有所突破。

对初中相关话题少的原因，在此不想做过多的分析（对互动栏目本身而言，是由网络的开放性所决定的）。但有一点是值得肯定的，这就是，互动平台对初中生物教师的大门始终是敞开的。在互动平台讨论区创办之初，曾邀请厦门的长期担任初中生物课教学的厦门市陈玲美老师担任管理员就是例证。

事实上，高初中教师在专业问题的互动讨论，并不存在不可逾越的鸿沟。在选用相关文稿时，整理者一般也只考虑发言质量。这也是部分高校教师也可在互动平台发言的原因之一。

5. 不变的是热切交流的愿望

看到部分朋友在互动平台对帖子进行归类和整理，我深深地感觉到，他们是在牺牲自己的休息时间，为生物教育互动事业默默奉献。他们对互动的热情、激情和对朋友的友情，也打动着我。让我感到不写点东西就是"对不起同志"。

自2001年起，我陆续担任过几个论坛的首任版主，包括"K12化学生物论坛"和"生物论坛"、《中学生导报》"桃李论坛"、教育在线"理科论坛"、春韵"理科论坛"等。一直得到众多朋友的支持和厚爱，心里总保存着难以言传的感激和思念。如今，内质网生物教育互动平台博客圈又开办了2年多，主持着《中学生物教学》互动栏目，一晃5年了。近十年来，接触到的网友成百上千，参与讨论的话题，不计其数。这中间所经历的甜酸苦辣，不是每个人所能体味得到的。

我在想，对互动活动的参与，没有领导的"指示"，没有上级的"要求"，而是完全取决于个人的自觉和爱好。为什么再忙再累，都愿意去参与互动呢？

网上互动最大的优势是"自由"。爱好自由和放松心情，可以说是人的"本能"。想说就说，想来就来，有话多说，无话少说或不说，让自己真正做到扬长避短，展示自我。

"酒逢知己千杯少，话不投机半句多"，物以类聚，人以群分。道不同，则"坛"有异。网上同"坛"互动者，大都是志同道合者，或者说，是业务上的"知己"。那种心理上的默契和和谐，只有互动的亲历者才能体味。

我们期待，"期待"有时像"盼星星，盼月亮"一般。期望互动的朋友能及时展示自身的"优势"和吸纳别人的"优势"，并转化为自身的能力，更好地服务自己的教育活动。每当看到参加互动的朋友取得成绩时，"亲切感"和"自豪感"就会油然而生，甚至想让互动的所有朋友来"分享"。

我们期待，"期待"有时像"恨铁不成钢"一般。期望互动的"话题"——那些所有发自一线教师心底的"温柔"的"呼唤"，能真正引起关爱生物教育的有识之士的共鸣；期望这些来自"民间"的"民声"能通过报刊去影响生物教育的"标高"和"走向"，以使我们的教育内容更切合实际。

我们渴望，渴望有时像"流星闪烁"一般。"铁打的营盘，流水的兵"，发言的网友总是变化的。互动总是不断地"被期望"和"失望"着。我们渴望，互动的朋友永远是互动的支持者，关注者和参与者。

冬去春来，变化的是季节，不变的是热切交流的愿望以及对生物教研的追求。

谨以此献给那些为互动平台默默奉献的朋友。

6. 突然想起新情境试题

《中学生物教学》互动栏目曾经刊登过一期话题，主题是"聚焦新情境试题"。当时为什么要开展这样的活动？主要目的是希望更多老师参与命题工作。命题（命制原创试题）可以作为业务学习的重要内容。我们不仅要试题的"评论家"，也要命题的"实践家"。作为一期稿件，选稿时会考虑到题目的新颖性、科学性和适用性，还要考虑到研究性。

如果通过命题活动的开展，能促进更多老师参与命题研究和实践，并服务于我们的教学。我想这一定是非常有意义的事，至少能促进教师的业务学习和提高。

7. 关于"课堂对话"等问题的回复

（1）关于课堂对话

我觉得这个话题的讨论，有主题，有点评，也有重点和思维碰撞，能反映一线教师的真实的有一定代表性的做法和想法。大家的发言，不矫情，不做作。

此话题的讨论，为"课堂对话"开了个好头。对参与写稿的老师提出了要求，也可从中悟出些技巧来。我们既是作者，也是读者。作者希望读者欢迎自己的稿子，读者希望作者的稿子是自己所认同和欢迎的。可见，我们的对话，应该讲科学、讲趣味、讲机智，反对为了对话而对话，为了搞笑而搞笑，对话稿书写的是真实的课堂，奉献的是真诚的点评。一篇有争议的对话，若存在负面效应，就不能刊登。而互动稿则不同，在互动中，即使有争议，只要将其争议点呈现出来，就会释解读者产生的不良情绪，并在其中受到启发，获得可借鉴的"正能量"。

（2）关于"演替"话题的回复

审题时，需通过仔细阅读题干内容并获取信息。5万年来，气候越来越干燥，导致森林变灌丛；50年来人类过度开垦，部分地方进一步变荒漠。即使没有人类的活动，只要进一步干燥，也是向荒漠化的方向演化（与裸岩演化为森林的原生演替的方向相反）。从这个角度看，人类活动只是加快了演替的进程，没有改变荒漠化的结局。这是从事实上的一般描述。

人类的活动具有不确定性。随着政府的重视，科技和财力投入的加强，人类是可以改变其方向的，这就是逆转其演化趋势。随着适宜植物的栽种，植被的恢复，植物蒸腾作用的加强，大气条件的改变，湿度的增加，人类也会加快相反方向的演替。但这些活动不属于题目中的"过度开垦"。

（3）对"交换效率和交换速率"的回复

这个话题有点意思。两种提法同时使用，大概来自人教版《高中生物教科书·必修1·分子与细胞》的相关实验。从琼脂块染色的深度看，与琼脂块体积没有关系，而可认为细胞在单位面积和时间内交换速率（实验中物质的扩散速率）是一样的。结合体积看，相同体积，切成的琼脂块越多，总体上的单位体积和时间内交换效率（实验中物质的扩散进入的体积）不一样。或者说相对表面积越大（表面积与体积比越大），物质交换效率越大。为避免混淆，实验中单位时间中物质进入的深度称做速率，而单位时间内物质扩散到的体积则称为效率。欢迎各位讨论。

（4）对"'细胞液'能否改成'液泡液'"的回复

对此做修改，似乎不现实。原因是，一个概念的形成有其历史过程。而这一历史，被中外文献所记载，也被各类教材所引用。不知从哪下手？

（5）对"意外的惊喜"的回复

互动中很多文章是合写的，是典型的合作教研，很多情况下，每个作者在表达清楚自己的观点时省去写长文章的麻烦。互动的开放性和包容性，能尽量保证话题作者"有话可说"。很高兴在互动中看到很多熟悉的作者，也期望看到更多作者从互动中起步，走向更广阔的平台。

8. 什么是互动的层次

网络是开放的，互动是自由的。互动存在的基础是"需要"。而实用性是对"需要"的最好诠释。互动平台就是要"网"聚零散的自发的来自不同地区的普通一线的教学实践者的研究力量，以期打造出生动和严谨的问题解决方式，暴露当前教学中令一线教师困惑的和影响教学生活质量的问题，并尽可能提出解决对策，以期在让互动作者共享集体互动成果的同时，也为有决定中学教学标高权的专家提供更多参考；也算是给广大普通一线生物学科教师营造更好教学生态而"栽花种草"。

学习活动永远是开放的，教学过程是要解决具体问题的，而变换角度认识问题时并非都有现存的答案，加上人的精力是有限的，合作学习也就成了一种必然趋势。生活中没有旁观者，但却有"静态"的和口头的互动者。教学活动本身就是互动的。独立思考是专业发展所必需的，但当有的朋友理直气壮地提出一个观点又坦然地承认该观点存在缺陷时，当一个由依靠专家集体形成的成果遭遇普通教师有理有节的批判时，个人思考的局限性自然也就暴露无遗。

什么是互动的"层次"？这是很多朋友非常关注的，他们甚至认为若在一些教学具体问题上作"纠缠"，会给人留下"层次不高"的感觉。

事实上，这一问题本身不需要更多的解释和辩论，因为互动的走向是由互动的开放性和自觉性所决定的，许多看似平常的话题，无不闪现着稍纵即逝的思维火花。当然，以一些时髦的话题做适度的引导，为互动而互动也不是不可以，而且也做了一些尝试，教师专业发展方面的话题就是一例。

再说，当满脑子载着各种理念的教育者进入教室去面对学生时，再伟大的教育家都不能不去面对具体问题的，当然这些问题不等于某道具体的习题。"互动"在讨论或者反映某些问题时，并不是鼓励逃避问题，相反，恰恰是为了解决问题。在对待课改的态度上，大多数参与者是积极的，提出课改中的问题，包括讨论教材和高考遇到的困惑，目的是促进课改而非阻碍课改。教师该教什么，不教什么，用多少时间去教，不是自己能随意确定的。

为什么中学生物学教学中值得互动的话题很多？是不是生物学教师热衷于"小题大做"和"无病呻吟"呢？这个问题同样不难回答。主要原因有以下三方面：一是，互动所涉及的话题比较宽泛。语文教科书前言上说，生活有多宽广，语文就有多宽广。在这里可以同样说，生物教学有多宽广，我们的话题来源就有多宽广。二是，生物学概念和生物学科永远是落后由于生物科学的发展，生物科学的发展速度是惊人的，从每年世界上最新科技成就中生物学科所占的比例可见一斑，生物学科与现实生活的联系越来越紧密，而生活中产生的生物学问题，是无穷尽的，从这一角度看，生物学教材永远是落后于生活的。三是，生物学科的历史和现实所造成的。从历史看，中学生物学科长期受到相对的不重视，生物学科教研中留下的空白也就相对较多。从现实看，课程改革的推进，教材的多样化和矛盾，教学水平的差异等，为互动提供了许多新话题。此外，高考命题方式的变革，学科教学的被重视程度的改善，学科教研力量的增强，网络教研力量的加入，也为互动话题的产生提供了条件。

互动参与者需要激情，但不能急躁，而是需要必要的耐心，否则会使情绪走向极端。一个话题的形成是需要时间打磨的，没有回复的信息，不等于没有被大家所关注。交流的方式因人而异，有的喜欢聊天式，有的喜欢单刀直入式，有的是凭兴趣去讨论，个别的似乎为"面子"而来。交流过程中常会出现"冷"与"热"的碰撞，张三喜欢A话题，而李四却喜欢B话题，这是自然的。

共同关注某些话题，并参与讨论，这本身就是合作学习的开始。互动话题需要旁观者更需要参与者，不少朋友都有这样的体会，有时逛来逛去没留下什么足迹，也没在报刊上发表点滴文字。事实上，逛数帖不如回一帖。这样既可以减少上网的时间，又有利于更好地完善话题讨论。有的话题，只有发起的过程，却没有及时做总结，这是非常遗憾的事情。无论是发起话题，还是参与讨论和总结的过程，都体现了同行之间的友好、关心和支持。

由于每个人的精力所限，兴趣和爱好有别，对话题以外的论文（包括投稿和博客上的）不一定能一一关心，相信这是能相互理解的。互动对广大教师朋友来说，毕竟是课余活动，但与炒股票、玩游戏之类不同的是，其内容属于个人业务范围。我们不能一一去关注互动的每一个回复，更无法去回复一个个留言，或者对所有论文去点评、修改和推荐，但对朋友之间的信任和感激之情，却是长存的。

9. 互动的态度

感谢话题的提供者，没有话题，就没有互动；感谢话题的参与者，没有参与者，就没有互动。孤掌难鸣嘛。感谢话题参考资料的作者，没有资料编者的支持，互动也会显得孤立，甚至会成为"树敌"的活动。正因此，我们需要对各方有基本的尊重。我们提出问题和讨论问题，是限于问题本身，是就事论事的，这是为什么互动能继续办下去的原因之一。

就事论事，是互动所必需的基本态度。你说X有某方面的缺点，我会认真研究是不是存在这样的缺点，而不去说X其他方面怎么好，因为这是转移话题，不是我们需要的互动。你说X有缺点，我不去说你怎么发现了这样的缺点，我不去怀疑你是不是故意这样说，要看你说得是不是有道理。虽然人的认识水平是有差异的，但"对牛弹琴"不是我们需要的互动，谁是"牛"，谁"弹琴"我们不管，"共同演奏"才是我们需要的。

互动平台发言，与一般的聊天是有区别的，在这里发言要想到可能会发表到刊物上，所以发言时要想到自己的发言是不是方便整理和刊用，是不是能给读者以启发。

10. 暑假互动没休息

6月的高考一过，讨论圈中就陆续出现了一些高考的话题，等待着同行们去思考和辩论。到7月中旬，已有数万字的讨论稿形成了。这些讨论稿，凝聚的不仅是老师们的智慧和汗水，更是热爱生物教育的热情，是对高考命题老师的理解，是对《中学生物教学》杂志的信任和支持。

互动是合作的事业，互动稿仅靠个人的努力是无法完成的。我们希望自己的学生在学习上相互帮助，于是，为他们建立各种学习小组。我们也期望同学科同行之间能相互支持；各地教研组或教研室为我们搭建了平台。而要使跨地区同行不间断地进行大规模教研活动，离开了网络是不可想象的。

在话题讨论和稿件选编过程中，得到许多同行的帮助。要感谢积极参与讨论的不计回报的许多默默无闻的朋友；要感谢经常为互动出谋划策，努力提供新话题并组织讨论的热心同行；还要感谢帮助搜集话题积极参与稿件审校的所有新老朋友。

但为了今后更好地工作和互动，也为了健康，我们都要注意休息。

11. 不忘互动

虽然我在互动平台没有做到每帖必回，但互动平台讨论区基本上做到了每帖都有回复，因为有我们这样的优秀的管理员老师和互动作者团队。安澜老师说到，"真心感谢平台的老师们！对所有教师提出的问题做到有问必答。没有因为我们提出的问题简单而不屑于回答，也没有因有不同见解发生不愉快，这个平台就是生物教师们的根据地，有困难了，只要回到根据地就有热心的教师帮助解决！让我们在教学中不再郁闷！我爱这个平台！"为互动平台朋友有这样真诚的互动意识，及时分享自己的思考点滴成果的无私奉献精神，而感到自豪和感动。

我在多次外出交流中，总会有意无意地提到互动讨论的情况，总会有意无意想到许多互动作者，在会议间隙和休息时间，总是时不时地禁不住要看一下互动情况。

12. 高考与互动

高考（考试过程）本身，是被普遍认可的最公平的模式。考出什么成绩，由考生自己做主。今后，虽然自己的命运还是自己做主，但影响的因素就更多，更复杂。因此，珍惜高考机会，在高考中充分展示自己，应该成为考生体验和理解公平竞争的人生实践。

互动平台，每年都有不少高考话题。高考试题互动讨论，不是否定考试本身，而是从另一个角度为完善考试出力。所以，会继续下去。

《中学生物教学》互动平台栏目，离不开读者的支持和关心，在互动稿形成的过程则主要是靠互动作者的参与。互动稿的讨论过程，其实也是互动文章的写作过程，写作过程需要的是作者，我们也一直欢迎非作者朋友作为第一读者，来了解写作过程。今天的许多作者，就是昨天的读者。在互动平台，从读者到作者的距离，也许就是几分钟。

互动文章写作指要

参加互动平台讨论的老师有成百上千，注册人数最多达到5000人，怎么来管理这么大的团队，并集中开展讨论。及时发表文字版"施政演说"似乎并不可少。

1. 互动如何选稿

先换位思考一下，假设自己是作者，写稿子是为了刊出来。要刊登出来，就得写出特色，得不断去发掘和体现"新意"和"满足报刊之需"。希望编辑认真审阅自己的稿子，并能发现闪光点，最好能帮助改改，千万别因为某一点不好而导致稿件不刊用。

站在编辑角度，希望自己编辑出来的版面，内容新颖，实用性、针对性、可读性和规范性都很强。希望来稿不需要花费太多时间修改就可以刊用。最担心的是，花了很多时间一遍遍修改校对，最后还是觉得不适合刊用。

内容好，只是格式不对怎么办？还是用吧，是让作者自己去整理呢？还是编辑动手？应该是编辑动手，邮件的往来可能更费时间。"枪毙"一篇文章太容易，要让一篇有闪光点但格式不规范的纯口语化的文章及时刊出来，确实有难度。他需要编辑耐心去学习和体会作者的观点，审慎去修改相关文字。将作者因为笔误而写反了的观点和写错的字，通过细心揣摩，及时纠正过来。格式不对的主要表现是，标题序号不对，例如，杂志要求1、2、3，你用一、二、三。等等。

内容好，但主题不对，怎么办？看看能否加上少量的相关的句子就可以往主题上靠，靠不上确实没办法。例如，征文是如何减轻考前师生的心理压力，如果写的是减轻压力方面的内容，但就是只字不提心理问题，可尝试着用加法原理修改，如果写的内容只有部分是与减轻压力有关的内容，则只好做大幅度删改。实在改不好，只能不用。要求谈"考前"，你要谈三轮复习的做法，甚至从第一节课谈起，最后再谈考后的心理调试，惟恐有遗漏，刊用的压力就比较大。

内容好，但没有学科特色，怎么办？在网上搜索一下，若整段的话都可以查找到，就先放一放，若查不到，说明至少有特色，只是没有学科特色。若可用的话，尽量用。

2.　"互动"需要什么样的话题

互动平台是《中学生物教学》杂志的一个栏目，涉及的内容大多是中学生物教学的热点，热点话题中又以有争议的为主。

一般出版物上的明显错误，包括试题答案印错等，不属于争议的话题，所以一般不讨论。如果是疑难问题，仅仅是希望得到帮助，虽然有不少热情的朋友做解答，但不作为杂志上的互动内容。如果是教材，大型考试或流行试题有"争议"，不管是什么情况，都可以作为讨论的话题。也就是说，作为杂志的互动稿件的内容，除了征稿的话题外，需要参与者提供相关话题，并说清楚问题的争议点是什么，希望如何做讨论，等等。

3.　帖子变成稿子须知

（1）不要出现类似于"楼主"和"高手"之类词语，也不要出现过多的正确的废话。例如"这个问题不好回答"。

（2）参考文献要准确。一定要采用正式出版物，并注明出处。若提到"教材"，要写清楚：什么教材，是什么版本等。不要轻易引用网上资料，例如百度百科，也不要使用无名教辅资料（包括一般的复习题等）。

（3）不要省略掉"2011"的"20"等。

（4）尽量减少口语。

（5）要有明确的主题。例如，你发言的主题是什么，你有什么观点，想其他人讨论什么，应该写得清清楚楚。

（6）要及时标明自己的身份（登记作者信息）。考虑文责自负，无作者信息的文字更有可能被删去。

（7）回答问题时要注意承上启下。既然是互动，要明确自己发言的针对性，尽量不要重复别人的观点。

（8）回答问题时，不要脱离主题。

4. 同写一篇文章

（1）我们来自不同的地区，我们彼此不曾相见，我们的学习教育经历不同，我们的思维水平和实践经验差异很大。我们却能相聚，因为我们要共写同一篇文章，文章的题目很响亮，这就是互动。

（2）在互动平台，如果我发言了，我希望你支持我的观点，因为你的支持是对我思考的肯定。我也希望你反对我的观点，因为你的反对是在帮助我完善自己的思考，能更好地确保互动内容的科学性、生动性和可读性，有利于体现互动价值和特色。

（3）在互动平台，讨论问题像聊天，但若仅仅是聊天，口语无疑是很好的交流方式。但互动不同于聊天，而是共写一篇文章，所以，更多地需要书面语言。

5. 稿件编校指南

对科学问题讨论，若在稿件整理过程中出现科学错误，其问题的严重性无异于"第二次污染"。但话题搜集整理工作，再努力，再辛苦，差错在所难免。如何避免和减少差错？有没有什么"捷径"？

（1）查找：彻底消除"机械性差错"

查找文字来源。在网上查找，查找原始发言，查找是否是别人已公开发表的成果等。

查找口语化叙述。在文章中使用查找替换功能。例如，"必修一"替换为"人教版高中生物教科书《分子与细胞》"，最好加上版次等内容。发言中常提到的，教材第××页，应该一律替换为书面语言。

查找发言的顺序。对重复的内容，找到最早是谁说的。若不是文章中有强调和引用的需要，则删去后面的发言。

查找不按要求的格式。例如，字号、字体。找到后，可采用格式刷做统一。比较快的方法是，先将相关文字的格式清除，然后变为宋体正文五号，在此基础调整。编辑中发现部分文字还保留有超链接，标点也存在半角状态，所以先清除格式非常重要。

查找错句、错别字和不规范的用语等。不规范用语，包括类似于"楼主"，"我认为您的观点是错误的"（"您"是谁也不知道）。等等。

查找作者信息。查看单位、地址和邮编等是否有误，真实姓名与网名是否对应。尽量不用网名或只有网名的发言。

查找合并后的发言。互动稿整理时，尽量不做合并整理，对重复的发言，直接按照原始发言顺序做删去处理。若将几个作者的发言合并后，要特别注意发言的角度和内容。例如，在讨论种群的话题中发言，在两个作者的发言中有"我家的池塘"，到底是哪家的？还是两家的？

6. 谈互动稿的资料引用

还是先看一篇互动稿，题目是"生长素是何时分离出来的？"（《中学生物教学》2008年第7期）从这篇文章中可以粗略地了解到为什么需要引用资料。这里的资料，主要是学生所用的教科书及高校教材。互动作者既有一线中学教师，也有高校和出版社的专家。

本话题的问题之一是，到底什么是植物激素，IBA是生长素类似物还是植物生长调节剂？仅依靠教材的叙述，教师是难以理解的。因此，互动作者就需要查阅资料。但找到了相关的资料，不等于问题就能解决。因为资料本身对有关问题不一定有明确的回答，资料之间可能还存在矛盾。于是需要将不同资料同时呈现出来。仅就"生长素类似物"而言，人民教育出版社生物室主任谭永平老师认为"生长素类似物"不是一个专业术语。人民教育出版社高中《生物》必修3第3章第1节，还没有出现"生长调节剂"这一名词，因为这一名词要到第3节才出现，所以是用了这么一个普通词来表示生长素类调节剂的。一般把内源性的物质叫做植物激素，而把外源性的、人工合成、提取的物质叫生长调节剂，所以吲哚丁酸是调节剂还是内源激素，关键是看来源。该教材第56页第1小题中，只有D肯定不会是内源性的，所以选D。要是再用类似思路去抠这道题的选项，乙烯也不一定是植物激素啊。谭永平老师的回答中提到："一般把内源性的物质叫做植物激素，而把外源性的、人工合成、提取的物质叫生长调节剂，所以吲哚丁酸是调节剂还是内源激素，关键是看来源。"这里的"一般"二字本身也是对不同资料矛盾的"折中"处理，事实上矛盾依然因为各资料的差异而存在。互动呈现这样的矛盾，目的是为教学和命题做参考。有矛盾就有争议，有争议的内容就不能给固定的答案。否则，是制造混乱。

互动的许多争议问题，都是因为背后支撑的资料存在矛盾。中学教学中存在的突出问题是所用的部分教学资料因为片面使用了资料或使用了过时的资料造成的。所以，引用更多资料，让问题的背景更清晰，有利于使我们的认识更全面和科学，而更好地在教学中对有关资料做取舍。因此，查找相关资料，理应成为互动作者的工作之一。

还想说一下，对引用的资料本身也需要取舍。一是，准备提供什么资料？最好能满足规范的参考文献要求的。二是，对资料进行编辑等加工整理，同时附有引用者的理解和思考。三是，引用的资料与讨论的主题密切相关。引用资料时要尽量避免简单的原文复制，杜绝没有具体来源的资料。

互动是跨越时空的备课

1. 互动是教师解脱惜授和健康成长的途径

"惜授"无异于"作茧自缚"。

"惜授"，是不愿意将自己的知识、技能或者经验传授给他人。"作茧自缚"则是比喻做了某件事，结果使自己受困。将"惜授"与"作茧自缚"联系起来，是恰当的。每个人的专业成长都有发展空间，而惜授者无异于自我捆绑"手脚"而裹足不前。可以说，互动是教师解脱惜授，促进健康成长的途径。

互动有利于消除个人认识上的误区。没有人敢说自己的专业水平在某一领域达到了"巅峰"，除非他自己不清楚自己认识的误区或盲点。这些误区和盲点，往往是自己难以发现的，以至是终身存在的。表面上看，惜授者通过惜授能守住专业上的某些优势；而事实上，这些知识中，或多或少地存在着落后的，不准确的，甚至是错误的东西。"惜授"或隐藏自己正确知识和经验的同时，实际上也将自己的错误"包裹"起来了，增加了发现和改正的难度。

互动是专业化学习和研究的共同体，要求互动参与者既要有合作的意识，也要有参与反思和研究的行动。互动过程，包括提出问题、反驳质疑、总结反思等过程，对这些过程的参与，参与者需要不断学习和借鉴相关文献，并深入思考所参与的话题和作出一定的推理与判断。不仅如此，他们在认真学习和完整领会其他人的发言的同时，还要努力将自己的观点用简洁的文字加以表达；即使这样，还会遭遇质疑、补充和反驳。正是这样的质疑和反质疑的过程，促进了自身语言表达能力的提高。

可以说，互动就是解放自己的过程；也是催生热情，消除冷漠，促进反思的过程；更是解除惜授，获得帮助，拓宽专业发展空间的过程；是促进自身专业健康发展的有效途径。

2. 互动是与远方同行一起备课

《中学生物教学》2014年第1～2期互动平台栏目安排的是实验专题，主要选辑了北京市部分初中任课教师的稿件。在互动栏目，初中内容相对比较少，而北京市参与互动平台讨论的初中教师就更少。这一举动自然是对此的弥补和对开展系列专题研讨活动的尝试。

2014年第3期，互动栏目安排了10篇集体讨论稿。稿件作者遍布大江南北18个省市，从黑龙江的大庆市和吉林省的梨树县到海南省的三亚市和云南省的广南县。虽然南北东西温度和湿度不同，但他们表现出的对互动的真诚和热情是相同的。参加讨论的，有年过半百的老教师，也有工作不久的年轻教师，虽然年龄和资历相差较大，但在具体问题面前表现出的却只有平等和相互尊重。为了准确理解一个概念，互动作者引经注典，相互启发，努力试图弄清其来龙去脉。在话题讨论和稿件整理过程中，互动参与者，特别是管理员老师，引经注典，精益求精，为此牺牲了许多宝贵的休息时间。

可以说，互动是教师进行的集体备课，是持续多年开展的跨省大讨论，也是凝集网络教研力量促进教研水平提升的事业；互动是《中学生物教学》编辑部与一线教师进行的面对面的对话，互动稿凝集着互动参与者和编辑部老师的汗水和智慧；互动在一定程度反映了一线教师实际教研水平和困惑，同时暴露了各类中学生物教学相关出版物之间的矛盾，以及出版物与科学发展水平之间的差距。

3. 互动是长远的备课

今天上了三节课。突然想到，为什么有时讲高考题的分析时，越讲越兴奋？原因是这些题曾经在互动平台讨论过。根据我的切身体会，我要说"互动是长远的备课"。

无论是平时的教学，还是外出与同行进行交流，由于有"互动"的基础，不管临时准备得如何，至少感到自己始终"有话说"，总有引发大家"思考"的话题。时间安排上，给自己更多的自主性和灵活性。讲课或做报告的内容可长可短。互动的内容，可做

"补白",也可作"专题";可穿插在教材解读中,也可渗透在热点问题讨论中。

互动是集体的"事业",互动稿是集体智慧的结晶;互动来自教学第一线,自然也能引起更多一线教师的关注和共鸣。

点评一节公开课

今天我们很高兴地看到各位同行朋友,来为我们学校,为我们老师的公开课捧场。在此欢迎各位对我们的教学提出建议和批评。根据深圳市蛇口育才教育集团研究督导部的安排,由我对育才中学黄俊芳老师的课进行简要的点评,时间不超过10分钟。我们如何点评这样一节课呢?我讲三点。

1. 评课立场

我们要站在学生的立场。无论是上课还是评课,都必须坚持学生立场。我们的学生是考生,所以,是考生立场。

我们的这节课是高三复习课。高三复习课,就得要考虑高考《考试大纲》的要求。同时,我们卓越课堂的推进课,要体现学校倡导的质疑探究、合作分享、独立学习和教师引领的特色。对学生来说,不管你是搞什么形式或者模式的教学,提高成绩是头等大事。高考要求与教学模式之间应该是统一的。所以要努力去改变教学方式,以卓越课堂引领学生备考。

2. 特点

(1)很扎实。这节课对学生的意义在哪里?他们巩固了知识,体验了知识在新情境下的应用,激发了学习欲望。设置的问题,对学生有思考性,不是简单的1加1等于2。学生复习了,思考了,质疑了,合作了,活动了;既观看了视频,又分析了案例,还进行了角色扮演等。不仅在知识方面,也在能力方面,还在情感态度价值观方面,他们潜移默化地认识到遗传病的危害,认识到预防遗传病的重要。所以,是有意义的,或者说,很扎实。

(2)很充实。对学生来说,不管采用什么形式,每个学生的收获大小肯定是不同的,再好的方法,都是难以让每个学生都获得同样的体验,但黄老师的课至少从形式上看,比较多地调动了更多学生的积极性。学生在课堂上基本上有事可做,所以是充实的。

（3）很平实。这节课，虽然有很多预设的内容，但预设中也有生成，因为高考框架下不可能有太多的知识生成，在内容上也不可能有更多的自主。我们的自主绝对不是在知识范围上，不可能花太多的时间去学高考不考的东西。所以生成性更多的是所学内容的相互联系上。所以这节课是平实的。

我们上课，是为学生上的，不是为听课的人上的，课堂上黄老师努力做到了心中"只装学生"，也没有更多地去追求课的完美。

3. 推进卓越课堂，我想谈两点感想

（1）任何人的课堂都有值得改进的地方，学生也不可能百分之百的满意。我的课堂也不例外。

（2）任何形式或模式，都不是万能的。我们的教学质量提高，不能完全依赖于模式本身。教师专业化水平的提高，教学质量的提高，不是学习一个模式就能解决的。专业化最突出的特点就是不可替代性。某位主持人主持的栏目很专业，别人代替来主持，就难有同样的效果。所以，好的模式，如果不能结合自身实际，不能充分吸收其精华，只停留在表面，既会伤害模式本身的信用，也会伤害自己，如果一个教师将自己的优势丧失了，而不能获得新的优势，意味自己的专业化水平会失去用武之地。例如，我在听一节高三复习课时，有的老师课堂很热闹，学生质疑的内容很多，生成的问题很多，但与高考要求离得很远。

此外，学生的个体存在差异，一个班总有一部分学生是比较内向的，不一定都喜欢去做口头表达；相反，一部分学生却热衷于口头表达。互动展示时，怎样调动全体学生都能提高他们的知识和能力水平，值得探讨。

（写于2012年，参考叶澜教授的有关观点）

第 11 章

互助成长

独行速，众行远。教师专业成
长，需要营造良好环境，也需
要自主，还需要互助。

对我个人来说，一路走来很是坎坷，取得的成绩微不足道，所以从来没有真正的成功感。但我会不断去寻找使自己工作产生兴奋的新"刺激"，包括工作变动，增加教研时间，以使自己对教师职业不感到疲惫，更热爱生物学教育事业。

我想与我所主持的工作室的全体老师共勉。

一是努力树立"责任"意识，做一个有"责任心"的人。"责任心"也是民族的"良心"，所以教师工作也是"良心活"。对学生负责，对学校负责，也是对自己负责。我们要努力使自己与学生同成长，与课改同成长，与学校同成长。

二是坚持"教"与"研"结合。坚持教中有研，以研促教。在提高课堂教学效果的同时，提升自己的教研能力。

三是保持乐观的心态。努力将克服工作中的困难作为自己的乐趣，并用乐观向上的态度去影响学生。利用与学生接触的机会，询问学生对教学的反映，发动学生为教学出谋划策，并及时根据学生的建议和意见作出调整和改进。

与同行话成长1

青年教师代表着新知识，代表着青春和活力，代表着教育的希望，青年教师是学校的中坚力量。

由于青年教师（特别是刚毕业的）教育经历上与老教师有差距，所以我冒昧代表老教师提两点建议，以共勉之。

树立青年意识。有人说，青年教师处在"既指导于人、又听人教诲"的两难境地。正是有这样的经历才会使自己变得更加智慧和坚强，更有悟性和涵养。"青年"意味着"积累"和"逐步成熟"，"青年"意味着更多的工作负担和压力。这就对"学习"提出了更高的要求。需要向书本学，向实践学，向同行学，当然也包括向老教师学。

发挥自身优势。我们教育的对象是青年学生。青年教师与他们的年龄接近，容易与他们沟通。这也就形成了自身的优势。此外，青年人大脑兴奋性强，容易接受新知识。青年教师的课件普遍做得好，普通话说得准，知识面比较宽。"青春派特征"容易成为学生的偶像。通过自己的品行修养，可更好地直接感染学生。但优势与劣势是会相互转化的。例如，青年人身上存在的情绪不稳和急躁等，也会给自己带来苦恼和烦闷；刚毕业的青年教师心理上还没有摆脱学生的特征，需要积极进行自我转化和定位。

相信我们学校的青年老师能够在新课改的春风下积极进取，快速成长，成为所有老教师的骄傲。相信育才中学因为你们而更加精彩，这也是我们的衷心祝愿。

（写于2006年）

与同行话成长2

1. 青年教师是学校的骨干力量

学校工作的正常运转，青年教师起着关键性的作用。随着学校规模的扩大，青年教师的作用越来越大。

2. 青年教师是学校的名片

一个学校论文发表得多不多，课题研究成果影响大不大，优质课获奖等次如何，反映了青年教师的整体实力和精神风貌。

3. 青年教师是一个学校的未来

青年教师的精神状态，整体的业务水平，是学校的核心竞争力之一，直接关系到未来学校几十年的发展。

4. 青年教师的可塑性非常大

同样毕业的研究生，10年后，业务水平会有比较大的差距。一个博士生，担任初中教师10年，若不学习，专业知识可能停留在初中水平。

5. 人的成长需要适度的压力

压力是产生内在动力的原因之一。压力产生于外界环境与自身现实需要的矛盾。

6. 青年教师，要树立长远的观点

心里要充满阳光；要胸怀全局，放眼未来；要敬畏工作，热爱自己的专业；要不忘初心，牢记使命。

作为一个快速发展的学校，学校校长和行政班子，深感压力很大，青年教师专业发展好不好，将来有多少老师成为省市区骨干教师，与领导的关心和重视，与老教师的扶持和关爱，有直接的关系。学校和各教研组都会努力去搭建平台服务于青年教师的发展。

（写于2017年3月）

教学比赛如何体现核心素养

2001年起，深圳市南山区被确定为国家首批课改试验区。初中使用的相关教材是《科学课》，科学课内容涉及物理、化学、生物和地理等。直到2012年秋季才开始分科教学，生物学科专业教师才教授人教版《生物学》课程，所以教师对生物学教材有一个重新认识和熟悉的过程。

教学基本功是教师在教学活动中业务能力的综合表现，它涉及板书基本功、书面和口头表达能力、课堂驾驭能力、师生互动能力等。如何通过一次比赛来了解教师的教学水平，促进学科教师队伍的教学能力得到整体的提升，是值得比赛策划者、组织者认真思考的问题。

2018年11月9日～10日，南山区举行了初中生物学科青年教师基本功比赛。教师现场决赛环节结束后，应选手和评委的要求，举行了现场研讨会，这一举动得到了参赛者和与会者的高度关注和肯定。下面对比赛内容及命题思路等作简要解析。

1. 比赛内容及形式

参照深圳市教科院有关文件要求，比赛内容涉及三方面：教学设计、教学组织和表达、教学反思即兴演讲。要求参赛教师手写一份教学设计，并进行模拟上课和答辩。

（1）预赛：手写教学设计

教师进入没有网络环境的比赛现场，用现场提供的规定教材内容和教学设计模版独立完成1课时（40-45分钟）的教学设计，包括教材简析与说明、教学目标、重难点分析、教学过程、板书设计、作业设计等，2小时完成，其成绩在决赛时作为参考。

（2）决赛：教学组织和表达

教学组织和表达，采取模拟课堂现场教学的形式进行。侧重考查教师的语言表达、板书设计、随机应变能力等教学基本功。本次决赛中，要求选手在30分钟内完成模拟上课环节的备课工作，然后依次进行10分钟模拟上课和5分钟即兴演讲或教学答辩。已完成上课任务的教师方有资格观摩未上课教师的比赛。在教学过程的组织实施环节，评委和观摩老师充当学生参与课堂体验。

（3）即兴演讲或答辩

学科教师即兴演讲有一定的难度。为减轻他们的压力，本次比赛采取的方式是"答辩"。评委现场根据选手呈现的课堂教学设计和实施情况，进行有针对性的提问，要求选手即时回答，以考查他们对教材知识的掌握情况和应变能力，时间3-5分钟。

2. 试题与命题思路

（1）试题

教学组织和表达环节选用的试题为："生态系统的结构与生物圈Ⅱ号"。提供的教学素材是人民教育出版社义务教育课程标准实验教科书《生物学》（七年级上册）中的"生物圈Ⅱ号"。该资料选自第33页"科学·技术·社会"栏目。具体试题如下。

南山区2018年初中生物学科教师
教学基本功大赛（决赛）

1. 模拟上课（10 min）

生态系统与"生物圈Ⅱ号"（见参考资料）

生物圈Ⅱ号

人类能模拟一个与生物圈类似、可供人类生存的环境吗？为了验证这一点，20世纪80年代，美国在亚利桑那州的沙漠上建造了一个实验基地。为了与地球生物圈——科学家将它称为"生物圈Ⅰ号"相区别，人们将这座建筑称为"生物圈Ⅱ号"。"生物圈Ⅱ号"几乎是密封的……里面有微型森林、沙漠、海洋和溪流，还有猪、牛、羊、鸡、鸭等家畜家禽，以及供人居住的房子。科学家利用计算机来控制摄入的阳光，调节各区所需温度。

1993年1月，8名科学家进入"生物圈Ⅱ号"，他们计划在里面待上两年，一边从事科学研究，一边养猪养鸭，耕种收获，过着完全自给自足的生活。科学家要设法使这个生态系统维持相对稳定的状态，一年多以后，"生物圈Ⅱ号"中的氧气含量大幅度下降，粮食严重减产，科学家在里面无法再生活下去，不得不提前撤出。这次探索虽然没有完成预定的计划，但他们用事实告诉人们，迄今为止，地球仍是人类和其他生物的唯一家园，我们应该珍惜它，爱护它。

2. 即兴演讲（3 min）

请对本节课进行反思，并阐述本节课对学生成长的意义。

（2）命题思路及思考

此次活动旨在推动教师在课堂上具体落实和实践学科核心素养。命制的试题必须做到与此目的相适应。同时，为更好地考查教师的业务素质，试题尽可能保持新颖性，以避免教师事先对教学内容有备而来。

①科学资料：为教学提供具体情境

按照教材内容的安排，学生已经学习过"生态系统"的相关知识。因此，教学内容应有一定开放性，或者可将相关内容调整到紧接"生态系统"后使用。命制此试题，是希望教师能根据教学目标和提供的素材大胆重组教学内容，以促进深度教学，引发学生深度学习。教师可以重新确立新的教学主题。例如，生态系统稳定性如何维持？生态系统中各成分为什么是不可缺失的？等等。

在课堂上，如果教师将题目中的"生态系统"与"生物圈Ⅱ号"两个问题割裂开来而孤立地讲解，就没有充分考虑所提供的教学情境的作用。其实，即使教师按照学生在先前没有学习"生态系统"这一内容来确定自己的教学，同样也可以将"生物圈Ⅱ号"作为素材来引导学习"生态系统"相关知识。

②核心素养：通过思维活动得以落实

"问题"，特别是"挑战性问题"，是引发思维的重要因素。可以说，没有挑战性问题，就难以促进深度思维。题目给教师提供了一个真实的历史资料，即"生物圈Ⅱ号"。教师可以直接将该资料引用到课堂以营造教学情境。但若只是作为一般的情境加以介绍，难以唤起学生思考的激情。所以，在引导学生了解和构建生态系统必需的组成成分外，更好的做法是设计具有挑战性、能引发认知冲突的具有较高思维含量的系列问题。

例如，可利用素材所提供的具体情境，设计具有难度梯度的"问题串"来分层推进教学。例如，从知识层面引导学生依次关注生态系统的成分、生态系统各成分的作用、生态系统的整体性和功能，最后关注保护环境的重要问题等；并从学科价值层面引导学生自然形成生命观念，进行科学探究，增强社会责任等。

又如，可以引导学生分析"生物圈Ⅱ号"中各种成分的相互作用以及失败原因。可以进一步激发学生思考：如果让你去设计一个生物圈，会如何做？通过引导学生通过参与探究活动的方式来分析、总结、对比生物圈Ⅱ号的具体情况。

再如，可设置这样的问题：①为什么人工生态系统不能满足自给自足的需要？②人工生态系统未能成功，这样的实验有什么意义？对人类有什么启示？

这里要特别强调的是，学生在思考的过程中会产生很多生成性问题，一个业务能力强的教师能及时捕捉这些生成性问题并进行有效评价，鼓励学生大胆质疑和讨论。

③重整主题：开展项目式学习

教学中，可以将生态系统有关知识与"生物圈Ⅱ号"进行整合，作为一个整体来确定教学的主题。例如，可以设置这样的主题"如何构建一个生态系统？"或者"生物圈Ⅱ号为什么会失败？"这两个问题，都能促使学生在问题解决的具体活动中，分析思考生态系统成分及相互关系，生态系统与系统外环境的相互依存关系等，使生态系统与"生物圈Ⅱ号"两部分内容有机地贯通在一起。在此主题下，可以激发学生产生"问题串"，在解决一个个问题的思维过程中，势必会产生更多新的生成性问题，从而使学生在活动中达到提升思维能力的目的，使生命观念、科学思维、科学探究和社会责任的培养比较自然地融入教学活动中。

3. 赛后反思

从比赛的具体情况看，因为模拟上课的灵活性，部分老师只对生态系统相关知识进行了讲解。虽然课堂也很精彩，但没有提及生物圈Ⅱ号。也有个别老师仅仅介绍生物圈Ⅱ号而没有对其成分和结构做深入探讨。所以，今后类似试题的要求需要进一步明确，例如，可增加限定条件——"必须使用题目所提供的素材"等等。

从比赛评委的提问和参赛老师的答辩情况看，初中教师对概念的把握与高中教师有明显的不同，例如，对生物与环境的关系，高中教师特别强调生物的环境包括生物环境和非生物环境（或无机环境），而初中课堂对此比较模糊，甚至误解。所以，初中教师及时学习和熟悉高中教材，是非常有必要的。

教师业务比赛是一个相互学习，共同成长的过程。鉴于此，此次比赛过程中，安排前面参赛选手观摩后面选手的课堂教学，赛后进行专门的讨论，再组织他们相互看视频，鼓励教师及时写反思，等等。今后，要鼓励更多教师参加比赛，更多教师到现场观摩比赛，只有这样才能更好地发挥比赛本身的作用。

核心素养是对过去的三维目标的重新整合和凝练。将核心素养确定为教学的主要目标，这是2017版高中生物学课程标准的重要特色和贡献之一，其理应成为初中生物教师学习的重要文献。只有这样，核心素养才能更好地在中学课堂"落地"。

（本文选自《中学生物教学》2019年第1期，原标题："教学基本功比赛：如何体现核心素养"）

附点评：夯实教学基本功，体现核心素养

公众号"为思维而教"2020年10月发表华南师范大学生命科学学院硕士研究生曾涛老师的文章，副标题是"读夏献平老师《聚焦生物科学青年教师基本功比赛》有感"。

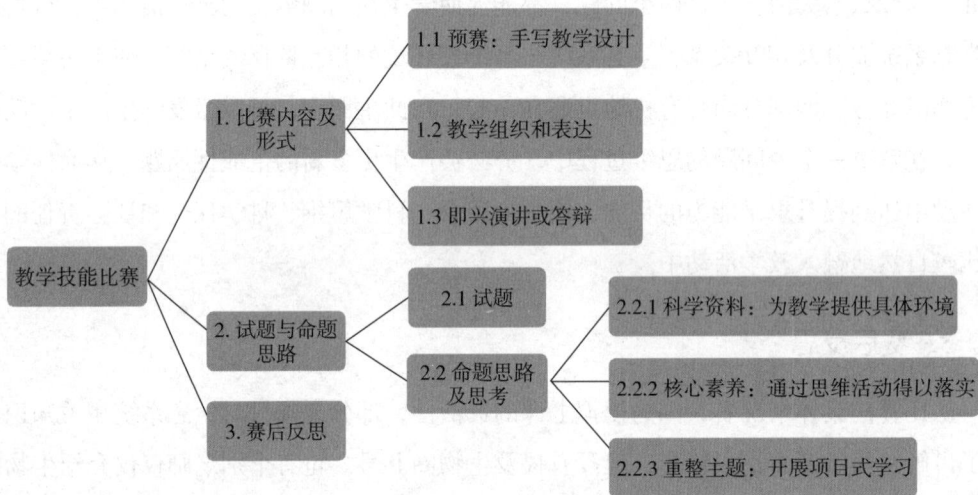

```
                        ┌─ 1.1 预赛：手写教学设计
              ┌─ 1. 比赛内容及 ─┼─ 1.2 教学组织和表达
              │      形式        └─ 1.3 即兴演讲或答辩
              │                      ┌─ 2.1 试题        ┌─ 2.2.1 科学资料：为教学提供具体环境
教学技能比赛 ─┼─ 2. 试题与命题 ─┤              ├─ 2.2.2 核心素养：通过思维活动得以落实
              │      思路        └─ 2.2 命题思路 ─┤
              │                       及思考       └─ 2.2.3 重整主题：开展项目式学习
              └─ 3. 赛后反思
```

面对全国各地纷纷举办的教师业务比赛，夏献平老师提出了一个问题："什么样的比赛才能更好地促进教师专业的发展"。通过关注和讨论这个问题，并以2018年深圳市南山区教研室举行的初中生物学科青年教师教学基础功比赛为案例分析，夏老师发表了一篇文章，这能让青年教师深刻感悟教学业务技能和生物科学核心素养的重要。

通过夏献平老师对比赛内容的简要分析，我梳理了几个使我深受启发的"知识点"。

1. 教师基本功须全面发展

教学基本功是教师业务能力的综合表现，它涉及板书基本功、书面和口头表达能力、课堂驾驭能力、师生互动能力等。

板书要使得同学能够理解记忆，则要求教师对教材能有效运用，详略得当，有逻辑有思路。同时要综合运用多种多媒体授课器材等；书面及口头表达则体现着教师的答辩水平和即兴演讲能力，是在教学过程中对同学们进行合理的答疑解惑的直接途径；课堂驾驭、师生互动则更多表现在教师的临场发挥能力，若能使课堂不在维护纪律的管理下，且学生专心听讲踊跃参与课堂互动，那么这堂课可以说是非常有效率的。

2. 教师需掌握教学设计

一堂课，需要的不是学生的身体和思维都停留在教室里，而是要学生带有目的地去探索知识。身为教师，要想引领学生的思维，就必须掌握教学设计。教师需要在课前预设教学设计，包括教材简析和说明、教学目标、重难点分析、教学过程、板书设计和作业设计等等。一堂课有线索有方向地进行，不仅强化了教材内容的教学，还能使学生的思维得到调动，学生会思考会疑惑，最终才能有收获。

因此，教师要理解教材的设计，掌握运用教材内容，才能让一堂课有核心有重点，有活跃的思维。

3. 运用科学资料，启发思维活动

夏献平老师举了比赛中关于"生态系统的结构与生物圈Ⅱ号"的案例，为我们分析了如何做到运用资料启迪思维。根据比赛的设定，假定学生已经学过"生态系统"相关知识，面对所给的"生物圈Ⅱ号"试题，教师可将生物圈Ⅱ号引出的相关知识点代入生态系统的知识层面中，如已知生物圈Ⅱ号的实验失败，表明生态系统的稳定性应如何维持？生态系统的各个成分为什么是不可缺少的？……这种利用素材大胆重组教学内容，重新确立新的教学主题，是可以促进深度教学，引发同学们的思考的。

在课堂上，如果教师孤立地讲解生态系统与生物圈知识，则说明教师并没有掌握其中一个知识点，没能做到知识的相关联系，这就是没有考虑到教学设计的要求，也就难创造出优质的问题。

然而，具备挑战性的问题，是引发学生思维的重要因素。教师核心素养通过思维活动得以落实，所以，在运用素材重组素材的基础上，设计有挑战性的、能引发认知冲突的问题，非常具有思维含量。如"为什么人工生态系统不能自给自足？""为什么人工生态系统不能成功，这个实验有什么意义吗？"从各个层次提问，最终引导同学们形成生命观念与科学观念。在提问中，教师对学生的质疑与讨论能够进行有效评价与鼓励，便是教师业务能力强的表现。

4. 阅读感想

台上十分钟，台下十年功。一场45分钟的教师大赛，可以看出一名优秀教师的厚积薄发的业务能力。小到教姿教态，课堂设计，大到思维引领，展现素养，这都是一名合格的教师应尽的责任。身为师范生，师范技能这一基本功必须打好基础，这就要求我们紧抓每一次师范技能课的学习，学习先进的授课方式，学习表情达意，全面发展教师基

本功。

扎实基本功还不够，掌握教材也很重要。师者，传道授业解惑也。传道授业要求教师要掌握丰富的知识，有着科学的思维框架，凭此才能进行授课，要保证"师者有一桶水，才能有资格授给学生多碗水"。同时，对于教师而言，要有发挥教师核心素养的意识，要让同学们参与课堂，创造挑战性问题，鼓励学生思考，提出质疑，从而答疑解惑，让一堂课程下来，学生能有所收获。

面对夏献平老师提出的优秀教师应有的要求，我仿佛是今后生涯的很长一段时间都将"望尘莫及"，要做的合格的生物老师，也是很有要求的。读了夏献平老师的文章，我也在教师生涯里树立了一个榜样，我会在细嚼慢咽的体会中不断发展自我，努力学习，争取朝着这个目标完善自己。

改革教师培训方式的有益实践

广东省名师工作室开展工作有一个环节是跟岗研修，生物学科骨干教师跟岗时间首届为3周，后来改为2周，省百千万名师培养对象跟岗时间为1周。这是2010年首批名师工作室的跟岗工作总结（节选）。

进行大规模的跟岗研修，是2010年广东省骨干教师培训工作中具有开拓性和探索性的集中实践。作为广东省中小学教师工作室的首批名师工作室，在华南师大基础教育培训与研究院以及生命科学院的直接指导下，夏献平教师工作室承担了2010年部分高中生物骨干教师的跟岗培训和研修工作。"跟岗研修"，改变了传统的培训模式，给培训工作赋予了"自我培训"和"相互培训"这一新内涵，使培训对象从"被动"走向"主动"，从"被动学习"转换为"体验学习"，从"单向灌输"转换为"互动研讨"。研修过程得到了上级领导的肯定、支持和鼓励，也得到了跟岗骨干教师的理解、配合和积极参与，取得了比较好的成效。现总结如下。

1. 任务与困难

此次跟岗活动的时间为2010年10月21日～11月10日，为期21天。根据广东省教育厅的统一部署和华南师范大学基础教育培训与研究院（以下简称"基教院"）的具体安排，结合本工作室的实际，我们确定了2010年广东省高中生物骨干教师的跟岗任务。

（1）任务

基本任务。基教院下达的骨干教师的基本任务包括：①解决各自教学中的一个或几个具体问题。②认真参与所在学校的各项活动，及时交流，认真思考。③听评课不少于6节，上课不少于2节（含1节汇报课）。④在"有效教学的行动研究"的总课题下形成自己的子课题，并完成部分研究工作。⑤开发一节优秀课例（文字或光盘），写3篇教学反思和2篇读书笔记。⑥撰写《跟岗学习日志》，详细记录各项培训活动安排、学习观摩的收获和体会。每天写跟岗学习日记，记录所见所闻，思考相关课题，与同行交流，与主持人沟通。

特殊任务。根据本工作室的具体实际确定的特殊任务包括以下几方面：①参加2次深圳市高中生物名师展示课活动，并作为点评专家参与点评。②参加《中学生物教学》互动平台的专题讨论至少1次。③听专题报告7次。④参加学科大型比赛1次。⑤命制原创试题若干并作为《中学生物教学》杂志2011年的稿件。⑥增加一节优秀课例（刻录光盘）。

（2）困难

跟岗过程中我们也遭遇过不少困难。主要有以下几方面。

骨干教师的困难。主要表现为，骨干教师都是学校的骨干，要么是担任教学工作的学校的中层领导，要么是高三任课教师或班主任，教研组长等，学校的工作任务很重，全脱产跟岗，工作压力比较大。有的白天跟岗，晚上回去补课。有的常常是"人在跟岗，心在自己的工作单位"，需要不断通过电话或其他方式对自己本单位的工作以"遥控"的方式进行处理。同时，个别骨干教师的家庭压力也非常大。

主持人的困难。主持人带有两个高三班的教学工作，还兼任南山区中学生物学科教研员。不仅要保证不影响学生的备考，还要努力保证学生适应不同跟岗教师不同风格的教学，同时要努力争取学校给予具体的支持。

学校的困难。学校因为场地有限，办公室条件有限，为跟岗研修的骨干教师准备的办公和学习条件有限，经费使用也有限。

其他困难。跟岗工作对主持人和骨干教师，都是第一次，没有经验，只能是探索。例如，对写博客的要求，虽然都感到很有必要，但由于参与者自身的思维习惯影响，对博客的操作的不熟悉等，难以做到高质量地完成工作日志和形成写随笔的习惯。

2. 过程和做法

（1）制定工作计划。工作计划实际上就是跟岗工作的行动指南。对它的制定，不能简单的由主持人和基教院说了算，而是要根据基教院的要求，由主持人与骨干教师通过互动的方式形成，同时需要征求各成员所在学校的意见，并取得了他们的理解和支持。正因为我们所制定的计划是集体"互动"的产物，也自然会得到广泛的支持和顺利实施。在安排的活动中，我们努力突出"互动"特色，充分解决骨干教师专业发展的"紧要"问题，以期更好地达到使骨干教师"带着改革的问题进来，带着改革的冲动离开"这一目的。

我们所制定的计划主要特点是：一、内容丰富，形式多样。从形式上看，有讲座、授课、评课、上课、博客交流、参观等，其中上课和评课是最突出的特色，要求骨干教师上研究课和汇报课，并参与相关课题研究，这是以往类似培训活动中所忽视的，这也是使培训活动由"被动"转变为"主动"的重要举措。二、紧张有序，科学高效。所有活动环环相扣，稳步推进。例如，为使骨干教师顺利进入课堂上好研究课，课前特地安排两场具有针对性和导向性的讲座，一场是由特级教师、南山区教研室郑秉捷主任主讲的"一堂好课的价值追求"，另一场则是由刘良华教授主讲的"听课、讲课与研究的方法"，紧接着，由主持人上了几节常态课，并进行集体备课和研讨。这样的安排，有利于使骨干教师的责任感和使命感得到有效的提升，在听主持人上课过程中，也顺便了解授课班级"学情"。在听报告过程中，我们特别要求跟岗教师，不仅要学习，更要反思；学习的不仅是报告内容，还有做报告的方法。

（2）整合多方资源。对资源的有效整合，不仅表现在"利用"上，而且要体现在"分享"上。例如，在跟岗活动安排过程中，我们充分利用了深圳市的资源。一是，深圳的学科教育资源。例如，利用了深圳市的高中生物名师展示课活动。使骨干教师与深圳市的同行进行了密切接触，达到相互交流的目的。在展示课上，骨干教师作为评课专家，都参与点评活动，并受到了好评，通过点评，不仅使自己得到了锻炼，也有利于将不同地区所形成的教育思想进行了交流和"辐射"。二是，与深圳市兄弟教师工作室开展合作，举办系列讲座，使不同工作室的骨干教师，都能听到高质量的专题报告。三是，利用本区其他资源，例如请本校和本区有经验的领导和教师进行专题讲座。四是，发挥工作室对本地的辐射作用。例如，对张京京老师的名师展示课，刘良华教授和周先叶教授的专题报告，都通知了全市的高中生物教师聆听。四是，参加高层次的学科研讨会。例如，组织骨干教师参加全国性学科教研会议。

（3）编写工作简报。为跟岗工作营造氛围，提醒工作室成员做好跟岗准备。在跟岗前就开始了"工作简报"的编辑工作，与此同时，主持人还通过电话等形式与工作室成员进行了有效的沟通。工作简报不仅能及时报告工作，也是努力凝聚工作室成员的力量，督促、推介和交流各成员的学习体会的方式。从跟岗前2个月到跟岗结束，一共编写了6期"简报"。"简报"设置的栏目主要包括：跟岗研修，行动报告，听课日志，阅读日志，互动平台，生活日志，上级信息简讯等。栏目的设置，根据实际情况，也做了及时的调整。例如，跟岗前的简报（1）特地设置了工作室成员，培训感悟，教研文选。第2期特地将所有高中生物骨干教师的博客进行了链接。第4期特别增设了"聚焦良华"。第6期则增加了"课堂"栏目。

跟岗前，还利用人教社专家来跟岗学校的机会，请深圳市的工作室成员前来交流，并就跟岗计划进行面对面的研讨等。对工作室的所有活动，都进行及时的报道。

（4）适时调整计划。在跟岗期间，遭遇跟岗学校期中考试和运动会，此时恰逢全国生物课改十年经验交流会在黄山召开。所以我们临时改变了计划，参加了全国中学生物教学改革与经验交流会，也因此有了新的收获。会议期间，我们观摩了两节生物课，了解到代表最新课改方向的课堂到底是什么样子，课标组成员朱正威老师又是如何点评这样的课堂。我们在现场观摩了十几场参赛的"说课"，了解到各省选出的青年教师是如何用自己的行动来实践课改理念的。同时，我们参观了各省呈现的"课改成果展览"和安徽省屯溪一中。会议期间，通过与生物学教学专业委员会的领导以及各地同行交流，更深入地了解了全国各地的课改信息，更好地明确了专业发展的方向，重新认识到核心概念在教学中的地位。在我们发出"原来如此"的感叹的同时，更感受到全国各地所进行的课改"热潮"。

（5）形成自身特色。"互动"是本工作室的特色之一。工作室中的"骨干教师"与主持人的关系，以"互动"为重要特征。可以说，工作室就是实际工作中的"互动平台"。"互动"的含义主要有三方面：一是各成员之间的互动。包括集体备课，相互听课和评课。二是，与工作室外的同行的互动。通过建立博客，并以此为平台与其他同行进行互动；通过参加集体活动，与同行进行交流。三是，参与《中学生物教学》互动平台的讨论和征稿活动。林德光和王树仁老师的发言被刊登在第12期的杂志上，就是例证。王更强和张京京的课在深圳教育论坛——全国高效课堂有奖展示活动中获奖。大部分成员都参加了2011年第1期《中学生物教学》综合试题的命制工作。四是，与《中学生物教学》互动平台的作者在网上进行互动。在互动过程，云南省的蒙老师发表了《什么在吸引着我——读夏献平工作室简报有感》的博文，他用写博客的形式来表达读后的感谢之情。陶勇老师在《读内质网生物教师工作室简报》的一点想法的文章中写道：互动在增长知识的同时也在培训我们的思维与情感态度价值观，指引与重塑性格，这不是三维目标，却是受益终生的启迪。学问之道，在于问，在于互动。

此外，人性化管理，也是本工作室的特色。活动中，育才中学生物学科组全体教师和学校领导对他们给予充分的尊重，学生也对他们也表现出了特有的尊敬。由于跟岗学校的支持，骨干教师在学校食堂就餐全免费，到书城选购的书，也由骨干教师自己带回学习，等等。

（6）突出学科探究。骨干教师的课堂是我们开展有效性研究的生动素材。我们将他们分成几个组，实行同课异构，并进行专题研讨。例如，甲、乙两位老师分在一组，他们上同样的课，第一节课依次别进入A、B两个班上课，第二节课则调换班级，进入B、A两个班。每节课后，即时请学生进行打分，对教师的教学情况（特别是特色性和生动性）进行测评。我们再结合教师听课的情况进行全面的分析。

启动课题研究是我们这次跟岗活动的重要内容。在跟岗前我们就转发了基教院发的有关课题研究的通知，并在确定了自己的子课题——课堂教学的生动性研究，并跟岗结束前举行了开题报告会。

（7）组建服务团队。虽然参与跟岗活动的骨干教师不是很多，但由于活动密集，仅靠主持人一人是难以高质量地完成这一任务。为此，我们组建了跟岗工作服务团队。团队总负责人是副校长，具体负责人是工作室的主持人，参与协助的人员有总务主任、办公室主任、科组教师，以及负责电教教师和其他后勤人员。这里要特别提及的是，生物科组的老师，尤其是与主持人同课的三位老师，工作室助理荆老师和陈老师。荆老师经常为主持人代课，陈老师在跟岗大部分时间里承担了工作室的部分联络和报道工作等。

3. 效果与反思

（1）效果

激发反思。反思，对教师的专业成长来说非常重要。可以说，形成反思的习惯是加快教师成长的必由之路，是教师专业发展中永恒的主题。自跟岗活动开展以来，各位骨干教师都以不同的形式进行了经常性反思，逐步树立了反思意识，并能及时做好了记录。这是跟岗活动最大的收获之一。

例如，王树仁老师对跟岗活动做了如下反思和总结。他认为通过跟岗活动，有如下收获：①对课堂教学有了新的认识。学习期间，听了很多节课和讲座，对课堂教学有了新的认识。夏老师的复习课重视核心概念的辨析，重视审题方法、解题方法的指导，整节课都是在老师的指引下由学生自己发表观点总结方法，效果很好。还有卢老师的大将风度，课堂收放自如。张老师的活动组织很能调动学生的学习兴趣。王老师和林老师的和蔼可亲，长者风范对学生很有感染。何老师结合生产生活实际，与学生平等相处，课堂气氛轻松自如。所有这些都使我对课堂教学有了更多认识，原来复习课（新授课）也可以这样上，对我今后的教学肯定都会很有帮助。②提升了教学研究的认识。新时代的教师应该是教育研究者和实践者，而不能仅仅是个教书匠。如何做研究？如何在日常教学中发现问题？哪些问题是严重影响学生学习兴趣和学习效果的？怎样做好日常事件的记录？我们平时可能会有很多突发奇想，如何让这些突发奇想不是昙花一现而是成为我们解决问题的钥匙？等等。通过听讲座、与各位同行交流，现在感觉有了一些门道，期望今后能有所收获。③对教师职业的新认识。这个问题以前很少考虑过，见到夏老师和各位骨干教师后，他们的一些行为给我留下来深刻印象，我也十分清楚地认识到这就是名师风范。夏老师对学问的一丝不苟和孜孜不倦，对同事的热情帮助和大公无私，对工作的奉献敬业，让我们认识到名师就应该是这个样子。各位骨干教师对学习的如饥似渴和虚心坚持，对工作、学生的牵挂，都体现了一个人民教师的良心。这就是教师。

林德光在《跟岗学习的第1天：对教学理念的新理解》中写道：一名好教师不单单只是掌握渊博的知识，更重要的是教会学生摄取知识的方法和技能，而一名骨干教师不仅书要教得好还要不断地创新，也就是说要比别人先走一步、多走一步，再走一步；不断提高自己发现问题和解决问题的能力；使教学由经验转化为理论、由自然到自觉、由潜意识到潜意。

扩大影响。"使骨干教师成名""名师更出名"这不是目的，而是要通过取得实际经验和成绩，产生自然辐射。当然，建立博客也起到实事求是的推介作用。从部分老师的博文中可以找到这方面的答案。

例如，云南省的蒙老师认为：丰富的简报内容让我保持着阅读的新鲜感。夏献平工作室简报是工作室工作内容向外公布的成果之一。通过这样的网络平台就不会局限于极少数的骨干教师面对面的培训了，只要在网络上愿意去学习的教师们也都可以分享到他们的一部分成果，这反而体现了工作室的魅力所在……

林德光老师认为：省级骨干教师第2阶段的跟岗学习结束也就意味着第3阶段的开始，有更多的工作要通过日常的教学中完成。我希望通过为期一年的学习不断丰富自己的内涵，提高自己的修养，不断完善自己，让我们用实力提高自己和学校的品位而共同努力。

本工作室博客连续8个月被评为"教师工作室博客之星"，张京京老师的博客也连续3个月被评为骨干教师优秀博客。

共同提高。学习要靠自觉；学习也要靠相互激励。"同伴互动"成为相互启发，相互帮助的重要形式。

王更强老师在《满载而归，感动常在》的博文中如是写道：团队的力量，学习的共同体，永远是前进的动力，我们的成员就是我学习的榜样，张京京老师让我感受"名师魅力"，何彩霞老师让我明白"追求进步"，王树仁老师让我理解"成熟稳重"，林德光老师让我清楚"师生沟通"，卢广斌老师让我佩服之处是"深度教学"。

在一次次的活动中，四射激情，思维碰撞的火花，开心的笑声，我不会忘记羽毛球场上的汗水，深圳仙湖植物园的美景、黄山上的奇松、怪石、日出，培训中心的美食，海上世界的啤酒，南山的登顶，虽然只有短短20天的相聚，但我想这是我们人生中永远难忘的一段美好记忆，今天是缘分让我们走到了一起，将来更是同一条战壕里志同道合的朋友！相信我们的友谊经得起时间的考验！跟岗研修，总有别人不曾走过的路，总有别人不曾看过的风景，总有别人不曾拥有的收获。我们将带着导师的嘱托，在今后的工作中严格要求自己，使自己早日成为一名真正的名师！值此结束分别之际，让我再说一声"谢谢"！感谢夏老师无微不至的关心照顾，感谢育才中学领导、老师的支持帮助，感谢各位同学的团结合作和热心！跟岗研修，虽然结束，但相信我们合作研修之路才刚刚起步。

张京京老师在《跟岗即将结束学习永无止境》的博文中写道：这次难得的跟岗学习收获非常多……我想这将是我们人生中永远难忘的一段美好回忆，对我们今后的教学生涯有着举足轻重的指导和帮助作用，我们也一定不会辜负广东省基础教育培训与研究院对我们的殷切期望，在今后的工作中尽快成熟起来，发挥骨干教师应有的辐射作用，为祖国的教育事业做出应有的贡献！我们将……不断完善自我，全方位提升自己，真正成为一个在教学和科研领域卓有建树的名师。

王树仁在《怀着责任与使命而来，带着感悟与感动而归》的博文中写道：精诚团结、温馨团队……在20多天跟岗学习中大家相互提醒、互相帮助、相互学习、共同进步。不管是上课、听课、评课，大家总是首先本着欣赏的眼光对待他人，外出学习兢兢业业，博客也是你追我赶，就连吃饭喝酒也是非常照顾对方，更强同志就是见证。我在各项活动当中向各位兄弟姐妹们学习了很多，在教学、听课、评课以及做事做人方面也深受启迪。

（2）反思

"跟岗"到底"跟"出了什么？这是主持人不能不回答的问题。我认为，"扩大视野"是跟岗活动的主题。

没有最好："经典"遭遇挑战。作为一个教师，若每周按12节课，一年按40周计算，至少也得上480节课，也就是说，一个工作10年的教师，至少也上过4800节课，听课的节数大约也有上百节。长期的教学实践，已经与学生之间以个人特定的教学方式磨合形成定势，每个人拥有了自己基本的教学方法和技巧，掌握了一定的评课方法，形成自己默认的"经典"教学风格。但你到底做了多少反思，你的教学进行了多少改革？你到底开展过多少教育实验呢？你的教学中是否存在值得改进的问题？

郑秉捷主任《一节好课的价值追求》以一切为了学生的这一鲜明主题，启发着我们进行自我反思，使我们不得不去重新思考自己以前的教学，不得不反思我们是否存在背离了这一主题的现象。刘良华老师所做的《如何听课、评课和研究》，给了我们新的"思考"：我们会听课和评课吗？我们有进行研究的能力吗？

在跟踪课堂最新进展中追寻"更高"。就在我们对课改感到茫然，在新课程理念遭遇高考挑战而使自己陷入困惑和"难以自拔"的时候，我们参加了全国中学生物教学改革与经验交流会。会议期间，我们观摩了两节生物课，了解到代表最新课改方向的课堂到底是什么样子？课标组成员朱正威老师又是如何点评这样的课堂？我们在现场观摩了十几场说课比赛，了解到各省选出的青年教师是如何用自己的行动来实践课改理念的。同时，我们参观了各省呈现的"课改成果展览"和安徽省名校屯溪一中。会议期间，通过与生物学教学专业委员会的领导以及各地同行交流，更深入地了解了全国各地的课改信息，更好地明确了专业发展的方向，重新认识到核心概念在教学中的地位。在我们发出"原来如此"的感叹的同时，更感受到全国各地所进行的课改"热潮"。

我们清楚，高考改革也是课改的重要组成部分，高考成绩的评价课改的重要指标。及时了解高考动向，也是我们无法回避的问题。因此，我们听了周先叶教授关于高考备考的报告。周教授的报告，将我们从理想化的课改角度，带到如何通过高考备考来促进课改的现实轨道中。

在探讨中让思维得到碰撞。课改理念再新，再好，还得落实到实践才有价值。张京京老师的一节"八个细胞器"的深圳市名师展示课，给大家呈现了一个新的教学模式。她打破了常规：该节课几乎都是在张老师指导下，由学生自主完成的。一会儿是学生通过表演的方式将各细胞器的功能显示出来，一会儿是通过分组接龙的方式，将细胞的形态结构和功能串起来。老师在活动中只是起点拨、提示和修正作用，课堂活动频繁，既热闹又紧张，高潮迭起。让听课老师感到新颖，有趣，值得研究和借鉴。深圳市另外两节名师展示课，也让我们从另外的视觉去了解课改和高考备考的走向。

骨干教师及时通过集体备课、上课并做好研讨反思，显得格外重要。骨干教师的研究课本身就是我们相互学习的重要资源。为了更好地学习，我们以研究的眼光来看待研究课。对他们的课做了对比实验，每节课都请学生进行现场测评获取了第一手资料。每个老师的课虽然都得到了学生很高的评价，但在学生所填写的不同的指标上存在差异。例如，同一老师在不同班级的反映不同，不同班级对同一老师的认可度也有差别，老师的评价与学生的评价也不尽一致。是什么因素造成了这样的差异，我们需要做进一步的比较和分析。

扩大视野的途径主要包括：密集听课和报告。我们工作室学员所听的报告，既有教育科研究方面的，也有学科专业方面的，还有班主任工作方面的，同时还有课堂教学方面的。此外，我们听了姜安教授的"中国外交形势"的报告，使我们能更好地把握党和国家的外交政策。为扩大视野，工作室还特地组织成员集体到深圳书城进行购书活动。有关课堂教学与研究的各种新信息，以及阅读所获得的信息，在大家头脑一定会进行充分的交汇和碰撞，其结果是扩大了视野，对提升个人素质一定有积极的作用。

三周，时间很短，但经历的事件却不少。这么短的时间，密集地听了7场报告，上了两节研究课，听了十几节研究课、多节常态课、多节"说课"，完成了《中学生物教学》2011年第1期综合试题一份，参加了多次互动平台的讨论，参观了5所学校，2个植物园（仙湖和黄山），到深圳书城开展了购书活动，召开了数次研讨会和集体备课会，工作室集体作为唯一的点评专家对深圳名师展示课进行了两次点评。登上了南山；熟悉了博客，表现出了"团结协作，相互理解，真诚互动，探究不止"的跟岗精神。

互动研修模式的尝试

2014年6月15日，来自广州、阳江、江门、汕头、揭阳和深圳的省生物学科名师组成的团队（2012年广东省"百千万"名师工程第6工作室），在华南师大基教院和生科院的直接指导下，聚集在深圳育才中学，就促进自身专业发展等问题，进行为期一周跟岗研修活动。

本次研修活动突出了"互动"的重要性，主要表现在设计活动时，始终贯穿了"互动"的思想。一是，每项活动都安排了互动环节。例如，听过专题报告，要"提炼"出报告的主要特点，不仅包括报告的主要内容和关键词，而且包括报告人的"演讲"风格和存在的值得商榷之处。二是，努力利用自身优势，挖掘各自潜力，做到相互培训。例如，每位"名师"，既是报告者，又是点评者；既是授课人，又是评课人。仅名师的专题报告就有7场，每场1小时，其他报告2场，每场半天，公开课7节。参与面对面的点评的次数则有15次之多，被点评的次数至少有16人（次），所有的报告和公开课，都必须参与，要么是上课或做报告，要么是点评。可以说，此次活动将出现"我评人，人评我""有讲必有评"的生动的互动局面。

名师或骨干教师研修活动之所以可以选择互动模式,是因为具备了互动培训的条件,也与参与者的实际情况相符合,也因此会取得参与者的理解和支持。例如,参与跟岗研修的老师,是当地的学科骨干,是有一定的影响的"名师"。例如,来自广州的王联新,他也是广州市的生物学科教研的骨干,曾经是2010年广东省的骨干教师,并参加过广州市和省教厅组织的有关教研活动,在省内外多地为同行做过专题报告。"名师"们近年来,听了比较多的专题报告,有多次上公开课和命制当地市级统考试题的经历,且有自己特殊的专业成长背景和个人教学风格。本次跟岗研修活动中,有两次同课异构活动,其中有1节课是5个老师同时承担,还有2个教师的同课异构活动是全市公开课,1人为全市同行做专题报告,3人作为公开课的点评专家。

总之,利用"名师"各自优势,结合一线教学实践,集中听相关专题报告,以面对面的互动研讨为主要形式,而达到共同发展的目的,是这次研修活动的一次新的尝试,也是本次活动的重要特色。

(写于2014年省百千万名师培养对象跟岗研修活动前)

跟岗总有时,研修再出发
——2016年广东省高中生物学科骨干教师内质网工作室小结

2016年9月,来自湛江、梅州、阳江、清远、惠州、汕尾和广州的9名高中生物骨干教师,与深圳本地的3名教师一起,带着各自的理想,克服着难以想象的困难,按时到内质网工作室跟岗研修。他们在育才中学度过了2周紧张而充实的时光,基本完成了研修任务。现小结如下。

1. 优化学习课程,注重持续发展

研修过程中安排了相对多样的活动内容。有生物学科教师专业成长的指导,由李娘辉院长主讲。有育才历史和文化的介绍,由郑春华和何必峰校长主讲。有即将出台的高中生物新课标和教材辅导,由主持人担任主讲。有班主任工作方法的介绍,由陈晓华老师主讲。有科研专题报告,由胡兴松老师主讲;有课堂教学和改革报告,由南头中学陈坚校长主讲,有生物课外活动开展方面的报告,由陈伟老师主讲。有教师专业发展理论研修,由区教师发展中心银艳琳主任主讲。有台湾教育的情况介绍,由荆文华老师主

讲；有科组建设和课堂教学方面的报告，由陆晖老师主讲。有科组建设的方面的指导，由颜培辉老师主讲。同时，给老师们布置了进一步学习新课程标准等方面的研修任务。

2. 利用本地资源，在学习中提高

与骨干教师交流或做报告的有深圳本地特级教师7位，深圳市生物学科名师工作室主持人4位，教育专家工作室主持人2位，市教研员1位，市兼职教研员3位，校长4位。上课教师3位（南中1位，北师2位）。分组观摩深圳市实验教学决赛30节，个人磨课、上课2节（含录像课1节），相互听课11节。跟岗活动学校除育才中学外，还有深大附中、北师大南山附中和南头中学。此外还有教材编写专家、教师教育专家等。

此外，到仙湖植物园考察半天，参观了著名植物学家雕塑园，观摩了育才中学学生的红歌比赛。

正在改扩建中的育才中学，遭遇了场地等困难，但没有过多影响研修活动的开展，学校给予了全方位的支持。同时，市区教研部门进行了有力配合，南山区高中生物教研会，深圳市高三备课会以及深圳市中学生物实验教学大赛都在育才中学举行，使研修活动更丰富和实用。

3. 确保互动特色，以互动促学习

因为互动，所以学习。互动式研修，是本工作室的特色。本次研修活动，也基本保持这样的工作方式。

充分利用骨干教师自身资源，尽量安排骨干老师相互学习借鉴。将同课同构作为本工作室开展课堂的教学的基本模式，努力在确保教学科学性的同时，提高各自的艺术性。集体备课中，每位老师自己先写确定各自的教学设计，再做互动修改，以达成共识，对课堂教学的每一个环节进行集体大演练。在演练中去借鉴和寻找自己的不足。开班仪式上的自我介绍，课堂教学中的集体听课（12节），集中进行观摩教学，课题开题报告的相互学习和点评，等等。

同时，就互动的许多热点话题进行了研讨，也布置了作业，要求进行互动式的修改和点评。

研修活动需要改进的地方也很多，例如需要进一步彰显互动特色，骨干教师自己活动的时间安排过少，课题研究有待深入，等等。但本次跟岗研修仅仅是开始，通过QQ群和微信群以及内质网互动平台，我们的互动还将继续，研修会进一步深入。

跟岗研修是个人教育生涯的新起点

——2014年广东省生物骨干班内质网工作室跟岗研修活动回顾

教学是遗憾的艺术，每个人的教学工作都有值得改进的地方。改进我们的课堂教学，这是设计2014年广东省生物骨干班内质网工作室跟岗研修活动的基本思路。2014年11月日至16日期间，本工作室11名成员在6个学校开展了课堂教学展示或点评活动（包括陕西师大附中）。除听报告和做报告外，重点进行了听课、备课、上课、点评和写日志等活动。备课时，主要从课堂创新设计着手，以调动学生的参与度为着力点。通过课堂教学实践，我们达成了如下共识，这就是"领导干部下基层"，即贴近学生，关注学生；关注生成性问题，以思维含量高的问题作引导，对学生做持续性的评价。"激发学生的兴趣，培养学生的思维能力"已逐步成为课堂的主旋律。

带着任务参加活动，在研究中参加活动，在活动中提炼"关键词"，让活动更有效。无论是听课还是听报告，我们不仅是要听，还要进行点评。互听互评，成为我们研修活动的基本工作方式。无论是组内活动，还是参加深圳市、坪山新区和西安陕西师大举办的学科专业会议，所有活动中我们都能积极参与互动。多点实际，少点空洞，也逐步成为我们个人教学生活的习惯。在听报告时，想到做报告；听课时，想到上课，我们基本上做到了在换位思考中探索和学习。

真诚和谦虚不仅是自己进步所必需的，也是团结合作、友好交流的基础。在育才，在赤湾，在景秀，在坪山，在西安，我们都会努力做到认真倾听，主动发言。对同行给予了足够的尊重，真诚地表达自己的看法。以欣赏的眼光看待同行的工作，以友好的心态提出自己的不同看法。

在活动即将结束时，自然想到了研修活动中帮助我们的许多人和事。育才中学生物组冯琳和徐鹍，给予了我们鼎力和无私帮助，学校领导给予我们的大力支持（除为我们提供生活保障外，还提供场地、车辆等，为我们上课、学习提供了方便，叶延武校长为我们做了专题报告，学校邀请我们参加了两个课题的结题会议；教务处为我们安排摄像，陈蒙老师的真情付出）；育才三中为我们提供了教学便利，文志华等老师做了许多琐碎的工作，还为我们上了示范课。赤湾学校，两位校长全程参加活动，王小洪校长还为我们做了专题介绍；景秀中学为我们提供示范课，校长全程参加并作了点评报告，同时帮助我们提供车辆等方面的便利，从领导到老师为我们的活动给予了积极支持。坪山新区教科中心和坪山高中，以及黄积才工作室和张海银工作室与我们共同举办的省市区三级工作室联合教研，让我们的研修活动更加丰富和具有实效性。此外，市教科院宾华副院长，深圳教学指导中心颜培辉副主任4次与工作室成员交流和指导，南山教科中心裴光勇主任对工作室的工作给予鼓励和支持。人教社和广东出版集团，为活动的开展提供了热情帮助，除了安排培训活动外，吴成军老师还为我们进行了点评和概念教学的讲解；《中国教师报》编辑部马朝宏和宋鸽两位老师，共同或分别参加了1天半活动，并做了写作等方面的指导等，陕西师大《中学生物教学》杂志社和基教院给予我们热情鼓励和支持，陶铭主编和雷园园老师在专程利用休息时间到编辑部接待大家，并热情解答大家关心的许多问题。此外，工作室成员所在单位给了我们精神上的鼓励，为我们分担教学和工作任务，提供经费支持。华南师大基教院和生科院等，为我们提供了力所能及的帮助，韩裕娜博士为开展和指导工作，也直接加入我们的qq群。上届工作室成员邵文静老师特地从外地赶到深圳参与同课异构活动。华南师大生物科学硕士生蔡冰冰老师全程参与了深圳的跟岗活动，并及时为活动提供了照片。华南师大李娘辉院长利用休息时间为我们转发通知并作工作指导。

本次跟岗研修即将结束，但我们的教研究工作依然在路上。木财老师课堂上传递的苹果，梁宗彩老师的"干部下基层"，胡小岷老师报告中的123，海银老师的外文博览，赵劲康老师的自然娴熟，秦丽老师的微笑课堂，杨香青老师的激情教学，王云老师写作的规范，许玲玲老师的快言快语，曾程忠老师的憨厚大气，吴美兰老师的执着沉稳……各位的特色和风采将铭刻在记忆中。

两周时间在我们的教学生涯中弹指一挥间，研修活动的作用我们也不会高估，但它确实让我们的收获是别样的充实和精彩。它将成为我们教学生涯的新的起点，大家的真诚和友好将成为永久的记忆。

（写于2014年11月16日，西安北—北京西G88列车上）

有一种牵挂是跟岗

考虑天气等原因，调整了跟岗活动安排，先做总结，后补充部分材料。

育才中学校长郑春华多次给大家提出希望，何必峰副校长分享了他工作以来的感想，谈到了创新，也谈到专业成长必备的积极心态等。老师们则做了开题报告，并进行了交流，就报告题目也做了简短的点评，寄望于后阶段的修改。同时，查看了各自的录像课U盘，填写需要上交的纸质表格等。

两周时间很短，但可成为专业成长的新起点。因为跟岗，所以我们有牵挂。两周来，过去曾经的跟岗过程中经历的人与事，历历在目。一直以来不时关注着每个人的变化，有这两周的触景生情，也就产生了"牵挂"，不时念叨过去的故事。所以跟岗是一个产生牵挂的活动；新课题的开题报告是否精彩，还得靠各自在工作岗位努力。主持人也不例外，只有努力，才能对得起牵挂的朋友。

多次谈到北京市海淀区同行的研修精神，谈到各地同行的专业能力，谈到科组和谐合作的团结氛围，谈到互动过程中许多优秀同行的钻研意识，教材和考试专家的低调和勤勉。做一件必须做的事情，是一种展示，更是一份责任，也是一份良心。说工作累的，不见得工作就做得多，没说累的，也许是没有功夫抱怨。

跟岗的老师中，有一位年轻老师，教3个高三班，担任学校中层和年级组长，周末也要补课和看晚自习，每节课20多元。但他无怨无悔，他与罗春老师是战友，也曾经是他的学生。

有在新疆支教近2年回来的老师，虽有丰富的课堂教学经验，也有比较扎实的理论功底，但却选择了继续受"教育"，我看到他的微信朋友圈的每一信息，都有市教研员互动点评。

有两位是我的老乡，一位是城区长大的，毕业后却去了广东相对落后的地区，他的收入甚至不如老家，但他在备课中对教学的投入却是那样的执着，给我留下了很深的印象。还有一位，曾经获中南六省说课大赛一等奖，做事非常麻利，效率很高。他作息有规律，每到晚上9点，似乎就要瞌睡，但却也能产生创意，同课同构中模型构建与他的建议有关。

有一位在内地做过副校长，现为市兼职教研员，同时担任班主任，总能看到他忙忙碌碌，更能看到他面带微笑，没想到与广东第二师范学院的肖望老师是同学。

还有一位是苏科庚老师的同学，都是华南师大毕业的，很有书生气，热情有礼，晚上备课常到夜深，对高考颇有研究。

张庆桃老师的大学同学，对她赞赏有加：一般不动笔，一旦动笔，文采四溢。

邵文静今天在微信朋友圈晒出了刚出生的第2个小宝宝的照片，就在享受幸福的同时，她应该不会想到与她在同一地方工作的陕西老乡，在这里也提到她。这位做过兼职教研员和科组长的"老革命"，每每提到专业发展，总想到今后要鼓励更多年轻朋友一起来做。

说话声音不大，但很有力量，他连同他的名字，让我们增加更多笑声。不时联想到太阳每天都是新的，脚步总是落在前方。他个子不算高，但很有派头。是谁呢？

李遂梅有两个同事在这，一个才气十足，治学严谨，为人低调。另一个平时总是

"单纯"样，上起课来潇洒自如。

有一位，看名字不知男女，是典型的南方女子。话不多，但很在理。离家两周，思子心切，但能坚持到最后。她谦虚向学，精益求精。

最后还得介绍一位地主老师，她既上课又学习。多位做报告的老师都对她表扬了一番，大体都是：班主任工作有方，教学能力强之类的。

下面利用各位的姓名写几句。

谢谢，俊雄芳弟们！走过小林，眺望莲荷；兴华伟业，唯有慈旼；相信太阳每天都有灿光，教研的天是明朗的天。祝愿一路清琴，一路从赞！

说明：A.育才中学校门口大榕树下有个雕塑，名牵挂（枝是地上的根，根是地上的枝）；新校区有个标志物相对应，叫改变（太阳每天是新的，脚步总是落在前方）；B.上面涉及的教师姓名如下：谢旼，谢清琴，杨小林，林第明，郑从赞，陈兴华，顾慈伟，冯明朗，谢清琴，魏莲花，卢灿光，卢开雄，黄俊芳。

（写于2016年）

教研员是推动者而非引领者

我从事教研员工作已经有20多年。大多是在没有专职教研员情况下的兼职教研员。深切感到如果将自己的工作定位为"引领者"，是欠妥当的。一是因为，引领者必须站在被引领者的前面，而事实上，很多工作，教研员并未走在一线教师的前面，例如，课堂教学，很多教研员并没有上课。二是，课程改革，教师专业发展，一线教师只能跟在引领者教研员后面，这样的定位是不准确的，因为教研员与一线教师的轨迹并非是重叠的，教研员的专业发展有自己的特殊之处。下面就教研员的定位等问题，谈几点看法，供参考。

1. 教研员是学科教师的支持者

这里涉及教研员的定位问题。教研员只是一个身份。教研员身份的基本定位是：指导，引领，服务。这里主要是对专职教研员说的，同时也可供兼职教研员参考。

支持者或助手是什么？手术室里的助手就是帮外科主刀医生传递器材的。助手不可乱动，不能主刀医生划一刀，你也划一刀。除非主刀医生有要求。

有的一线教师对教研员的工作视导有抵触情绪。为什么出现这种情况？就是因为教研员的自我定位有问题。例如，有的教研员，指手画脚，教师会问，你自己上课怎么样？要不你自己来试试？

以前我一直是担任兼教研员，大多数情况下，带2个班。若做专职，可能会提高对自己的要求。

（1）教研员是积极推动而非盲目引领

为教师喝彩，不是喝倒彩的，而是做路边鼓掌的人。关于"引领"，其基本含义是，倡导教学改进，促进教师专业发展。将教研员的"引领"作用改为"推动"作用比较符合实际，推动是引领的别名，教研员是搭建平台的人，要成为陪伴学科教师成长路上的带头鼓掌的人。

教研员的理想是通过教师来实现的——促进学科教学改革，提高学科教学质量，使更多教师的工作得到学生、学校和社会的认可。

教研员不是学术权威，更不会以权威自居。相信只要对教研工作有思考的老师，都不会相信什么权威。教研员要时不时去像学生那样认真听课，做笔记。这学期，目前为止，我听了52节课，十几个报告。甚至，每次听课要比学生更认真。因为要准备点评。点评的时候还考虑既要给老师足够的尊重，又尽量发现老师们可以改进的问题，不是所有问题发现了就可以改进的。

教研员要努力带头发现与提炼教师的教学风格，并作为自己最重要工作之一。我的想法是发动更多老师去发现生物学科优秀案例，甚至准备写我们的生物学科老师的教学特色。一个一个地写，将来出版成册，名字叫本区生物教师。《中国教师报》"向名师提问"和"非常教师"专栏，有些专业期刊也要搞类似的专栏，我会带头支持这样的栏目。

教研员的工作目标是促进教师改进教学。这里说的，不是针对某一个教师，而是全体，可以营造相互学习的环境和氛围。就事论事，而不是要将教师搞"倒"，教研员不能图自己的快乐，而随意评价教师，对教师的教学最主要的评价人是学生。

为教师的成长积累素材，让闪光点发扬光大。我没当教研员时，大家已经发展得很好，希望以后发展得更快和更好。我会更多关注教师专业成长，帮助老师共同成长。帮助了老师，也是帮助学生，提高了生物学科教师的地位。同时，根据上级要求，做好上传下达工作。

（2）教研员对一线教师是真诚服务而不是随意"添堵"

教师的教学是以学生为中心，教研员的工作是以教师的教学为中心。以实际行动成为老师欢迎的工作助手。广大教师应该欢迎教研员去听课，以便更好地去改进教学，你就当学生来听课。你要想到你的教研困难，要想到教研员有没有办法帮助解决；投的稿子怎么没发表，让教研员帮助看看。要评职称，看看还需要准备什么。

每个老师的成长，关键是自己。我们在座的很多老师有硕士或以上的学历，在中学，有点大材小用，遗传学博士教中学，若时间长了全部重复中学那点知识，将来连中学生的水平都不如。若长期不做些思考和学习。我们就对不起自己的学历。

工作环境也十分重要。全国没有哪个地方不知道我们区。大家能在这里工作是自豪的事，但光靠自豪是不行的。要有自豪的砝码，自豪不等于盲目自信。作为教师，特别是年轻教师，尽量制定出远近计划，要做适当反思。当然，不是要大家浮躁，而是要精心，厚积薄发，水到渠成。

（3）教研工作是互动研修而不是自我封闭

物以类聚，人以群分。我们打造的是团队，是学习的团队，互助的团队，教研的团队，有为的团队。团队的维系，不靠沉默，而是靠主动的、积极的互动。判断一个和谐集体的标准是什么？双赢。真诚和谦虚不仅是自己进步所必需的，也是团结合作，友好交流的基础。

我们开展的所有活动特别是专题讲座，不是说，专门要讲别人不清楚的内容，而是引发思考的内容，提供有参考价值的材料，减轻备课压力的内容。互动是开放的，每个人遇到的问题是不一样的，对问题的看法也是有差异的。

教研员是搭台不是拆台。不能弄得神秘兮兮的，造成自我封闭。教学水平要在互动中提升。公开课的备课也不是简单的创作剧本的活动。

互动有利于发挥教师群体的优势。互动不仅仅是课堂教学所必需的，也是教研活动所需要的。命题时需要互动，评价教师时也需要互动。

我们要通过QQ群，微信群，凡是能与教师联系的一些渠道去建立联系。例如，专业论坛等。给热爱教研的老师搭平台，努力让全体老师都参与到研修活动中来。

互动有利于增进相互了解，特别是换位思考。互动不等于单纯的相互鼓励的过程。

研修活动突出"互动"的重要性。主要表现在设计活动时，始终贯穿了"互动"的思想。一是，每项活动都安排了互动环节。例如，听过专题报告，要"提炼"出报告的主要特点，不仅包括报告的主要内容和关键词，而且包括报告人的"演讲"风格和存在的值得商榷之处。二是，努力利用自身优势，挖掘各自潜力，做到相互培训。

倡导带着任务参加活动，在研究中参加活动，在活动中提炼"关键词"，让活动更有效。无论是听课还是听报告，我们不仅是要听，还要进行点评。互听互评，成为我们研修活动的基本工作方式。

（4）对教研员最重要的评价在教师

教研员这个助手工作得好不好，得看主人—— 一线教师。对教研员的工作评价，除了学科成绩外，还有教师的业务发展，教师的业务水平是否得到切实提高，教研员相关的生物学教师群体的实际水平是否得到提高，我们每个人是否得到发展。

经过1年下来，通过命题，讲座，点评，公开课，发表文章等形式，全员覆盖。特别是40岁以下的年轻教师，中级或以下教师资格的，每次讲座可能安排两位，以后适当减少讲座时间，留些时间安排专门的点评与思考。

2. 改进课堂教学是教研员与一线教师共同的追求

教学是遗憾的艺术，我们的教学总有值得改进的地方。我们进入课堂，教什么，怎么教，教得如何。这些关系到我们进行的教学改进，从哪里改，改的效果如何。

通过课堂教学实践，以前我们达成了如下共识：贴近学生，关注学生；关注生成性问题，以思维含量高的问题作引导，对学生做持续性的评价。"激发学生的兴趣，培养学生的思维能力"已逐步成为课堂的主旋律。这是我们教研活动呈现的基本外在表现。

（1）教法讲座为教师备课提出了重要建议

教法讲座的主要内容：集体备课，包括完成课堂教学的方方面面。如何上课，备课，评价等。以后可以这样进行。

讲座时需要回答的问题：这部分内容包括几节课，每节我是怎么上的？哪些知识需要拓展，哪些可作为教师备课参考，哪些可作为学生的练习，哪些存在着争议。

在给大家提供细致指导的同时，也让我们看到了老师的学习精神和工作态度，也是良好的示范作用。一个教师若不做交流，很难成为名师。

我们每个老师的教学都有值得改进的地方。我们每次的讲座，其实就是要帮助我们寻找改进的切入点和改进的思路和方法。

（2）公开课为我们进行研讨提供生动的样本

研讨课给我们带来什么，我们今后需要坚持什么？有哪些改进之处，今后其他学校如何更好地上好课。对于一节课的评价，因标准不同而有差异。但有一些最基本的东西值得关注，也是需要有统一看法的。我想谈点自己的看法。我们评价老师的课时，其标准很多。叶澜老师的看法很有权威，她谈到"五实"。

在老师们业务知识比较准确的情况下，我们今后将重点做如下评价。

教学重点除了指向核心概念外，是否指向学生，指向学生的能力，特别是思维能力。这也是今后我们评价课堂教学的重要指标之一。

区公开课以实际需要为主。老师们的课有的提前，有的是推后，在不影响学生学习的情况下，以我们的活动为主。我们希望老教师带头上研讨课，年轻教师带头参与点评。当然，老师教师带头参加点评，同样欢迎。你做点评，就是做"路边鼓掌的人"。

这里我还想说的是，科学性，艺术性。理科老师文采远不如文科教师。但事实证明，高考前理科生的语文平均分却往往高于文科。

科学性包括教学内容的科学性。教学设计的科学性，教学过程或程序性的科学性。

教研如教学，也是遗憾的艺术。这是什么意思，存在需要改进的地方，是绝对的，坚持自己的特色，是不变的。也说明，我们无论怎么努力，都不为过的。

（3）互动式点评成为我们工作的基本方法之一

充分利用好"公开课"，需要做更好现场研讨，需要更多老师能将自己感悟表达出来。点评的过程，其实也是学习和反思的过程。所以，欢迎更多老师积极参与。当然，点评如同教学，也是遗憾的事情，因此在欢迎各位参与对课堂教学点评的同时，也欢迎各位对点评者进行再点评。

（选自《教师研修》2020年第3期）

教师职务培训工作总结

本次广东省中学教师职务培训活动，时间短，任务重。为更好地完成此次任务，本人做了较大努力，也取得了一些成效。小结如下。

1. 主要任务

此次网上集中的培训安排在2014年7月1日至15日。根据广东第二师范学院胡继飞教授的要求，本人的主要任务是对教师所提问题进行作答，对有关问题讨论进行及时引导，并整理编辑了2期"疑难问题辑要"。

对"疑难问题解答"，老师们表现出了极大的兴趣，回复的帖子有数千条（篇）。7月7日整理的"疑难问题辑要"，对老师们参与高考话题所出现的共性的问题，我进行了解析，对如何评价试题，做了如下引导。

试题难度的评价要看最后的难度系数

在未知具体得分率的情况下，对难度的评价，只能用"难度感"来表述。因为感觉难的题，因为评分标准的变化，有的得分率反而高，说明事实上的难度不大。

对试题的特点的表述要突出其"特"字

对广东试题的特点表述，要突出该试题的"个性"特征。研究其特点时有两个角度，一是历史地看，即与以往广东高考试题做比较，二是与其他地区同类试题做比较。

很多老师都注意到此。例如，今年广东试题的遗传题无论与以往试题还是与其他地市试题比较，都有其不同之处，例如涉及三个遗传病的遗传情况。

评价试题时，要从试题的功能出发

例如，高考试题的功能之一是选拔性。选拔性要求试题有区分度，也就要求有难度等。又如，高考试题对中学教学具有导向性。要有利于推进中学教学改革和素质教育。所以，在评价试题时，要在此寻找有关论据。

7月14日整理的"疑难问题辑要"，主要选择本人提出的"疑难问题解答"有关话题后老师们的回复，并着重选编了10个有代表性的问题，集中回答。对加盟互动平台的老师，今后将继续以互动讨论的形式进行培训。本次"辑要"重点选编了多年来中学教师存在的普遍性和急需解决和回答的问题。例如，生物学科怎么有那么多有争议的"问题"？染色质与染色体的联系与区别？DNA转录是否需要解旋酶？主动运输的实质？丙酮酸是以什么方式进入线粒体的？植物组织培养中为什么不用葡萄糖而用蔗糖？等等。这些问题基本上有比较明确的解答。

例如，对染色质与染色体的联系与区别，我做了如下回复。

在细胞核内，能被碱性染料染成深色的物质，称为染色质，主要成分是DNA和蛋白质。"染色质"和"染色体"是同一物质在细胞不同分裂时期的两种形态，有时可统称为"染色体"。两个名称的用法如下：

在描述细胞核的结构，或在细胞周期的间期时，一般称其为"染色质"，而不叫"染色体"。描述它的复制或对其计数时，习惯上叫"染色体"，如"染色体复制"，而不叫"染色质复制"，计算"染色体的数目"不是"染色质的数目"。在细胞分裂期时，一般称为"染色体"，不能称其为染色质。

又如，在回答"生物学科怎么有那么多有争议的问题"时，我做了如下回复。

生物学科很年轻，但知识更新快。生命运动比其他自然运动形式更复杂，涉及的新问题更多，各类生命现象中总是有例外和相互的新联系不断地被发现。而中学生物教育一直遭遇着不同程度的被忽视甚至歧视，其学科发展历程更有波折性。此外，中学生物课程涉及的内容，是高校农、林、医及生命科学的"简缩版"，同一知识在不同学科中描述的角度和表述方式存在着一定差异。

2. 活动评价

（1）教师的参与程度高

参与培训的教师大多能积极参与到活动中，从他们提出的问题可见一斑。其提出的问题数量和质量，较以前同类培训有明显的变化。具体表现：一是，机械重复他人内容的帖子明显减少；二是，提出的问题，大多能结合中学教学的热点和所培训的内容。三是，不少内容有一定深度，虽然部分问题目前在中学界没有明确结论，但能启发一线教师作进一步探讨。

（2）发挥了话题的引导作用

教师集中在某一话题后，通过回复的形式进行讨论（听课感想，阅读公告的体会，通过回复进行互动和相互学习），有利于发挥话题的引导作用。提出恰当实用的话题，对引导教师进行思考和讨论有直接的促进作用，建议培训的有关专家今后继续坚持下去。

（3）问题解答的即时性需加强

问题解答的即时性，可借助于分科论坛来解决。这在过去，是生物学科培训的一大特色。但此次论坛，各学科集中在一起，带学科特色的实际问题，在学科间造成了不同程度的相互影响，导致论坛的功能没得到充分的发挥，也直接影响到问题解答的即时性。

此外，参加培训的辅导教师和专家需加强沟通，培训前最好能搜集参与培训教师提出的急需学习的内容建议。

如何摆脱过度抱怨

抱怨不离左右。这句话很有道理。曾听一个长者说，早年骑自行车上下班时，总抱怨汽车司机太野蛮；后来开汽车了，却抱怨骑自行车的不守规矩。结论是，骑自行车也好，开汽车也罢，都改变不了抱怨之命运。

被管理的人，总希望管理者关心自己，自然对不关心自己的管理者心存抱怨；而管理者总期待被管理者服从自己的管理，自然对那些只关心个人利益的下属心存抱怨。培训者抱怨被培训者不爱学习，被培训者抱怨培训者不顾及实际。家长抱怨孩子不听话，孩子抱怨父母太古板。教师抱怨学生成绩不优异，学生抱怨教师课堂欠精彩。

可见，人大多或多或少是在抱怨中度过的，或者说都是伴随抱怨成长的。正是这样的抱怨让自己逐步学会了反思，也是由于相互的抱怨促进了对方的换位思考和改变。

由于造成过度抱怨的原因之一是自我定位不准和缺乏换位思考，所以摆脱过度抱怨的方法一之也就是从以我为中心的思维中解放出来。

谁的尴尬

曾经参加过一个大型研讨会，会议分为两个阶段，前一阶段是报告会，后面是颁奖大会。与会者主要由嘉宾，获奖者和一般听众组成。

报告会结束时，一般听众大多离开了，剩下的是组织者、嘉宾和获奖者。在对参赛者发奖时，先是发一等奖，再发二等奖，依此类推。没想到，一等奖发过后，一等奖中部分人离场了。紧接着，二等奖获得者又有部分人离开。

选择提前离开会场的人，一定会有这样或者那样的理由，但主要原因还是给别人喝彩的动力不够，甚至缺乏。期待别人喝彩，而不为别人喝彩，看上去只是颁奖大会组织者的尴尬，实际上也是包括获奖者在内的提前离开会场的大多数人的尴尬。

反思与自私

反思，能推动人的专业和精神成长。反思，有利于调整自我，调节个体与环境的适切度，以适应变化的环境。

善于反思的人，往往会及时查找和认识到自己的不足，而不断完善自己，改变自己。所以，反思，不仅有利于提高自己的工作能力，调整好自己的心态，更能提高生活质量。可见，反思，是自己给自己成长的福利。

年轻人，精力旺盛，接受能力强，对新技术，新环境适应性强。通过不断反思，可以使自己成长得稳健和快速。老年人，其实也需要反思。切不可倚老卖老，仗着年纪大，卖弄老资格，轻视别人。

不做自我反思的人，往往是自私的人。一遇麻烦和挫折，往往不从自身找原因。一怪领导，二怪同事，三怪工作对象，甚至怪家庭和社会环境，唯独不怪自己。

不做反思的人，往往是缺乏责任感的人。严重地说，是缺乏良心的人。往往不清楚自己该做什么，该对什么负责。对工作敷衍塞责，认为是别人强加给自己的，以至于该做的事不认真做。长此以往，对工作也就慢慢丧失热情，对领导和同事失去信任，每天昏昏然不知所以。

不做自我反思的人，往往缺乏自我分析和判断能力。可以随性去批评别人，将自己工作业绩差的责任全推给别人。长期下去，与之交往的人，自然也就附和于他，以免遭来不必要的舌战和麻烦，以至于对其行为给予默认和鼓励。

第 12 章

人物日志

对自己有影响的人很多，值得
记录的也很多。

朱正威——名副其实的老"前辈"

——记与朱正威老师的三次见面

与朱正威老师三次见面，跨越了18年。下面对相关背景做一回忆。

第一次见面是在1990年暑假，当时在青岛海洋大学参加《生物报》举办的教研活动。能参加这次活动，很是兴奋，原因包括：这是我参加工作以来第一次出省参加会议，我们市只有我一个人去参加；主办单位是我已发表过多篇文章的报社，当时《生物报》在高中生物教师中的影响还是比较大的。我很想见见编辑是什么样的，同时想到在那里可以直接与自己仰慕已久的生物学科名师（叶佩珉、朱正威、郑春和、吕灿良等）见面，非常想看看他们是什么样子。

对朱老师的了解，除了读他的文章外，主要是从他的报告开始的。他的报告当时给我的印象是"大气"和"有震撼力"，他的第一句话就是"形势在悄悄变化"，很有吸引力。他说话非常干脆，也比较自然。这是他非常突出的特点。可以说，他的报告给人的印象，远远超过他的文章。他说到教材编写应该有更多力量参与，也说到国家的教育方针，同时介绍了日本的教育等。他当时是学校的校长，他对教师工作量进行了改革，他们学校的体育学科很受重视，在奖金分配等方面是没有主科和副科之分的。会后我与其他"粉丝"一道还请他签名留念。

对朱老师更多的了解，还得益于与我住在同一个房间的另外几个老师，特别是河南的秦浩然老师。会上我也临时交了一篇论文并得了三等奖，秦老师功不可没，要不是他劝我，并且帮我交，我还不清楚评奖一事。

第二次见面是在2000年暑假。我们同时参加《中学生物教学》杂志社举办的活动，他和赵占良老师都是特邀主讲专家，承蒙杂志社梁秋英老师和陶铭老师的厚爱，也特地安排我做了半个上午的专题报告，让我在全国性会议上得到了一次"锻炼"。在饭桌上，梁秋英老师特地将我介绍给朱老师。我说："朱老师一定不记得我。"可是我们的朱老师说："怎么不认得，你长胖了"。事后我对其他老师说，朱老师是善于给人留面子的，我认为他不认得我了。这说明朱老师是幽默和"机智"的，也说明他对晚辈的鼓励是真诚的。

第三次见面是2007年元月在广东省中山市，这次是因为人教社组织部分老师编写相关教辅资料，让我有更多机会近距离接触他，我几次到他的房间或者利用开会的间隙，找他"聊天"。我一边听，一边拿笔记本记，有一篇互动稿就是这样完成的。记得朱老师第一句话就是"说什么呢？就说三点吧"。在与朱老师的交谈中，我了解到胡锦涛总书记到他家里看望他的细节，了解到他与我父亲是同龄，了解到他对教育独到的见解和热爱之情。印象最深的还是他的发言，还是那么简洁、明了，思路是那样的清晰，说话还是那样的有力。

朱老师是经历过"磨难"和波折的人，他更懂得珍惜自己的工作和工作机会，他在亲身实践和示范着为生物学教育奉献终身的理想，也有坚持终身学习的意志，他的生活状态是"退"而不"休"，虽然"文化大革命"和"反右"期间，耽误了他宝贵的"青春"，但他的思维和教育热情给我们的感觉是越活越年轻。

虽然他有许多精辟的见解和教育理念或感悟，也不乏教育经验或成功案例，但从网上搜索发现，他并没有发表更多的文章和学术专著，这似乎与某些"大师"级的人物有差距，更与现在这个连一些"年轻毛小子"弄个书号动不动出专著的年代不相吻合，这大概也反映了老一辈理科教师的学科"本色"和历史现状。过去与朋友聊天时提到，他没出什么书，那是教育的损失。后来仔细一想，对朱老师是应该让别人去研究和总结的，而不是要他自己来写书。人教版教材不是请他去做主编了吗？再说，写文章多或者出书多，并不代表对社会的贡献大。在提倡低碳经济的情况下，更应该这样做，想想这，对他更加尊敬了。

我所了解的他的专著只有《我和中学生物科学教育》一本，这本书最大的特点是朴实、真实和自然。

朱老师无论是学问还是年龄都是名副其实的老前辈，他对业务的钻研精神和对教育的热情和务实态度，都是我们学习的榜样。

（写于2010年5月20日）

附录

朱老师发表在《中学生物教学》互动平台栏目的发言如下。

讲三点吧。一是关于教师的专业发展。青年教师应在全心育人方面多下工夫。若不能安心从教，总存在离开教师行业的期待，这是难以提高的。老年教师，更多的是耕耘，不问收获。二是现代青年教师的知识层次比较高，我们的培养模式培养出来的学生专业水平不低，但知识面总体比较狭窄。事实上，教师应该有各方面的专业知识，特别是包括教育科学方面的知识。三是教育的中国特色问题。许多专家都是将国外的东西照搬过来，让国内的教师无所适从，应该考虑中国的现实和国情。

赵占良：最早参与互动的教材主编

2010年前与赵占良老师见面不多，只有4次，其中两次是在深圳，一次是在西安，再就是在中山参加他主持的编写会议。但与他进行交流的次数相对多些，与同行聊天时谈论他的次数就更多。他是最早参与互动的作者，也是中学生物学界"地位"最高的作者之一，他是中国教育学会生物教育专业委员会的理事长。

支持互动平台

2005年8月，互动还只是刚刚"起步"。《中学生物教学》编辑部梁秋英老师就给我转来了一封山东老师的来信，来信对人教版高中生物教材的教师用书有关"人类人工合成脊髓灰质炎病毒是否是人工合成了生命"的答案感到迷惑，并提出了质疑。当时因为话题涉及的问题正是我们互动所需要的，所以我毫不思索地将它转在K12生物论坛上作为互动话题。没想到在比较短的时间内从论坛和信箱中就获得了很多的反馈意见，发言的作者之间甚至到了"争吵"的地步。这时，我突然想到，新课程在部分地区开始实施只有一年的时间，教材的普及和推广情况还是个变数，若此时讨论教材问题，势必造成一些意想不到的"情况"，部分网友表现出希望得到教材编者回复的强烈愿望，所以，我拨通了赵占良老师的电话。接电话的赵老师说，他在机场正准备回家，他只是表示会关注。于是，我将老师们的意见发到他的邮箱。没想到第二天就收到了他的来信。信里写到"老师们思维很活跃，知识面也很广，这是很让人高兴的"。我感到异常兴奋，他的发言正是互动所需要的。因为有了他的鼓励，我同时邀请了更多朋友参与了讨论，包括部分"高考命题专家"。目的是希望这样的问题在高考中应该保持开放性，只有这样才是符合新课程要求的。

随着时间的推移，参与互动的编辑老师相对多了，但赵老师是参加我主持互动的第一个教材编辑，也是唯一让我的稿子改换了投稿方向的人。赵老师作为人教版教材的主编，所领导的教材编辑团队能直接参加互动活动，这应该说，对互动有积极的引导作用，对互动影响力的扩大和对广大读者提高教材的理解水平，有不可替代的作用。

记得在中山采访赵老师时，作为中国教育学会生物学教学专业委员会理事长的他说过这样的一段话："在全国生物学学术年会上也想设立青年教师讲坛……同龄人之间的交流，也许启发更大。"从中不难看出，他对年轻教师的重视，也能看出他对"论坛"的重视，我想，互动平台这样的形式，也是符合他这一思路的，也许这也是为什么他积极支持互动的原因吧。

影响我的写作

自参加工作以来，我发表了数十篇关于教材方面的文章，其中不乏对教材提出质疑和讨论的文章。2000年暑假，时任《生物学杂志》兼职编辑的李荫老师约我写一篇新教材方面的文章。为写好这篇文章，我将教材逐字逐句通读了几遍，很兴奋，为教材编者的编辑水平叫好的同时，也发现几十处值得商榷的问题。于是完成了一篇大约8000多字的文章。文章的题目是《高中生物新教材评析》，发给编辑部几天后，我感到心有"余悸"，总担心其中的观点本身存在问题，担心误导读者和影响杂志的声誉，于是立即将打印稿邮寄给了赵占良老师，以征求他的意见。同样，很快收到了他通过邮局的回信，并且写了许多鼓励我的话，特别出乎我意料的是，他竟然说这篇文章可发表在他们的《中小学教材教学》上。我既感到高兴，又感到有压力。高兴的是，我对教材的研究得到教材编者本身的肯定，其压力则是因为得快速补写一篇同类文章给可能排版了的《生物学杂志》，于是加班写出了《高中生物教材的特色》，就这样几乎同时发表了两篇关于同一教材的文章，两篇文章对教材都提出了改进的建议。

在仔细对照赵老师修改后给我发表的文章，发现赵老师对文章的部分内容做了仔细的修改，其中有一处修改给我的印象很深，这就是将"商榷"改成"商议"，感觉特别新鲜，让我琢磨了好长时间，大概是因为"商议"显得文雅和符合书面化要求，也可能是因为"商榷"这一词太流行没有新意吧。我也从没就此请教过赵老师，但自我感觉"商议"应该好些。后来我也常用这个词。道理很简单，在大家都用"商榷"时，用"商议"一定没有错。

在深圳的一个"报告会"上，赵老师为讲解教材，特别结合某道题深入浅出谈到了"创新"二字。这两个字不仅对教学重要，对热衷于教研文章写作的人来说也是特别需要的，潜移默化地影响到我的写作思路。我也自然将其作为评价题目和课堂教学的重要依据，也成为我后来许多文章中的常用词。试题怎么样？教学方法如何？文章写得如何？我会先问一问"是不是有创新"。记得在2003年我发表在《生物学通报》的文章和后来的互动讨论中，多次提到了类似的例子。

此外，赵老师为我更好地开展教材研究，还给予过教材的支持。2001年在北京，我想拜访赵老师，并提出想买教材，不凑巧，他刚刚出差了。但他对我说，可直接去人教社拿。在那里我见到刘真老师和李红老师，刘真老师就是在《中国教育报》发表过为了教材一个数据而走访了多个单位的文章的编辑老师，我虽心怀敬意，但因为时间仓促而未做更多交流。而李红老师则是"翻箱倒柜"找到全套的教材。后来见到赵老师和李老师时，我再次提起此事，他们说，这事你还记得，我说，这样的事想让我忘记是很难的。因为他记录了教材编者对教材讨论者的宽容与大度，记录了教材编写专家为改进教材而广开言路和善于听取不同意见的科学精神。在后来比较熟悉时，每当赵老师表扬我或说我有进步时，我会反过来说，我是在你和你们教材思想的"光芒"照耀下前进的呀，不是吗？我从初三就开始学你们的教材，毕业后又教了你们的教材20多年。你们教材对我们广大生物学教师的影响实在太大了，可以说直接影响到我们的生活质量啊。

（写于2010年）

附1：读者来信

我是山东的一名生物教师。我们现在正施行新课程改革，使用人教版课程标准教材。该教材必修的第一个模块《分子与细胞》第一章第一节课后习题拓展题：人工合成脊髓灰质炎病毒是否是人工合成了生命？教参中的答案是"否"。理由是病毒是不能单独存活的，必须寄生在活的细胞中才能完成自己的生命活动。

我认为这种说法欠妥。我的理由是：判断生命的标准并不是该个体是否能单独存活。病毒虽不能独立完成自己的生命活动，但它符合生命的特征，它可以进行新陈代谢，这是生命最基本的特征。在此基础上，它又可以进行增殖。既然病毒是生命，那么人工合成病毒，也就是人工合成了生命。

我的说法是否妥当，请老师们评议。谨祝工作顺利、万事如意！

附2：赵占良老师来信

夏老师：您好！感谢您组织讨论并把意见转给我们。老师们思维很活跃，知识面也很广，这是很让人高兴的。

细胞是生物体结构和功能的基本单位，也是生命活动的基本单位，有的书上说它是生命的基本单位，是众多层次的生命系统中最基本的生命系统。只有完成人工组装细胞的工作，才能说是实现了人工制造生命（参见课本中课外读——人工组装细胞）。而病毒不具有细胞结构，因此，教参上说人工合成病毒不等同于人工制造生命。从细胞是基本的生命系统出发得出这一答案，我想这应当是合乎逻辑的。那么，老师们为什么还有争论呢？关键是对病毒是否具有生命这一问题有不同看法。这又涉及生命的定义，究竟什么是生命？生物学发展到今天，仍没有一个统一的标准答案。从不同的角度可以有不同的定义。据我了解，目前学术界关于病毒是不是生物、有没有生命这一问题，仍有不同观点。多数人赞成说它是介于生命和非生命之间的物质形态。它侵入细胞后具有生命的部分特征，主要是自我复制，但是仍不具备生命的另一个主要特征——自我更新也就是新陈代谢；在细胞外，也就是独立存在时，它就是一种无生命的大分子颗粒。其实病毒就是病毒，我们又何必在它是不是生命体之间寻找一个非此即彼的答案呢！病毒、类病毒、蛋白感染因子的存在恰好表明，生命和非生命之间本没有明确的界限，没有不可逾越的鸿沟，否则人体死亡的标准也就不会这么难以确定。从生命起源角度来看，最原始的细胞形态的生命体可能是起源于非细胞形态的多分子体系，这样的多分子体系已经具有生命的部分特征，但恐怕还不能说是生物。至于五界说和六界说等，也是人为的分法，各有各的道理，目前也没有统一的结论。教材中拓展的用意大多是活跃学生的思维，拓展学生的思维空间，变换学生看问题的视角，帮助学生形成既严谨又灵活的思维习惯，未必都求得统一的答案。作为教师，鼓励学生独立思考的同时，告诉他们学术界有哪些观点，多数人怎么看，教参中怎么说，就可以了。至于考试，我想也会随着课改的进行而不断改革吧。

总之，进行这样的讨论是很有益的，对我们进一步修改和完善教材和教参也有帮助。我的上述看法也不一定正确，供参考。

刘恩山：生物教研"老大"

用带有"老大"二字的标题，也许不合适，但我暂时找不到更合适的标题。刘恩山教授今年56岁，能说一口流利的英语，他是北京师大的教授、博导，是中学生物课程标准项目组负责人，全国中学生物竞赛委员会主任。无论从在职年龄还是学术地位，可称为"老大"，或是"老大之一"吧。

2012年6月，与刘教授有2天多的近距离接触，特别是听了他4场报告，对刘教授有几个比较清晰的印象。这就是机智、守时和随和。我这样写，是不符合刘教授的科学观的，因为科学研究是要以数据说话的，是不适合举例说明的。好在刘教授也说到科学是不能解释所有的社会现象的。因此，下面还是采用举例说明的方式。

刘教授在做报告时，始终关注听众的反应，注重理论联系实际。他在讲"还原理科属性"时说："我们还是先简单的互动一下"。听到"互动"二字，我感到格外亲切。他请每个老师都动手写一个概念："什么是理科"，然后他去检查。现场气氛一下紧张起来。他在讲"概念名词"与"概念内涵"之区别时，特别提到了他昨天的经历。司机心中的"白云机场"，与现在的"白云机场"是不同的。司机虽然知道是要到"白云机场"接人，但不知道"白云机场"已经搬到花都，让他昨天在机场多等了大约1小时。在感叹他的机智的同时，着实也让人好好体会到了"深入浅出"的魅力。

刘教授所做的每场报告，都非常守时。虽然很多老师希望尽可能地延长报告时间，但按时结束比较符合以往的习惯，因为外面等候的校车司机会准时催促他们按时回校。即使这样，就在他按时结束报告后，仍然有不少老师希望与他更多的交流。

在两天的交流中，感到刘教授性格比较随和。报告内容，任我们选择；食宿安排，他没有要求。他说得最多的是"听你们的"。他对别人的发言，总是给予积极而认真的倾听，表现出特有的尊重。所以，与刘教授的交往中，大家都没感到压力。他随身背着比较重的背包，他能随时做课件和阅读资料。

此外，刘教授做报告时，不时穿插着英语，引用着最新的研究成果。在深圳到广州的路上，我看他连续为老师们"作战"，劝他休息一会，他说他可以帮我看路牌，所以一路聊着，就这样，在没有使用导航的情况下，我们以比较快的速度按时到达了目的地。路上，我顺便向他汇报了一些学习体会和思考，并得到了他的鼓励。近日，我将他参加活动的照片发在博客上请他去下载，他下载后并及时做了回复。刘教授在回复短消息时，几乎不用"你"字，而是用"您"字，这与许多年轻人是不同的，对此，我在博客上曾经转载过一篇文章"是你，还是您"，"你"和"您"二字的用法是不同的，这里我不想上升到更高层面去讨论，但一字之差，至少反映出老一辈知识分子身上特有的"礼貌"和人文精神。

（写于2012年）

林祖荣：参加互动的第一个特级教师

我与林祖荣老师的经历有一些相似的地方，虽然他比我长几岁，但仍然属于"同龄人"。最早是通过生物专业报刊知道他的名字，他是那个时候生物学报刊的"活跃分子"之一。上世纪80年代后期，听一位同行说在南京见到过他，并说他身体很"瘦弱"和"单薄"，与他心目中认为的"高大形象"有一定反差。事实上，那个年代，许多有成就的人看上去都比较"苗条"，从这点看，他的"瘦"就是"有前途"的标志。

我与林老师至少见过4次。因为在网上经常见面，所以记不清实际见过几次。与他真正面对面地交流，则是本世纪的事。他曾经与我在对方的个人专集上有过留言，当时说了什么，现在已经忘记了，但一定有"吹捧"之类的话吧。后来，他之所以到论坛发言，可能是被"骗"去的，当时为了论坛的"繁荣"，我用了不同的"马甲"就生物教育方面的问题进行"争吵"。例如，其中有一个名字叫"诚实做人"，还有几个名字记不清了，好像有"金丝猴""为什么"等。记得"金丝猴"发一帖子说"有的生物老师很混"，并列出一些实例加以说明。然后"诚实做人"等就前去辩论。"诚实做人"始终担任着论坛的友好使者，对所有的人都是鼓励和欢迎的。被有的老师称为"迎宾小姐"。此类话题一经推出，林祖荣老师与许多同行一样，实在"看不过眼"，他怎么会允许有老师对同行说三道四呢，大概是因为他觉得不说几句就对不起我们广大战斗在一线的生物学科教师，于是，他以"黑猫"为名进行了注册并发言了。也因此，受到玲美、阿静、"诚实做人"和我的关注。林老师在论坛对我始终是给予了正面的支持。例如，当我根据一部分朋友的建议公布自己的真实姓名时，却遭到了另一部分朋友的反对，反对的理由是"夏献平"这一名字不如"内质网"好听，而林老师却表达了不同的看法，他认为公开自己的身份更有利于做真诚的交流，他并带头署了真名"linzurong"。他在论坛发言不多，但一旦发言，就会做到"字字斟酌""一言九鼎"，也许这正是我们许多朋友心目中所需要的"特级"的形象吧。

2002年暑假，林老师不远千里来到深圳，并从福田区赶到南山区，与我在一家湘菜馆见面。我们简单地吃了几个菜，并喝了点啤酒。我们聊得最多的话题是关于生物教育，特别是网络教研问题。我们谈到论坛上发言的许多网友，其中特别提到深圳的"诚实做人"，他对这位老师的发言给予了特别的表扬，我怀着非常尴尬的心情对他说，这位老师是深圳的一位普通老师，也是南山区的。我知道，这样的回答是欠"厚道"的，特别是对他这位德高望重的真诚的朋友。但我当时也是无奈啊，要是他知道她的真实身份，可能她的许多赞美之词的份量在他心目中会打"折扣"，因为一个人的"赞美"哪怕再好，不如两个人的效果好。为了论坛的发展，我只好将这美丽的谎言继续下去，直到多年后在北京见面时才告诉他。

2007年在中山，我在朱正威老师面前特别提到林老师，朱老师说熟悉他。我之所以要这样说，是因为他俩都是江苏宜兴人，都是生物教育界的名人。可谓"前有朱正威，后有林祖荣"，宜兴真是人才辈出啊。

（写于2010年）

颜培辉：我教研工作中的"顶头上司"

记不清颜老师在市里的教研会上，有多少次宣传过互动，宣传过《中学生物教学》等期刊，在鼓励同行参加互动时，也不止一次亲自参加。可以说，他对我主持的互动工作给予极大的精神上的支持，为我营造良好的互动环境给予了特别的帮助。

与颜老师的相识，是27年前刚来深圳时的第一次教研会上。会后，他请各区教研员留下继续做"研讨"，因为会议期间有区教研员李冬久老师的引荐。我也被留下了。没想到，在聚餐时，他说，他知道我，曾经看过我的文章。在这人生地不熟的地方，有"顶头上司"这样一句话，让我感到深圳并不陌生，也不孤单。

颜老师，是重点师范大学毕业的高才生，当过中学生物教师，后来脱产学习了研究生课程并获得了硕士学位，可以说，在我们这样的年龄段中间，可谓佼佼者了。但与他的交往中发现，他却是异常的谦虚，当老师向他提出意见或建议时，他总是认真地倾听，并露出憨厚的笑容。可能是底气越足，学问越大的人，越会倾听的缘故吧。

我与颜老师的接触，大多是因为工作的原因，因为生物学科教研上需要讨论的问题比较多，外出教研活动时，两人住在一个房间的次数也比较多，累计至少有2个月吧。随着时间的推移，越发感到他为人的魅力。我与市内同行曾经谈论过对他的看法，许多是一致的。深圳市的老师来自祖国的四面八方，不少人在内地已经有一定"知名度"，学历层次也普遍较高，即使是年轻老师，也是过关斩将后才被录用的，这样一批带着各地方色彩和"个性"鲜明的人，为什么在这里能被团结起来，对教学活动为什么能做到"齐心协力"，除了他们个人具有"集体意识"和合作精神外，不能不说，是因为有颜老师这样的带头人，他不仅学问很大，人品也值得推崇，他是业务上的学术"权威"，但他从不摆权威的"架子"，他在业务上信任人，而自己却总是"以德服人"。

每次开展教研活动或者组织教师编写试题时，他总是首先想到如何去培养年轻教师，怎样形成以老带新的梯队。每年都会选定年轻老师加入市模拟考试的命题队伍。每次命题前，他事先都能做好对考生的"摸底"工作，注意收集老师对教学的反映，特别是对学生水平的评价，为此还特地创建了"深圳高中生物教师QQ群"。在命题时，他亲身示范，带头学习教材和相关文件，每次都要带上几大包教材和参考资料。他不仅能从宏观上把握试卷的"布局"，还能对每道题、每个字和标点符号，做到反复校对，由于有他的指导，无论是老教师还是年轻教师都很"玩命"。虽然每次命题的时间很短，命题老师都很忙，每届考生的变化很大，试题中有许多地方仍然存在有待改进和完善之处，但试题的难度等许多指标大都能与事先的要求相吻合。

颜老师平时很忙，他既是市高中生物教研员，又是初中科学教研员，现在还是市教科院教学研究中心的副主任，但对我们生物老师的关心和扶持，为我熟悉的许多老师所称道。他几乎熟悉全市大多数高中生物老师的名字和所在学校，对一线老师的要求是有求必应，有问必答。不少生物老师也习惯地称他为"颜头"。他多次应邀参加我区的生物教研会，也参加了多个学校的生物教研活动，让老师们在接收到最新的学术信息的同时，也深切地感受到"市领导"给予的关怀和温暖。

我自2004年起担任南山区中学生物教研员，2010年起我先后担任广东省名师工作室和广东省百千万名师工作室主持人至今，自2000年起我一直担任深圳市高中统考的命题教师，与颜老师一起出版过《考点拓展》（研究出版社）《同步解析》（人民教育出版社）等等，在从事这些工作时，颜老师始终是我的同事。十年来，他一直是我工作室成员，担任着顾问的角色，工作室活动的开展，总是结合市教研活动进行，从育才中学的一次次跟岗活动，到大梅沙市教研会；从红岭中学到罗湖外语学校；从福田区新秀中学到坪山区坪山高级中学；工作室活动中总有颜老师的身影。工作室工作安排离不开颜老师的亲自出谋划策，工作室成员的点滴进步，都离不开颜老师的真诚帮助。如今我担任的工作室有10名正高级教师、10名特级教师，还有9名广东省名师工作室主持人，这些成员大都受到了颜老师的亲自指导。

（写于2010年，2021年修改）

张洁：参与互动最多的教研员

要问当今中国大地上，哪一个中学生物学科专职教研员写的博文最多，参与内质网生物学互动平台讨论次数最多，我可以比较肯定地说，张洁老师若不是最多的，也一定是比较多的。

2008年5月，就在我在网易博客圈开通《内质网生物学互动平台Ⅱ》的5个月之后，张老师也开通了博客。

与张老师虽然当面没怎么做交流，但在网上却是"天天"见面。从这个角度上说，他是我这几年"见面"最多的教研员。

张老师是一个资深的教研员，他的教研工作，从他发表的博文中可见一"斑"。例如，他对教材有比较深入的思考和研究，并且有许多自己独到的观点。在曾经对"教材引入文学语言"，对"可遗传的变异的概念"，对"疑难知识与高考的关系"，对"淋巴和淋巴液的关系"等许多具体问题都提出了自己独到的见解。他经常到外去听课，他听课不是"作秀"，他的"指导"不是空洞的，而是他深入思考和研究后所做出的。例如，他会抽空"备课"，不时写出对教材的看法。他在博客中，将他平时的听课后的感想及时做了上传，不仅让网友们感受到各位授课教师的风采，更能从中得到启迪，使他们在怎样上课和怎样评课这两个问题上去做反思。

张老师通过自己的行为，默默无闻地影响着身边的人，在专业发展的道路上，无愧于他教研员的身份。在各类培训中，我们经常听到一些主讲的领导和专家动不动就鼓励老师多写反思，多做做研究，可我们要了解这些专业发展的策划者和号召者是如何反思的，却不是很容易的。而张老师通过写博客的方式，无不在亲身实践和示范者，让我不得不表示敬意。例如，张老师看到有的老师在互动平台讨论时所提的问题不明确，于是写了自己的感想"提问谨防'脱口秀'"。

张老师的博文涉及面很广，不仅涉及课堂教学活动的细节，也关注到各类社会现象。从他的文字中，不难看出，他对同行或者说教师群体给予了特别的关心。例如，他将别人不署名地"引用"他的文章内容，称做"借用"，并且认为"他也是受害者"，当得知这位朋友承认自己的错误时，他热情地接受了他的电话道歉，并为这位朋友的道歉表示感动。我与这位朋友电话交谈时，这位朋友也为张老师的关爱表示感动，他给我手机发信息说："一夜无眠，深悔不已"。对张老师的宽容，作为同行，我的感触也很深。这也是我今天写这篇文章的动因之一。

（写于2010年）

木兰：互动平台的热心大姐

木兰，孙晓燕。从K12，到教育在线，再到今天的互动平台，哪里有我们的互动，哪里就能见到她忙碌的身影。她不厌其烦地介绍网络功能，不知疲倦地推介她的学习"成果"；总是将她自己学到的新"东西"，毫不保留地奉献给大家。"如何在论坛中插图""用什么样的搜索引擎进行免费搜索书稿效果最好"，我们的木兰老师都能给你一一道来。她不计回报，惟恐大家没有学会。这些看似平常的事情，但对利用网络开展教研的人，可以说是"及时雨"；她总是默默无闻地、无怨无悔地去帮助朋友查找资料，并与相关话题做链接。

木兰不是中学教师。但她对中学生物学教师，特别是对中学生物学教师的网络教学研究，始终充满着感情。她帮我们找到了有关"拇指显隐性"和"多基因遗传发病率"的资料，提出了她独到的观点；她不分白天黑夜地对一拨一拨的新老版主都给予了富有特色的持久的支持。她积极支持黑皮老师在论坛为挽救贵州一患病生物学科老师的生命组织的捐款活动，并给予了力所能及的帮助。

我曾经表示不再担任论坛版主，木兰老师也并没有表示反对，而是在我离开版主岗位时给予热情的表扬，在那年元旦时还收到了她邮寄的明信片和新年祝福。对一个没有谋面的远方的大姐的鼓励，我只有感动。自从收到木兰老师的明信片，我也打算去买点类似的礼物邮寄给那些论坛的朋友。后来还是因为自己"太懒"或者太忙而未成，但木兰给我传递的友好信息，我始终珍藏着，并努力从中受到启发，以便于更好地团结论坛的朋友一起开展教学研究。

木兰作为卫校的一名教师，她对中学生物教学的具体问题发表的看法并不是很多，在我们杂志上刊登的稿子也不多（大约只有三次），即使刊登了，她也没在意，直到半年以后才知道她的稿子被选用，其中有一篇稿子还将她的名字写成了"孙燕"，这是我的疏忽，更是因为"木兰"的名字给我的印象太深，以至于连她的真名都记不确切了。她对此没有计较，相反，还是一如既往地宣传互动，介绍互动讨论区，其"大姐"风范，其"宽容"品德，让我感到唯有学习的份。

（写于2010年）

李金安：许多朋友牵挂的人

这是我第2次打电话给李金安老师，他说他很好。于是我也就放心了。

与互动平台的作者我很少有电话联系，原因是网络联系更方便。今天给他打电话的主要原因是几个年轻老师看到他没来互动平台，请我联系他。

李金安老师是湖北武汉的一位老教师，他虽然是老教师，但对年轻老师的留言，十分谦逊。然而从他对教材的"批评"看，却只能用"尖刻""苛刻"等来形容。与他的认识是因为他是互动平台的骨干作者。他最早引起我注意的原因是，他连续发了数十万字的帖子，不少内容都是涉及教材和高考的，且发在不同网站。

于是我邀请他将自己发表的观点，一个个作为互动的话题让老师们讨论，这样既可以促进老师们钻研教材和把握高考，同时有利于教材编者和命题人员更好地完善他们的工作。

与此同时，李老师在网上将他发表在一些大型网站的有关批评的文字也删去了，一是有利于防止不成熟的观点被传播，二是一次性话题太多，不便于形成讨论的重点。

李老师对年轻朋友的专业成长给予了积极的帮助和无私奉献，帮助他们修改论文，及时回复他们的问题，整理他们的发言。他对互动平台也给予了很大的热情，他曾被确定为管理员。他为了推介互动平台，还特地利用各种机会介绍平台，例如，他专门写了一篇"鼎力推介内质网生物学互动平台Ⅱ"的博文，对互动平台及其互动作者给予很高评价，有部分网友就是因为看了这篇文章才来参与互动讨论的。

作为一个年过半百的老教师，能从善如流，能这样刻苦钻研教学，低下身子与年轻老师一起参加互动，其精神值得我学习。

（写于2010年）

五味子：让互动话题在争论中成熟

五味子，又名秦岭五味子，真名王彬，是在山东工作的陕西人。从他的许多言语中可知，他为自己是陕西人而感到自豪，也为陕西某些"不争气"的事而郁闷。

五味子是一个有个性的人，人云亦云不是他的特点。他对问题的看法，总是独立思考。五味子是一个敢作敢为的人。他从不隐瞒自己的观点，一就是一，二就是二。五味子在讨论问题时，一般都能为自己的观点坚守"阵地"，直到将问题弄个"水落石出"。记得他常常为了一个问题的讨论，不断提帖子，甚至写信让更多朋友来参与。惟恐有人没看到。他对互动平台栏目的诞生功不可没，如果不是当初他极力鼓励我写有关互动的文章发表，我也许就没有主持互动平台栏目的愿望。

当然，他讨论问题并非是"说一不二"的固执之人，按他自己表扬黑皮等朋友的话说，这叫做"从善如流"。五味子是一个讲义气的人。只要是为了讨论，他可以做出最大的努力。他发表许多支持版主的言论，对我和黑皮等，给予很多的精神上的鼓励。

五味子也是有文采的人。在《中学生导报》上为K12生物论坛写的"广告"中，可见一斑。他将生物论坛"吹"得天花乱坠，而你却没办法去反驳，似乎让人感到不到生物论坛，就不知道生物教学研究的精彩。

当然，五味子在讨论问题时，也常常表现出"急躁"的情绪，例如，当他坚持的观点不能被别人接受时，常显露出"恨铁不成钢"，甚至说对手"太笨"，他认为这是说说而已。有时这样的说法，还真的起到了促进辩论的对方做更深入的反思的作用。当然，也曾经引起过"战火"，但他从不记"恨"，事后能主动"握手言和"。

据了解，中药"五味子"对中枢神经系统有明显的镇静作用。不知五味子先生取此名是否是想提醒不冷静的朋友，还是有其他意思。

（写于2010年）

刘永生：让我们的话题得到拓展

刘永生老师是云南一位年轻的生物学教师。

认识他是因为他的文章。当时陶勇老师转载了他的一篇质疑教材的有关艾弗里实验的文章并推荐到互动圈，看到该文，我立即将其确定为"推荐日志"。后来收到了他的一封信，大意是他愿意将此文作为互动稿件，但需要继续讨论和斟酌，并将他的原文和参考文献列在其中。

说实话，我是不懂英文版原文的，为看一篇文章要不断查字典，很费劲，而且没有把握。但我可找到为我看原文的朋友，当时我转给了一位懂英语的朋友，他说这老师的翻译应该没什么问题。加上有北京大学生命科学院教授和著名科普作家的肯定，我坚信这样的话题，应该是十分有价值的。后来进一步得知，刘老师的文章也给了人民教育出版社的编辑老师看过。在与谭永平老师的电话交谈中，我进一步确定这一话题的价值。

但由于当时刘老师的稿子主要是针对人教版教材提出讨论的，感到这样的质疑还是不够的，也容易让人产生误解。我决定从更多角度来讨论此，于是在陶勇和邓过房等老师的共同参与下，将此话题拓展到中学和高校更多版本的教材和高考试题。

从刘永生老师的话题，可以得到以下几点启发：一是，生物科学发展很快，生物学教学研究不能停滞不前，应该做更深入的研讨。二是，互动与合作学习对教师的专业成长的作用越来越大。三是，要有敢于"怀疑"的精神。尊重科学，相信科学，但不迷信权威。四是，学习不只是青年教师的事情。青年教师是生物学教研的希望，也值得老教师学习。

（写于2010年）

余广琪：最早参与互动的长者

2006年，当得知余老师快退休时，很是惊讶，他是老教师，但有这么"老"吗，他哪像快退休的人呢？其表现出的"教研活力"仿佛是一个30多岁的青年。三年来，他积极关注中学生物教师现状，关心课程改革，关注高考方案的变化，并且不断推动话题的互动，积极支持和评价互动的组稿工作。他一方面参与话题互动，一方面呼吁提高中学生物教学的地位，并将自己的想法发到各大网站以引起"上级"的重视。

他为了宣传互动和鼓励参与互动的作者，同时也表达他对互动的充分肯定，使更多同行加入到互动的队伍中来，将互动平台列为他评定的2006年的"中学生物教学的十大事件"，他如是说道："2006年8月，最早开设互动平台栏目的《中学生物教学》走过了一周年，主编梁秋英专文予以回顾，认为通过网刊促进广大教师自由平等开展讨论、让教材编辑和命题专家与广大教师面对面交流是有益的尝试，起到了多方面的作用，希望能越办越好，为中学生物教学和教师专业发展服务。该栏目主持人夏献平为互动内容的拓展和深入，精心设计顷力为之，涵盖了广大教师关心的各个方面，如高考改革及影响、新课程热点123、争议题探讨再探讨等，获得了广大教师的高度评价。"

在谈到他的专业发展情况时，有这样叙述："我55岁从学校行政岗位退下来后，有了更多的时间和精力来学习计算机的使用操作，也学会了上网。随着交流的深入，特别是结合教学的研讨，我逐渐不满足于仅在论坛跟帖的水平，而常常构思出引人注目的话题，并努力将讨论引向深入，同时在校内和市内交流，有的话题得以在刊物发表。在虚拟世界赢得尊敬，自己也感悟到教学历练的重要。我认为终身学习的确是必需的，而网络学习、网刊互动是最佳途径之一。衷心感谢生物教研的领路人和网刊互动的开拓者——《中学生物教学》杂志社的编辑和互动平台栏目主持人。"

（写于2010年）

蒙庚阳：永恒的追求

题记：一个人对教研活动的理解，与年龄和资历没有直接关系。

下面是关于2012年第6期话题署名的一次简短的交流。《中学生物教学》责任编辑雷园园老师建议："原署名的老师同期有其他文章发表，蒙老师发言字数相对多，且参与了话题整理，可否将他作为第一或第二作者？"我回复："好啊。你们确定。"他说："我对话题的作用价值太小，但依然有我自己名字在目录出现，内心感到很羞愧。望夏老师以后在目录上要多考虑其他新教师的名字。好吗？先谢谢啦。"

他对互动的关心、支持和奉献，让人感动。他积极参与平台管理，参与话题的讨论，对平台上同行的言论表现出极大的热情和耐心。值得高兴的是，近年来他在报刊上也多次发表文章，并且展示了坚定的教研意志。

"永恒的追求"是蒙庚阳老师的网名。对他的网名该如何来解读呢？打开蒙老师的博客，我自然想到了几个关键词，这就是：互动、激情与务实。

1. 幸福在互动中产生

他将"教学因互动而精彩"作为博客的副标题，并在"心情随笔"栏目中写道"上平台虽然总是有发不完的贴、说不完的话、做不完的题，可是看到平台的老师们积极讨论的良好氛围，内心感到无比的幸福"。无论博客的内容还是排版，总是能找到"互动"的影子。在博客上方的正中央有"平台导航"，其中有"由此进入讨论、平台内容搜索、平台作者登记、平台更多介绍"等醒目链接。右方有服务团队（互动平台管理员）的博客的链接。在置顶的日志中，有互动话题目录等。在他的新浪博客中，有关"互动"的博文就占了88篇。可见，"互动"在他博客中所占有的份量之重，也说明他为互动花去了大量的时间。对此，我在高兴的同时，也常感到些许忧虑。但想到"互动"是长远的备课，只要时间分配合理，对教学是有促进作用的。蒙老师在《播种疑惑收获幸福》的文章中认为："我自2010年1月3日加入内质网互动平台（Ⅱ），每天只要有时间，都会去学习；去平台，就像下班后回到自己的家一样，每天依然那么自然、温馨和幸福，平台不知不觉地融入了我的生活……一直以来我都在默默地向平台的各位同行们学习，因为平台里有太多太多值得我学习的榜样。在这里，不仅可以讨论教学知识的疑难点，也可以讨论各种教法的实践感受，还可以谈自己专业的成长，参加收集各种话题互动，感悟教师们的解题思路与敬业精神，可以争取让自己的话题在杂志上发表……提高自己的教育教学能力，加速自己的成长，实现自己的梦想。"

2. 激情因追求而迸发

有追求才有更大激情，有目标才有更大动力。参与同样的教研活动，参与者是否有收获，收获是多是少，与参与者的心态有密切关系。知不足才能常进。作为一个中学教师，对专业能力的要求，自我感觉很重要，自信也很重要，但认真反思自己之不足更重要。自己能认识自己不足的人，并不意味着业务水平就比自我感觉良好的低。认识到不足，是一种高目标下的一种特有的状态，既是热爱本职工作时的自我加压，更是萌发激情的心理"土壤"。

他认为，互动的动力主要有："源于自我知识的严重匮乏；感受回复主题的喜悦；吸收讨论内容的实用价值；结识善于钻研的优秀教师；紧跟网络信息的时代脉搏。"在《认识互动平台一年半的内心变化》中写道："我一直冷静地反问自己，如果仅仅只是满足于教学的现状，我不久的将来就可能被淘汰。所以在思考的背后就是如何提高自己的专业知识，自然又逐渐演变成了另一种内心变化，如果让我直接地去一一阅读高校教材等来提高自己的专业知识，我发现我目前还是没有这个毅力，可是，让我从高中教材中发现一个看似简单的问题，而又说不清楚，但这些问题又与大学教材有直接或间接联系的，我就会主动去寻找教材，解除心中疑惑的痛苦。我相信很多教师在课堂教学时，当学生问到一个看似很普通，而自己又无法回答时，当你说'老师查阅资料后再与你讨论时'这一句话时，我想，那时你的主动性瞬间就会被调动起来了，而互动平台不就是一样的道理吗？你要回答一个问题，是需要自己主动思考，查阅各种资料的，只要自己能坚持地回答问题，日久天长，你的高校教材不知不觉的被你阅读了一遍或者几遍了，你的专业知识可能就会突飞猛进，这样的一种互动方式？何乐不为呢？"

3. 务实是永恒的基石

理想再远大，若脱离实际则是走不远的。务实，结合工作实际的持之以恒，对一个一线高三教师来说，只知道一些理念或教育理论是不够的。蒙老师发表的文章，参与讨论的话题，无论是《网络，点燃我的教学激情》，还是《复习生物课本容易忽视的十个问题》，没有一篇不是与中学教育教学密切的，也没有一篇是与当前的教学热点相背离的。

在《第一次整理互动话题》中，他认为："真正的优秀教师必须具备三个板块的知识结构：精深的专业知识、开阔的人文视野和深厚的教育理论功底。而专业知识的学习应该是终生的。参与互动整理者可以直接感受到每一位发言者的内容在整个话题讨论中的地位与作用，全面获取与此话题相关的各种知识。收集与整理过程是一个综合分析与判断的过程，这对于整理者来说是一次很专业的学习模式。假若整理的话题渐渐地多了起来，自己的专业知识就会得到不断的累积，量的积累到了一定的程度就会有一个质的飞跃，若平时的各种疑难问题我们都很轻松地解决了，那么，对于高考的把握自然也就胜券在握。当然也希望网友们积极参与话题的收集与整理，虽然多花了一些时间，但我认为是值得的。"

在《中学生物教学》杂志互动平台栏目开办7周年之际，重读互动平台的部分文章，了解互动作者参与互动的心路历程。让我深切地感受到，互动给我们所带来的深刻影响，也感受到互动中融入广大参与者，特别是管理员老师的热情和心血。可以说，互动不仅仅是杂志的互动，更是广大参与者的互动。而蒙庚阳老师是互动作者中的杰出代表之一。

（写于2010年）

张一：互动作者中的"诗人"

前几天有一位朋友很认真地对我说，提起互动不能不提到无常道老师。这位朋友说，看过我写的"互动作者"，没有找到"他"，很是遗憾。我回答说，其实，互动的所有作者都是值得我感谢的，互动平台之所以发展到今天，全是依赖广大同行的支持，虽然很多朋友并未发表看法，或者发表的看法没有变成铅字刊登出来，但他们对我，对互动平台以及《中学生物教学》杂志的关注，对我的鼓励，都是令我感动的。

生物学科的老前辈中朱正威老师的诗，给我们留下了印象，也美化了我们生物学科知识，有利于让我们领略到生物学科的"风光"。

我没有见过无常道老师，无常道老师也没有与我单独做过交谈，但他被我认为是，我主持的论坛中的铁杆支持者（仅在内质网互动平台的发帖数就有一千七百多）。他引起我的关注也不是一两天的事了，他默默地在论坛解答一个个疑难问题，来去匆匆。我知道，他的业务水平，足够解答一般的生物问题，他的钻研精神，足够让他解决许多疑难问题。从2005年的概率题争论中，可见一斑。

几年来，在我生活的圈子里，总是伴随着互动的影子，张老师自然像很多朋友一样影响着我，他长成什么样子我不清楚，多大年龄也不了解。不过，从姓名上看，知道他是男的。让我了解更多的是他在论坛的耐心、机智和他的诗。记得几年前，华南师大在韶关举办生物学科说课比赛，深圳有一位老师也准备参加，他想听听我的意见，我说，我给你推荐一首诗"爱到细胞深处"，这就是无常道老师写的。后来，这位老师一看，很是兴奋，于是就将它作为上课的导语，使听课的学生和评委感到有点"震撼"，后来听组织方的负责同志说，他的课很成功。

（写于2010年）

陶勇：工作室特殊的成员

陶勇，是一位年轻教师，但在内质网生物学互动平台上，可以说是"老同志"了。

给人印象最深的是，他能发现许多别人不能发现的问题，能查找到许多别人不知道的资料，贴上许多别人无法上传的图片，找到许多过去曾经讨论过的话题并做好链接。他自然也是合格的论坛管理员了。

陶老师有许多值得我学习的东西。例如，他在对问题研讨时，会不厌其烦地查找资料，能努力做到以理服人。他对同行，表现了他自己特有的尊重。他为互动稿的整理做了许多默默无闻的"重要"工作。但在署名时，总是想到其他朋友，他说，参与互动是一份充实，对自己有帮助，虽然很辛苦，但能享受到其中的快乐。

在互动稿的编校过程中，他总能发现一些新的问题，这是非常令人感动的。

陶老师在搜集大量学科研究文章的同时，对互动平台及其作者也给予了积极的关注，对广东省名师工作室活动的开展情况也进行了深入的"跟踪"。

在我尝试编写第一期工作简报后，他第一个写出了"读《内质网生物教师工作室简报》的一点想法"，他说："我不是骨干教师，但我是互动的参与者，这没有行政的许可，也没有职业教育的压力。所以每个互动者都是幸福的。教师培训的经验如果迁移到平台，将会使更多的老师受益。当然，我也希望一批年轻的互动者早日成为骨干教师"。虽然他的"资历"还比较浅，但他在互动圈里，凭着他的专业知识水平等，已经是小有名气了。

将他邀请成为工作室成员后，对增强工作室的凝聚力，起到了特殊的作用，他经常在各成员、各主持人的博客间"串门和互动"。对大家树立团队意识，促进互动交流无疑是有帮助的。

在跟岗期间，他利用周末时间，来深圳与其他成员见面，并与大家一起学习交流，听了多场报告，写下了多篇日志，在会场上，我对他也进行了特别的介绍。

（写于2010年）

梁宗彩：研修团队里的"领导干部"

梁宗彩老师是来自肇庆的一位初中教师，2014年10月底本届工作室QQ群刚建立时，他说可能不能参加11月的深圳跟岗活动。我的回复是，跟岗与否自定。因为当时，我自己也不能肯定能否参加，再说，一线教师要外出2周，困难很大。后来，他还是来了。

梁老师，身材壮硕。他说话语速很慢，说每句话，都需要经过自己的翻译，因此他说的字与字之间都能让人感到有点"时间差"，这是典型的习惯于说方言的人改说普通话的特征，只是在他身上显得更加明显罢了。他说他平时教学时，也不时会穿插"双语"（普通话和方言）教学。

在准备公开课时，我们特意安排了1小时左右的试讲，让每位在场的老师练习了几分钟，以便发现和纠正一些教态上的"不良习惯"。当梁老师看到我们过度怀疑他的普通话的语速过慢时，他自己果然更加紧张了。我们也自然跟着紧张了。但他很自信地请我们放心，他说，虽然平时在学校常说方言，但他可以说普通话。我自然"放心"了。不过，他还是感受到我们的不放心。接着，就如何上课，我们提出了一些建议。梁老师没做更多表态。

公开课《细菌和真菌的分布》正式开始了。梁老师上课时，一开口，学生就笑了。大概是因为他长得太"亲和"的缘故，他"吃力"的普通话，也就没有引起学生更多的关注，更何况即使是普通话非常流畅的老师，也可能说得慢。

他走到学生中间，将一个新鲜苹果和一个烂苹果让学生选择，然后提出系列问题让学上讨论，学生都忙于讨论他的问题。因此，他课堂上用于"检查"学生讨论和自主学习的时间相对比较多。这节课，气氛活跃，学生基本上都能积极参与他所指导的所有活动。课后，在教室门口，我问了有几个学生，学生说，这位老师的课他们喜欢。

由于他在讲台上讲的时间少，他与学生交流的时间比较多，学生自主学习和讨论比较充分，所以，我戏称他是"领导干部下基层"。

这两天"领导干部"成了他特有的绰号，开饭时，我们会问，"领导干部"是否到了；外出时，要问"领导干部"是否同意等。特别是他同宿舍的刘木财老师，也喜欢这样做"调侃"。他也自然成为引发大家开心的"素材"了。

"领导干部下基层"虽是调侃，其实也渗透了一种理念。这就是，放下架子，在相信学生的同时，设法充分调动学生，引导他们做深入的思考。教师不能替代学生，不能高高在上，更不可轻易剥夺学生思考的机会。后来我们将话题做了进一步拓展，要想自己上课不紧张，关键在教学方法是设计学生感兴趣的和有思维含量的问题。想到这，突然感到梁老师确实长得"很亲切"，他并不标准的普通话其实也可称为他课堂精彩的"正能量"。

（写于2014年）

何彩霞：最活泼的"骨干"

何老师上课时，不是固定在讲台上，而是时不时地走动着，她的走动，很自然，很随和，她在课堂上，是与学生一起热闹着，兴奋着。她的走动，不是要学生聚焦于自己身上，而是让他们感到她的平等，感受到她与他们一样，也在学习和思考，她仿佛就是他们中的一员。学生既感到她在关注自己，更是在关注教学内容，他熟练地拿着遥控器，操控着PPT的进度，启发着学生进行思维训练。她与学生很默契，不时会会意地相视而笑。她能努力去挖掘生活中的素材，将学生带到现实的情境中，讲遗传病时，一会儿与学生一起分析有关"遗传病与招工"的新闻,让他们沉浸在"时事评论"的兴奋中;一会儿要学生回答学案上的问题,使他们陷入高考备考的紧张中。她的音量高起来时,她的头也会昂起来,像是在对远方的亲人喊话;音量低下来时,头也会低下来,像是与朋友私聊。其声音无论大小,总是掩盖不住她的笑声,她不仅自己爱笑,还要带着学生一起笑。

10月22日,因为上午的报告到12点才结束,而下午报告临时提前到1点开始,大家都很疲惫,学校不能按时派车,这时,何老师说,她听过报告后还得赶回中山,我以为她想提前回去,干脆就对她说,实在来不及,你就提前回去吧,没想到她严肃地"教育"我说,这怎么行,作为一个骨干教师应该有骨干教师的样子嘛。她接着问我,怎样才能使培训有更大收获,我说,心诚则灵。后来她在博客上就写下如下的文字:"夏老师不经意说出的一句话:'诚心则灵嘛!'那时候,心有所触动。做人、学习也应该如此吧。"这让我很是感动,她大概是作为一个教科室主任在鼓励她的下属吧。

何老师在此次跟岗的骨干教师中是最年轻的,当然也是最"豪爽"的。因为她不甘于"落后",所以,无论是喝酒还是说理,都不在男同胞的平均水平之下。当然,"买单"也不例外。

(写于2010年)

林德光:低调务实的骨干

林老师低调,不仅在于他的谨言慎行,也在于他平时说话的声音不大。不仅是因为他很少有豪言壮语,也在于他总是冷静地提醒我们在制定和实施工作计划时要将困难想得多些,避免走弯路。乘什么交通工具,花多少钱,林老师总是想到如何节省,如何避免出现无效活动。

林德光的课堂,平淡中有创意,他态度和蔼但不乏激情。在上杂交育种这节课时,是以科学家的照片导入,通过对实例的讨论和相关规律的总结,让学生达到当堂巩固知识的目的。他总是去倾听和欣赏晚辈的声音。在讲课的过程中,不时会检查学生的学习情况,例如,一开始就让学生上黑板书写和回答问题,并根据具体情况灵活地施教。他表现出的长者风范,给我们留下了很深的印象。

因为他是班主任,又因为他的母亲病重,他跟岗的压力超出我们的想象,因为我们的活动的密度大,以至于他跟岗21天,从没有离开过岗位,他说,既然选择了"骨干研修"就得坚持下去,就得以实际行动为自己的专业发展和跟岗研修实践做出实际贡献。

跟岗期间，他与王树仁老师同住一室，两人形影不离，其行动轨迹几乎是两点一线，即从学校到驻地。我在与他交流过程中发现，他想得最多的是别人，他对我说："跟岗给你添了不少麻烦，我们自己生活上的事自己能解决，就不要多考虑了。"

（写于2010年）

王树仁：展示了课堂的"磁性"

王树仁平时说话的语速不快，但你也没有理由认为他说得慢。快也好，慢也好，他总是要有意无意地将自己的语言功能发挥好，因为他不想浪费自己的"口舌"，只要是他要说的，就得让你听清楚，使你充分地接受和消化，可见，他交流的"效率"意识很浓。这在平时的聊天中，他也没有什么让人感到特别的"可爱"之处。他与你交流时，一般不主动挑起话题，而是努力去做听众。看他的眼神和面带微笑的表情，你会感到他的随和和谦逊，不时也让你联想起"书生气"这样的词语。

王树仁的课堂展示的磁性和震撼力，给听过他课的同行的印象确实是相当的深，以至于在我们组内同行交流教学时，也会听到年轻老师时不时对他的赞美。

同样的内容，怎么在他那里就变得如此有"气势"呢？他的魅力到底在哪里？在听他的课时，我一边听也一边做思考，为此，根据学生的反馈意见，在课后与学生也进行过交流。

他很自信。从学生对他的印象中可得到印证，他们认为，王老师对知识的讲解很"坚定""有力"和"透彻"，他不拖泥带水，一就是一，二就是二。让我联想起高中时代的物理科老师，记得他在给我们讲"自由落体运动"时，开场白只一句话，这就是他一个字一个字说出来的"什么叫自由落体运动？"全班顿时鸦雀无声，所有同学几乎都跟着他的思路走。王老师也有这样的气质。

他很用心。他说话，不是简单地有口无心地说，而是在用心、用情在说。他总是关注着学生，关注学生的反应。他的每一句话，都是从胸腔里慢慢地"吼"出来的，他说的每个字都是"一字千金"。由于这成了他的习惯，对此，让你的印象只有不知不觉地被"震撼"的份了。

（写于2010年）

王更强：骨干教师中的"学究"

说他是"学究"，是因为他很有学究的样子。可能是因为他的眼镜配得不够"给力"，他总是不让眼睛被镜片百分之百地遮住，仿佛就是一个"学究"，一个"老学究"。

他像"老学究"，还表现在他对他们学校年轻教师的关心上，在他看来，他就是他们学校生物组的"老大"，他有责任促进组员的专业成长，鼓励他们多参加各类教研活动。他不止一次提到他们年轻老师如何受学生欢迎，如何聪明能干，且断言：如果他们参加有关比赛，一定会受到好评。

真正对更强的了解，还是在2010年10月跟岗活动中。第一天，在迎接骨干教师的欢迎宴会上发现，他早已成为他们中间的"笑星"，他的酒量虽然不怎么样，但他抵挡不住大家的真情相"劝"，加上他显得很"爽快"，让我误认为他有"海量"。几杯酒后，他变得更"爽"了。这时，我请他们派一位代表在开班仪式上发言。不到几分钟，结果出来了：王更强。第二天，他拿着打印的稿子，讲得声情并茂，激情四射，让我们刮目相看，心想，昨天晚宴结束时已经快10点，而他打字的速度很慢，怎么会准备这么充分？莫非是在跟岗前就准备了稿子？卢广斌说，是酒精给他带来了灵感，以后多给点酒他喝就可以。原来，他的发言是凌晨起床打印的。

在深圳市的名师展示课上，事先我们是安排每个骨干教师写好点评稿，然后由老师集中发言，没想到等另一位老师发言后，主持人点名要王老师和其他老师也发言。王老师不得不走上台，将他损坏过几次的眼镜扶正，并将眼球的上半部分露出镜片后扫视了一下会场。他的发言没有重复前面的内容，而是起到补充作用，受到了大家的欢迎。后来对红岭中学的展示课点评，同样受到深圳同行的好评。

我的学生对王更强的研究课给予了高度的评价，有的同学在课堂评价反馈表上写下了"强，更强"的评语。他拍摄的公开课在"全国高效展示课比赛活动"中获得了一等奖。但愿他今后继续"强，更强"。

（写于2010年）

张京京："天真"的骨干教师

在跟岗期间，我给张京京老师起了绰号，叫"天真"。

严格地说，这绰号在我脑海里"憋"了好几天，只是在光明顶看日出时，才正式提出来。一提出来，就得到了大家的认可。现在回想起来，觉得这绰号似乎是为她"量身定做"的。开始的瞬间，她可能感到不是很合适，但后来听我们的解释，也就不得不接受了。

因为它是我们理论联系实际并"活学活用"的产物。若认为说得不对，那也得怪班主任刘良华教授，谁叫他在育才做讲座时对听众做分类呀？刘教授特地划出了一种类型叫"装天真"型，并且对这类听众做了身体姿态上的"比划"和"模仿"，例如，通常是双手托着下巴，两眼凝视着主讲教师，并且时不时地点点头，做微笑样，拿笔记一记，仿佛是一个忠实的"粉丝"。她在听刘教授的报告时，是否是这样的姿态，我没注意，但她在刺骨的寒风下，一个人坐在光明顶看"日落"的姿态让我不得不认为，她就是刘教授所说的"天真"样。将这一"帽子"给她戴上，她是当之无愧的，在我们大家的支持下，她自然也无法"甩"掉的。"天真"伴随着跟岗活动，诱发了我们多少笑声。

她总是喊我"师傅"，喊了很多天，我说，这样的喊，不是很合适，她说，本来就是。后来我说这样会让你更"天真"，她才改口。联想起张老师的行为，越来越觉得她真的很"天真"。做什么事，都是那样地"粉丝"样。在给高三上研究课时，听说课前做课件花了6个小时，上课时，她全神投入，一会儿鼓励学生回答，号召学生鼓掌；一会儿让学生上黑板板书，她是想让我的学生都像她那样成为课堂的"粉丝"。后来我在上课时，提到前面老师讲到什么时，学生竟然还大声说"是京京老师说的"。可见她对学生的影响之深。

"天真"的人，往往也"率真"。无论是她在深圳市的名师展示课表现出对学生的态度，还是与工作室其他成员的交往上，她总是表现出特有的气质和个性。她说，她就想学习，就想好好锻炼自己。在前不久"罗湖外语学校课改汇报展示活动"的活动中，她再次作为展示课的主讲教师受到了大家的高度肯定。从短短两个月不到时间，她举办了两次市公开课，印证了她说的"好好锻炼"。

她说，她对人对事都比较天真幼稚。将来老了，也仍然是一颗童心。也许正是这样，才会得到学生的认可，这也才是她被评为2010年度深圳市"十大师德标兵"的原因。

（写于2010年）

卢广斌的"大将风度"

王树仁老师在博客中写道："卢老师的大将风度，课堂收放自如"。我认为这样的评价很中肯。他确实有"大将风度"。

在参加集体活动期间。他行事果断，不拘小节，说到做到，并且极力要当好跟岗过程中的"地主"。例如，周末需要他驾车接送学员去书城，他没二话。请他临时从学校赶到植物园与大家一起参观学习，他说到做到。大家一起吃饭，他总是抢着买单，对朋友的那种特有的豪爽和大气，没有人会忘记的。去黄山那天，就在火车快开时，他才赶到，他说他留足了时间的，他是去商场给大家买路上吃喝的去了。他背着相机和行李，一路忙个不停，但几乎没用自己的相机为自己照，始终走在队伍的后面，即使是这样，由于他那爽朗的笑声，让我们感到，他是不会"掉队"，相反，当你回首看他时，他好像指挥作战的"司令"。在各类活动中，他是以自己的幽默和魅力，使他提出的话题，成为大家讨论的"热点"和"笑料"。

当然，他的大将风度，在他的课堂表现得更是充分。讨论什么时间上研究课，上什么内容，他的回答都是"随便""怎么安排就怎么执行"，很有点军人气质。他对教材的熟悉程度，他在课堂上表现的自信，都给大家留下深刻的印象。

我在听过他的课后，也曾经写了下面的文字。

聊天式，面向全体学生开展讨论。启发学生自主构建知识网。联系高考要求，剖析知识要点。内容密度大，常见难点都有涉及。教师对教材内容非常熟悉，各类讲解方法信手拈来，注重教学生成。现场学生测评表明：他深受学生欢迎。

同样，在活动过程中他不写博客，这留给大家的印象也非常深刻，每次提及此，他都会主动说"领导的批评我接受，但写博客确实是自己的弱项""以后会努力"。我想，这是不是也属于"大将"风度呢？我们曾经开玩笑说，应该给他配个"秘书"才可。再说，写博客，只是反思的一种形式，写得多的，不等于就反思得好，不写的不等于不反思。仅就个人专业发展而言，写和不写，都得看实际工作中的行动，从这个角度看，不写也是可以理解的，也不得不让我对这样的"另类"现象做新的思考。

（写于2010年）

朱永新：认为生物教育很重要的教育家

朱永新，朱市长，朱教授，我还是习惯称他为"朱老师"，虽然他大名鼎鼎，但在

2001年前，在我的印象中因为我读教育方面书的太少的缘故，他显得很"抽象"。

一个偶然的机会，因为李镇西和焦晓俊老师在教育在线从事论坛管理的缘故，我与另外两个同事也登陆了，后来K12化学生物同行木兰、陆敏刚、绿岛和信梅等也陆续注册了。当时因为我在那里有发言，也因为与李老师很熟悉，而被任命为教育在线理科论坛的版主。后来知道，朱老师不仅是苏州大学的博导，还是苏州市分管教育的副市长。在我心目中可谓是"大人物"，虽然心里常常对朱老师的文章暗暗叫好，但因为他是"官员"的缘故，为了不给网友留下"吹牛拍马"的印象，也就放弃了对他文章的回复。

那年元旦，收到了朱老师亲笔写的新年祝福的明信片，还收到他邮寄来的他写的书《新教育之梦》，本想认真写一个读书的感受，心里确实感到朱老师的思维与教育理解力非同凡响，认为他无愧于我们心目中的"大家"，但出于同样的原因，我还是连一个字的回复都没有，连收到他的书这句话都好像没有公开说。现在想起来，仍然很尴尬，朱老师是官员，更是一个和蔼可亲的老师，难道他还要拍一个无权无势的中学教师的"马屁"不成？

再后来，朱老师来深圳了，约我与其他同事在南山一家酒店见面。一见面，发现朱老师与我们全是谈教育方面的事，对我们的工作给予充分的肯定和鼓励，并对我们今后的教育研究提出很诚恳的建议。虽然他没有任何架子，他也非常愿意倾听我们的意见，但因为我们自己的原因，总感到非常拘谨，谈话中仿佛是老师对学生"说事"一样，我们对他的所有观点，都是点头称"是"。这次见面对我们的影响很大，也增强了我们对教育研究的动力。期间我希望听到他对生物教育的看法，他认为生物教育很重要。这次我还是没在论坛过多地"渲染"这事。后来发现有朋友引用的朱老师的随笔中都提到了我，并以我为例说明理科教师也有话语权。

与朱老师第二次见面，是在深圳罗湖一家酒店。这一次，我们几个约朱老师到外面走走，我们的"行动"相对放得比较开，竟然请朱老师逛街，并想到请他上街吃饭。在大街上找到一个大排档吃了一顿，大排档的环境很差，一共大约吃了几十元钱吧。我们深圳的几位老师争着买单，结果还是别人买了。这是唯一一次与他一起就餐（吃"夜宵"）。

第三次见面是在福田的一家酒店，这次是朱老师被市政府请来做报告的。虽然他很忙，特别是要准备讲稿，听说还有中央部门的几个领导要来参加会议。但他还是花了1个多小时与我们谈了新教育的进展情况。第二天在报纸上看到了有关朱老师的报道。

第四次见面是在北京，那是2008年10月。我们单位的同事在北京前门吃北京烤鸭，饭桌上我突然想到，朱老师在深圳我们见过多次，到北京来，也应该告诉一下他，于是我就给他发了短消息，他马上就回复了，约我们到他办公室见面，这可是民进中央的副主席办公室啊，看到他电话不断，也不时有人来找他，并且说，他马上也要出差去江西等地，他这样"日理万机"，我们不忍心耽误他的工作，于是坐了一会儿就离开了。虽然时间短，但仍然感受到他的认真接待，并且得到了他送的一本新书做纪念。

我有两次约朱老师写稿的经历。一次是为《中学生导报》。在某天晚上大约8点左右，我给朱老师留言，请他为高三学生写稿子。第二天早晨收到了他的稿子。后来才知道，第二天一大早他就出差了。显然，他是利用晚上加班写的。可见，他确实很重视对高三学生说点什么。木兰老师认为："这篇文章，对历届的高考学子都是很有帮助的。"张艳霞老师说："我是在您的博客中认识朱教授的，读了他的几篇文章，越发地敬佩，开学我教高三复习班，我会把这篇文章推荐给我的学生的。"

第二次，是为《中学生物教学》互动平台约的。请他为"生物教师专业发展大家谈"写点什么。同样，不到两天的时间他就写好了。对朱老师这篇文章，不少老师同样给予了很高的评价。大多数老师认为"有高度"。例如，有老师留言说："朱教授的文章让我茅塞顿开，给我的专业发展指明了道路。"

我是一位中学生物学教师，朱老师对我的关心，对《中学生物教学》的支持，以及他的言论中所表达的他的素质教育观，显示出他对生物教育的重视。

想到朱老师做事的风格、工作效率和写作功底，再对照自己，感到我要学习的东西太多，同时，也为自己写稿子的"拖拉毛病"感到汗颜。

（写于2010年）

刘良华：培训主持人的"主持人"

像许多高中理科教师一样，我很少写叙事类的东西，因为写不好，也没什么兴趣写，更不擅长写；总以为写这样的东西，与所教学科没什么直接的关系，认为有点像记"狗肉账"。后来甚至安慰自己，我是理科教师，没有必要写这些，没有必要去"无病呻吟"和"小题大做"，认为写了也没人看，就像自己很少看类似的文章一样。但刘良华让我的态度有所改变，至少也促使我必须做点尝试，从"小学生"做起吧。

这次广东省教师工作室主持人的培训活动，一共只有3天，虽然时间很短，但班主任"良华"的出现让我们感到有点"震撼"。可以说，这次活动之所以没让学员们感到"难熬"，"良华"功不可没。

良华的魅力是什么？为什么他的课堂总是充满着"趣味"？我们应该从他身上学习什么？作为一个经常"被培训"和"培训"别人的人，怎样才能"革新"自我？这几天这个问题不断"纠缠"着我，以至于到了"折磨人"的地步。

先想概括一下，什么是"良华现象"？良华现象，简单地说就是刘良华课堂表现出的特有现象的总称。

良华的课堂始终是被他那略带沙哑的声音"统治着"。他总是以百米运动员即将起跑的"眼神"和"姿态"，不拿冠军不罢休的"雄心"，吸引着学员的"眼球"，学员不知不觉成了运动场上为他加油喝彩的拉拉队的一员。良华说话的声音并不大，但从不缺乏"激情"和"气势"；良华讲话虽然站在讲台上，但让每个学员感到他在与自己"私聊"。

机智幽默是良华课堂的"调和剂"。他说，他很感谢他妈妈，是他妈妈叫他要"厚道"。在介绍某教授时，良华说他也是秃顶，只是他更聪明。散学典礼上，他请广教学院的龚孝华教授做总结时，龚教授同样很幽默，只讲了一句话，这就是"请工作人员一起合影"。会场一下热闹起来。良华马上说，龚教授和几位只是身体的位置变化了一下，但效果不比"说一大堆话"差，让人感到他的点评恰到好处。良华幽默但不"造作"，"调侃"却饱含"真诚"和"价值关怀"。

良华身上有一股让人感到"倔强"的"傲气"和"霸气"。按王红教授的评价，良华说话总是"斩钉截铁"。他不"拖泥带水"，不"含糊其辞"，甚至不留"余地"。他说话总带着自信，自信中伴随着表情上的微笑。他说他喜欢用"引号"，说得那样肯定，以至于让人感到不用"引号"的文章就难免不科学。他的报告中竟然用"成为有修养的学者"做小标题，让人感到只有缺乏"学术修养"的人才不按他这样做。就连哪个网站做博客比较稳定，他都说得那样肯定。

良华讲课时，总是自觉或不自觉地流露出他特有的"率真"，也让人感到他的"透明"，似乎看不出他还有什么藏着掖着的"东西"，他的邮箱就是以他的姓名和出生年份命名。他说，他小学三年级时曾经留过级，他家在农村，他曾经在乡村中学担任过英语教师；他认为应该培养学生有"做官"的意识。

随机应变，是他的"拿手好戏"。良华认为，写科研论文不应该用"笔者"二字，更何况许多时候全是用电脑打字。不用"笔"写字，哪来的"笔者"？他凭着自己打字速度快，现场对老师们提供的课题名称按照他的理论做修改，他的课堂成了课题报告修改的现场，老师也不得不睁大眼睛跟着他的思路走。

谦虚好学是他的"习惯"。作为培训主持人的"主持人"，他在会场上总是不停地看书和做笔记，他能及时记住报告者最重要的内容，并做简要而幽默的点评，让人感到报告精彩，点评生动。与良华讨论问题时，他总是认真倾听，并给人以鼓励。对学员所关心的问题，他能做到及时回复。当我向他反映学员资料中不少文字值得讨论时，他竟然说，没想到遇到"高手"。我想，只有"高人"才这样不"吝惜"用"高手"这样的关键词，也才有如此鼓励自己学生的"大气"。

（写于2010年）

闫德明：主讲"教学风格"的教学风格

在没见到广教学院闫德明教授时，先看到了报告的题目和他的名字。心想，参加培训的教师中许多是受学生欢迎的，在教学中已经掌握一定的教学技巧，或者说形成了自己的"教学风格"。如果报告人在教学方法上没有"两下子"，是不敢来就"教学风格"这样的话题对他们"指手画脚"的。

德明教授来了，而且亲身展示了他自己的"教学风格"。他巧妙地"罗列"和"整合"了多个名师的"风格"。听过报告后，还想知道他还"藏"着多少"风格"没展示。

德明说，没有风格，算不了"名师"，他将"教学风格"分为理智型、情感型、幽默型、技巧型、自然型。在我看来，对一个"复杂"的教师个体来说，这样的划分，难保不失偏颇；"讲解"起来更是难以让人信服。德明教授自然也清楚这点。他是怎样做的呢？

他讲课，不是"讲"，而是"聊"，是"讲故事"。他在"聊"这个话题时，不急不躁、细声慢语，环环相扣，你想"走神"都很难。你不是怕枯燥吗，我给你从熟悉的明星说起，刘欢、张国荣、王菲总该熟悉吧？他们分别有什么特色呢？你能用简短的文字加以总结吗？德明的参考答案是："人在歌前；人在歌中；人在歌后。"不管德明的总结是不是很"地道"，但单凭他不将学员的注意力集中起来不放手的架势，就让人不得不诚服。

他讲课的重点，不是由他带头"背书"，而是设置"情境"和变换"素材"，让你在那些鲜活素材中"旅行"，让你不知不觉地感到时间太短，没有"玩"够。例如，他在课堂上给你放一段易中天讲《文化》的视频，易说到，面对咖啡厅里杯子里有苍蝇，中国人看怎么看，美国人怎么看，日本人怎么看……学员们想继续看，德明教授没继续放。他点评时，不时引用视频中易中天的话，就这样，学员被他穿插的一段段故事"折

"腾"得看不够，听不烦。

他之所以有炉火纯青地驾驭素材的能力，我想，从德明教授自己的话中可找到部分答案。他说，"读书是最长远的备课"。如果没有"开阔的人文视野"和"把思想变成行动"的决心，如果没有用心夯实自己的理论功底的毅力，如果没有舍得花费大量心血去搜寻有价值的素材的奉献精神，他就不是闫德明。

按照德明教授的理论，他的"教学风格"属于哪种类型呢？莫非正验证了他所说的教师风格的主要特征之一的"难以言说"？他的讲座，"深入浅出""条理清楚""机智诙谐""各种教学方法、技巧信手拈来"。由于他的"分类"中没有"综合型"，只好是"难以言说"，暂且称为"技巧型"吧。

他是一个看似平常的"老教授"，据了解，也是热爱运动和擅长打"拖拉机"的"年轻"的"学者"。

（写于2010年）

点评（节选）

闫德明：有不少老师在自己的博客中叙说了当天听课后的感受，对我的课做了评价。其中夏献平老师的博文最典型。我觉得，献平老师对我分析得很透彻，我是赞同的。应该说，我的课还有很多的地方需要改进，或许献平君碍于情面没有指出而已。他把我的教学风格称之为"技巧型"，不过，我更倾向于"分享型"。

黄吉虎：神秘专家

第一次见到这样的专家，且是在北大的宾馆，有些感触。火箭，导弹，核弹，卫星，很是"高大上"。黄教授是"航天"专家。"两弹一星"在他的言语中，实际上是分得很清楚的。中国发射第一颗人造卫星时的照片中，很容易找到他，有关钱学森的电视纪录片中有对他的采访。只是因为工作性质，他退而不休，却低调着。

他今年76岁。记忆力非常好。在聊起"两弹一星"元勋们的故事时，我也特地问到邓稼先等，他很是熟悉。同时，他对我老家的部分乡镇也比较熟悉，原来卫星发射后，他被下放过2年，在我老家教人开过拖拉机，从安徽省望江县华阳镇到长岭镇都给他留下了深刻记忆。我说，拖拉机是洛阳产的，他说还有上海产的。同事开玩笑说我，我与他也是"老乡"了。

我们进行几种组合的合影后，他邀我们到他房间去拿名片，并及时将我的联系方式熟练地写在电脑里。我说，别急，弄快了会累的。他说，习惯了。

他聊天时兴奋而又激情，合影时也是，看不出是70多岁的人了。聊天时在网上顺便查了一下"黄吉虎"，了解到他老人家精力很旺盛，有不少是他在各地进行的科普讲座报道。

人退休后，还是可以做些有益的事，这不仅会使自己的生活更加充实，也是延年益寿之举，这是黄教授的真实写照。

（写于2014年）

读《毕生想念》

在西安参加教研会期间，听中国地质出版社的田文芳老师说他们编辑了一本书，名字叫《毕生想念》，今天在中国地质大学附属中学调研，田老师专门送来了这本书。

虽然今天还有许多事情等着要做，没有来得及细读，但还是忍不住翻阅了目录和毕老师（毕小白）部分好友的纪念文章。感慨万千，特记录几句。

毕老师之所以受到学生的爱戴，主要是因为他以忘我的工作，以自己特色的工作，打动着他们，让他们从他身上，感受到他的与众不同和难以忘怀的魅力。毕老师之所以受到同行的尊敬，主要是因为他以自己特有的思考力，影响着同行，让同行感受到，生物教师的工作也可以是快乐和愿意为之奉献终身的。毕老师之所以给我留下过印象，是因为当年在北京参加一次会议后，与林祖荣、王月玲四人一起聚会过，一起吃过涮羊肉；是因为当时他参与了许多中学生物教学有关的工作，并发表了他特有的看法。

书的封底有毕老师这样一句话："躺着的人是不会被打倒的"。我不知道毕老师为什么这样说，但我想，这样的话，一定会启迪我们思考。要想站立，就可能被打倒；不站立，不用打就倒了。这句话，也可理解为，人要前进就要站立，要站立就不要怕打倒，即使可能打倒，也可以再爬起来，虽然还是可能被打倒。

（写于2014年）

我的父亲

我的父亲：自幼家贫，求艺谋生；缝补有术，相伴终生；高炮能手，多立军功；虽无学历，却有学问；博览书刊，记忆有方；转业中央，乐到家乡；不恋城镇，喜居村庄；倾情驾驶，用心卸装；精心保管，遇事不慌；常获先进，很少声张；有爱无私，胸怀宽广；苦劳为乐，忠厚坚强；省吃俭用，不息自强；低调做人，坚信政党；以德教子，亲身垂范；不求享乐，但求平安。

——这是2008年7月15日，我在从深圳回安徽的火车上听闻父亲去世的消息时，用手机发送给妹婿的信息。

2008年4月底正在带学生进行紧张的高考备考，突然听到父亲生病的消息。他怎么会生病呢？从来不吃药打针，也不体检，不断以"锻炼身体"为名去做各类家务活，平常总是"行如风，立如松"，我们都认为他的身体是最棒的。我们习惯地叫他"解放军"。

这次父亲实在是觉得身体无法坚持了，在"劳模"（母亲的昵称）再三催促下，加上我们"五一"假期期间专程去做"说客"，才去医院做了进一步检查。

父亲很少啰嗦，对子女几乎没有过多的说教。总是相信自己的孩子能做好自己的事情，从小到大，几乎没有打骂过我们。但他对子女的期待和关爱，始终隐含在他的一举一动中。

父亲幼小时学做裁缝，在没有缝纫机的情况下，能做衣服。他对我们的衣服能做到勤补快缝。

父亲1956年入伍，一直在福建前线当炮兵，是一名解放军战士，1950年代在福建前线立过几次二等功、三等功，1959年转业至中国科学院情报研究所（后改名"中国科学技术情报研究所"）工作，他的上司是聂荣臻元帅，1960年底响应国家号召，主动要求下放到家乡农村，多年担任村民兵营长，同时负责村扎米厂、抽水机的使用。1972年又响应国家号召，返城至安庆市港务局工作。与父亲同年下放的母亲，按政策也可以返城，但因要照顾三个孩子，而放弃了进城指标。

父亲忠厚老实，勤奋肯干，在安庆港务局担任过装卸工，二大队干事，并学会了驾驶拖车。1979年为更好照顾家庭，调到望江县吉水轧花厂担任棉花保管等工作。工作期间，多次评为优秀共产党员和先进工作者。

我们从小就听他讲北京的故事，是看他的一张张照片长大的。因为他，我们对北京也感到格外亲切。1974年他在安庆港务局工作时，曾经回过一次北京，当时北京工作单位的门卫师傅，还以为他还在那里上班，问他："好长时间没见你，上哪去了？"

父亲特别喜欢看时政资料。他说，他特别期望看到奥运会，可是这一愿望没有实现。

　　父亲的逝世，是我们全家巨大的损失。虽然他认为我们子女都是"孝子"，但我们几乎没有在他身上实现孝心带来物质上的实效。给他们的零用钱，还存在那里，他几乎没有什么消费。平时，即使要去20里路的地方，他都愿意选择步行。每次电话他，他总是说"很好""好好工作嘛""没空就别回来"。连这次去世也是在暑假期间。生病两个月，他没有卧床，生活全是自理，他的坚强品格，似乎超出了他体力承受的极限。当他不能自理时，几小时就永远闭上双眼。

　　父亲的一生，是勤劳的一生，乐观的一生，是不断与困难做斗争的一生。

（写于2008年）

享受教育，从现在开始
读书笔记来整理
进修课程细讲解
同类好书有推荐
微信扫码

第 13 章

生活感悟

教师的成长，受环境制约。要发展学生的思维，教师自己需要作更多的思考。及时写日记或随笔，有利于释放压力，积累资料和提升表达能力。

积极的生活态度，对教师的成长很重要，对课堂教学以及通过教学对学生产生的影响更重要。

到大南山消耗脂肪

1. 雨中登山

今天爬山时遭遇了下雨，值得记录。

从下午到傍晚，老天一直阴阴的，"憋"足了雨就是不下，好像是要等待什么。我也因为送考和聚餐，憋了两天的汗没有"出"，到了非"出"不可的地步。俗语说"有雨四方亮，无雨顶上光"，可四方并没那么亮，顶上"笼罩"的云倒是有点"厚重"。要是时间推到半年前，我是不会想到去爬山的。可现在不同了，因为重新感受了锻炼的好处，体重明显下降了，走路没那么累了。相反，不运动，会"闷"得慌。

可能是因为空气的湿度大和气压偏低的缘故，还没走到山脚，就感到小腿隐隐发胀。在登山过程中，我尝试着将裤带放松点，以通过血循的顺畅来缓解这一现象，但效果仍不明显，额头上的汗比以前多了许多，已经模糊了眼镜，"砸"到了裤腿，心想，既然天气不好，若是淋了雨的话，对身体不好，干脆回去吧。走着走着，脚步明显放慢了。随着腿部活动的减弱，大脑的活动却得到了加强，边走边想，想起了以前鼓励自己的话：运动本来就是找累的，不出汗怎么叫什么运动呢。运动是自己的事情，全凭自觉！有这样的鼓励，还有退却的可能吗？于是，重新踩踏"油门"，进行了提速。

我自从再次进行习惯性运动后，不止一次想对熟悉的朋友"鼓吹"运动的好处，并且打了各种各样的比方。减肥有什么难的？少吃多动呗！谁说遗传是最重要因素，长征路上有几胖子呢？不开的车，耗油就少，油箱满了不宜再加，后备箱或驾驶室里是不能储油的。人也一样，身上的脂肪多了，只能放到不该放的地方去……

随着上爬速度的加快，小腿感到更加发胀，但一定要在下雨前完成登山任务的决心却更坚定。爬山的人虽然比以往少了许多，但他们的喘气声却大了许多。我也像部分朋友一样，将上衣干脆脱光。这样的举动在我的成长史上是罕见的，原来看到半裸身体的人，我内心会谴责的，太不文明了。但今天不同了，我突然感到，他们是我的战友，是在以实际行动相信运动，是在克服困难提高身体素质的，他们也一定也不再摄取自己身体并不需要的东西，不再将"垃圾"当营养来摄取，相反，我们都在及时消耗和排出身体的"垃圾"，再说，许多体育项目中，运动员都是光着膀子的，我这不是在向他们学习吗？……想着想着，不小心就爬到了山顶。

下山的路本来就是凉爽的。就在我享受这样无法替代的快感时，老天下起了细密而"温柔"的雨。仿佛是以为我汗出得不够，而要以雨水来补充一样。在给我送来更多凉爽的同时，也带来了一丝担心，我也不知道自己身体的调节能力能否适应这样的"恩惠"。就在朋友们下山的速度明显加快的时候，我却放慢了脚步。多少年了，从没有像今天这样享受过"淋雨"，更没有体会如是汗水与雨水一起"飘洒"的"潇洒"。今天不同了，我要大声地对天空诉说，我已经走出了"温室"，我在体验和接受大自然的考验。

2．爬山观景

与其说是爬南山，不如说是游南山。一路上，没有旅途疲惫，而是沉醉在这天然的"氧吧"中，可以为自己大口大口地喘气而感到"爽快"。哪里加速，哪里拐弯，全是条件反射，可以尽情享受"云游"的感觉。

傍晚的南山，其景色别有一番样子。这时的山顶，会有一些轻雾在你眼前飘浮，一边是夕阳红，一边是明月在云里闪现。太阳虽落山，但它照亮了月亮和星星。随着路上能见度的降低，你可以看到远方高楼林立的街景，可以感受到无数"星星点点"的灯光聚合起来的威力，它直接让天空变亮，让远离街道的南山之路变得更加清晰起来。

我在想，远处高楼上有的人家里也许有亮光，但却是暗的；有些人家的光线并不明亮，但的确是在对外发光，一束束强光和弱光，在远处只是一个个光点，但连成一片，就是光的海洋。

每一个人都有自己的闪光之处，要想让自己的光照得更远，不仅要增强光的亮度，更要增加透明度。

如果你将自己的闪光点包裹得严严实实，再亮也不会照得太远。当然，光也是有利有弊的，弄得不好就成为了"噪光污染"。于是我想到工作室博客的使命。

3．吃了一串辣豆腐

今天，我在大南山顶上吃辣豆腐了。这是第二次，仍然感到味道不错。

辣豆腐的制作方法很简单，先将豆腐用油炸好，然后用一根细长的竹签穿在一起，放在开水里煮一会，拿出来后只要涂点辣椒水就可以了。就这么简单。这就是很多人喜欢吃的只有假日才有的著名的南山辣豆腐。吃辣豆腐需要经验，豆腐中水分比较多，温度很高，很容易烫伤口腔。三年前，我就被它狠狠地烫过，至少留下了一两天的不快。

选择爬山的人，有的是旅游，有的是散心，有的是交流，还有的是集体活动。他们或高谈阔论，或相邀玩牌；他们漫不经心，不赶时间。尽情享受相对清新的空气，近距离仰望蓝天和飞机，感受远离闹市充斥的尾气和噪声。

锻炼的人爬山，目标明确，行色匆匆，他们雨不带伞，饿不带粮，在他们看来，"运动一次，大吃一顿"不是他们的风格，"走走停停，一步三回首"没有效果，"有说有笑，指点江山"者不是同类。

在锻炼的人看来，什么豆腐、热狗，什么王老吉、可乐，那都是为别人准备的。他们心中只有两个字，这就是"锻炼"。不过，我还是认为不到南山山顶吃"辣豆腐"，就不知什么叫"味美"了。

4. 山歌

以前早晨爬山时，总会听到从山顶而来一路下飘的歌声。参加合唱的，大多是退休的老年朋友，中间偶尔也有一位年轻女性领唱。他们唱的大多是富有激情的爱国歌曲，当然也有"妹妹你大胆往前走"这样的情歌。他们一边唱，一边击掌，步调一致，很有气势。与他们相向而过时，再累的你也不会感到疲劳。

早晨登山的，以中老年为主。他们不玩游戏，不写微博，也不吃夜宵，更不用上班，早睡早起已成为习惯。每天早晨5点多，准时出发，按时下山，很有规律。

5. 燃烧生活

生活就是燃烧。工业化时代，是一个大燃烧的时代，也是一个制造污染的时代。有一句话，叫燃烧自己，这一点都不假。

各地的机场越建越大，航站楼越建越多，每天24小时，多少飞机在天上燃烧着汽油。据说一架飞机起飞时产生的尾气相当于千辆汽车的释放量。

汽车越来越多。一个大城市动辄上百万辆。烧油大军仍在疯狂扩张着。地球上的油，不仅在地上烧，还要烧到太空。

6. 爬山：提升自我的过程

人们常说的"上山容易，下山难"，是指上山积累的疲劳，在下山时更多地被显示出来了。其实，下山容易，上山难。

每次沿着马路上南山时，会看到下山的人面带笑容，有说有笑，有唱有跳，非常轻快。很少有上山的人这样，上山时，大多神情呆滞，举步维艰，气喘吁吁。爬山的快感，只有从上山顶下来的路上才能显现出来。

爬山能力的提高，不仅要靠体质，更要靠科学。开始爬得很快的人，许多是半途而止。多爬几次，就可找到一些规律。例如，应该先慢后快，为什么一开始速度比较快时难以登顶？因为登顶需要一定的生理基础，开始的慢爬过程，实际上就是使自己从生理上产生适应的过程，也就是打基础的过程。

爬山，是不断前进的过程，也是不断"提升自我"的过程。

7. 爬山需要方法

刚爬山时，特别注意到走路的姿势。我们习惯于将腿往前甩，而非主动向前迈。记得有资料介绍的方法是，腿微弯曲，收腹挺胸，四步一呼一吸，习惯成自然。

8. 不运动就无法工作

回想起15年前，户外体育活动方面，真是不堪回首。平均每年爬山可能不到2次，如今，每周有几次。也就是说，现在一周的运动量就要抵上过去1～2年。从这个角度看，过去那么多年是"白"活了。过去，若问我，为什么不适当参加点锻炼，我会说工作很忙。如今，若问我为什么会选择适当的运动，我会说，不运动我无法工作。

人生当是拔钉之旅

1. 拔牙，只拔了一半

经历拔牙。

大约9点半赶到医院，一看，口腔科也就3个人在前面。于是挂了号。不久就喊我进去。

医生边看，边说："这颗牙长在上颌的最里面，起不到什么作用，应该拔掉"，我说"这两天还有事，并且是与讲话有关的事"。她说："很快就会好，拔掉后开点消炎药"，我说"那就拔吧"，这样的决定也就在1分钟左右的时间内决定的。心想，不就是拔颗牙吗？认为这样的决定一定是很正确的。

医生很快给我打了两针麻药，然后对我说"敲起来很震的，但没什么关系"。我表示默许。过一会就开始动手了，不时夹到嘴唇，并说"应该将嘴张大"，我说"非条件反射，不是故意不张的"。就在另一个医生敲的时候，我感到的不仅是震动，而且是晕。时间一分分过去，牙齿一片片碎落，但就是不出来。我也感到实在是太"难"，心想，这牙齿，虽然没起什么作用，但好歹与我日夜相守几十年了，怎么会那么简单地凭你几锤就分离呢?

医生停停拔拔敲敲,换个年龄稍大的继续使锤,头震得嗡嗡响。加上麻药的作用也慢慢消失。实在是坚持不住了。但又想,事情既然发生了,总不能半途而废吧?

医生再次说我,口腔打得不够开。我也感到嘴唇确实很痛。医生说,若拔出来,要几天后才能说话。我说,这怎么能行?于是还是决定停下来。这一停,那半截牙还会与我相伴几日,虽然就几日,但带来的只有痛苦啊。你看,现在的"痛"已不是刚来医院那样子,现在是牵涉得头也痛,嘴角等处就不用说了。

于是,医生开了一盒罗红霉素和右旋布洛芬片。

本来是去单位,但考虑到学生军训不用上课,还是回家吧。急忙吃药,但头还是比较晕,也很痛。

刚在网上搜索"拔牙晕""拔牙注意",看到一些案例,很是吓人!

痛,常在不经意间,其他事情何尝不是如此呢?

（写于2011年）

2. 拔钉

傍晚步行时,突然感到脚底有一硬物顶着。以为是小石子一枚,与地球稍做摩擦即可,也就不在意。没想到重复几次不解决问题,只好一边练习单腿功,一边检查鞋底。原来是扎了一根钉子,正好位于足弓处。以为能简单拔几下就可,也就保持原姿势,结果是钉子没拔出,没鞋的脚触地了。朋友打电话过来,知我陷拔钉窘境,劝我在附近找鞋匠。我说如是小事没有必要,实则跛腿举步维艰。后干脆坐在石橙上,拿着"工具"专心拔起来。工作几分钟,成功了。这是一根螺丝钉。长度刚好穿过鞋底和鞋垫。

路上有钉子正常,钉子偏偏扎进自己的鞋子也正常。世上没有无钉之路,人生当是拔钉之旅。

（写于2014年）

3. 冲破那片云

云也是空气,无非是水分较多。对飞机来说,冲一冲,也就穿过去了。

山顶上那片云,虽然它能影响我的视线,但却阻挡不了飞机的声音。那一架架"响"过的飞机,依旧是伴随着我攀登的号角。

对未做就足以吓退我们的事,做了往往会带来相反的感受。同样,对那些做后才知艰难的事,也只有保持一种冲劲,才能感受到最后的成功。

生活也好,工作也罢,最大的困难大多出自自我,是我们心中的那片云。冲破了那片云，阳光就在前方。

（2012年）

4. 莫名的茫然

还有几分钟就开始"五一"假期啦。不到节日不知时间快。节日让人引发的反思，是不经意和朦胧的，难免也夹杂莫名的伤感与茫然。

科技让人类有了百万吨巨轮和超大飞行器，能使数以百计的人同时起飞，飞在万米高空；一起游，游在波涛汹涌的无际大海，这是多么伟大而激动人心之事。能操控这样激动人心的庞大的移动载体的人自然也该是伟人，至少其精神、技艺和品行应该是伟大的。否则，糟蹋的不仅是科技。古人崇尚的"学武须先修德"大概也有这个道理，好武功只有好品德的人才相配。韩船失事，某校有学生身亡，大领导辞职，小领导自杀，船老板坐牢。不知是船糟蹋人，人糟蹋船，还是人糟蹋人。

劳动光荣否？劳动推动文明，也带来野蛮。科技进步，风险伴随，双刃剑本色。庆祝新科技诞生不要理由，即使面对其风险束手无策。全世界的劳动者都光荣。当劳动成果用在不该用的地方，以至劳动者的劳动并非给其他劳动者带来幸福时，当劳动成果成为残害他人之工具时，面对伟大的有血有肉的劳动者除了尴尬还有什么？历史将记住伟大的劳动者连同他们的辉煌劳动成果，也不会忘记那些滥用劳动成果将文明变为野蛮的人和事。

5. 为何怕写总结

多年来，一到要写总结，就会犯"心病"。即使强制自己，鼓足了勇气，放下所有其他事情，但总是提不起神来，总是没有灵感，总是缺乏激情，常常是弄得总结没有写，做别的事也乏味。

为此，百思不得其解。看到L兄等，还没到总结时，就早做计划，将需要上交的资料，填写得工工整整，一本本叠放有序，很是羡慕。每每暗下决心要向他学习，但一到该落到实处时，我却走神。我只有发表感叹的份：人家的生活质量怎么就这么高呢？真是好榜样常在，却并非每个人都会仿效的。

怕写总结，是有理由的。我时不时地感到没什么总结的，生活平淡，工作平凡，该做的事许多没做或者没做好，该改正的许多缺点和错误依然还在。一次次计划，一次次的泡汤，慢慢也就失去信心了。有时问，我有什么好总结？偶尔又想：该好好总结一下，没有什么功劳，苦劳总该有吧。

怕写总结，还有一个原因是平时疏于记录，参加一次活动就得记录一下。有时是，

325

活动参加越多记录反而就少。尤其对是那些没有很多感受的事，连记录的兴趣都难保持。

不善于总结的人，会走弯路。只会总结而不落实到行动的人，同样难有进步。这也许就是最好的总结。

网上转悠

1. 我也要建博客

再次收到华南师大关于工作室及骨干教师建立博客的通知。从邮箱发邮件，从手机发短消息，我们的"上级"一遍一遍地提醒我们尽快建立博客。为什么要建博呢？不建博就不行吗？一时不知怎么回答。下面尝试做一回答。

便捷。博客是一个随时可以进行交流和互动的平台。可让关心你的人，随时了解你的动态。看你的博客不需要通知你，不打扰你休息，你该吃饭就吃饭，该睡觉就睡觉。可以说，在今天没有哪一种形式可以代替网络（博客等）为异地的朋友提供这样便捷的交流。

自由。及时将自己的体会写成文字，让朋友们提出看法，包括批评、建议和肯定，以达到共同提高的目的，建博客无疑是一个不错的选择。博客相当于"自留地"，版面安排，文章排序，内容选择，何时写作，全凭个人喜好。可以说，自己既是作者又是主编。写什么，发什么全是自己说了算。博友之间是否相互"串门"，全凭个人的兴趣和判断，不想看的，你可永不点击。

团队。由于有博客，研讨活动容易形成团队化和规模化，也便于上级进行管理和指导，上级在网上做报告，发指示，我们只要对其博客加了"关注"，随时都可知道，我们也不要做笔记，只要阅读或者"转载"就可以。我们有什么建议，只用发"评论"或"纸条"就可以。

辐射。有了博客，就可以及时让自己的观点传递给别人，并启发他人进一步学习和思考。当然，在网上发文件不需要纸张，也符合"低碳"理念。等等。

博客的生命在于更新。无论热衷于转载，还是原创，只要是博主乐意做的，都能让博客持续下去。只是存在的意义不同。不时有培训机构要求参与培训的成员在某某网上开博客，在某某论坛互动，结果是，大多不了了之，包括提要求的人在内。因为博客不能当饭吃，不是每个人经常都需要的，如同发表文章。

2. 博客给谁看

博客写给谁看？私人日志给自己看。一路博来，博出了自己的行进轨迹。公开日志，给关心自己的人看。类似于给关心自己的人写信，特别是多年未谋面的老朋友。有几位几十年未谋面的学生，就是通过博客与我取得联系的，见博如见人。

一般情况下，写博，是释放郁闷的方式，是自我对话，是自言自语的休闲。每当有困难时，写博就是调整自己的有效方式。

有时写博似饮酒，借博消愁愁更愁。有时写博似散步，写来写去无非是原地无病呻吟。有朋友曾说，写个博客怎么总改来改去，又不是刊登在杂志上，没多少人看的。我说，读者无论多少，对读者负责总没有错的。

就此博客来说，开始是单纯为开博客圈而申请的，是典型的工作博客，显示的日志都是围绕互动的。有关互动的文字，大多是严肃的。

后来有朋友给我推荐一些优秀同行的博客让我学习，说是我的博客太单调，缺乏业余生活气息。我说，这就是我的特色呀。再后来还是接受了朋友的意见，成了今天这样四不像的博客。一份原创——互动手记，互动目录，心情随笔，教育随笔等；一份转载——教学的，生活的，经典的。一份收藏——对互动人物印象，互动人物对互动的印象，曾经发表的文字。

3. 抵制诱惑才能还原自我

忙，往往是缺乏计划性，经不起各类动态信息的诱惑，经不起悠闲式活动的干扰。以至于在行动中，忘记初心，不知最该做的事情是什么。

各类诱惑和干扰是隐蔽的，来去无声息，很自然地侵入到我们的大脑，兴奋着脆弱的神经，久而久之，也消磨着我们的身心，蚕食着理想和斗志。

食物可以营养身体，也可以危害身体。网络与食物类似，但危害远大于食物。网络与手机的智能结合，使其比取食来得更便捷自然，可以突破时空限制，随时随地摧毁人的健康。

不忘初心，需要抵制诱惑；抵制诱惑，才能还原自我。

月有阴晴圆缺

1. 取戴眼镜

记得读中学时，曾经有人说，某位老师是不是装"洋"（那个时候因近视戴眼镜的人很少）？因为他在台上看台下时，戴着眼镜，而看讲稿时却取下眼镜。大家认为，一个人戴眼镜，要么不戴，要么就戴着不取。

后来发现，有不少人误认为，"老花眼"就是远视眼；甚至认为，近视的人随着年纪增大，"老花"会与"近视"抵消，而成为"正常眼"。说得不少年轻的近视者乐滋滋的。

可见，"近视"有关知识，为我们许多人所不熟悉。对近视的预防，更多的也只是说说而已。在学校，只要能确保升学率即可，至于近视率高不高，没人顾得上。

戴上眼镜看远，取下眼镜看近，这一"既近视又老花"的现象，给我们这些患者的生活和工作带来很大的不便。按照目前教育的现实，这一现象"将会一代一代传递下去"。

2. 重复不等于单调

重复看一篇稿子，一定会发现问题，因为问题是绝对的存在。自己不想重复看且没有重复看过的稿子，是难以让读者和编辑看下去的。一篇稿子只有自己重复看，一直看到实在看不下去时才可能让别人发现的问题减少到可认为自己达到所具备的最高水平。说稿子是改出来的，不如说是重复看出来的。没有重复的阅读，也就没有修改的可能。可见，重复就是提升。

重复教学同一知识，一定会发现过去存在的不足，因为没有绝对适合的教学方法。凭以往经验机械地重复过去的故事，难免有新学生或多或少的难接受。教学水平从某种程度上反映在重复的水平上。自己都觉得乏味的重复，很难让别人觉得是有价值的。说重复是学习之母，主要是针对记忆性的知识而言。没有引发学习热情的重复，是没有出路的。可见，重复在于创新。

重复着过日子。有规律的重复作息，饮食起居日复一日，酸甜苦辣喜怒哀乐习以为常，重复吃苦方知真甜。人若没有愿为之重复努力的事可做，生活将是苍白的。只有重复没有累积，生活将是逐渐磨损的机械。日子在重复中总会有阳光和梦想。阳光是生活的精，梦想是生活的气，行动是生活的神。无梦无阳光无行动就没有真正的生活。因为生活需要精气神。

3. 从稳态到稳重

稳态，也是一种稳定。稳态不等于稳固不变，而是一个动态变化的过程，具有围绕着平衡点的波动轨迹。不同的人不同时期不同状态下波幅不同，但被限定在一个足以让人正常生活的范围，这是从生理上说的。

从心理上说，稳态表现出来的是稳重，是处变不惊的状态，是"任凭风浪起，稳坐钓鱼台"的冷静和沉着。

稳重的表现之一是，对环境变化的敏感度上升但反应的激烈程度下降。不急不噪，不人云亦云，有"大肚能容天下难容之事"的气势，就是天塌下来，都不会使其压垮，再大再多的麻烦，都能接受。稳重还表现在自我调节机制的完备上，其调节过程是立体的多层级的。总是微笑应对生活，表现出愈挫愈勇，百折不挠的英雄气概；总是能为体内积聚的不良能量找到释放渠道。能卧薪尝胆，能坚持不懈，主动去做自己认为该做的事情；能不断去改变生活方式，以责任为中枢，以谨慎和耐心为纽带，以大智若愚和虚拟迟钝为特色，以冷静和镇定自若为物质和能量供给的综合调节过程。

稳重引发稳定，浮躁制造动荡。稳重是信息，人际因其传递而和谐，群体因个体稳重而稳定。人不稳重不立，家不稳重难兴。

4. 久旱听雷声

打雷，能成为下雨之征兆。仅此，就够了。

雷声，或有或无，或大或小；雨点，或无或有，或小或大，都是正常的，不必大惊小怪。对自然的东西，早该习以为常。

久旱，若有雷声，即使不雨，也会让人生出点希望来。这样的"空雷""干雷"，也够得上"厚道"。摧毁人信心的，是那些"伪雷"，它与下雨无关，只是带着"噪"字的声光而已。

运动日当午，汗流如下雨，欲知氧化忙，步步皆辛苦。

5. 进步回原点

自工作以来，某些年年取得进步的事，可能会发现，重新回到原点。稳步推进的东西，有些是比不推的事情更稳定。

人没有期望和期望过高都是危险的。期望晴天，但不能怕下雨。天可以下雨，但心中不能没有阳光。

6. 平静

保持平静的心态，对人来说很重要。生活中总会遇到这样或那样的矛盾。最基本的矛盾发生在个人的体验或能力与愿望或环境之间。所谓"期望越高，失望越大"，也包含这样的道理。有人说"改变不了环境，就改变自己"。若真能努力做到这点，结果自然是增强自己与环境的适应性。要完成这样的改变，离不开平静的心态。

随着信息的泛滥，我们的期望会变得连自己也不一定能琢磨得透。这些本来不一定有关的某种信息，可能成为影响平静的罪魁祸首。具体来说，它可能促进个人期望的提高，也可能成为破坏环境的因素。

平静，不等于不要激情。没有激情的生活，人会丧失基本的斗志和努力向上的愿望。若只有激情而失去平静，却往往使浮躁成为生活的常态。所以说，没有激情的平静和没有平静的激情都可能成为前进道路上的心理障碍。

7. 大脑检讨书

大脑拥有语言中枢，是人体名副其实的"司令"。人体的有意运动，都直接由它指挥。而这位司令，常常利令智昏，随心所欲，引起了它的诸多部下，难以适从。有一天大脑突然良心发现，感觉最对不起的，是它的部下时，是不是也该检讨一下。下面替它写份检讨书吧。

我平生犯的最大错误，莫过于我行我素，折磨我的部下，导致他们遭遇毁灭之灾。我首先想对胃说，你为我消化吸收，我却图一己之快，不断给你各种刺激，酒精，辣椒……我想对牙齿说，我想对眼睛说，我想对脊柱说，我想对腿说……继续说下去，检讨书就写好了。问题是，谁来监督落实呢?

8. 批评与定位

批评也是学习，但批评不能代替学习。缺乏批评的学习，将丧失学习的灵性；缺乏欣赏眼光的批评，很难找到学习的切入点。权威自居者，往往存在将自己转化为学习旁观者的倾向；一味崇拜权威者，注定了永远是落后的。

人的许多烦恼往往与自己的定位不准有关。不在其位也谋其政，在环境不允许时，更多的是空悲切。

9. 春节，快乐

年复一年。光阴似箭。

快乐，在于忘却。我们可以很自然地在鞭炮声中忘掉过去的所有的烦恼，甩掉本不应该属于自己的包袱，而轻松步入新的一年。

快乐，是因为休整。不担心上班迟到，可以自由地做自己喜欢做的事情，可以尽情地享受亲人和朋友的交流。

快乐，是因为希望。它给予了我们有震撼力的新起点。一年中，没有哪一天能作为这样"给力"的起点。它很自然地督促自己不知不觉地反思和总结，并给予努力的希望。

后记一
我与人教社有个约会

在准备出版专著时，有朋友建议我增加高中《生物学》教材编写的有关内容。我就从与人教社编辑的第一次"约会"说起吧。

1. 认识教材编辑，增加教学底气

我从初三开始，就用到人民教育出版社的教材。后来担任教师后，一直使用人教版教材，初上讲台，为了胜任教学，我将生物教材的主要句子和页码熟记于心。平常说话，有意无意会使用着教材上的表述。可以说，我是在人教版教材的陪伴下成长的。

1990年，参加山西《生物报》在青岛召开全国生物教研会，我第一次见到了人民教育出版社的编辑老师——叶佩珉先生，在她讲座的间隙，我请教了一直感到困扰的1985年的两道高考题。一是，显微镜使用时为什么一定要"左手托镜座，右手握镜臂"，如果是惯用左手的人做这道题，岂不要做错？她告诉我，高考阅卷时两种情况都给分了。二是，有关食物网中南极磷虾等动物的数量变化是否存在问题？她说，事实可能就那样。她的回答，使我的底气足了，每每遇到类似问题，我都会理直气壮地作答。同时，叶老师留有余地的回答，启发我作进一步的分析。

我认为，食物链中生物数量的增加或减少，会受到个体繁殖速度等因素的影响，加之一种生物对另一种生物的影响途径并非唯一，所以，其数量的相关性并非像答案中简单的一句增加或减少所能表述的。这一观点，发表在1994年的《生物学教学》杂志上。

2. 学的是教材，爱的是学科

1985年，我带的第一届毕业生的高考作文题是，结合环境污染问题，给《光明日报》写一封信。当年得满分的作文中，引用了大量的生物教材的句子，例如，森林能制造氧气、净化空气、过滤尘埃、杀灭细菌、保持水土、防风固沙等内容。

我在课堂上，将这篇作文读给学生听。并发表评论：要写好作文，一定要学好生物学教材。学好生物学教材，就能提高语文成绩。在此基础上，我结合教学内容，给学生补充讲解了上海生化所洪国藩教授进行的核酸测序的故事，并且告诉他们，这些都是作文素材。这也是在暗示他们，生物学在高考中不只是70分。

当时的生物学高考的内容范围包括人体生理卫生，人教版《生理卫生》与学生的成长关系更加密切。"积极的休息""体育锻炼促进青少年长高"等许多内容，对学生的生活有直接指导作用，使他们对生物学科的重要性的认识远远超越了"应试"，深切感受到生物教材的亲切、实用和有趣。后来我结合这些内容的教学发表了"联系实际，活跃课堂"的文章。

生物学教材，不仅是生物学科教师的最爱，也深受学生的喜爱。从这个角度看，当时学生在高考中能取得优异成绩，就不是偶然的了。

3. 教材每修订一次，我们就进步一次

从自己做学生时算起，人教版生物教材随着课程方案和教学大纲（课程标准）的变化，进行过5次修订。每修订一次，中学教师的视野就扩大一次，知识就更新一次，教学理念就提升一次。就拿"力争本世纪末全国必须达到的绿化率"来说，经历了"30%""20%"和"13.98%"的变化，数值越变越小，说明教材与时俱进，反映了事实求是的精神得到进一步体现。

我在1988年发表的第一篇专业文章就是有关高中教材中基因概念的。后来发表了多篇教材分析文章，大多局限于对知识的讨论，有的是"咬文嚼字"，有的是根据高校教材的观点评判中学教材。自1992年起，我在《生物报》《中学生物教学》《生物学杂志》《中小学教材教学》等报刊上，发表了分析和研究教材的系列文章，在K12生物论坛和内质网生物学互动平台，对教材进行了多角度的讨论，也因此，对教材的认识有了极大的提高。

后来，在互动讨论中，多次邀请编辑老师参加。赵占良老师对人工合成病毒有关问题进行解答，对我的论文多次给予精心指导；朱正威老师接受了我代表《中学生物教学》互动平台栏目的采访，谭永平老师为我们师生解答多个问题，吴成军老师帮助一线教师回答了反密码子的种类问题，包春莹老师强调了T细胞对抗原不能起呈递作用，陈香老师对进化问题作了深入的解释。

在与教材编辑的一次次"约会"中，我与所有互动参与者一样，业务水平都得到了一次次的提升。我也有幸参加了他们组织的多本教辅用书的编写工作，他们的服务意识和钻研精神深深感染和影响着我。

4. 参加教材编写，感受学无止境

我之所以能长期坚持主持《中学生物教学》互动平台栏目，离不开人教社的支持。2015年，在人教社副总编赵占良，生物室主任谭永平和吴成军老师的关心和审定下，责任编辑卢媛老师投入大量的精力从知网选稿、编辑，出版了《中学生物教学热点互动》一书。我与人教社团队，接近了一步。接着，多次参加了人教社课程研究所组织的有关教材的课题研究。

很早就知道教材编写工作不容易，没想到，其难度比预想的大很多。教材编写也就是"课程标准，教材解读"，没有现成的模板参考，需要创造性落实课标要求。每一位教材作者，既要有强烈的自主性，更要有互动性和合作精神。每一次教材编写会，就是一次真正的点评互动会，其互动的激烈程度，甚至超过集体命题的讨论会。

反反复复，百改不厌。互动时，一人发言，个个记录；七嘴八舌，针锋相对；不分昼夜，乐此不疲。主编即时梳理，条分缕析，全体作者内化于心，落实于行。每次经过讨论，修改后的稿子，常常"面目全非"，可能连作者自己都会产生陌生感。

我曾在书稿上增加了"人为什么不能生吃青蚕豆"等内容，主编提出一个问题："有些内容，老师在教学中根据需要可以补充吧。"我听后面红耳赤。确实如此，没有知识做载体，就无法落实能力要求，若知识过多，则用于能力培养的时间就会减少。教材不可能面面俱到，在有限的版面里，所利用的情境要尽可能地达到激疑求思的目的。事实性知识只能适可而止。再者，教师利用教材进行教学时，可根据学生实际作适当拓展。更何况教材是面向全体学生的，能作为落实课标要求所必需的基本载体就比较符合实际了。

再如，在编辑群落有关内容时，对森林中各种生物既能相互构建特殊的种间关系，又能适应共同的非生物环境，这样奇妙的自然现象，教材如何作通俗而专业的概括？这着实让我们绞尽脑汁。在对各种表述进行审定时，总主编赵占良老师提示大家，不要局限于现有说法，在不影响科学性的前提下，尽可能原创，以便更好适应中学的教学。当王德利教授提出"天然群聚"时，赵老师给予了充分的肯定，并确定用了"群落是一定时空条件下，不同物种的天然群聚"的表述。是啊，生物群落内的生物之间，生物与环境之间的特殊关系是自然形成，与农贸市场里各生物的关系有本质的不同，它是长期自然选择的结果。

像这样的编写会，不知道有多少，在会议室，在会场外，在休息间……一幕幕讨论场景，历历在目，让人难以忘怀。

　　此外，教材编写离不开文献和数据支持。要参考外文科技资料，人教社里中科院和北大毕业的年轻博士会及时提供中外各个版本的高校教材和最新科技论文；为获得最新社会经济发展数据，他们会实地走访相关部委；对于内容编写、课程理念的把握以及其他相关环节等，专家和科研人员也会有针对性的把握。比如，种群和群落相关内容，有常年在野外研究草原、森林和东北豹专家亲自参加讨论；人体生理，有一线医学专家把关。遗传病，有遗传病研究团队支持。基因工程，有中科院从事基因研究的一线优秀科研人员和专家参与；显微镜，有设计和制造专家作演示；课程理念，有课标制定专家在场。前言写什么，对有突出的院士科学家进行访谈；谁来绘图，通过让多家一流专业设计团队竞争选最优。教学案例，多个省市教研员推荐优秀教师加盟。复习题，高考命题专家指导。校对，一批又一批一线教研员和教师参与。教材编写准备，提前2年进行课题研究……

　　通过几年的教材编写，让人深切感受到，教材编写团队，是研究的团队，是学习的团队，更是合作的团队，他们忘我学习的品格和敬业精神，以及精益求精的工作作风值得我永远学习。为了成长，我期待今后与他们有更多"约会"。

后记二
写给所有关心我的人

2005年，在卸任担任过3年的《中学生导报》主编的我，开始担任《中学生物教学》互动平台栏目的主持人。15年互动，让我深深感受到互动对教师成长的意义和价值是其他形式难以替代的。

2009年我被选定为广东首批名师工作室主持人，十年来，我主持的名师工作室连续三次被考核优秀，这也成为我能连续担任四届省名师工作室主持人的条件。2010年工作室在新浪开设博客刊登工作室成员的文章，该博客被华师基教院推荐为优秀博客。

2013年起担任广东省新一轮基础教育百千万人才培养工程理科名教师实践导师，两次评为优秀实践导师，2019年作为华南师大唯一的导师代表在广东省教育厅举办的第二批名师结业式上讲话。

2004年起兼任南山区高中生物学科教研员，2012年同时兼任初中生物学科教研员。无论是担任教师，还是教研员、主持人，我始终坚持在互动中实践，在互动中成长。

2010年内质网广东名师工作室开始接受学员跟岗研修活动。工作室成员主要是华南师范大学基础教育学院（"教师教育学部"）和生命科学学院根据省教育厅分配的广东省中学生物学科骨干教师组成。省教育厅分配的学员主要集中在珠三角地区，他们是由各地教育局评选推荐的优秀教师组成，华南师大给各工作室分配学员时尊重了学员的志愿。

2010年首批跟岗研修的老师有：王树仁，张京京，卢广斌，何彩霞，林德光，王更强。

2012年第二批跟岗研修的老师有：陈少兵，吕金龙，肖秀华，邵文静，张庆桃，钟红娟。

2014年第三批跟岗研修的老师有：刘木财，胡小岷，赵劲康，曾程忠，吴美兰，梁宗彩，王云，杨香青，秦丽，许玲玲，张海银。

2016年第四批跟岗研修的老师有：杨小林，林第明，卢灿光，陈兴华，冯明朗，郑从赞，谢清琴，顾慈伟，魏莲花，谢旼，卢开雄，黄俊芳。他们分别由华南师范大学和广东第二师范学院分配至本工作室。

2018年工作室成员有：徐鹍，安坤鹏，刘越，杨志强，肖安庆，杨忠顺，王威，赵国平，张静，张悦，廖秋洁，陈练文，黄伟强（后三位是省厅分配人员）；信息人员：陈蒙。工作室助理：徐鹍，安坤鹏。

新一轮广东省百千万人才工程生物学科名师工作室成员（首批）：高奕姗，王联新，刘建峰，成杰，余景耀，许敬良。

新一轮广东省百千万人才工作室生物学科名师工作室成员（第二批）：黄广慧，苏科庚，李遂梅，谢树亮，刘水明，贺建。

陶勇老师（原肇庆市封开县江口中学教师，现为深圳市育才中学教师）是《中学生物教学》互动平台网上讨论区的管理员，也一直是工作室成员。

如今，工作室成员中有10位已成为正高级教师，10位是特级教师，1位成为特支教师，有9位是广东省名师工作室主持人，6位担任校长或副校长，8位担任学校中层干部，有6位担任市区教研员。多位成为省市骨干教师，市级名师（名班主任）工作室主持人，多人在各级比赛中获奖。

先后担任工作室导师的专家有：李娘辉，刘根平（原育才中学校长，现为南山区政协副主席、教育局局长），王玉玺（原福田外语高级中学校长，现为龙华区教育局局长），颜培辉（深圳市教科院教研员），李高峰（陕西师大教授，《中学生物教学》杂志主编）。其中颜培辉老师一直担任工作室导师。

工作室先后接待了四川、北京、湖北、辽宁、江苏等地教研员或生物学科教师的跟岗研修活动，还接待过中国教科院基地校、广东省校长骨干班成员等多批次跟岗研修活动。

育才中学生物学教研组冯琳，荆文华，陈章雄，韩善明，倪江林，梁璀，刘大政（现为深圳市光明区生物学科教研员），张一丹，原改换，张方育，周佳，高铭，育才三中文志华、安永超，赵凌云等老师，以及南山区各校的诸多生物学科老师，他们也是工作室成员，为工作室做了大量的服务工作。

2011年，我还兼任南山区首批高三名师工作室主持人，南头中学冯静老师担任导师。后来，作为教研员，我历任高三名师工作室导师。2018年起兼任南山区生物学科名师共同体负责人。

我在北京海淀区担任过一段时间的教研员，参与了教育部课程中心牵头组织的多地参加研究的深度学习教学改进项目（课题），海淀区教师进修学校附属实验学校胡彬等老师在课题实验中采用的"苹果为什么会烂掉"这一主题研讨形式，我很感兴趣，我在深圳同时组织跟岗教师进行该实验。后来南山区初中生物学科百花奖我也采用过这一主题。利用个人两边兼职的有利条件，将南北两个教育强区的生物教研活动做更多的整合，这是我当时最想做的事情之一，也动员了部分海淀区教师参加《中学生物教学》互动平台和工作室的活动。

内质网工作室成立以来，得到多位专家教授的帮助，下面列举部分专家老师和单位。

华南师大生命科学学院王安利，李韶山，李娘辉，高峰，王瑞珍，李雪峰，李德红；基础教育学院郑海燕，王红、刘良华、韩裕娜等。广东第二师范学院曾小龙、陈爱葵、胡继飞等，中山大学贺竹梅等，韩山师范学院朱慧等，惠州学院吴小明等。

《中学生物教学》编辑部王志让，梁秋英，陶铭，雷园园，张广斌，雷利平，陈进，刘亮歧，李佳琪，麻志文等；人民教育出版社赵占良，谭永平，吴成军，王颖，包春莹、卢媛、刘丹、林青等；《中国教师报》马朝宏，宋鸽等；《深圳特区报》李丽等；《南方日报》陶达滨等。

深圳市教科院黄积才，彭红玉等；深圳大学张祥云等；南山区教科院余耀贤、何必峰，银艳林，马云涛等；蛇口育才教育集团和育才中学以徐蔚琦、姚晓岚和郑春华校长等历任校长、行政干部、相关学科教师和班主任。

此外，宝安中学陈福玲等，红岭中学郭树英等，深大附中刘为基、胡兴松、陈伟等；科学高中尚强、邓鹏等，赤湾学校王小洪等；南头中学陈坚、谭兴光、张功涛等，北师大南山附中陆晖等。

北京市海淀区教师进修学校罗滨、周然等，广州执信中学万妍、黄艳等，厦门一中许桂芬等，长沙一中高建军等，长郡中学邓毅萍等，长沙市教科院孔春生等，厦门教科院郑兆炯等，福建师大附中温青等，福建省教研员张峰等，山西省教研员王月玲，河南省教研员陈保新、胡玉等，大连市教研员王洁、慕晓茹，无锡市教研员龚雷雨、陆敏刚等，云浮市教研员莫恒光，英德市教研员罗春等，成都市温江区教研员卓平等，深圳市高级中学肖件文等，深圳市外语学校肖仕元等，广东省教研员杨计明，深圳市各区生物学科教研员李富生，连圣强，周湘，陈威，张海银，陈少燕，唐家友等。

育才三中，华侨城中学，南山外语学校，南山二外，工作室成员所在学校。

此外，还有众多参与互动的全国各地的生物学同行：湖北蔡利鹏、李金安、王为海、熊玉华、李尉军等，湖南常正良、周伟等，山东王彬、袁庆军、辛建福、秦莉、鲁广智等，云南蒙庚阳、刘永生等，江西罗军辉、高华山、张树民等，安徽吴志强、蒋世禄、廖乐祥、高结友、夏焦兵等，福建陈美玲、王德枝等，河南李希明、侯建林等，浙江陈永群、王苗苗等，江苏张建尚、邱建卫、滕军和章青等，北京任智安、林祖荣、刘本举等，天津张一等，吉林姜万录等，辽宁吴敬洪等，四川洪毅、余广祺、刘霞、蔡辉儒等，海南王志伟，广东罗春、羊垂功、朱秋容、方仲扬、杨祖芳、邓过房、王雪梅、刘林军、罗天来等。河北龚军辉、柴彦军等，山西段怡忠、郭玉海等，陕西的贾文俊等，新疆侯伟、王云、于彦军等。

全国中学生物学教学专业委员会，广东省生物学教学专业委员和继续教育学会相关负责同志。

因为时间仓促，有很多遗漏之处，请见谅。

借此机会，我还要特别感谢我过去的老师和同事，包括小学老师王师顺，杨孝玲，汪亚松，大学老师方德安，王世强等。以及所有初中和高中老师，还有我任教学校领导和给予我帮助的同事。包括胡亮斌，龙干华，都谱生，苏俊逸、陈冬生，方纯知，金运节，廖曙霞，任美娟，胡旭，徐茂林，伍先斌，宋玉华，吴晓，查卫东，安庆市教研员徐春华、张海马，黄山学院蒋立科、方德安等；安徽师大郭新弧、聂刘旺、鲍训华等，要感谢我的同学杨敏霞、方继朝、唐鑫生、程周望、陈明学、凌杏园、石斌等。还要感谢我的家人和所有学生和同学。

他们在我成长道路都给予诸多帮助，在此表示衷心的感谢！

感谢本书的责任编辑刘海英老师，以及工作室所有成员的大力支持。

夏献平

2021年7月

个人简介

　　以教为乐，以研为趣。点击学科热点，敲打互动文章。站在学生立场思考教育方法，诚心为学生的成长鼓掌。

　　夏献平（网名：内质网，笔名：内质网，小眯等），从事一线教育工作37年，先后担任教研组长，年级组长，深圳市育才中学教科室主任，教师发展中心主任、校长助理。2004年起担任南山区中学生物学教研员；2018年起兼任南山区生物学科名师共同体负责人，曾任北京市海淀区生物学教研员。

　　夏献平，人民教育出版社高中生物学教材（2019年版）核心作者（同时参编教师用书等配套资料），国培专家，广东省特级教师，正高级教师，广东省百千万人才工程中学理科名师实践导师（连续两届），担任广东省教师工作室主持人（连续四届），深圳市高层次人才地方领军人才，享受市政府特殊津贴专家。育才教育集团专家型教师，特殊贡献奖获得者，2021年起兼任广东省5个名师工作室和2个市名师工作室顾问，及百千万人才工程名师实践导师。

　　夏献平，华南师大、广东第二师范学院、韩山师院兼职教授，华南师大兼职硕导和论文答辩委员，陕西师大博士生毕业论文答辩委员等；广东教育学会生物学教学专业委员会和广东省生物科学普及协会常务理事，广东省继续教育学会生物学专业委员会副理事长；粤东地区基础教育生物学科指导专家；《中学生物教学》编委、互动平台栏目主持人，主持的互动栏目成为该杂志的热点栏目和重点栏目；担任过《中学生导报》主编（2002—2005），参加过教育部《考试大纲》和广东省《高中生物教学指导意见》《高中生物模块考核决定》《生物高考考试说明》的制定等工作；多年参加教育部和广东省高考试题的试评工作，多次担任上级教育部门专业评委（特级教师、正高教师评委），担任过深圳市年度教师的评委工作。

　　在《光明日报》《中国教育报》《课程教材教法》《中国考试》《生物学通报》《生物学教学》等报刊发表教研文章近400篇，主编或参编并出版《中学生物教学热点互动》《初中生物学教科书经典教学实验介绍》等教师专业用书40多本。参加国家级和省级课题多项，科研成果曾获深圳市一等奖。多年参加市级高三模拟试题命题工作（40

多次）。

应邀到全国各地讲座数百场，听课对象除名师工作室成员外，主要是全国各地的生物学科同行。在陕西师大、惠州学院、嘉应学院等学校对在校本科生和研究生进行过专题讲座。

辅导的学生参加省生物学联赛取得了优异成绩，有一百多人获全国生物联赛广东省一、二等奖。1999年辅导的学生有7名深圳市前十名，2000年有一个学生进入省第2名，获全国一等奖。

连续三次获得安徽省孙超教育集团安庆市教育奖励基金（该奖项共评三次），担任过县级人大代表，获评过县级十大青年突击标兵。多次获评深圳市高考先进个人，南山区先进教师或优秀党员，优秀少先队辅导员，两次获评蛇口育才教育集团特殊贡献奖，是《中学生物教学》的功勋作者、荣誉作者和优秀作者，两次获评人民教育出版社优秀培训专家，广东省教师职务培训专家。位列2018年央视最美教师86名候选人之一。有关事迹在央视网、人民网、学习强国平台、光明网、南方日报、深圳特区报、安庆日报以及自媒体公众号等媒体都有报道。

内质网广东名师工作室　　　　　　　生物学互动平台